누구도 나를 함부로 대할 수 없습니다

It's not you

나를 갉아먹는 관계에 시달리는 사람들을 위한 해방 심리학

누구도
나를 함부로
대할 수
없습니다

라마니 더바술라 지음

최기원 옮김

RHK
알에이치코리아

진료 현장에서 내담자분들을 통해 은밀한 이야기를 듣다 보면, 대한민국에 다양한 형태의 나르시시스트가 참 많은 것 같아서 안타까운 마음이 들 때가 많다. 나르시시스트는 초면에 좋은 사람 코스프레를 하며 접근하기에 구별이 생각보다 쉽지 않다. 자기 사람이 되었다 싶으면 본인의 뿌리 깊은 열등감을 타인의 돈, 시간, 에너지를 착취하면서까지 해결하며 우월감을 획득한다. 피해자는 물리적 피해뿐 아니라 심리적 타격을 받는다. 개인에게 가장 중요한 자기 정체성이, 폭풍이 몰아치는 바다 한가운데 놓인 것처럼 흔들리고 동시에 깊은 자괴감을 경험한다. 뒤늦게 깨닫고 벗어나려 하지만 그럴수록 더욱 강력하게 붙드는 다양한 수법에 의해 흔들리고 결국 또 종속되어 공급자 역할을 하게 된다. 가장 가슴 아픈 것은 심지어 자기 탓으로 돌리며 그냥 그대로 체념하기 쉽다는 것이다.

다행히도 나르시시스트라는 용어에 대한 대중의 인식이 점점 커지고 있다. 하지만 여전히 가족, 친구, 직장, 사회 전반에 걸쳐 은밀하게 존재하는 나르시시스트 때문에 어느새 공급자 역할에 익숙해져 벗어나지 못하는 피해자분들이 참 많다. 각종 나르시시스트에 대해 자세히 설명하고 대처 방법까지도 안내하는 이 책을 통해 더 이상 나르시시스트에게 휘둘리는 공급자의 삶이 아닌, 주체적인 개인으로서 만족스러운 삶을 사는 분들이 많아지길 기대한다.

정우열
정신건강의학과 전문의

최근 들어 "주변에 이런 사람이 있는데, 이 사람이 나르시시스트가 맞나요?" 혹은 "나르시시스트를 어떻게 하면 바로 알아볼 수 있나요?"라는 질문을 많이 받는다. 특히 사람들은 나르시시스트가 정확히 어떤 성향을 가진 사람인지, 주변 사람들의 어떤 특성을 보면 나르시시스트인지, 나르시시스트를 만나면 어떻게 행동해야 하는지를 궁금해한다. 그러나 말과 행동을 통해 우리 주변의 나르시시스트를 알아볼 수 있는 법을 소개하고, 나르시시스트에 어떻게 대처해야 하는지를 안내하는 책은 이제껏 찾아보기 힘들었다. 이러한 시점에서, 이 책《누구도 나를 함부로 대할 수 없습니다》는 우선 우리 주변에서 찾아볼 수 있는 사례들을 바탕으로 나르시시즘의 특징과 유형을 소개하고, 가스라이팅과 같은 나르시시스트의 학대 전략과 행동 패턴에 관한 상세한 설명을 제공한다.

또한 나르시시스트의 조종과 학대로부터 피해자가 경험하는 인지적, 정서적 후유증에 대해 체계적으로 안내하고, 자기애적 관계로부터 피해자가 겪는 후회와 자책, 혼란의 과정에 대해 심층적으로 고찰한다. 이를 바탕으로, 정서적 학대와 가스라이팅을 통한 적대적이고 해로운 관계로부터 우리가 어떻게 상처를 회복하고 자신을 지켜낼 수 있는지에 대한 구체적인 가이드라인을 제시한다. 이 책은 나르시시스트로부터 상처받은 마음을 치유하고 자신을 있는 그대로 포용하며 새롭게 성장하려는 사람들을 위한 친절한 길잡이가 되어줄 것이다.

박지선
숙명여자대학교 사회심리학과 교수

이 책을 쓴 라마니 박사는 수년간의 임상 경험과 연구를 통해 자기애적 학대의 피해자들을 향한 조언을 제시한다. 나르시시스트와의 관계에서 어려움을 겪고 있는 모든 사람에게 이 책을 적극 추천한다. 그 관계에서 문제의 원인이 당신이 아니라는 사실만 직시하는 것으로도 문제의 실마리를 풀 수 있을 것이다.

—W. 키스 캠벨W. Keith Campbell 박사, 조지아 대학교 심리학 교수이자
《나르시시즘 유행병The Narcissism Epidemic》 저자

이 책은 많은 오해를 불러일으키는 주제를 다루며, 과거에 나르시시스트와의 관계를 경험했거나 현재 진행 중인 사람들에게 앞으로 나아갈 길을 제시한다. 라마니 박사는 깊은 연민의 마음으로 독자들이 자책에서 벗어나 상황을 명확하게 직시할 수 있도록 능숙하게 도와준다. '이건 내 얘기잖아'라고 공감하는 독자들에게는 마음을 어루만지며 외로움을 덜어내는 소중한 선물이 될 것이다.

— 비엔나 파라온Vienna Pharaon, 《당신의 기원The Origins of You》 저자이자
팟캐스트 〈디스 킵스 해프닝This Keeps Happening〉의 진행자

라마니 박사는 나르시시스트가 가하는 해로운 행위로 인한 상처를 치유하는 데 중점을 두어 다른 전문가들과 차별화된 조언을 제시한다. 특히 마음을 따스하면서도 직접적인 방식으로 치유할 수 있음을 보여준다. 언제나처럼, 라마니 박사는 치유의 여정에 적극적으로 동참하는 용감한 '사자'들의 마음을 위로하며 그 치열한 노력을 인정한다. 이 책은 우리 모두를 위한 선물이다.

—제니퍼 페이슨Jenifer Faison, 팟캐스트 〈비트레이얼Betrayal〉의 진행자

이 책은 한마디로 훌륭한 책이다. 라마니 박사는 간결하고 명확한 언어로 복잡한 형태의 학대를 깊이 있게 파헤치며, 치유법을 제시한다. 전통적인 심리학 이론에 대한 오해를 짚어보고, 연민과 솔직함을 바탕으로 우리가 어려움을 극복하고 원래의 나로 돌아갈 수 있도록 인도한다.

—마크 빈센트Mark Vicente, 사이비 집단 '넥시엄NXIVM'의 내부고발자이자
영화 〈Empathy Not Included〉의 감독

이 책은 나르시시스트와의 관계에 휘말린 사람들의 마음을 헤아리며 방향을 제시하는 길잡이이자 생존 가이드다. 힘든 관계를 겪고 있는 현재 그리고 그 관계를 끝낸 이후에 심신을 치유하며 홀홀 털고 살아갈 방법을 안내한다.

— 제이 셰터Jay Shetty, 《수도자처럼 생각하기》 저자이자
팟캐스트 〈온 퍼포스On Purpose〉의 진행자

무조건 읽어야 할 책이다. 독이 되는 인간관계에서 받은 상처를 치유하는 방법을 제시한다. 저자 라마니 박사는 수십 년간의 연구와 임상 경험을 바탕으로 한 전문적인 조언을 통해 불가능을 가능으로 만든다.

— 멜 로빈스Mel Robbins, 《굿모닝 해빗》 저자이자
팟캐스트 〈더 멜 로빈스The Mel Robbins〉의 진행자

관계에서의 상처를 피하고 싶거나, 관계를 끝내고 싶거나, 관계에서 벗어나고 싶은 사람들을 위한 필독서다. 관계에서 예상치 못한 상대의 패턴을 이해하는 데 도움을 줄 것이다. 이 책은 단순한 위로가 아닌, 삶을 다시 찾아가는 여정을 안내하며, 탈출구를 넘어 원래의 나를 되찾는 길로 인도한다.

— 매튜 허시Matthew Hussey, 팟캐스트 〈매튜 허시와 함께하는 사랑 이야기
Love Life with Matthew Hussey〉의 진행자

라마니 박사는 치유와 나르시시즘 분야에서 가장 존경받는 전문가 중 한 사람이다. 우리 모두에게 필요한 이 책에서 종종 간과되는 비통한 슬픔과 나르시시즘의 세계를 다룬 것에 대해 감사를 표한다.

—데이비드 A. 케슬러David A. Kessler, 《의미 수업》 저자

정서적 학대 속에서 피해자는 발언권과 힘을 빼앗긴다. 이때, 라마니 박사는 피해자들에게 필요한 도구를 제공하여 빼앗겼던 자신을 되찾아 평정을 느끼는 방법을 제시한다.

—데브라 뉴웰Debra Newell, 《서바이빙 더티 존Surviving Dirty John》 저자

서문

나르시시스트 주변 사람들에게는 어떤 일이 벌어지는가?

중립은 가해자에게만 이로울 뿐 희생자에게는 아무런 도움도 되지 않으며, 침묵은 결국 괴롭히는 사람 편에 서는 것이다.

— 엘리 비젤Elie Wiesel (노벨 평화상 수상자이자 작가)

상담 사례1: 9:00 a.m.

두 자녀를 둔 캐롤라이나는 결혼 생활 20년 동안 남편의 배신과 외도를 여러 번 겪었다. 그는 주로 주변 친구들이나 이웃들과 바람을 피웠다. 외도가 발각될 때마다 남편은 계속해서 그 사실을 부인하고 극도로 화를 내며 오히려 아내의 '편집증적 비난'이 심각한 수준이라며 적반하장으로 응수했다. 그렇게 아내에게 분노를 표출하며, "네가 날 하찮은 사람이 된 것처럼 느끼게 했잖아!"라고 하며 한눈을 팔 수밖에 없는 이유를 말했다. 정작 그녀는 남편에게 더 신경을 쓰면서 마음을 '편하게' 해 줘야겠다는 생각에 하던 일도 최대한 줄인 상태였다. 남편의 비난과 배신이 반복될 때마다 캐롤라이나는 깊은 상처를 받았고, 자신이 부족하다고 느끼며 남편을 오해한 건 아닌지, 상황을 잘못 이해하고 있는 건 아닌지 자책했다. 그리고 두 사람이 꾸려온 가정과 소중한 가족을 잃을 것만 같아 괴로워했다. 친정아버지가 돌아가시기 전까지 45년 동안 부모님이 행복한 결혼 생활을 이어간 것을 보며 자란 그녀는, 자신이 처한 상황을 이해할 수 없었다. 평생 가정의 소중함을 느끼며 살았던 그녀에게 이혼이 임박해 오는 현재, 그냥 다 망했다는 생각뿐이었다. 주기적으로 공황 발작과 불안 장애로 몸과 마음이 망가져가는 상태다. 때로는 그냥 화해할까 고민하지만, 그녀의 마음속 상처와 고민은 쉽게 해결되지 않는다.

상담 사례2: 10:30 a.m.

결혼 생활 50년 차에 접어든 나탈리야는 암 진단을 받았다. 남편은 그녀가 환자라는 이유로 자신에게 요구하는 것이 좀 지나치다며, 대놓고 "이런 건 억지 아닌가?"라고 말하곤 했다. 그는 일정이 바쁜데도 항암치료를 위해 그녀를 병원에 데리고 가야 하는 등, 자신의 일상이 '무너졌다'라며 한탄했다. 그녀가 수년간의 항암치료 후 신경 장애로 걷기 어려워졌을 때였다. 어느 추운 날, 나탈리야가 식당 앞에 자신을 내려달라고 부탁하자 남편은 "집에서 다섯 블록만 가면 되는데 뭘 태워달라 그래?"라며 '여왕 마마'라고 부르며 조롱했다. 그녀는 수치심을 느꼈다. 부부에게는 장성한 자녀들과 손주들이 있었다. 티격태격한 삶 속에서도 부부는 여행도 다니고, 자녀와 손주들과 자주 만나 행복한 시간을 보냈다. 나탈리야는 화기애애한 분위기에서 자신이 분위기를 망치는 '옥에 티'가 되고 싶지 않았다. 때로 며칠 동안은 남편과 즐겁게 지내며 여전히 활발한 성생활과 좋은 추억을 만들어 가고 있다고 생각했다. 하지만 의학 및 법학 학위를 소유한 나탈리야를 남편은 자신의 개인 비서처럼 대우했다. 그녀는 지속되는 건강 문제, 자책감, 수치심으로 고생하며, 가족 외에는 사람들을 전혀 안 만난 채 고립된 생활을 하고 있다.

상담 사례3: 1:00 p.m.

라파엘은 어린 시절부터 아버지에게 형과 비교당하며 찬밥 신세로 지냈다. 그는 돈을 많이 벌면 아버지에게 인정받을 수 있으리라는 생각에 사로잡혀 끊임없이 일했다. 하지만 아버지는 라파엘은 '약해 빠진 놈'이라고 여기며, 그의 형이 최근에 또 큰돈을 벌었다는 소식을 들려주었다(라파엘은 형과 오래전부터 연락을 끊고 지냈다). 또한 아버지는 자신의 아내―라파엘의 어머니―에게 감정적으로 학대를 가해, 돌이킬 수 없는 정신적 피해를 줬다. 라파엘은 어머니가 빨리 돌아가신 것도 아버지의 학대 때문이라고 생각했다. 라파엘이 알기로는 할아버지도 아버지에게 정서적 학대를 가했는데, 그들이 자라온 문화에서는 정서적 학대가 대수롭지 않게 여겨졌다. 그래서 그는 아버지와 할아버지가 겪었던 인종적 편견과 한계, 그로 인한 어려움을 공감하고 헤아리려고 노력했다. 하지만 라파엘은 사람들과 친밀하고 깊은 대인관계를 구축하는 데 어려움을 겪었다. 그를 지배했던 생각은 단 하나였다. "내가 성공한 모습을 아빠에게 보여주기만 하면, 나도 제대로 인정받아서 어느 정도 감정을 정리할 수 있을 거야. 그러면 여생이 좀 편해지겠지." 그는 미친 듯이 일했다. 수면제를 비롯한 여러 약물에 의존하며 쉬지 않고 일했다. 사람들과의 교류 따윈 없었다. 때로는 친구들과 어울려 놀고 싶다가도, 할 일이 태산인데 휴가를 보내거나 놀러 나가는 것에 '중독'되기라도 하면 큰일 난다고 생각했다.

내게 심리상담을 받는 이들의 사례가 대략 이렇다. 수년에 걸쳐 이와 비슷한 내담자들의 사례를 무수히도 접했다. 이런 수많은 사례를 관통하는 분명한 점이 있다. 라파엘과 비슷한 사례에서는 자식이 아무리 노력해도 부모가 여전히 그들을 인정해 주지 않고, 캐롤라이나와 나탈리야와 비슷한 사례에서도 배우자들은 여전히 모든 문제의 원인을 상대 탓으로 여긴다는 것이다. 그렇다고 내가 라파엘, 캐롤라이나, 나탈리야에게 주변 사람들이 해로운 행동을 계속할 가능성에 대해 미리 경고해봤자 별로 도움이 되지 않을 것이다. 대신에, 나와 뜻을 같이하는 여러 전문가는 정신적 학대의 피해자들에게 어떤 행동이 허용되고 어떤 행동이 허용되지 않는지, 건강한 관계의 기준이 무엇인지를 가르치며, 자신의 감정과 관계 그리고 진정한 자신을 탐색할 수 있는 안전한 환경을 마련하도록 도움을 주었다. 우리는 그들이 왜 자신의 잘못이 아닌데도 스스로 비난하거나 죄책감을 느끼는지 원인과 이유를 이해하고 탐구하는 데 집중했다. 만약 내가 심리치료사로서 불안, 건강 문제, 우울증, 혼란, 불만, 좌절, 무력감, 사회적 고립, 강박적 업무 성향 등에만 초점을 맞추고, 이러한 증상이 나타나게 된 상황의 맥락을 고려하지 않았다면, 내 업무는 다소 단순해졌을 것이다. 심리치료사는 내담자들의 부적응적 패턴을 분석해서 심리학적 방법으로 상담과 치료를 하면 된다고 배운다. 그러나 나는 그들이 처한 주변 상황마저 파악해야 문제의 근본 원인을 더 깊이 이해하고, 더 효과적으로 도움을 제공할 수 있다고 생각한다.

한편, 상담을 거듭할 때마다 내담자들의 심리적 변화가 뚜렷이 나타났다. 정서적 학대 관계에 있는 가해자들과 어떠한 관계를 맺고 있는지에 따라 그들이 느끼는 공포감과 슬픔이 요동치듯 달라졌다. 그들이 처한 인간관계가 마차를 끄는 말horse이고, 상담을 받게 한 불안한 심리 상태가 말이 끄는 대로 가야 하는 마차cart라는 점이 분명해진 것이다. 내담자들의 사연은 다 비슷해 보였지만 그들 각자는 다른 삶을 살아온 매우 다른 사람들이었다. 그런데도 그들은 모두 자신이 처한 상황에 대한 책임을 자신에게 돌리고 자기 의심과 반성, 수치심, 심리적 고립, 혼란, 무력감을 경험했다. 그들은 정서적 학대 관계 속에서 점차 자신을 억제하게 되었고 자신의 삶을 고통스럽게 하는 가해자의 비판, 경멸, 분노를 피하고자 무감각해지고 자제력을 잃어갔다. 그렇게 자신이 바뀌어야 현재의 관계를 변화시킬 수 있다는 희망에 매달리게 되었다.

또 하나 중요한 공통점은 관계 속에서 그들이 마주한 상대의 행동들이었다. 상대가 배우자든, 애인이든, 부모든 아니면 다른 가족 구성원, 성인 자녀, 친구, 동료, 상사든 간에, 내담자들은 자기 욕구가 있거나, 자신을 표현하거나, 단순히 존재한다는 이유로 무시당하거나 수치심을 느꼈다고 일관되게 말했다. 상대는 그들의 경험, 인식, 심지어 본인 그대로의 모습 자체에 대해 꾸준히 시비를 걸며 찬물을 끼얹곤 했다. 가해자 본인들의 문제가 되는 행동에 대해서는 "네가 그러니까 내가 이러는 거 아냐!"라며 피해자를 비난했다. 상실감과 고립감은 피해자들의 몫이었다.

하지만 내담자들은 하나같이 관계가 항상 나쁘지만은 않았다고 언급했다. 때때로 웃음, 만족스러운 성적 경험, 즐거운 시간, 저녁 식사, 공통의 관심사와 추억, 심지어는 사랑의 감정도 존재했다. 사실 더 이상 견디기 어려울 것 같은 순간에도 자괴감을 잊게 만드는 좋은 날들이 종종 찾아왔다. 나는 상담할 때─내가 직접 상담을 받으면서도 상담사에게서 경험한 것이지만─두 가지 원칙을 지키려 했다. '정서적 공감'과 '교육'이다. 내담자들의 대면 관계에서 나타나는 패턴에 대해 교육하지 않고 불안에만 초점을 맞추는 것은 타이어에 공기를 넣어 엔진 문제를 해결하려는 것과 같다. 그리고 그 엔진 문제는 언제나 같은 곳, 즉 '자기애적 관계narcissistic relationship'로 되돌아간다.

"사자가 사냥 이야기를 하기 전까지 그 사냥 이야기는 항상 사냥꾼을 미화할 것이다"라는 속담이 있다. 권력은 내러티브 narrative, 즉 서사를 써 내려가는 이들이 쥐고 있다. 지금까지 우리가 들은 이야기는 주로 사냥꾼의 관점에서만 전달되었다. 나르시시즘에 관한 책들의 주인공도 나르시시스트다. 그렇기에 우리는 이 매혹적이면서도 해로운 행동을 보이는 사람들에 대해 깊은 호기심을 품게 되었다. 그들의 악행과 만행이 때로는 별다른 결과를 초래하지 않는다고 믿으면서 말이다. 우리는 그들이 궁금하다. "그들은 어떻게 성공했을까? 저런 행동을 하는 데는 어떤 배경이 있는가?" 나르시시즘을 긍정적으로 보지 않더라도 리더, 영웅, 연예인, 유명인 등 자기애적 유형의 사람들을 이상화하는 경향이 있다. 안타깝게도 사회적으로 인정받는 이들이 때로는 우리의 일상과 밀접하게 관련된 경우가 많다. 이들은 우리의 가족, 친구, 동료, 이웃으로서 우리 삶의 일부가 되어 있기도 하다.

사냥꾼으로 비유하는 나르시시스트에 대해 이야기하면서 왜 그의 먹잇감인 '사자'에 대해서는 이야기하지 않는가? 사냥꾼이 쫓거나 해를 입히는 사람들 이야기 말이다.

나르시시즘에 대한 많은 논의에서 놓치는 게 있다. "나르시시스트 주변의 사람들에게는 어떤 일이 벌어지는가?" 자기애적 성격을 지닌 사람들의 행동이 주변 사람들에게 미치는 영향은 무엇일까? 사람들은 자신이나 타인이 받는 상처에 대해 그 '이유'를 이해하는 데 집착한다. 마치 이해하고 나면, (실제는 그렇지 않지만) 고통을 줄일 수 있으리라는 기대 심리가 있는 듯하다. 우리는 사냥꾼이 왜 그렇게 행동하는지 파악하는 데 집착에 가까운 관심을 보인다. 왜 사냥꾼은 공감 능력이 없는지, 가스라이팅, 교묘한 조작, 거짓말, 또는 갑작스러운 분노를 보이는지 연구하고 분석할 따름이다.

그러나 우리가 자기애적 성격을 가진 사람들, 즉 나르시시스트의 행동에 대한 원인에만 초점을 맞추면 그들과 사랑에 빠지고, 가정을 이루고, 일터를 공유하고, 이혼하고, 생활을 함께하고, 친구가 되고, 양육하는 사람들이 겪는 경험을 간과하게 된다. 이러한 관계 속에서 이 주변인들은 어떤 경험을 하게 될까?

한마디로 말하면, '힘든 경험'을 하고 있나.

그러나 상대와 대화로 풀어가기 껄끄러운 주제이기도 하다. 애초에 상대를 사랑하고, 존경하며, 존중하고, 아끼기에, 상대가 듣기 싫어할 말을 하고 싶지 않다. 사랑하거나 존경하는 상대가 내게 일관되게 보여주는 해로운 행위를 인정하는 것보다 차라리 관계가 힘들어진 이유를 자신의 탓으로 돌리거나 인생의 자연스러운 기복으로 돌리는 편이 더 편하기도 할 것이다. 나는 자기애적 학대의 생존자를 지원하고, 수천 명의 사람을 위한 프로그램을 관리하며, 이 주제에 관한 방대한 양의 콘텐츠를 제작한 경험이 있다. 이러한 경력을 갖춘 심리학자로서 나는 나르시시즘 자체에 초점을 맞추는 것에 회의를 느낀다. 나르시시스트 개인의 행동으로 피해가 발생한다는 것이 나르시시즘의 가장 핵심 문제다.

성격이 변할 가능성이 없다면, 성격과 행동을 분리해서 생각할 수 있을까? 해로운 행동이 의도적인지 아닌지가 중요할까? 나르시시즘을 이해하지 않고도 자기애적 관계에서 받은 상처를 치유할 수 있을까? 무엇보다도 이러한 관계에서 치유라는 게 가능할까? 이 책은 이러한 복잡한 질문들을 탐구한다.

"애인, 부모, 상사, 친구가 나르시시스트인지 어떻게 알 수 있나요?"라는 질문을 많이 받는다. 충분히 궁금한 내용일 것이다. 나는 상담할 때 내담자의 상대를 직접 만나지는 않지만, 상대가 보낸 이메일과 문자 메시지를 읽고 내담자에게 미치는 영향을 분석하면서 교류의 이력을 자세히 파악하고 있다. 해로운 관계를 견뎌낸 사람들에게 미치는 영향을 논의할 때 나는 '적대적 관계 스트레스antagnistic relational stress'라는 용어로 그들의 경험을 설명한다. 이 개념은 해로운 행동을 광범위하게 포괄하고 있기에, 정신 건강 전문가들은 의심 증상에 대해 단순히 나르시시즘으로 분류하는 것보다 이 개념을 선호한다. '적대적'이라는 용어도 덜 경멸적이고 포괄적인 개념으로, 특히 다른 전문가에게 이러한 패턴에 대해 가르칠 때 사용하는 용어이기도 하다. 나르시시즘에 관련된 특성(예: 상대를 교묘히 다루는 조작적 행동, 관심의 갈구, 착취성, 공격성, 이기주의)뿐만 아니라 사이코패스 같은 다른 적대적 성격 유형에서 발견되는 특성도 포함하고 있다. '자기애적 학대narcissistic abuse'라는 개념이 널리 알려졌지만, 이 책에서는 '적대적antagonistic'이라는 용어를 주로 사용하겠다. 이러한 선택은 나르시시즘을 넘어 더 넓은 범위의 해로운 행동을 반영해 이러한 패턴에 대한 포괄적인 이해를 제공하기 위한 것이다.

개인적인 경험이 나를 여기까지 오게 했다. 나는 가족·애인·직장·우정 관계에서 나르시시즘으로 인한 무시, 분노, 배신, 조작, 가스라이팅을 경험한 적이 있다. 내담자들의 고통에 귀 기울이면서, 나 역시 치료를 받고 상담사와 내 고통을 나누면서, 내담자들의 이야기가 내 이야기와 같다는 사실을 서서히 깨달았다. 나르시시즘에 의한 학대 경험은 내 인생과 경력의 방향을 완전히 바꾸었다. 나는 살면서 지나치게 많은 비난을 받았고, 매번 모든 원인이 나에게 있다고 여겼다. 사람들에 대해 긍정적인 기대를 하는 것 자체가 비현실적이라고 생각했다. 나를 있는 그대로 보여주지 못했고, 내 의견은 말할 가치가 없고, 주목받을 가치도 없다고 느꼈다. 이러한 두려움은 성인이 되어서도 성공, 사랑, 행복을 누릴 자격이 없다는 느낌으로 변했다. 눈이 번쩍 뜨이는 깨달음의 순간이나, 내 생각을 바꿀 만한 중요한 인간관계는 단 한 번도 찾아오지 않았다.

자기애적 학대는 내 인생에서 다양한 인간관계와 형태로 일어났기 때문에, 나는 늘 내가 문제라고 생각했다. 대학원에서 자기애적 학대에 대해 배운 적이 없었기 때문에 이 혼란스럽고 학대적인 행동이 무엇인지 명확히 경험하기 전까지는 알 길이 없었다. 몇 년 동안 슬픔에 잠기며, 반추와 후회 가득한 세월을 되돌리길 바라기도 했다. 내가 사랑하는 가족과 주변인들을 나르시시스트로 바라본 것에 대해 죄책감을 느끼며, 나 스스로 의리 없는 인간이라 느꼈다. 그러면서 나는 서서히 인간관계에서 경계를 설정하며, 정서적 학대자들의 행동이 바뀌지 않을 것이라고 단정 짓고 현실 그대로를 받아들였다.

내 삶에서 이러한 적대적인 사람들을 변화시키려는 시도를 멈추고, 그들한테서 거리를 두기 시작했다. 이 과정에서 한때 가까웠던 인간관계를 잃었고, 가족 간의 의리와 사회적 규범을 중시하는 전통적인 가치와 현대의 인간관계 유지 방식 사이에서 손가락질 당하기도 했다. 하지만 이제 나는 확실히 안다. 내게 대못을 박는 정서적 가해자들과 오랜 시간을 보내면, 속이 썩어 문드러져 회복 불가인 것을.

약 20년 전, 외래 진료실에서 간호사, 의사 그리고 그곳의 모든 직원에게 피해를 주는 특정 환자들을 연구 관찰하는 프로그램에 감독으로 참여했었다. 당시 조교들은 현장에서 자격지심, 통제력 상실, 경멸감 그리고 오만한 행동으로 민폐를 끼치는 환자들을 관찰 및 기록했다. 나도 현장에서 상황을 관찰하면서, 성격, 특히 자기애와 적대감이 건강에 어떤 영향을 미치는지에 대해 깊이 고민하게 되었고, 이를 주제로 한 연구 프로그램을 시작하게 되었다.

그즈음 나는 운 좋게도 이러한 정서적 학대 관계를 겪은 수천 명의 이야기를 들을 수 있었다. 그런데 안타깝게도 피해자들에게 그들의 애인, 가족, 친구, 동료, 심지어 치료사들마저 그들을 비난하거나 핀잔을 주었다고 했다. 너무 예민한 건 아닌지, 충분히 관계 회복을 위해 노력을 안 한 것은 아닌지, 왜 이렇게 불안한지, 용서하는 마음이 부족한 건 아닌지, 관계를 너무 질질 끄는 건 아닌지, 그렇게 관계를 쉽게 정리해도 되는 건지, 상대를 '나르시시스트'라고 하는 건 가혹한 판단이 아닌지, 그리고 상황을 더 명확하게 설명해야 하는 건 아닌지 등이었다.

일부 심리치료사 교육 프로그램에서는 애증 어린 가족이나 관계 문제로 찾아오는 내담자들, 혹은 조종당하는 관계로 힘들어하는 내담자들이 단순히 심각하지 않은 문제에 대해 '징징내는 경우'일 수 있다고 가르친다는 내용을 읽은 적이 있다. 자기애적 성격과 그에 대한 치료에 관한 문헌은 풍부하지만, 나르시시스트와 관계하고 있는 사람들의 경험, 혹은 치료를 통해 그들을 지원하는 방법을 다루는 자료는 현저히 부족하다. 이미 정신건강 커뮤니티에서 이러한 관계의 해로움에 대한 인식이 널리 퍼져 있는데도 이 정도 격차가 존재하는 것이다. 결국 나는 이러한 현실에 대해 변화를 일으켜야 한다는 다짐 끝에, 현실에 대한 분노를 교육으로 승화하기로 했다. 내 교육의 목적은 자기애적 학대로 현재 고통받거나 고통에서 벗어난 이들, 나아가 임상 전문가들에게 그들이 알아야 할 내용을 전달하는 것이다.

내가 상담한 내담자들은 다양한 상황에 있었다. 수년에 걸친 이혼 절차에서 심신이 피폐해진 경우, 사내 괴롭힘과 학대에 대해 문서로 보고했지만, 회사 경영진의 의심을 받았고, 직장 내 가해자가 해고당하지 않고 다른 지역의 새로운 직위로 발령을 받은 경우, 가족과의 관계에서 나름의 경계를 설정하자 가족에게서 의절을 당한 경우, 조부모가 성인 자녀들에게 상처를 줬다는 이유로 자신의 손주들을 볼 수 없게 된 경우, 자신의 나르시시스트 형제자매들이 노부모의 재산을 강제로 빼앗은 경우, '비수인적invalidating(중요한 타인에게 개인의 사적 경험과 반응이 무시되거나 수용되지 못하는 상황. "에이, 너 지금 슬픈 거 아냐!", "왜 그런 걸로 화가 나?"와 같은 반응. 아동기에 이런 환경에 놓이면 경계성 성격 장애와 같은 감정 조절의 어려움이나 고통을 감내하길 어려워함-옮긴이)' 유년 시절을 겨우 극복하고 성인이 되어서도 비수인적 환경이 똑같이 펼쳐지는 경우, 나르시시스트 친구가 자기 뜻대로 되지 않으면 상대에 대해 온라인에서 비방 활동을 벌이는 경우, 그리고 나르시시스트 부모가 임종 직전까지도 자녀를 조종하려는 경우 등이다.

내가 한때 속해 있던 조직에서는 주로 소통 방식이 '가스라이팅'이었다. 그 결과 조직에서 가장 갑질이 심한 사람들이 기세등등한 채로 유유자적해 있으면, 유능한 인재들이 궂은일을 감당해야 했다. 개인적으로 로스앤젤레스의 특정 거리와 지역은 당시 고통스러운 기억을 떠올려서 내가 의식적으로 피하는 곳이기도 하다. 당시의 정서적 학대가 내겐 여전히 트라우마로 남아 있다. 한번은 나의 안전이 위협받는 상황에 직면하여 직장을 그만두게 된 적도 있었다. 가족에게 더 이상 고통을 견딜 수 없을 것 같다고 말했을 때, 남들 시선을 생각해서라도 계속 붙어 있으라는 말을 듣기도 했다. 이렇게 산전수전 다 겪다 보니, 이젠 새로운 사람을 신뢰하기가 어렵고 신뢰하는 데 상당한 시간이 걸리는 것 같다.

기억하라. 당신 곁에 있는 사람에게 내재된 나르시시즘은 '당신과 관계를 맺기 훨씬 전부터' 존재한 성격적 특성이고, 그 사람과 관계를 끊은 후에도 이어질 것이다. 자기애적인 사람과의 관계는 당신을 긍정적으로 변화시킬 수도 있다. 괴로운 순간도 많겠지만, 이러한 변화를 통해 성장과 새로운 관점, 관계에 대한 통찰력이 향상될 수 있다. 그리고 이 관계에서 벗어나는 순간, 자신의 진정한 자아를 재발견하고 포용하며 그 진정성을 세상에 드러낼 수 있다. 전통적인 상담치료에서는 종종 내담자가 관계 내에서 자신의 역할과 책임을 이해하도록 돕고, 문제 상황을 새로운 각도에서 바라보도록 유도하는 데 중점을 둔다.

그러나 이러한 접근 방식은 나르시시스트와 내담자가 맺은 관계의 불균형, 즉 정신적 갑을 관계를 설명하지 못하기 때문에, 효과가 크지 않을 수 있다. 상대가 자신을 조종하고 자신의 정체성을 무시할 때, '언젠가는 바뀌겠지'라는 기대는 비현실적이다. 그 사람을 다른 시각으로 보려고 노력하는 것으로는 충분치 않다. 이제부터는 어떠한 행동이 용납할 수 없고 해로운 행동인지 정확히 파악해야 한다.

이 책을 통해 독자들에게 꼭 전달하고 싶은 메시지가 있다. 자기애적 패턴과 행동은 실제로 변하지 않는다. 얼마나 힘든지 다른 사람들이 모른다 해도, 그에 대한 책임은 피해자 자신의 몫이 아니라는 점을 기억하라. 단순하지만 심오한 진리 —'당신 잘못이 아니다'—를 마음에 새기길 바란다.

나르시시즘의 개념과 그것이 인간관계에 미치는 영향을 이해하면서 몇 년 만에 처음으로 자신이 정상이라고 느꼈다는 사람들이 세계적으로 늘어가고 있다. 이 책은 나르시시즘 증상이 있는 사람들을 비판하기보다 그러한 사람들과 관계를 맺고 있는 이들이 상대의 건강하지 않은 행동과 패턴을 인식하고 해결하는 데 초점을 맞추고 있다. 관계에는 긍정적인 측면과 부정적인 측면이 모두 존재할 수 있음을 인정하고 불구덩이에서 한 발짝 물러설 수 있도록 힘을 실어준다는 취지다. 나르시시즘을 이해한다고 해서 복잡한 관계를 단절하는 것이 아니라, 오히려 자기애적인 사람들과 상호 작용할 수 있는 새로운 방법을 알게 될 것이다.

나르시시즘으로 인한 정서적 학대를 당하는 사람들이여, 정체성, 욕구, 꿈을 인정받고 표현할 수 있는 인간의 기본적 권리를 누려라. "내 잘못이야, 내가 변해야 해"라는 자책을 내려놓자. 사랑하는 사람의 해로운 행동을 재평가하는 것으로 생각을 전환하라. 그리고 그러한 상대의 행동을 변화시키는 것은 당신의 통제 범위를 벗어난다는 사실을 직시하라. 마치 집안의 전등을 켜고 가스 불, 즉 가스라이터gaslighter('가스라이팅을 하는 주체'로도 번역된다-옮긴이)를 끄는 것과 같다.

이 책은 나르시시스트와의 '비수인적' 관계, 즉 무시당하고 인정받지 못한 서러움을 견뎌내고 있는 사람들을 위해 쓰였다. 따라서 나르시시스트 자체가 아니라 치유의 여정에 초점을 맞추고 있다. 처음에는 나르시시즘에 대한 이해를 돕기 위해 나르시시즘의 개념을 다루지만, 주된 초점은 당신을 '위한' 그리고 당신에 '관한' 경험 그리고 상처를 회복하는 것에 맞춰져 있다. 사냥꾼이 아닌, 그 먹잇감인 '사자'가 전하는 이야기다. 나르시시스트가 삶에 미치는 영향을 강조하고 존엄성, 통찰력, 연민, 회복력을 갖춘 치유로 안내하는 이야기다. 나의 머리 그리고 가슴으로 쓴 책이다.

나르시시스트와의 관계에서 벗어나는 것은 종종 결말처럼 느껴지지만, 사실 중요한 새 장의 시작이다. 나르시시스트와의 관계에서 벗어나 진정한 나를 포용하고 표현할 수 있는 나만의 이야기가 시작되는 순간이 바로 치유가 시작되는 곳이기 때문이다.

목차

2부.
기억하라, 당신 잘못이 아니다

1부

우리는 왜 막돼먹은
나르시시스트에게 끌리는가

1장

나르시시즘에 빠진 사람들
제대로 알기

걸핏하면 무한한 자유를 갈망하는 사람은 그 꿈이 사라지면 혐오와 분노에 쉽게 빠질 수 있는 사람이기도 하다.

— 조너선 프랜즌Jonathan Franzen (소설가)

카를로스는 동네 이웃을 다 돕는 착한 남자다. 병든 노모의 수발을 자처하는 효자인데다, 짧게 만나고 헤어진 전 여자친구 사이에서 태어난 그의 아들과 매우 가깝게 지내며 아빠 노릇도 잘한다. 장난감이랑 축구를 좋아하는 자칭 '키덜트'이기도 하다. 현재 동거하고 있는 오래 사귄 여자친구를 비롯한 주변 사람들은 하나같이 카를로스가 공감 잘하는 사람, 남들에게 애정 넘치는 사람이라고 한다. 사람들의 생일은 가끔 잊고 지나치기도 하지만, 상대의 면접 보는 날은 잊지 않고, "면접 잘 봐! 화이팅!"이라고 문자를 보낼 만큼 섬세하다. 그런데 한번은 주말에 친구들이랑 뮤직 페스티벌에 놀러 갔다가 필름이 끊길 정도로 술을 마신 뒤, 다른 여자와 키스하고 말았다. 정신을 차린 후, 그는 머리를 잡아 뜯으며 후회하며 비통해했다. 그러고 나서는 집에 들어와, 여자친구에게 거짓말하기 싫어서 잘못을 이실직고 고백했다. 그랬더니 여자친구가 카를로스의 '나르시시즘narcissism(자기애성 성격 장애. 자기 자신에게 지나치게 집착하고, 자기 자신을 과대평가하는 성향을 말하며, 타인에 대한 공감 능력이 부족할 수 있다-옮긴이)' 문제에 대해 쉴 새 없이 여러 SNS에 글을 올렸다.

또 다른 사례다. 조안나와 아담은 이제 결혼한 지 5년이 되었다. 아담은 근면 성실하지만, 지금은 하는 일이 잘 안 풀리는 상태다. 그래서 조안나는 자신이 돈을 벌며 외조를 할 테니 남편은 본인이 진정으로 하고 싶은 일을 찾도록 계속 응원해 주었다. 조안나가 아담에게 반한 모습은 그의 자기 절제력, 변치 않는 뚝심 그리고 직업관이었는데, 그녀가 일하기 시작하면서부터 그런 모습은 온네간네없었다. 아내의 일을 대수롭지 않게 여기기 일쑤였고, 아이를 유산하고 비통해하는 아내에게 오버 좀 그만하라고 했다. 아내가 집안일 좀 도와달라고 하면 짜증부터 내면서, 그녀가 가사 도우미를 쓰기라도 하면 돈 낭비라고 했다. 아내는 저런 걸 남편이라고 데리고 살아야 하는지 생각하며 실망감이 커져만 갔다. 그녀가 친구나 가족이랑 시간을 보내고 싶다고 하면, 불만을 드러내며 그녀의 친구들을 '기생충', 그녀의 가족을

'고리타분한 종족'이라 무시하며 그녀의 마음에 대못을 박았다. 그런 그는 자신의 시간은 무엇보다 애지중지하게 여겼다. 한편, 그는 아내의 생일이나 기념일을 잘 챙기면서 자기 분수도 모르고 과하게 선물을 준비하는 남편이었다. 그녀는 남편이 꿈을 못 이뤄서 힘들어하는 걸 보면서 죄책감도 느끼고, 그의 공감 능력이 부족한 건 그의 삶이 원하는 대로 안 풀리기 때문이라고 생각한다. 그렇다고 식기세척기에서 설거지가 끝난 그릇들을 옮겨놓는 것 정도는 할 수 있는 것 아닌가? 차라리 매년 생일 축하한답시고 그렇게 난리를 칠 것이 아니라, 그릇을 정리하고 친구들에게 친절하게 대하는 것이 어떤 기념일 선물보다 더 소중할 수도 있다고 생각한다.

자, 이제 퀴즈를 내보겠다. 두 사람 중에서 누가 나르시시즘에 빠질 가능성이 더 크다고 생각하는가? 경솔한 행동을 한 카를로스인가, 아니면 화가 가득한 아담인가?

요즘 '나르시시즘'이라는 말이 자주 들린다. 그런데 완전히 잘못 이해하고 사용하는 것 같다. "거울을 보며 자기애에 빠진 허세꾼 아닌가?"라고 단정하는 사람들도 있다. 나르시시즘은 그 이상이다. 나르시시즘에 빠진 사람이 당신의 연인이라면 어떨까? 함께 있으면 즐거울 때도 많지만, 당신을 감정적으로 학대하는 사람일 것이다. 직장에서 마주하는 상사가 그렇다면 어떨까? 당신의 동료들이 보는 가운데 당신을 꾸짖는 이기적이고 독단적인 사람일 것이다. 그런데 공교롭게 당신은 그 사람의 업무

능력을 매우 존경할 가능성이 크다. 당신의 부모가 나르시시즘에 빠진 부모라면? 어렸을 때 당신의 축구 경기를 보러 오던 부모지만, 당신이 성공하는 모습에 질투를 느낀다. 한편, 나르시시즘에 빠진 친구는 평생 피해의식을 안고 살며, 당신과 대화할 때 자기 얘기만 늘어놓는다. 열세 살 때부터 친구로 지냈지만, 당신이 어떻게 살고 있는지 관심을 보인 적은 단 한 번도 없었다. 이렇게 단편적인 여러 사례를 소개했지만, 나르시시즘의 복잡성을 표현하기엔 턱없이 부족하다. 여러분 자신도 자기애적인 사람과 한 번 이상 관계를 맺어본 적이 있을 것이며, 전혀 인식하지 못하고 넘어갔을 수 있다.

그렇다면 나르시시즘이 무엇인지, 나르시시즘이 아닌 것은 무엇인지, 나르시시즘을 이해하는 것이 정말 중요한지는 어떻게 파악할 수 있을까? 이 장에서는 나르시시즘에 대한 오해를 살펴본 후 그 개념을 바로잡을 것이다. 단, 나르시시즘에 대해 명확히 알면, 오히려 상황이 더욱 복잡해질 수도 있음을 파악하게 될 것이다.

나르시시즘이란 무엇인가?

나르시시즘은 대인관계에 적응하지 못하는 성격의 한 유형으로, 경증에서 중증, 내현성에서 외현성에 이르기까지 다양한 방식으로 나타나는 광범위한 특성과 행동 패턴을 포괄한다. 나르시시스트는 자기중심적이면서 자만한 사람 혹은 자기중심적이면서 자격지심이 있는 사람과 구분된다. 후자에 비해 나르시시스트의 경우, 이러한 특성이 지속해서 나타나고 압도적으로 빈번하다는 점에서 다르다. 즉, 표면적으로 드러나는 행동만으로 누군가가 나르시시스트라고 단정할 수는 없다.

또한 나르시시스트들이 자기 행동과 기질에 대해 방어 기제로 사용하는 맥락을 파악해야 한다. 나르시시즘의 핵심은 깊은 불안감과 취약성에서 비롯되며, 타인에 대한 지배, 조작, 가스라이팅과 같은 방어 전술로 방어한다는 데 있다. 이러한 전략을 통해 나르시시스트들은 갑의 위치에서 권력을 유지할 수 있다. 이들은 불안정한 공감 능력과 제한된 자기 인식으로 인해 자기 행동이 타인에게 미치는 부정적인 영향을 인식하지 못한다. 따라서 그들이 지닌 이러한 특성 자체에 초점을 둘 필요는 없다. 다만, 이러한 특성이 지속해서 타인에게 어떠한 행동 방식으로 해를 끼치는지 알면 된다.

나르시시즘과 같은 경직되고 상대에 대한 지각력이 떨어지는 성격 유형은 실제로 변화할 수 없다. 따라서 행동의 변화도 쉽지 않다. 나르시시즘은 가벼운 수준부터 심한 수준까지 매우 넓은 범위를 포함하는 스펙트럼을 지니고 있다. 이에 따라 우리는 인간관계에서 다양한 방식으로 이 성격 유형을 경험하게 된다. 특히, 스펙트럼의 중간에 있는 '중등도 나르시시즘moderate narcissism'

이 가장 보편적 유형으로, 그들의 컨디션에 따라 주변 사람들에게 미치는 영향이 다르게 나타난다. 기분이 나쁜 날에는 주변 사람들에게 막대한 피해를 주고, 기분이 좋은 날에는 주변 사람들이 그들의 매력에 깊이 빠져든다. 이 책에서는 '중등도 나르시시즘'을 중심으로 그 특징을 자세히 살펴보고자 한다.

대표적인 특징 몇 가지를 소개한다.

자기애적 공급원*을 필요로 하다

나르시시스트는 자신에 대한 인정과 칭찬을 갈망한다. 이러한 욕구는 그들의 여러 행동을 좌우하는 주된 원인이 된다. 그들이 바라는 것은 높은 사회적 지위, 칭찬, 과도한 인정 그리고 관심이다. 이와 같은 욕구를 달성하는 수단으로는 과시적인 부, 매력적인 외모, 자신의 비위를 잘 맞추는 친구들 그리고 SNS에서의 '좋아요'와 팔로어 수를 늘리는 것 등이 있다. 다양한 형태로 나타나는 타인의 승인이나 인정에 대한 이러한 욕구를 '자기애적 공급원'이라고 한다. 나르시시스트는 자신이 마땅히 받아야 한다고 생각하는 인정이나 찬사를 받지 못하면 기분이 크게 악화할 수 있다. 짜증을 내고, 분개하고, 변덕스럽고, 화를 내기도 한다. 따라서 주변 사람들은 나르시시스트에게 '자기애적 공급

---

* 자기애적 공급원Narcissistic Supply: 인정과 칭찬과 같은 자기애적 공급원 또는 자기애적 자원-옮긴이

원', 즉 칭찬과 인정의 언행을 제공해야 한다. 극도로 노한 모습을 보기 싫으면 말이다.

자기중심적이다

나르시시스트에게 우주의 중심은 그들 자신이다. 평범한 이기심 때문이 아니다. 다른 사람을 깎아내리면서 자신의 욕구를 충족시키려는 뿌리 깊은 이기심 때문이다. 예를 들어, 이기적인 사람이라면 자신이 가고 싶은 식당을 선택하는 것으로 만족하겠지만, 나르시시스트는 자신이 원하는 식당을 선택하는 것뿐만 아니라, 상대가 음식을 판단할 능력이 부족해서 자신이 선택해야 했다고 주장할 것이다. 결국, 이들은 모든 관계에서 자신의 필요와 욕구를 항상 최우선으로 여긴다.

일관되게 감정 기복이 심하다

나르시시즘은 일관적으로 드러나는 편이다. 그러나 감정 기복이 강하기 때문에 일관적이지 않은 성격으로 보일 수 있다. 자신이 상황을 잘 통제하고 있다고 느끼며, 충분한 인정과 칭찬—'자기애적 공급원'—을 받고 있을 때—예를 들어, 일이 잘 풀리고 있거나 칭찬을 받으며, 새롭고 재미있는 관계에 있거나, 차를 새로 뽑았을 때—그들은 덜 적대적이고 더 유쾌한 태도를 보일 수 있다. 안타깝게도 그들에게 자기애적 공급원은 금방 싫증나기 때문에 항상 더 새롭고 더 나은 것을 요구한다. 어느 날

오후, 나는 나르시시스트 직장 동료와 함께 일을 하고 있었는데, 그는 이렇게 말했다. "오늘 모든 게 일사천리로 잘 풀리네. 큰 거래 계약도 하나 성사하고 기분 너무 좋은데? 아무리 봐도 나는 정말 최고 같아. 매번 홈런을 날리는 것 같지 않아?" 그런데 같은 날 저녁, 내게 보낸 문자에서는 "열받아 죽겠어. 왜 이렇게 억울한 일만 생기지?"라고 했다. 나중에 알고 보니까, 새로 사귀게 된 사람이 연락해서 저녁 약속 날짜를 다른 날로 잡자고 했다는 것이다.

감정이 변하는 속도가 이렇게도 빠르다니 놀랍지 않은가.

평정심 없이 들뜬 상태다

자기애적인 사람들은 마음이 주로 들떠 있다. 새롭고 긴장감 넘치는 경험을 끊임없이 추구하는 경향 때문이다. 평정심 없이 들뜨고 불안한 상태에서는 불륜, 잦은 애인 교체, 과도한 지출, 광적인 활동을 감행하기도 한다. 환경이나 활동이 지속해서 관심을 끌고 흥미를 유발하지 않으면 지루함을 느끼거나 금방 실망하고 심지어 경멸하는 경향도 있다.

과대망상(과대성)이 두드러진다

나르시시즘의 두드러진 점에는 '과대망상'이 있다. 자신이 세상에서 중요한 인물이라는 과장된 믿음을 갖고, 이상적인 사랑이나 현재 혹은 미래의 성공에 대한 환상을 추구하는 특징을 나타낸다. 나르시시스트는 자신이 다른 사람들보다 우월하다고 느끼고, 사람들은 모르는 자신만의 독특함과 특별함을 강하게 믿는다. 이러한 과대망상은 자신이 타인보다 우월하다고 여기는 신념에서 비롯된다. 대부분의 경우 나르시시스트에게는 자신의 신념을 입증할 증거가 거의 없거나 전혀 없지만, 이들은 자신의 태도가 타인에게 불편함이나 해를 주더라도 아랑곳하지 않고 자신의 신념을 고집한다. 이런 이유로, 그들의 신념을 '망상적'이라고 칭할 수 있다.

여러 가면을 바꿔 쓴다

나르시시스트는 여러 가면을 쓰고 있다. 매력적이고 재치 있고 카리스마 넘치는 모습 또는 적어도 정상적이고 통제된 것처럼 보이는 모습으로 있다가도, 어느 순간 학대적이고 변덕스럽고 화를 내며 돌변한다. 상황이 유리할 때는 자존감이 높지만, 어려움에 직면하면 금세 외부 환경을 탓하고 자신을 피해자로 간주한다. 옆에서 지켜보는 사람들은 이들이 어떤 가면을 쓰고 그들을 대할지 예상하기 어렵다. 자신감 넘치고 즐거운 나르시시스트가 될지, 우울하고 자기 연민에 빠져 분노하는 나르시시스트가 될지 가늠이 안 된다. 이러한 모습을 보는 것만으로도 불편하고 머리가 지끈지끈해 온다. 온몸이 오싹해지는 롤러코스터를 타는 기분이다.

특권 의식이 강하다

특권 의식은 나르시시즘에서 나타나는 주요 패턴이자, 가장 문제가 되는 형태다. 나르시시즘 이론에서는 특권 의식을 이 성격 유형의 핵심 요소로 보며, 나르시시즘과 관련된 다른 모든 관계 역학과 연결되어 있다고 설명한다.[1] 나르시시스트는 자신을 특별하게 여기고, 특별한 대우를 받을 자격이 있다고 믿는다. 또한 자신과 같은 특별한 사람들만이 자신을 진정으로 이해할 수 있다고 생각하고, 일반적인 규칙이나 책임이 자신에게는 적용되지 않는다고 생각한다. 자신은 너무나 특별한 사람이니 말이다. 그러고는 '오직 평범한 사람들을 위한 것'이라고 여기면서, 쓴소리를 들으면 반발하며 강하게 화낸다. 규칙을 준수하는 건 평범한 사람들이나 하는 것이라는 생각이다. 특권 의식이 가득한 나르시시스트는 언제든지 원하는 대로 말하고, 행동할 권리가 있다고 생각한다. 특권 의식을 장착한 그들은 자신의 특별함을 발휘할 수 있는 현실을 만들어 간다. 그러니 자신이 VIP처럼 대우받지 않는다고 느낄 때 분노가 솟구칠 수밖에 없다.

대부분의 사람은 자기 주변이나 곁에 있던 나르시시스트 때문에 불편했던 기억을 떠올릴 수 있다. 한 여성 내담자는 내게 남편이 식당에서 자기 뜻대로 되지 않을 때 종업원에게 언성을 높이고 핏대를 세우며 소리칠 때 수치심을 느낀다고 얘기했다. 남편이 이렇게 분위기를 싸하게 만들고 나면, 그녀는 부끄러움에 주변 사람들과 최대한 눈을 마주치지 않도록 고개를 숙이는 데 이골이 났다고 했다. 안타깝게도 그녀는 남편을 말리지 않은 자신이 '공범'처럼 느껴졌지만, 그렇다고 남편을 말리기라도 하면, 집에 돌아가서 며칠 동안 남편의 화 혹은 침묵 유세를 견뎌야 했다.

내면은 항상 불안정하다

나르시시즘의 또 다른 기본적인 특징은 불안감이다. 나르시시즘은 자존감이 높거나 낮은 것과는 무관하다. 다만 자기 평가가 정확하지 않고 부풀려져 있으며 심리 상태가 오락가락한다. 자신의 언행이 다른 사람에게 미치는 영향을 이해하는 능력이 부족하므로 항상 마음속 깊이 자신은 완벽하지 않은 사람이라는 느낌을 안고 있다. 어떻게 자신에 대해 그토록 확신이 넘치는 사람이 동시에 이렇게 불안정할 수 있을까? 나르시시즘의 특징인 과대망상, 특권 의식, 거만함, 카리스마 등은 사실 나르시시스트의 취약한 내면을 보호하기 위한 방어 기제로 작용하는 방어용 갑옷 같은 것이다. 연약한 정신을 감쌀 수 있는 일종의 '슈퍼 히어로' 망토와 같은 것이다.

비판에 예민한 성격이다

나르시시스트는 다른 사람을 비판하는 데 능숙하지만, 자신에 대한 비판에는 매우 예민하다. 사소한 비판이나 피드백이라도 들으면 빠르고 격렬하게 과도한 반응을 보이는 경우가 많다.

특히 그들에게 비판을 가한 사람을 훨씬 더 심하게 비판하는 방식으로 응수하는 경향이 있어 상대는 당황스러울 수 있다. 겉으로 드러내지는 않지만, 사실은 누군가에게 모든 게 잘될 거라는 위로와 확신을 받고 싶은 깊은 욕구 때문에 조금이라도 쓴소리에 발끈하는 것이기도 하다. 그들의 자신감 넘치는 모습 이면에는 마음의 안정을 갈구하는 마음이 숨겨져 있다.

그런데 그런 나르시스트를 위로하는 일에는 섬세한 주의가 필요하다. 너무 노골적으로 그들의 기분을 풀어주려 하면, 자신의 약점이 드러난 것으로 받아들여 화를 낼 수 있기 때문이다. 나는 겉으로 드러나는 모습에 집착하는 한 여성과 같이 일한 적이 있었다. 그녀는 집에서 자신의 생일 파티를 열기로 하고, 집을 아름답게 꾸미기 위해 온갖 노력을 기울이면서 가족에게도 여러 허드렛일을 시키며 부담을 주었다. 주변 사람들의 금전적 혹은 시간적 제약은 거의 고려하지 않았다. 가족들이 직장 업무, 어린 자녀, 질병 또는 생활로 바빠서 도와주는 것을 소홀히 하기리도 하면, 자신을 '엿 먹이려는 것'이라고 생각하면서, 아무도 자신을 알아주지 않는다고 불평했다. 그녀의 아들은 그녀를 안심시키려고 노력했다. "걱정 마세요, 엄마. 저희가 엄마 생일에 딱 맞춰서 엄마가 좋아하는 케이크와 아이스크림, 선물과 푸짐한 저녁 식사를 준비할 테니까요. 최고의 생일이 될 거예요." 그러자 그녀는 "내가 무슨 여섯 살짜리 꼬마냐? 나를 정신병자 대하듯 하지 마"라고 맞받아쳤다. 자기애적 성향을 보인 사람들의 행동은 복잡하다. 비판에 민감하게 반응하고, 깊은 위로가 있어야 하며, 자주 자신이 피해자라고 느낀다. 또한 자신의 약점이 드러나면 부끄러움과 함께 분노를 느끼기도 한다. 이런 패턴은 자기애적 관계의 본질, 즉 '나르시시스트를 꺾을 수 없다'라는 결론을 상기시킨다.

감정 조절이 힘들다

나르시시스트는 자신의 감정을 제대로 다루지 못한다. 감정을 느끼는 그대로 표현하는 것이 수치스럽고 약점을 까발리는 듯하여, 감정 자체를 조절하지 못한다. 나르시시스트는 결코 "내가 지금 불안한 것 같아. 허풍이라도 떨면서 불안을 가리려고 해"라는 말은 하지 못할 것이다. '내가 어떻게 하면 너에게 상처를 입힐까?'를 깊게 고민하지도 않는다. 그들이 욱하고 감정을 터뜨리거나 욕설하는 것은 가공되지 않은 날것 그대로다. 그래서 자신의 충동적 언행에 대해 누군가가 가볍게 핀잔을 주거나 대놓고 잔소리하면 자신의 약점이나 불완전함이 드러나는 것에 대한 수치심을 느낄 수 있다.

이런 상처받은 자존심 때문에 제3자 혹은 상황을 탓한다. 이를 통해 긴장을 낮추고, 자존심을 지키며, 무엇보다 자신을 안전하게 보호하고자 한다. 자기 행동이 다른 사람에게 어떤 영향을 미칠지 잘 모르는 경우도 많다. 공감 능력도 없는 상태에서 충동적으로 행동하기 때문에, 자신의 화가 다른 사람에게 상처를 줄 수 있다는 사실을 가늠하지 못한다. 그들에게 "문제 원인은 너에게 있어"라고 말한다면, 영혼 없는 사과를 한 후 짜증만 낼 것이다.

늘 통제권을 원한다

나르시시즘 성향을 지닌 사람들은 지배적 위치, 지위, 통세, 권력, 눈에 띄고 싶은 열망에 이끌린다. 소속감, 친밀감 또는 가까운 관계에 대한 욕구로 마음이 흔들리지 않는다. 따라서 어떤 관계에서든 늘 통제권을 갖고 싶어 한다. 누군가가 그들과 깊은 정서적 유대감이나 친밀감을 맺고 싶어 다가간다면, '동상이몽'은 불 보듯 뻔하다. 나르시시스트에게 관계는 주로 자신의 이익과 즐거움을 위한 것이다. 관계 유지에 필요한 '주고받기give-and-take' 혹은 상대가 무엇을 필요로 하는지에 대해서는 관심이 없다.

전략적으로 공감을 한다

엄밀한 의미에서 자기애적인 사람들이 공감 능력이 없는 것은 아니다. 대신 공감의 형태가 얕고 일관성이 없는 경향이 있다. 그들은 '인지적 공감cognitive empathy'을 통해 공감을 개념적으로 이해하고, 누군가가 특정 감정을 느끼는 이유를 파악한 후, 자신이 원하는 목표를 얻기 위해 공감한 내용을 자신에게 유리하게 활용할 수 있다. 하지만 자신의 목표가 달성되거나 흥미를 잃으면 공감 반응이 줄어드는 경우가 많다. 자기애적 공감은 피상적일 수도 있으며, 자신의 이미지를 개선하거나 누군가를 매료시키기 위한 수단 혹은 다른 사람에게서 무언가를 얻어내려는 의도로 사용될 수 있다. 따라서 '이 사람이 공감할 줄 아는 사람이구나'라고 느낄 수 있지만, 그것도 자신의 목표 달성을 위한 전략임을 알게 되면 씁쓸한 감정이 들 것이다.

나르시시스트는 자신이 안정감을 느끼며, 인정과 칭찬과 같은 '공급원'을 충분히 받고 있다고 느낄 때, 공감 능력이 올라가는 경향이 있다. 휘파람을 불며 기분 좋게 퇴근한 나르시시스트는 맞벌이하는 배우자가 직장에서의 힘든 일을 얘기할 때 마음을 다해 공감하며 "별일 없이 해결될 거야"라며 용기를 준다. 일주일이 지난 후, 배우자는 '지난주에 내 고민을 잘 들어줬으니, 이번에도 고민을 털어놓고 싶다'라고 생각할 수 있다. 그런데 막상 얘기를 꺼내 보면, 지난주의 모습은 온데간데없는 반응을 보이며 마음을 전혀 헤아려주지 못할 수 있다. 오히려 "왜 자꾸 일에 대해 징징대고 난리야? 들어주는 것도 지겨워"와 같은 반응이 나올 수 있다.

타인에 대해 경멸한다

나르시시스트는 자기 주변 사람들을 필요로 하지만, 자신에게 누군가가 필요하다는 사실에 분개한다. 누군가가 필요하다는 느낌이 들 때, 그들이 갑의 위치에 있다는 생각에 몸서리치기 때문이다. 자신이 다른 사람에게 의존하고 있다고 생각하는 것 자체를 용납할 수 없다. 따라서 타인과 그들의 감정, 취약점 그리고 욕구를 경멸하게 된다. 이런 경멸은 나르시시스트가 다른 사람의 취약점을 볼 때, 그것이 자기 내면의 불안과 연약함을 반영하는 거울로 작용하기 때문이다. 그래서 타인을 이해하고 포용하기보다는, 자신의 약점을 상기시키는 모든 것을 멸시하게 된다. 이 경멸은 직접적으로 나타나기도 하지만, '수동 공격성 passive-aggressive(적대감을 간접적으로 표현하는 기질-옮긴이)' 비난이나 농담의 형태로 표현되기도 한다.

수치심으로부터 자기를 보호한다

투사projection는 나르시시즘에서 나타나는 흔한 패턴이다. 자아를 보호하기 위해 무의식적으로 작동하는 방어 기제로, 죄의식이나 열등감과 같은 자신의 용납할 수 없는 측면을 다른 사람에게 돌림으로써 부정하게 한다. 예를 들어, 거짓말을 하고 나서 그것을 시인하는 것이 아니라, 오히려 다른 사람이 거짓말을 한다고 비난하는 식이다. 이때, 자기애적 '투사자'는 심리적으로 자신의 나쁜 행동을 다른 사람에게 떠넘긴 후 계속해서 자신이 정직하다고 생각하게 된다. 나르시시스트는 자신의 성격과 행동에서 부끄러운 부분을 다른 사람에게 투사함으로써 자신에 대한 과대평가를 유지하고 수치심에서 비롯된 불편감을 방지하여 자신을 보호한다. 따라서 이러한 나르시시스트의 상대는 어이없을 것이다. 나르시시스트 본인의 해로운 행동을 상대에게 뒤집어씌

우니 황당해서 말이 안 나올 것이다(예: 함께 커피숍에 갔는데, 갑자기 뜬금없이 상대에게 "바리스타랑 썸 타냐?"라며 버럭 화를 내는 식이다. 오히려 상대 몰래 바람을 피우고 있는 것은 본인인데 말이다).

숙련된 변신술사다

나르시시스트가 특권 의식, 격노, 조종, 무시를 일삼는다면 왜 우리는 이러한 행동을 조기에 발견하고 칼같이 관계를 끊어 버리지 못할까? 다른 사람들의 마음과 시선을 사로잡는 능력자이기 때문이다. 나르시시스트는 매력적이고, 카리스마와 자신감이 넘치고, 호기심이 많으며, 신뢰할 만하고 지적이기 때문이다. 오만함은 비호감이라고 간주할 수 있겠지만, 오만함과 자신감 이면에는 그것을 뒷받침할 수 있는 실력이 있다고 전제하는 경우가 많다. 또한 똑똑하거나 성공한 사람들의 악덕에 면죄부를 주는 것도 비슷한 맥락이다. 사람들은 종종 나르시시즘과 성공을 혼동하기도 해서, 나르시시스트가 주변 사람들에게 해를 가하는 성격 장애자로 바라보는 것이 아니라, 자신감과 추진력이 하늘을 찌른다고 생각한다. 이들은 숙련된 변신술사이자 카멜레온이다. 자신을 위장하여 남에게 다가가 친해진 후에 어느 순간 나쁜 행동을 하는 기묘한 능력을 지닌다.

연속선상에 있는 나르시시즘

나르시시즘을 얘기할 때, '나르시시즘이냐, 아니냐'라는 이분법으로 접근하는 경향이 있다. 만약 나르시시즘의 유무를 명확하게 식별할 수 있다면, 어떻게든 이들을 피할 방법을 알면 그만일 것이다. 그런데 심리학이나 정신 건강 세계에서 그렇게 간단하게 정의할 수 있는 개념은 없다.

현실적으로 나르시시즘은 사라지지 않는 연속성을 지닌다. 경증 나르시시즘은 SNS상에서 피상적인 나르시시스트, 특히 질풍노도의 사춘기 청소년들에게서 나타나는 경우로, 보는 이들에게는 한숨을 자아내지만, 해를 가하지는 않는다. 반면, 중증 나르시시즘에서는 냉담함, 착취, 잔인함, 복수심, 지배력, 심지어 신체적, 성적, 심리적, 언어적 폭력까지 관찰된다. 결국 상대에게 공포감을 조성하며 트라우마를 남길 수 있다. 한편, 양극단 사이에 있는 중등도 나르시시즘은 주변에서 쉽게 경험하는 나르시시즘의 한 형태며 이 책에서 다룰 주제이기도 하다.

사례 하나를 소개하겠다. 25년간 결혼 생활을 이어온 마커스와 멜리사 부부의 이야기다. 아내 멜리사는 다른 사람들의 비위를 맞춰주느라 낑낑대지만 친절하고 상냥한 사람이다. 자신을 다소 비하하는 경향도 있다. 부부에게는 자녀 두 명이 있다. 남편 마커스는 사람들이 보기에는 일 열심히 하는 성실한 사람이자, 동네 활동에서 중심축을 이루는 '핵심 인사이더'다. 그러나 집에서 그는 뭐든 자기 뜻대로, 자신이 원하는 타이밍에 하고 싶어 한다. 가족의 일정은 그의 일정에 맞추어 정해진다. 멜리사는 연봉이 높은 회사에서 바쁜 나날을 보내고 있다. 그런데 남편은 그녀에게 하던 일을 관두고 자신을 내조하는 아내로 있어 주길 바란다. 회사에서 그녀가 없으면 업무가 마비되는 상황인데도, 남편은 이 부분을 "어쩌라고?"하며 크게 신경 쓰지 않는다. 이러한 마찰 속에서도 부부는 행복한 시간과 순간들로 가득 찬 만족스러운 관계를 유지하고 있다. 마커스가 삶에 만족하며 기분이 좋으면, 가족과 함께 등산, 캠핑, 외식을 즐긴다. 온 식구가 그의 눈치를 보며 쥐 죽은 듯 살아가는 삶에 지칠 대로 지친 멜리사는 이혼 변호사를 만나 봐야겠다고 심각하게 고민했다. 그런데 그때 마침, 그는 두 사람의 관계를 회복하는 차원에서 해변으로 휴가를 다녀오자고 제안하는 것이었다. 그녀는 자신이 상황을 오해한 것, 자신이 얼마나 운 좋은 사람인지 깨닫지 못한 것에 대해 자책했다. 그런데 결국 휴가지에서 집으로 돌아온 후에 마커스는 원래의 모습으로 돌아왔다.

증상이 중간 수준인 '중등도 나르시시즘'은 피상적인 경증 나르시시스트에서 나타나는 미성숙하지만 해를 가하지 않는 상태, 그리고 중증 나르시시스트에서 나타나는 공격적이고 해로운 행동 상태의 중간쯤이다. 중등도 나르시시스트는 사람들의 호감을 느끼며 관계를 유지하도록 충분히 긍정적인 경험을 하게 하지만, 고통과 혼란을 야기할 만큼의 부정적인 경험을 선사하기도 한다. 중등도 나르시시스트는 인지적 공감 능력을 갖추고 있다. 그래서 가끔 사람의 마음을 잘 헤아리는 것처럼 보일 수 있다. 또한 스스로 특별한 대우를 받을 자격이 있다고 느끼며 인정받길 바란다. 다소 건방진 편이지만, 그렇다고 위협적일 만큼 거만하진 않다. 또한 위선자의 면모를 보인다. 자신과 남에게 이중잣대를 적용하기두 한다. 원하는 대로 일이 풀리지 않을 때 자신을 피해자로 여기기도 하며, 잘못에 대한 책임을 다른 사람에게 돌린다. 매우 이기적이고, 상대나 제3자에게 해를 끼치더라도 자신에게 이득이 되는 선택을 한다.

중등도 나르시시스트는 자기 행동에 문제가 있다는 것을 인식할 수 있지만, 자제력이나 타인에 대한 공감 능력은 부족하다. 자신의 부적절한 행동을 숨기려는 경향이 있으므로, 주변 사람들이 문제를 파악하기 어렵게 만들어 도움을 받기 힘들 수 있다. 보통은 집에서는 '악마'이고 밖에서는 '천사'처럼 지낸다. 예를 들어, 회의에서는 특정 직원에 대해 동료들 앞에서 칭찬을 아끼지 않지만, 사무실에 단둘이 있을 때는 같은 직원에게 폭언을 가할 수 있다. 공과 사를 구별하며, 가면을 갈아 끼우는 행동은 중등도 나르시시스트에서 전형적으로 나타난다. 공공장소에서 비교적 침착하고 매력적이었던 사람이 사적인 공간에서는 전혀 다른 사람이 되어 있다.

나르시시즘의 여러 유형

나르시시즘에는 여러 유형이 있다. 핵심적인 특성은 같지만, 증상이 나타나는 방식과 주변 사람들에게 미치는 영향은 다양하다. 나르시시즘에 관한 많은 콘텐츠가 자신을 과대평가하는 '과대형 나르시시즘grandiose narcissm'에 초점을 맞추고 있다. 따라서 나르시시즘으로 간주하는 행동과 완전히 일치하진 않지만, 정서적으로 학대하는 성향의 사람이 나르시시스트가 아닌지 의심될 때가 있다. 다음에서 소개하는 여러 특징 중의 하나만 두드러지면, 나르시시스트가 아닐 확률이 높다. 나르시시스트는 이러한 특징들 여러 개가 혼합된 사람이기 때문이다. 또한 심한 정도에 따라 경증, 중등도, 중증으로도 구분할 수 있다. 예를 들어, 경증 공동체적 나르시시스트mild communical narcissist 는 훈계하길 좋아한다. 운동과 건강에 집착하며 긍정적인 사고를 강조하지만, 정작 본인은 친구와 가족에 대해서는 비판적이다. 한편, 중증 공동체적 나르시시스트는 사이비 종교 지도자인 경우가 많다.

과대망상 나르시시즘

나는 서른 살이 되면 억만장자가 될 것이고, 전 세계가 나를 천재로 인정하겠지. 네가 상상도 못하는 어마한 업적을 남길 거야. 나를 가로막는 건 아무것도 없어. 나는 야망이 있고 긍정적인 영감을 주는 사람들과 함께 있는 게 좋아. 이러한 사고방식을 공유하지 않는 사람들과 어울리면 힘이 빠지는 느낌이 들어. 내게 파이팅할 자극을 주는 사람들을 옆에 두는 게 중요해.

과대망상 나르시시즘은 자기애적 특성을 고전적으로 보여주는 유형이다. 이런 사람들은 매력적이고 카리스마가 있으며 관심받는 것을 좋아하고, 성공과 화려함, 유명세를 추구하는 화려한 나르시시스트다. 성공적인 순간에는 매력적으로 보이지만, 실망을 겪을 때 그들의 결점이 명확히 드러난다. 또한 쉽게 분노하고 타인에게 비난을 돌리곤 한다. 그들은 자기만의 환상에 빠져 살기 때문에, 현실에 부딪혀 사는 것 자체가 지칠 수 있다. 과대망상증은 이들이 느끼는 내면의 부족함과 불안을 감추는 방어 기제다. 이들은 망상처럼 보일 정도로 과장된 자기 신념을 확신하지만, 사람들을 끌어당길 만큼 설득력이 있다. 이러한 관계에서 좋은 날과 나쁜 날이 섞여 있는 롤러코스터와 같은 감정의 기복은 상대를 설레고, 지지고, 싶은 혼란에 빠지게 할 수 있다.

피해망상 나르시시즘

난 창업하는 친구들만큼 머리는 좋은데, 인맥도 없고, 아빠가 사업 자금을 대주지도 않았어. 대학에서 쓸데없이 시간 낭비하고 싶지도 않고, 무능한 사람 밑에 들어가 허드렛일을 하고 싶지도 않아. 자기 잘난 맛에 사는 명문대 출신의 사람들을 위해 일하느니, 그냥 백수로 사는 게 낫지. 부모님이 나한테 재정적 지원도 별로 하지 않고, 사업 자금도 마련해 주지 않아서 원망스러워. 충분히 지원만 받아도 내 분야에서 최고의 성과를 낼 수 있었을 텐데 말이야.

피해망상 나르시시스트는 피해의식, 불안, 사회 부적응, 음침함, 우울함, 짜증, 슬픔, 분노로 가득한 유형이다. '내현적 나르시시스트covert narcissist'라고도 한다. 반대 유형은 '외현적 나르시시스트overt narcissist'다. '내현성'과 '외현성'은 행동을 통해 볼 수 있는 패턴과 볼 수 없는 패턴으로 구분한다. 내현적 행동은 자기애적 생각과 감정을 품는 상태지만, 외현적 행동은 고함을 치거나 사람을 조종하는 형태로 명백히 드러난다. '내현적 나르시시스트'는 본인의 실체를 감춘 채, 상대에 감동을 주어야 하는 순간에는 좋은 사람으로 행세한다(본질적으로 나르시시즘을 숨기고 있지만, 자신이 신경 써야 할 대상이 없을 때는 나쁘게 행동하는 사람). 피해망상 나르시시스트는 카리스마 있고 가식적인 허풍으로 나타나는 과대망상과는 거리가 멀지만, '피해자 과대망상'("세상이 내 천재성을 알아주지 않으니 내 능력을 펼칠 기회가 주어지지 않아")과 '피해자 특권 의식'("다른 사람들은 부모님에게서 유산을 상속받아 놀아도 되는데, 나는 왜 일만 해야 하는 거야?")으로 나뉜다.

피해망상 나르시시스트 유형은 상대의 성공은 운이 좋았기 때문이고, 자신이 성공하지 못한 이유는 인생이 자신에게만 불공평하기 때문이라고 생각한다. 또한 만성적으로 불만을 품기도 한다. 늘 삐딱하게 반대 의사를 밝히고 논쟁적일 수 있으며, 그들에게 무엇이든 하라고 요구하는 것은 십 대 자녀에게 빨래를 개라고 강요하는 것처럼 느껴질 수 있다. 또한 버림받음과 거절에 대한 민감성으로 어려움을 겪고 있으며, 끊임없이 희생당하는 분노로 인해 상대를 지치게 만들 수 있다. 피해망상 나르시시스트는 사람들과 함께 있는 자리에서 어색해한다. 자신이 느끼는 걱정과 불안을 보상하기 위해, 상대가 다른 사람들과 잘 어울리거나 좋은 시간을 보내거나 업무적 성과를 이룰 때, 상대를 비하하거나 조롱하는 방식으로 대응할 수 있다. 피해망상 나르시시스트는 카리스마 있고 매력적인 외모를 갖추지 않았기 때문에 치료사를 포함한 대부분의 사람은 그들이 자존감, 불안, 우울증 또는 불운으로 힘들게 살아간다고 판단하게 된다. 하지만 이러한 다른 문제가 해결되더라도 그들의 피해의식은 사라지지 않는다.

공동체적 나르시시즘

나는 더 나은 세상을 만드는 데 힘쓰고 있다. 나는 서민들의 마음을 헤아리고 실질적인 고충을 이해하는 인도주의자다. 솔직히 말해 세상에서 고통스럽게 살아가는 사람들이 이렇게나 많은데, 삶에 대해 불만 가득한 사람들을 보면 기운이 빠진다. 그들도 더 나은 세상을 만드는 데 동참할 수 있지 않은가. 사람들이 내가 얼마나 좋은 일을 하는지 알아야 한다고 생각한다. 내가 하는 일을 대수롭지 않게 여기는 사람들이 있다. 그들은 나처럼 다른 사람들에게 선한 영향력을 미치지 못했기 때문에 질투심 때문에 그러는 것이다.

일반적으로 나르시시스트는 자아도취 상태에서("나는 정말 부자야, 매력적이야, 위대해, 똑똑해") 사람들에게 인정받으려 하고 여러 자기애적인 욕구를 충족한다. 그러나 공동체적 나르시시스트는 그들의 집단이나 소속감을 통해 같은 욕구를 충족한다. 그들은 자신들의 행동이 타인을 위한 선행에 집중한 채 자신에 대해 과대평가를 한다("나는 항상 남을 먼저 생각한다"). 이러한 사람들은 자금 모금, 자원봉사, 자금 모금 행사 조직, 해외 파견 봉사, 이웃 돕기, SNS에서 긍정의 메시지를 전한다. 하지만 이 모든 활동은 자신들이 얼마나 선한 사람인지를 드러내고, 확인받기 위한 수단에 불과하다.[2] 이들의 선행은 해변에서 쓰레기 줍기 활동과 같은 사소한 행동(그리고 그 모습을 인스타그램에 올리는 것)부터 대규모 비영리 재단을 설립하는 것(하지만 직원들에게 갑질하는 것)과 같은 대대적인 행동에 이르기까지 다양하다. 어떤 방식으로 인도주의적 행동을 하든, 자신의 선행을 세상에 알리고, 칭찬과 인정을 받으면 기뻐하고, 그렇지 않으면 분노한다.

자기 계발과 긍정에 대해 설교하는 영적 또는 사이비 종교의 환경에서 볼 수 있는 유형이기도 하다. 그들은 종교, 뉴에이지 혹은 요가 단체에서 카리스마 있는 지도자의 말을 거역하거나 비난하는 사람들을 학대하거나 수치심을 주기도 한다. 공동체적 나르시시스트 부모 밑에서 자란 자녀는 부모의 이중적인 면—단체에서는 높은 인격으로 존경받지만, 집에서는 무관심과 화가 많은 사람—을 견디며 산다.

독선적 나르시시즘

인생에는 올바른 길과 잘못된 길이 분명히 있다. 나는 그 차이를 이해하지 못하는 사람들이 답답하다. 나는 열심히 일하고, 돈을 저축하며, 전통을 존중하고, 책임감 있게 살아가는 것을 중요하게 생각한다. 이런 가치관을 지키지 못하는 사람들에게 내 시간이나 인내심을 쓰고 싶지 않다. 삶이 힘들다고 호소하는 이들 대부분은 잘못된 선택을 한 결과라고 본다. 고생하는 그들을 도와주는 건 내가 책임질 일이 아니다. 어차피 내 방식을 따르지 않을 거라면, 나를 귀찮게 하지 말고, 스스로 문제를 해결하길.

독선적 나르시시스트는 매우 도덕적이고 비판적이며, 냉정하고 충성심이 강하고, 극도로 경직되어 있으며 인생관과 신념 체계가 거의 흑백논리에 가깝다. 자신에 대한 과대평가는 자신이 모든 사람보다 더 잘 안다는 망상적 믿음에서 비롯되고, 자신의 의견, 일, 삶의 방식이 다른 사람보다 우월하다고 진정으로 믿고 있다. 또한 사람들을 우습게 여기는 경향이 있다. 그들이 선택하는 메뉴, 그들만의 생활 습관, 애인이나 배우자 선택 기준, 직업에 이르기까지 모든 것을 한심하게 여긴다. 자신들의 신념에 무조건적인 순응을 기대하며, 인간의 감정, 약점, 실수 그리고 기쁨을 비롯한 희로애락을 경시한다.

독선적 나르시시스트는 자신의 방식이 정답이므로, 타인도 그 기준을 따르길 기대하고, 기준에서 벗어난 행동은 용납하지 않는다. 이들은 꼼꼼하게 계획하고 조직적인 삶을 사는 경우가 많다. 아침 일찍 일어나고, 엄격한 아침 루틴을 지키며, 매일 비슷한 식사를 하고, 정확한 스케줄을 따르고, 물건을 질서정연하게 보관하는 식이다(그리고 주변의 모든 사람이 이 방식을 따르길 기대한다). 이들에게는 즐거워하고 깔깔대며 다른 사람들을 위한 시간적 여유가 없다. 강박적인 업무 윤리를 갖고 사는 경우가 많다. 잘못된 방식으로 여가를 보내는 사람, 혹은 인생을 대충대충 사는 것 같은 사람을 한심하게 여긴다. 또한 이상적인 장소에서 완벽한 골프 라운드를 즐기거나 자신이 좋아하는 스피닝 클래스에 꼭 가야 한다고 고집하는 등 취미에 관해서는 매우 고집스럽고 까다롭다.

방임적 나르시시즘

내가 필요하면 알려줘. 그게 아니면 난 내 일을 할 테니까 너한테
신경을 못 쓸 것 같아.

방임적 나르시시스트는 타인에게서 완전히 분리된 자신만의
세계에 있다. 다른 사람의 욕구나 감정에 대해 완전히 무관심하
여 공감 능력이 현저히 부족하다는 점을 나타낸다. 사람들과 어
울리며 관계를 유지하기에는 자신이 너무 우월하다고 생각하므
로 태도에서 오만함이 분명하게 드러난다. 직장과 같은 공적인
장소에서는 사람들에게서 인정받고 싶은 욕구가 드러나지만, 친
밀한 관계의 사람들에게서 인정받는 데 관심이 없다. 상대가 말
을 걸어도 거의 반응하지 않으며, 상대에게 거의 또는 전혀 관심
이 없다. 따라서 가족 중에 이런 사람은 다른 가족이 마치 존재
하지 않는 것처럼 투명 인간처럼 취급할 수도 있다. 상대와 논쟁
을 벌이기는커녕 굳이 말을 섞으려 하지 않는다. 그나마 서로 티
격태격이라도 한다면, 어느 정도 소통이 있다는 의미일 것이다.

악성(가학성) 나르시시즘

주도권은 늘 나에게 있다. 사람들이 나를 무서워하기 때문인데,
나를 무서워하든 말든 알 바 아니다. 누구라도 내 심기를 건드리

면, 그 사람뿐만 아니라 주변 사람들도 그로 인해 큰 후회를 하게 될 것이다. 누군가가 나를 방해하거나 내가 요구하는 걸 주지 않더라도 상관없다. 내가 어떻게든 원하는 걸 얻을 거니까.

악성 나르시시즘은 성격에서 '어둠의 4요소'—나르시시즘, 사이코패스, 사디즘sadism(다른 사람에게 고통이나 괴로움을 주는 즐거움-옮긴이), 자기가 주도권을 갖기 위해 교활하고, 가스라이팅하고, 남을 조종하는 성향인 마키아벨리즘Machiavellianism(권모술수주의)—를 모두 갖추고 있다.[3] 악성 나르시시스트는 여전히 불안감과 결핍을 느끼며, 지배를 통해 이를 보상하는 반면, 사이코패스에게서는 나르시시즘에서 관찰되는 불안이 나타나지 않는다. 위협을 느끼거나 좌절감을 느낄 때 악성 나르시시스트는 보복적인 분노가 고조되어 괴성을 지르며 폭탄 발언을 하지만, 사이코패스는 화가 나도 침착하고 평정심을 유지할 수 있다.

악성 나르시시스트에게 가혹한 복수는 쾌감을 준다. 공개적으로 사람들을 비방하거나 평판을 해치기도 한다. 이들은 자신의 이익을 위해 상황과 관계를 능숙하게 조종하며, '내가 권력을 얻는 데 도움이 되는가? 금전적 이득이 있는가? 내게 만족감을 주는가? 내가 인정받을 수 있는가?' 등 오로지 자신에게 효용 가치가 있는지를 기준으로 다른 사람을 평가한다. 악성 나르시시스트는 한마디로 표현하면 '약자를 괴롭히는 사람bully'이다. 무자비하게 타인을 압도하며 괴롭힘을 자행한다. 나르시시즘의 위험한 유형 중 하나고, 사이코패스 경로로 나아가기 직전의 마지막 단계다. 타인의 욕구와 안전을 의도적으로 무시하며 거의 모든 사람을 이용하고 조종한다. 이들의 공격적 행동은 신체적 폭력, 모욕, 인간관계에서 잔혹함 등 다양한 형태로 나타날 수 있다. 매우 의심이 많아 다른 사람들이 자신을 해치려 한다고 믿는 경향이 있고, 이는 그들의 공격성을 더욱 부추긴다.

나르시시즘 vs. 자기애적 성격 장애

누군가를 비난할 때 '나르시시스트'라는 용어를 남발한다고 비난하는 경향이 있다. 못된 사람jerk, 정치인, 유명인, 해로운 가족, 헤어진 애인을 묘사할 때도 사용된다. 나르시시즘은 단순히 누군가를 '못된 사람'으로 분류하는 것보다 훨씬 더 복잡한 유형이다. 심리치료사, 미디어 평론가, 판사, 변호사 등 수많은 전문가는 '나르시시즘'이 지나치게 임상적이고, 단순화시키며, 부정적이거나 다소 가혹하다고 생각한다. 특히 성격 특성과 특정 행동을 명확하게 구분하지 않고 남발될 때도 있다. '나르시시스트'로 낙인찍히는 것을 두려워하는 마음은 충분히 이해한다. 복잡한 성격적 특징을 한 단어로 축소하는 것이기 때문이다. 우리는 사람들의 성격을 지칭할 때 '내향적', '겸손한', '신경과민' 등의 표현을 자주 사용하지만, '나르시시즘'이라는 용어를 사용할 때는 분위기가 살벌해지면서 당사자의 반응도 격해질 수 있다.

혹시라도 나르시시즘이라는 용어를 남용하지 않도록 하라. 누군가를 잘못 분류할 수 있을 뿐만 아니라 설명력을 상실한다. 자기 자랑이 심하거나, 관심을 끌기 좋아하거나, 피상적이거나, 불성실한 사람에 대해 '나르시시스트'라는 틀을 씌우지만, 실제 그렇지 않은 경우도 많다. 나르시시스트라고 근거 없이 그릇된 단정을 내릴 때 여러 위험이 따른다. 첫째, 나르시시스트와의 관계에서 진정으로 어려움을 겪는 피해자들의 고통이 과소평가될 수 있다. 그렇게 되면, 피해자들은 필요한 도움이나 공감을 얻지 못할 수 있다. 둘째, 나르시시즘이 정확히 무엇인지를 이해하지 못하면, 피해자는 자신을 보호할 기회를 놓쳐 나르시시스트 상대의 행동에 대해 오히려 자신을 자책할 수 있다. 셋째, 나르시시스트의 복잡한 경험을 지나치게 단순화한 개념으로 축소하여 더 많은 오해를 불러일으킬 수 있다. 따라서 이 용어를 정확하고 신중하게 그리고 현명하게 사용하는 것이 중요하다. 그러나 이런 특정한 특성, 패턴 및 행동을 정확하게 식별하고 그에 적합한 진단명을 내리는 것도 그에 못지않게 중요하다.

그렇게 해야 상대를 어떻게 대할지를 알고, 현실적인 기대치를 유지하며, 상황을 충분히 인지한 상태에서 접근할 수 있다. 예를 들어, 평소에는 공감 능력이 뛰어나고 친절한 사람이 실직 후 짜증스럽게 행동하다가 나중에 사과하고 책임을 지고 평소의 정중한 태도로 돌아간다면, 자기애적 성향이 아니라 단순히 힘든 하루를 보낸 것일 뿐이다. 평소에는 매력적으로 보이지만 공감 능력이 부족하고 권위를 내세우며 무례한 태도를 보이다가 기분이 나쁜 날에는 사과하거나 책임을 지지 않고 극도로 불쾌해하는 경우, 이러한 행동은 나르시시즘의 징후일 가능성이 높다. 나르시시즘은 관계에서 해로운 행동을 유발하는 성격 유형이라는 점을 인식하는 것이 중요하다. 단순히 기분이 안 좋아서 하는 행동과는 구분되어야 한다. 나르시시즘의 여부를 이해해야 관계를 회복하기 위해 너무 많은 시간을 소비하지 않아도 되고, 관리할 수 없는 상황에 매몰되지 않아도 된다.

나르시시즘이 특정 진단명이거나 질병이라는 잘못된 생각도 만연하다. 또한 많은 심리치료사와 온라인 커뮤니티에서는 정식 수련이나 철저한 평가 없이 개인을 진단하는 것은 적절하지 않다는 견해를 가지고 있다(타당한 관점이다). 그래서 장애를 가진 사람이 자기 행동을 통제하지 못한다고 해서 학대적인 행동으로 분류하는 것은 옳지 않다고 주장하기도 한다. 그런데 이럴 경우, 실제 자기애적이고 적대적인 관계의 피해자에게 의도치 않게 낙인찍을 수 있다. 피해자의 고통 호소가 전문가 앞에서 무색해질 수 있다는 의미다. 이러한 상황에서 나르시시스트가 여러 가면을 쓰면서 자신을 표현할 수 있다는 사실마저 간과될 수 있다. 이 관점으로 인해 어려운 관계를 경험한 일부 사람들은 '내가 이 관계를 해로운 관계나 학대적인 관계로 봐도 될까?'라고 자책하며, 자신에게 그럴 권리가 없다고 생각한다. 그 결과, 그들은 상대의 행동이 문제가 아니라 자신에게 원인이 있다고 판단하게 된다.

그런데 피해자가 자책할 때 여러 면에서 문제가 생긴다. 첫째, 나르시시즘은 장애가 아니라 하나의 성격 유형이고, 성격 유형이란 특정 개인의 성격을 나타내는 특성의 집합으로, 개인의 행동, 대처 방식, 접근 방식 및 삶에 대한 반응과 관련이 있다. 물론, '자기애적 성격 장애narcissistic personality disorder, NPD'라는 진단명이 있다. 자기애적인 사람에게서 관찰되는 모든 패턴이 나타나는 경우다. 단, 그러한 진단을 받으려면 전문 임상의가 해당 패턴이 만연하고 안정적이며 일관되게 나타난다는 것으로 관찰해야 하고, 해당 패턴으로 인해 사회적 및 직업적 기능에 심각한 장애가 발생하거나 당사자가 고통을 느낄 정도가 되어야 한다. 환자를 진단할 때—이 경우에는 NPD 환자로 진단할 때—다른 사람이 겪은 고통이나 피해가 아무리 크다 해도 그 경험에 의존해서는 안 된다. 그런데 NPD는 장애를 지닌 당사자보다 그들과 상호 작용하는 사람들에게 더 심각한 영향을 미치는 경우가 많다는 점에서 매우 복잡한 장애다. NPD 증상이 있는 사람들은 일반적으로 진단을 받기 위해 상담에 참여하려 하지 않을 것이고, NPD를 확실하게 판단하는 데 몇 주 또는 몇 달이 걸릴 수도 있다. 자기애적 성향이 있는 사람이 치료받으러 오는 경우는 자신의 부정적인 기분 상태(예: 불안이나 우울증)나 약물 사용과 같은 동반 문제를 겪고 있거나, 사회적으로 좋은 이미지를 강요받는 삶을 살거나, 삶이 마음에 들지 않는 방향으로 바뀌었기 때문일 수 있지만(예: 인간관계에서 의절, 헤어짐, 절교 등), 반드시 타인에게 상처를 주었다는 죄책감 때문에 오는 것은 아니다(실제로 대부분의 자기애적 성향은 자신이 아닌 다른 사람이 문제라고 생각할 가능성이 더 크다).

내 생각은 이렇다. 접근할 수 있는 치료법이 거의 없고 의료 전문가들 사이에서 진단의 신뢰성이 낮으므로 NPD 진단은 폐기되어야 한다. 이 진단에 대한 미묘한 문제들은 이 책에서 다루기에는 너무 광범위하지만, NPD라는 용어는 나르시시즘에 대한 논의를 더 혼란스럽게 만들었다. 모든 사람은 자신만의 개성을 가지고 있고, 사람들과 쉽게 어울리는 사람도 있지만, 그렇지 못한 사람도 있기 때문이다.

이 책에서는 나르시시즘과 관련한 진단 여부에 대해서는 고려하지 않을 것이다. 이 책에서 사용하는 나르시시즘은 임상적 진단이 아닌 성격 양식을 반영할 것이다. 자기애적 학대에서 살아남은 생존자survivor('피해자'보다 '생존자'라는 단어를 사용하는 이유는 나르시시즘의 본질 자체가 착취 대상에게 죽을 것 같은 고통을 일으키기 때문이다-옮긴이)는 "내 부모님, 파트너, 친구, 동료, 상사, 자녀는 나르시시즘 확진 판정을 받지 않았으니 내가 과민 반응하는 것일 수도 있어. 그냥 내 잘못일 거야"라고 생각하며 자기 경험이 별것 아니라고 단정 짓는다.

이 글을 읽고 있는 독자들은 실제로 1) NPD 진단을 받은 사람, 2) 심각한 수준의 나르시시스트, 혹은 3) NPD 진단은 받았지만, 병원에서 치료받지 않은 사람과의 관계에 처할 수 있다. 어떤 경우건, 이 책은 당신의 마음을 치유할 것이고, 치유 효과는 같게 나타날 것이다.

나르시시즘에 대한 오해

나르시시즘을 단순화하거나 한두 가지 특징으로 요약할 경우, 중요한 측면을 간과하게 된다. 전 세계적으로 자기애적 패턴과 행동—자신을 과대평가하는 사람에게 '솔직하다'라고 표현하고, 상대에게 상처주는 독설을 하는 사람에게 '직설화법을 구사한다'라고 표현하는 등—이 보편화되고 일상화되고 있다. 이런 경향은 점점 더 많은 사람에게 피해를 주고 있어서, 나르시시즘을 더 잘 이해하고 그 함정에 빠지지 않으려면 만연해 있는 몇 가지 오해를 바로잡고 정확히 이해해야 한다.

'그 사람들은 다 남자 아니야?'

꼭 그렇지도 않다. 자기애적 성향을 지닌 어머니들이 더러 있다. 아마 이 글을 읽는 독자 중에서 공감하는 사람들이 있으리라 생각한다. 연구에 따르면 과대망상 나르시시즘은 남성에게 더 흔한 것으로 나타났지만, 나르시시즘은 모든 성별에서 발견될 수 있는 양상이다.[4] '허세와 허풍이 가득한 알파형alpha(자신의 사회적, 직업적 환경에서 지배적 역할을 하려는 성향을 지닌 사람, 혹은 리더의 자질과 그에 대한 자신감을 지닌 것으로 보이는 사람-옮긴이)' 사람들을 떠올릴 때 남성을 떠올리는 경우가 많다는 이유에서, 이러한 오해를 부추길 수 있다. 그러나 상대가 남자가 아니라는 이유로 해로운 행동을 놓치거나 별것 아니라고 간수한다면, 이는 잘못된 고정관념일 것이다.

'자기 자랑과 거만한 태도면 무조건 나르시시스트?'

오만함은 가식적인 우월감이다. 오만한 사람은 상대가 말하는 동안 무시하는 듯한 눈빛으로 위아래를 훑는 듯한 인상을 준다. 딱히 관심을 줄 가치가 없는 사람으로 인식하기 때문이다. 자신과 같은 지위나 수준에 있는 사람이거나 그 순간 즉각적으로 도움을 줄 수 있는 사람이 아닌 경우에는 상대에 큰 관심이 없다. 모든 나르시시스트는 오만하지만, 자신이 다른 사람보다 낫다고 믿는 것에 만족하지 않는다. 경멸적인 무시와 비판을 통해 상대를 나보다 못한 사람으로 느끼게 하거나 속물근성을 드러내면서 조종과 가스라이팅을 통해 상대를 혼란에 빠뜨려야 직성이 풀린다. 오만한 사람은 상대에 발을 걸어 넘어뜨리는 정도지만, 나르시시스트는 상대를 넘어뜨리고 넘어진 상대를 보고 깔깔대고 웃는다. 오만한 사람은 특권 의식을 느낄 수는 있겠지만, 나르시시스트는 특권 의식뿐 아니라 불안과 취약점을 포괄하는 더욱 복잡한 심리를 지녔다. 오만함은 대인관계에서 불편하고 불쾌감을 주는 정도지만, 나르시시즘은 상대의 심신 건강에 해로움을 일으킨다.

'자기 행동을 통제 못하는 사람들이지'

나르시시스트와 함께 여럿이 술자리에 간 적이 있나? 다른 사람들 앞에서는 매력적이고 카리스마 넘치는 사람이었는데, 누군가 이 사람에게 장난스럽게 던진 말에 아무런 반응이 없어서 '웬일이래?'라며 놀랐던 적이 있을 것이다. '아, 이 사람이 의외로 마음이 넓구나. 내가 괜히 잘못 생각했다. 사람들이 이 사람을 좋아하네. 잘 어울리고 예의도 바르네'라고 생각했을 수도 있다. 그런데 술자리가 끝나고 차에 타면 그 사람이 당신에게 바짝 다가와 온몸으로 분노를 표출할 것이다. 사실 그는 그 장난스러운 말에 신경이 쓰였지만, 다른 사람들 앞에서 나쁜 사람으로 보이지 않기 위해 자신의 의지로 반응하지 않는 선택을 할 수 있었고, 당신과 단둘이 있을 때는 자신의 의지로 열을 올리며 감정을 다 쏟아내는 선택을 했다.

그렇다. 나르시시스트는 자기 행동을 '의지에 따라' 통제하고 관리할 수 있다. 가족 등 가까운 사람 앞에서는 이성을 잃을 수 있지만, 일반적으로 지위가 높은 사람이나 자신이 인정받고 싶어 하는 새로운 사람 앞에서는 그렇지 않다. 한 여성은 자신이 운전 중일 때, 나르시시스트 언니가 전화를 걸어 다정한 소리로

"운전 중이지? 혼자 있어?"라고 물어본다고 했다. 운전 중에 스피커폰으로 대화한다는 것을 알고 있기 때문이다. "응. 혼자 있어"라고 대답하는 순간, 언니는 미친 듯이 화를 퍼부었다. '화를 낼 것인지 말 것인지'는 충분히 의지로 선택할 수 있는 문제다. 언니는 자신의 화난 말투를 다른 사람이 듣는 게 싫었다. 화를 내는 것이 좋은 모습이 아니라는 것을 알고 있었기 때문이다. 친구, 고객, 낯선 사람 앞에서도 고함을 지르는 통제 불능의 다혈질 유형과는 달리 나르시시스트는 훨씬 더 전략적이고 정신 줄을 더 치밀하게 잡을 줄 안다. 사람들이 보기에 무엇이 좋고 나빠 보이는지, 상대에 따라 반듯한 이미지를 보여줄 줄 안다. 반면, 사적으로는 가까운 사람들을 분노를 표출하는 '펀칭백' 혹은 좌절감과 스트레스를 표출하여 위로받는 '젖꼭지'처럼 이용한다.

'나르시시스트도 변할 수 있지 않나?'

잠시 시간을 내어 자신의 성격에 대해 생각해 보라. 당신은 내성적인 성격인가? 그렇다면 일주일에 4일 밤을 외출하고 여럿이 모여 많은 시간을 보내고 싶어 하는 성격으로 변할 수 있다고 생각하는가? 아니면 쾌활하고 둥글둥글한 성격인가? 이러한 성격은 공감 능력과 타인에 대한 배려가 크고, 겸손하며, 사람들의 신뢰를 얻고, 규칙을 준수하려는 의지가 높은 편이다. 이러한 경우, 정신 건강과 감정 조절력도 강하다.[5] 만약 당신의 성격이 이렇다면, 이러한 성격을 굳이 바꾸고 싶은가? 아니면, 바

꿀 수 있다고 생각하는가? 공감 능력이 뛰어나고 겸손하며 윤리
적인 사람에서 갑자기 특권 의식이 있고, 남을 조종하며, 타인의
관심을 갈망하는 자기중심적인 사람으로 바뀔 수 있다고 생각
하는가? 거의 그렇지 않을 것이다. 심지어 '내가 왜 굳이 바꿔야
해? 그렇게 바꾸면 내 기분도 안 좋고, 주변 사람들에게 상처를
줄 텐데'라고 반문할 수도 있다.

　성격을 바꾸기란 쉽지 않다. 딴딴하게 굳혀져서 움직이지 않
는다. 머리 부상이나 뇌졸중과 같은 신체적 외상처럼 트라우마
와 같은 중대한 경험으로 성격이 바뀐다는 연구 결과도 있다.[6]
그러나 성격을 조금이나마 바꾸려면, 진심으로 성격을 개조하리
라 마음먹어야 하고, 자신에게 긍정적인 결과로 나타날 것이라
는 확신이 있어야 한다. 설사 성공한다고 하더라도 스트레스가
많은 상황에서는 여전히 본래의 성격이 드러날 수 있다는 점에
유의해야 한다. 나르시시즘은 종종 다른 사람들과 갈등을 일으
키기 때문에 '부적응성maladaptive' 성격 유형으로 불린다. 이때,
부적응적인 성격일수록 변화에 대한 저항력이 거세다. 이런 성
격을 가진 사람들은 변화에 대한 욕구가 거의 없다. 특히, 나르
시시스트는 재정적으로나 직업적으로 성공하는 경우가 많으므
로, 자신의 성격을 바꿔야겠다는 생각을 거의 하지 않는다. 자기
성찰과 반성 능력이 부족한 탓에, 자기 행동이 다른 사람에게 어
떤 영향을 미치는지 인식하지 못하거나 상대가 느끼는 불편하
고 힘든 감정에 둔감하다. 대신 문제가 발생하면 다른 사람을 탓

하고 자신은 아무 잘못이 없다는 독선적인 믿음을 굳게 다진다. 변화해야 할 이유를 찾지 못하고, 심지어 변화하면 불이익을 받거나 경쟁력이 떨어질 수 있다고 생각하니, 이들이 타인의 호감을 살 수 있도록 변해야겠다고 자각하는 것은 타고난 호감형 사람이 비호감으로 변하는 것만큼이나 어렵다. 성격을 바꾸는 것은 가능하지만, 그만큼 엄청난 의지와 동기 부여가 있어야 한다. 예를 들어, 성적을 올리려면 게으른 성격에서 성실한 성격으로 바뀌어야 할 것 같다고 생각하는 학생의 경우, 각고의 노력을 통해 바뀔 수는 있겠지만, 이를 악물 정도로 자신과 싸우는 고통스러운 노력이 필요하다.

벼랑 끝에 내몰리던 사람이 역경을 극복하는 기사회생의 이야기는 누구나 환영하고 감동한다. 그런데 이때 자칫 누구나 바뀔 수 있다는 잘못된 생각을 주입할 수 있다. 모든 사람이 변할 수 있다면 자기애적인 사람도 변할 수 있다는 것이니 말이다. 나르시시스트가 상대를 충분히 사랑하거나 불안감을 달래주거나 대화하는 가장 좋은 방법을 찾아내면 관계가 좋아질 수 있다. 하지만 현실적으로 그럴 가능성은 매우 낮다. 나르시시스트가 폭군에서 사랑꾼으로 완전히 변신했다고 반박하는 건 현실에서 유니콘이 존재한다고 주장하는 것과 다름없다. 임상적으로 나르시시즘에서 유의미한 행동 변화가 지속된다는 결과는 거의 없다. 따라서 당신 주변의 자기애적인 사람이 혹시라도 변할 수 있다는 희망은 품지 않는 게 낫겠다.

나르시시즘과 유사한 정신 건강 문제

중등도 나르시시스트와 교류할 경우, 자기애적 성격 특성과 다른 정신 건강 상태를 구별하기 어려울 수 있다. 나르시시즘 때문에 다른 정신 건강 문제가 드러나거나, 자기애적 증상과 다른 특성이 유사해 보이기 때문이다. 게다가 나르시시즘이 있는 경우, 다른 정신 건강 문제를 해결하기란 훨씬 더 복잡해진다.

나르시시즘과 증상이 겹치거나 유사하게 나타나는 장애 유형에는 주의력 결핍 과잉 행동 장애attention deficit hyperactivity disorder, ADHD,[7] 중독증,[8] 불안 장애, 우울증,[9] 양극성 장애,[10] 충동 조절 장애impulse control disorder,[11] 외상 후 스트레스 장애post traumatic stress disorder, PTSD가 있다. '사회적 불안 장애social anxiety (하나 이상의 사회적 상황에서 상당한 두려움이 발생하여 일상생활의 일부에서 상당한 고통과 기능 장애를 유발하는 특징이 있는 불안 장애-옮긴이)는 '내현적 나르시시즘'에서 일반적으로 나타난다. 이렇듯, 여러 하위 유형의 나르시시즘에서 증상이 겹치기도 한다.[12] 나르시시즘에서 관찰되는 과대망상과 변덕스럽고 짜증스럽고 예민한 반응이 때로는 양극성 장애나 경조증hypomania('조증mania'은 실제 상황과는 맞지 않게 넘치는 활기, 고양된 자기 존중감, 과활동성, 새로운 자극과 경험을 추구하는 행동을 보이는 병리적 정신 상태이므로, '경조증'은 일하고 기능할 수 있는 낮은 수준의 조증을 뜻함)으로 오인될 수 있다. 한편, 양극성 장애는 나르시시즘과 완전히 구분되지만, 양극성 장애와 나르시시즘이 동시에 발생하는 경우가 드물지 않고,[13] 이러한 조합으로 인해 조증이 한풀 꺾인 후에도 과대망상의 증상이 오래 지속될 수 있다. 과민한 기분 상태는 종종 우울증의 특징으로 나타나는데, 과민성은 많은 나르시시스트에게서 관찰되는 특성이기도 하다. 나르시시즘과 우울증이 연관되어 있다는 것은 알고 있지만,[14] 내현적 나르시시즘에서 관찰되는 우울증이 너무 뚜렷하여 치료사가 자기애적 패턴을 놓치는 경우가 드물지 않기 때문에 우울증이 호전되더라도 이러한 패턴은 지속적인 피해의식, 과민성, 무관심으로 나타난다.

자기애적 성향이 있는 사람은 주의력 결핍 과잉 행동 장애 ADHD 판정을 받거나 주의력에 문제가 있는 경우가 많다.[15] 따라서 대화 도중 충동성을 보이거나 집중력이 떨어질 때, 나르시시즘이 대신 ADHD 때문이라고 간주할 수 있다(그런데 희한하게도 대화 주제가 자신에 관한 것이거나 자신에게 중요한 내용일 때, 집중력을 유지할 수 있다). ADHD는 그 자체로 타인에 대한 조종, 특권의식, 공감 능력 부족과 관련이 없다.

만약 나르시시스트가 '물질 사용 장애substance use disorder(인지적, 행동적, 심리·사회적 증상이 나타나는 상황에서도 알코올, 항불안제 및 진정제, 카페인 등과 같은 물질을 사용하는 경우-옮긴이)' 증상이 있다면, 치료받기가 힘들어 재발의 위험이 크다. 나르시시즘으로 인한 과대망상으로 자신은 치료가 필요하지 않다고 생각하고 치료를 중단하거나 아예 받지 않을 수 있기 때문이다.[16] 만약 당신 곁의 나르시시스트에게 중독 증상이 있으면, 나르시시즘의 심각성이 중독에 의해 묻힐 수 있으니 주의하라. '이 사람이 중독에서 벗어나면 해로운 행동이 잠잠해질 거야'라고 헛된 희망을 품을 수도 있고, '지금은 중독에서 벗어났지만, 혹시라도 내가 관계를 끝내자고 해서 중독이 재발하면 어쩌지?'라고 헛된 고민에 빠질 수도 있다.

자기애적 성격의 사람들이 어린 시절 트라우마, 방임 또는 혼돈 상태를 경험했을 확률이 높은 편이다. 트레이시 아피피Tracie Afifi를 비롯한 연구자들은 나르시시즘, 특히 충동성과 분노가 어린 시절의 부정적인 경험과 관련이 있다고 제안했다.[17] 그러나 자기애적 성격을 가진 사람 대부분은 심각한 트라우마를 경험하지 않았고, 트라우마를 경험한 사람들 대부분이 나르시시스트가 되는 것도 아니다. 그렇기는 하지만, 만약 당신 곁의 나르시시스트가 트라우마를 경험했다는 사실을 알게 되면 죄책감을 느끼거나 과거의 트라우마에서 비롯된 행동이라면 그 사람의 행동을 비난하는 것이 부당하다고 생각할 수 있다.

이처럼 나르시시즘과 트라우마가 중첩될 경우, 당신은 혼란스러운 상태에서 나르시시스트 상대의 행동을 정당화하는 방향으로 생각할 수 있다('그냥 불안해서 저러는 거야…' 그러나 불안해하는 사람들은 대체로 주변 사람들을 학대하지 않는다). 기억하라. 성격 유형은 상황이 바뀌어도 웬만해서는 변하지 않는다. 배경 음악에서 흐르는 일정한 리듬처럼 말이다. 다른 정신 건강 증세는 가끔만 나타나거나 약물과 치료로 조절할 수 있다. 그러나 자기 애적 특성을 가진 많은 사람은 '내가 정신이 온전치 않으니까', '마음의 병이 있으니까'라며 정신 건강을 자신의 해로운 행동을 정당화하는 수단으로 이용한다. 그러면서 상대가 그러한 행동을 이해하거나 용서해야 한다고 생각한다. 그리고 자기 행동을 교정하기 위한 치료는 온몸으로 거부한다. 당신 곁에 있는 나르시시스트의 행동을 다른 정신 건강 문제 탓이라고 판단하며 눈감아주지 마라. 관계에 선을 긋거나 관계를 끝내기가 더 어려워질 수 있다. 아이러니하게도 나르시시즘을 가진 사람들과 관계를 맺고 있는 사람들이 치료받는 경우가 대부분이다. 나르시시스트들이 자발적으로 치료를 받으러 가는 경우는 거의 없다.

이처럼 나르시시즘은 여전히 정신 건강 분야의 어둡고 답답한 뒷골목에 자리 잡고 있다. 정신 건강 분야에서는 이러한 성격 유형이 심리치료사에게 절망감만 준다는 이유로 나르시시즘을 완전히 이해하고 해결해야 할 의무를 소홀히 했을 수 있다. 그러나 이 부분에 대해서는 변명의 여지가 없다고 생각한다. 한 가지 성격 유형을 이해함으로써 그 영향을 받는 대상을 보호한다는 것—이는 정신 건강 분야에서 보기 드문 난제다.

자, 그렇다면 카를로스와 아담은 어떤 성격을 지닌 것일까? 이 장을 읽고 나면, 아담이 비록 외부인들이 보기에는 당당한 사람처럼 보일지라도 나르시시스트에게 부합하는 만성적인 패턴—곁에 있는 상대에게는 상처를 주고 무시하며 절대 고집을 꺾지 않는 패턴—을 분명하게 알 수 있을 것이다. 한편, 카를로스는 부주의하고 이기적인 행동이 상대에게 고통을 일으켰지만, 자기 잘못을 깨달았고, 진심 어린 사과를 했으며, 상대의 마음을 헤아리면서 반성을 거듭했다. 이는 나르시시스트에게서 볼 수 없는 행동이다.

나르시시즘은 심한 정도에 따라 경증에서 중증에 이르는 증상이 연속선상에 놓여 있는 일련의 특성이다. 문제는 특성 자체에 있는 것이 아니라, 이러한 특성에서 비롯되는 행동과 전략이 매우 해로울 수 있다. 자기애적인 사람들이 다른 사람을 통제하고, 자신의 취약점을 보호하기 위해 행동하는 방식이 피해를 유발한다. 당신의 가까운 사람이 자기애적일 때, 당신은 어느새 죄책감을 느낄 수 있다. 해로운 행동으로 인식하는 것 자체가 마음을 불편하게 만들 수 있다. 나르시시즘이라는 단어를 사용하는 것에 대한 죄책감과 불편함 때문에 많은 피해자가 '벙어리 냉가슴'만 앓고 있다. 차라리 그럴 거면, 나르시시즘이라고 부르는 것 자체에 신경 쓰기보다는 상대의 행동을 명확하게 관찰하길 바란다.

우리 대부분은 나르시시즘이 극심한 악당 버전이 아니라 그 중간 어딘가에 있는 사람들을 상대하고 있다. 문제는 자기애적 행동이 관계에서 어떻게 나타나는가 하는 것이다. 이제 나르시시즘이 무엇인지, 유형은 무엇인지 알았으니 이러한 관계와 관련 행동에 대해 자세히 알아볼 것이다. 자기애적 학대의 순환을 이해하면, 이제 피해자로서 스스로 비난하지 않고, 적극적으로 심신을 치유할 수 있다.

2장

나를 함부로 대하는
나르시시스트와의 관계

모두가 사랑의 의미에 대한 공통된 이해에서 출발한다면
사랑의 기술을 배우는 것이 얼마나 더 쉬워질까?

— 벨 훅스Bell Hooks (미국의 작가이자 문화평론가)

조던은 마흔다섯 살의 나이에도 여전히 아버지의 비위를 맞추
며 살고 있는 자신의 현실에 환멸을 느꼈다. 자신이 아버지와 캐
치볼 게임을 갈망하는 마흔다섯 어린애 같다는 생각에 치가 떨
렸다. 그의 어린 시절은 롤러코스터를 탄 것처럼 파란만장했다.
드물게 찾아온 행복한 순간은 추운 겨울의 예상치 못한 따스함
과 같았다. 그런 기쁨이 덧없고 다시는 오지 않을 것임을 알기에
그는 그 순간들을 소중히 간직했다.

조던은 자신이 살던 중소도시에서 아버지가 거물급 인사라고

생각했다. 아버지는 빈티지 자동차를 몰고 다니면서, 지역 카페, 바, 레스토랑과 같은 공공장소에서 여러 사람과 교류하며, 사람들의 두터운 신망을 받았다. 하지만 뜻대로 되지 않을 때는 이성을 잃을 정도로 분노를 표출했다. 가족이 아버지와 식당에 가는 것조차 불안해할 정도였다. 아버지는 자신을 존중하지 않는 사람에게 소리를 지르며 "내가 누군지 몰라? 내가 마음만 먹으면 이 식당 문 닫게 할 수도 있어"라고도 했다. 가족의 활동과 우선순위는 아버지의 관심사를 중심으로 이루어졌다. 아버지의 골프 일정을 맞추기 위해 주말을 반납해야 했고, 골프 경기마다 아버지를 응원하러 경기장에 가야 했다. 부모님은 결혼한 지 50년이 지났고, 어머니는 슬프고 불안해하며 겁을 먹은 모습을 자주 비추었다. 한때 일하는 여성으로 화려한 경력을 자랑했지만, 조던이 상상할 수 없을 정도로 예전 모습은 온데간데없었다. 아버지가 어머니를 무정하고 야비하게 대하는 모습을 지켜보는 것이 고통스러웠다. 밤에 어머니가 우는 모습을 본 것도 하루 이틀이 아니었다.

조던은 아버지가 자신과 누나보다 자기 친구의 자녀들에게 더 많은 관심을 쏟는다는 사실을 알게 되었다. 그래서 그는 아버지의 관심을 갈망하면서도 아버지를 피하는 법을 터득하게 되었다. 그는 문득 궁금해졌다. '나는 왜 이럴까? 왜 항상 아버지한테 모자란 놈일까?' 조던은 훌륭한 학생이자 학교 오케스트라에서 최고의 바이올린 연주자였고 친절한 사람이었다. 그러나 아버지는 아들의 음악적 재능을 조롱했다("그걸로 뭘 어쩌려 그래? 깽깽이 연주해서 먹고산다는 거야?"). 아들의 감정도 조롱했고, 아들이 어떤 걸 좋아하는지 알아보려 시도한 적이 없었다. 어머니는 우거지 죽상을 하는 남편의 비위를 맞추다 지친 나머지 아들 조던이 뭘 필요로 하는지 거의 알아차리지 못했다. 조던은 아버지와 대화도 하면서 친해지기 위해 골프를 배우려고 했지만, 골프에는 취미를 붙이지 못했다. 아들과 함께 필드에 나간 아버지는 골프를 치는 내내 그에게 실력이 형편없다며 모욕감을 주었다. 조던은 성인이 되면서 실직 상태로 있으면서 스스로 못난 놈이라 여기며 살았다. 그가 사귀는 사람들은 대개 마음의 상처를 안고 있는 사람들이었는데, 조던은 자신이 이들의 상처를 치유할 수 있다고 믿었다. 그는 힘든 성격의 여성과 첫 번째 결혼을 했지만 결국 이혼으로 끝났고, 그 이후로 그는 삶의 안정을 되찾기 위해 노력해 왔다. 그는 가족과 완전히 거리를 두며 살 수는 없다고 느끼며, 어머니를 보호하려는 의지가 강했다. 어머니가 아버지의 행동을 용인하는 것에 좌절감을 느끼면서도 어머니만 생각하면 마음이 아렸다. 그러면서 어찌된 영문인지 아버지에게 인정받으려는 욕구는 가라앉질 않았다. 자신의 부진한 경력, 실패한 결혼 생활, 아버지를 이해하지 못하는 자신을 탓했다.

조던의 이야기는 나르시시즘이 다른 사람들에게 어떤 영향을 미치는지 잘 보여준다. 아버지의 성격은 가족에게 해를 끼치는 행동으로 이어졌다. 아버지의 분노, 특권 의식이 가득한 행동,

자격지심에 찬 행동, 인정받기를 갈망하는 행동 그리고 조롱과 경멸을 가족이 받아줄 것이라는 비현실적인 기대감은 조던뿐만 아니라 그의 어머니에게도 상처를 남겼다. 이러한 행동을 '자기애적 학대narcissistic abuse'라고 한다. 나르시시즘의 패턴과 특성은 종종 무시, 조종, 적대감, 오만, 특권 의식 등 관계 안에서 건강하지 않고 해로운 행동으로 이어질 수 있고, 나르시시스트가 권력과 통제권을 유지하는 수단이 된다. 특히 인정받는 것에 대한 갈망과 같은 다른 자기애적 특성을 기반으로 한다. 즉, 남들이 인정할 만한 매력을 갖고 있다는 전제가 깔렸다는 의미다. 관계 내에서 피해자가 상처를 입는 동안에도 외부인들은 나르시시스트의 여전히 카리스마 넘치는 가면을 보고 있기에, 피해자는 혼란과 갈등을 느끼게 된다.

이 장에서는 이러한 관계에서 발생하는 학대에 대해 자세히 설명한다.

자기애적 학대란 무엇인가?

자기애적 학대는 관계에서 상대에게 상처를 주고, 거짓말을 하고, 상대를 무시하고 불인정하는 행위가 반복되는 패턴을 말한다. 이 패턴은 신뢰가 깨지고 안전에 위협을 느낄 때와 정상적이고 심지어 행복해 보일 때를 번갈아 가며 나타난다. 매우 이기적으로 행동하거나 종종 비열한 사람과의 관계에서 발생하는 학대다. 자기애적 학대에 관한 정의는 오랜 연구, 임상 진료, 논문 그리고 내가 전문적으로 도움을 준 사람들을 포함하여 수천 명의 사람(내담자들)과 나눈 대화를 토대로 한다. 내담자들은 가족, 연애 관계, 우정, 직장, 지역 사회에서 자기애성 행동을 경험했다. 이러한 해로운 행동은 자기애적·적대적 사람이 관계를 통제하고 지배하고, 자신이 우월하다고 생각하며 자신에 대해 왜곡된 평가를 한다. 이렇게 하면, 자신이 취약하고 불안정하며 쉽게 상처받는다는 감정을 은폐하고 수치심을 숨길 수 있다. 그리고 결국 상대 또는 관계에 있는 사람들에게 심각한 정신적 피해를 입힐 수 있다. 학대적인 행동이 나타나는 시기는 유대감과 편안함을 느끼는 시기와 번갈아 나타난다. 또한 나르시시스트는 일반적으로 이중적인 행동 패턴을 유지한다(공공장소에서는 사람들과 원만하게 어울리며 사교적인 반면, 애인과 가족을 비롯하여 굳이 자신을 인정해 주지 않아도 상관없는 사람들과의 사적인 환경에서는 적대적이고 상대를 부리거나 조종하는 방식으로 행동함). 즉, 자기애적인 사람들은 상대가 '나는 보잘것없는 인간이구나'라고 느끼게 만드는 데서 스스로 안전하다고 느낀다.

자기애적 학대를 이해하는 한 가지 방법은 "나르시시스트에게 무엇이 필요한가?"라는 질문을 생각해 보는 것이다. 정답은 통제, 지배, 권력, 존경, 인정이다. 이러한 욕구를 어떻게 충족시키는지가 자기애적 학대의 시작이다.

나르시시즘이 결코 사라지지 않고 연속선상에 있는 것처럼, 자기애적 학대 역시 연속선상에 있다. 경증 나르시시즘 학대의 경우, 피해자는 자신이 느끼는 학대를 당연시한다. 그리고 가해자에 대해 만성적인 실망감을 안고 살아간다. 한편, 중증 학대를 가하는 경우, 상대에게 폭력을 행사하거나, 상대를 조종하여 착취하거나, 스토킹하거나, 행동을 마음대로 못하게 강압적으로 통제할 수 있다.[1] 그러나 상대와의 대화에 집중하지 못한 채 짜증 내며 SNS에만 꽂혀 있거나 실질적인 폭력이나 강압적인 행동을 행사한다고 자기애적 학대에 해당하진 않는다. 다만 상대에 대한 지속적인 비하, 감정 경시, 조종, 갑작스러운 분노, 배신을 하는 동시에 평범하게 대하거나 기분 좋게 대하지만 전반적으로 가스라이팅하는 경우를 자기애적 학대로 일컫는다. 겉으로는 관계가 괜찮은 것처럼 보이지만, 당하는 사람의 입장에서는 혼란스럽고 불편한 상태다.

이제부터는 나르시시스트가 자기애적 욕구를 충족하기 위해 사용하는 전술, 전략 및 행동적 패턴을 살펴볼 것이다. 또한 이러한 주기가 어떻게 진행되는지, '이 관계 건강하지 않은 것 같아'라는 느낌이 오더라도 현실적으로 관계에서 빠져나오기 어렵게 하는 고착화된 패턴도 알아볼 것이다. 한마디로 말해, 자기애적 학대는 피해자의 정체성, 직관력, 행복을 갉아먹는다.

가스라이팅 패턴

가스라이팅은 자기애적 학대의 가장 두드러진 특징이다. 가스라이팅의 가해자, 즉 가스라이터는 체계적인 패턴을 통해 피해자가 자신의 경험, 기억, 지각, 판단, 감정에 의심을 불러일으킨다. 지속적인 가스라이팅은 약자가 자신이 겪고 있는 일에 대해 의심하게 하며, 판단력을 흐리게 하는 정서적 학대 행위다. 가스라이터는 발생한 사건, 자신이 했던 언행, 현재 겪고 있는 경험을 부정 및 부인하는 경향이 있다. 가스라이터는 집 안의 물건을 옮긴 후, 자신이 그러지 않았다며 부인할 수 있다. 대표적인 가스라이팅 진술을 소개한다.

- "언제 그런 일이 일어났다고 그래? 난 그렇게 행동 안 했거든(혹은 난 그렇게 말 안 했거든)."
- "왜 당신은 항상 화만 내?"
- "과장이 너무 심한 것 아냐? 그 정도로 최악은 아니었거든."
- "당신이 무슨 자격으로 그런 감정을 느끼고 난리야?"
- "그건 다 당신 상상일 뿐이야."
- "당신만 고생하는 줄 알아? 당신보다 힘들게 사는 사람이 얼마나 많은데 그래? 피해자 코스프레 그만해라."

가스라이팅은 서서히 스며든다. 가스라이터의 지식이나 권위에 대한 어느 정도의 신뢰나 믿음이 있어야 가스라이팅이 본격적으로 진행된다. 애인이나 가족을 사랑하듯, 회사의 사장님을 신뢰하듯 말이다. 이때 가스라이터는 이러한 신뢰를 악용하여 피해자의 정신을 피폐하게 함으로써 통제력과 권력을 유지한다.[2] 가스라이터는 의심의 씨앗을 심고("그런 일은 애초에 일어나지 않았어. 당신이 무슨 자격으로 그런 감정을 느끼고 난리야?"), 정신적 안정에 의문을 제기하며("당신 기억력에 문제가 있는 게 분명한데, 정신적으로 문제없는 것 맞아? 내가 나서서 이 문제를 처리하는 게 좋을 것 같아. 당신은 엄두도 못 내") 원하는 방향으로 몰아붙인다. 또한 자기애적인 사람들은 가스라이팅을 이용해서 자신의 관점에서 바라보는 이야기와 현실을 주입한다. 이는 가스라이터 자신의 자아를 보호하는 장치일 뿐 아니라, 상대에게 해를 끼칠 수 있다. 시간이 지나면 상대는 가스라이팅을 현실로 받아들이게 되어 관계에서 벗어나기가 더 어려워질 수 있다.

자기애적인 부모 밑에서 자란 사람들에게 가스라이팅은 가정학대의 경험을 부정하는 것, 형제자매의 괴롭힘이 은폐되는 것을 의미할 수 있다. 설상가상으로, 가스라이팅 가정에서 자란 사람들은 성인이 되어서도 가족한테서 "네가 어렸을 때 무슨 힘든 경험을 했다고 그래?"라는 반응을 들으며 다시 한번, 경험이 부정당하는 느낌을 받는다. 가스라이팅 가정에서 자란다는 것은 정서적 학대를 견뎌낸 것뿐만 아니라 어린 시절의 경험을 허구화한다는 의미이기도 하다.

가스라이팅은 단순한 의견 불일치나 단순한 거짓말이 아니다. 문자 메시지나 동영상과 같은 구체적인 증거를 가지고 가스라이터에게 맞대응을 시도해 본 사람들은 아무리 증거를 들이대도 가스라이터가 잘못을 인정하지 않는다는 사실을 알고 있을 것이다. 그들은 증거를 인정하기보다는 상대의 정신 상태를 의심하거나 왜곡된 버전의 사건을 계속 주장함으로써 주의를 다른 곳으로 돌린다. 가스라이터는 상대에게 이렇게 얘기할 수 있다. "나를 감시하고 내 휴대폰을 들여다보는 인간하고 말 섞고 싶지 않아. 시간 낭비야. 당신, 참 쪼잔한 것 알아?" 또는 그들은 자신들이 현실이라고 주장하는 것을 이유로 심한 대립 구도를 만들어 낼 수 있다. 가스라이터의 말을 반박할 증거 — 본인이 서명한 문서나 본인이 쓴 이메일 — 를 보여주더라도, "그건 당신 기준으로 판단한 거잖아"라며 반박한다.

이때, 가스라이터의 현실 부정에 굴하지 않고 주장을 밀어붙인다면, 가스라이터는 "우리 관계를 물로 보는구나. 우리 이 정도밖에 안 되는 사이였어?"라고 말할 것이다. 본질적으로 자기애적인 사람과의 관계를 지속한다는 전제는 가해자가 맞다고 판단하는 현실을 피해자가 수긍하고 있다는 것이다. 나르시시스트는 암묵적으로 '당신이 이 관계를 이어갈 생각이 있으면, 내가 생각하는 대로 따라와 주고, 고집을 죽이며, 증거는 치워 버리고, 찍소리도 하지 마'라는 신호를 보내고 있다.

배신에 관한 연구로 잘 알려진 저명한 심리학자 제니퍼 프리드Jennifer Freyd 박사는 가스라이팅을 더욱 정확히 이해하기 위한 또 다른 개념을 제시한다. 박사는 가해자, 특히 가스라이터들이 자신의 행동을 직면했을 때 어떤 반응을 보일지 설명하기 위해 'DARVO(다르보)' 모델을 개념화했다.

DARVO는 Deny(부인·부정), Attack(다른 사람의 행동에 이의를 제기하거나 트집을 잡는다), Reverse Victim and Offender(가스라이터는 자신을 피해자 ─에: "다들 날 못 숙여서 안달이야"라고 자신이 피해자라며 징징대고, 상대에게는 "당신은 나를 못 잡아먹어서 안달이야"라며 공격자 프레임을 씌운다─로 생각하며 피해자와 가해자를 역전시킨다)를 나타낸다.[3] DARVO는 가스라이팅의 명확한 지표 또는 징후로 작용한다. 오랫동안 가스라이팅을 겪은 후에 혼란스럽고 미칠 것 같은 상태, 심지어 피해자 자신이 나쁜 사람이 된 느낌을 받게 되는 이유이기도 하다.

가스라이팅을 당하고 있을지도 모른다는 신호

- 상대에게 긴 설명 이메일이나 문자 메시지를 보내야 할 필요성을 느낀다.
- 피해자로서 느끼는 감정을 입증할 증거를 제시한다(예: 오래전 주고받은 문자 메시지를 보여준다).
- 공개적으로 또는 은밀하게 대화를 녹음하여 상대가 말한 내용을 증거로 남긴다.
- 자신의 감정을 파악하기 위해 다른 사람의 말에 지나치게 의존한다.

- 무슨 말을 하기 전에 서론이 길다.
- 소통할 때마다 증거를 남기기 위해 서면으로 작성해야 한다는 강박
  감을 느낀다.
- 상대에게 미안하지도 않은데, 그냥 '좋은 게 좋은 거지'라고 생각하
  며 대충 사과하며 상황을 모면한다.

DIMMER 패턴

Dismissiveness(무시), Invalidation(불인정), Minimization(경시),
Manipulation(조종), Exploitativeness(착취), Rage(분노)

　자기애적 관계에서 피해자가 경험하는 '평가 절하devaluation'
를 포괄하는 특정 행동 패턴을 설명하는 단어들이다. 이러한 패
턴을 설명할 때 'DIMMER'라는 약어를 사용하는 이유는 자기애
적 관계가 자아 및 행복감을 떨어뜨리는 스위치, 즉 밝기를 조절
하는 디머dimmer이기 때문이다.

　자기애적인 관계에 있다는 것은 피해자의 욕구, 감정, 신념,
경험, 생각, 희망, 심지어 자존감까지 무시당하고 인정 못 받는
것을 의미한다. 피해자의 말을 듣지 않거나 경멸적으로 무시하
는 것이라고도 간단하게 설명할 수 있다("뭔 헛소리야? 당신 말에
누가 관심이나 쏟겠어?"). 이렇게 무시당하는 경험이 누적되다 보

면, 피해자는 자신이 투명 인간이 된 느낌이 들 것이다. '내가 무슨 얘기를 꺼내도 하찮게 여기는구나. 어렵게 꺼낸 이야기인데도 관심이 없구나'를 느끼며 자신을 인간 이하의 존재라고 생각하게 된다. 무시와 불인정의 경험은 서서히 스며들게 되고, 사소한 의견 불일치에서 시작된 불화가 조금씩 커지면 완전히 무시당하고 있다고 느끼게 될 수 있다.

'무시'는 종종 경멸로 이어지고, 상대에 대한 존중과 관심이 전혀 없어질 뿐 아니라, 상대가 중요시하는 것들에 대해서도 같은 자세로 대한다. 한편, '불인정'은 상대의 존재가 안 보이고, 느껴지지 않으며, 상대의 말이 들리지도 않고, 옆에서 숨 쉬고 살아 있다는 것에 대해서도 무감각한 상태다. 무시가 관심에서 밀쳐내는 것이라면, 불인정은 존재의 가치를 완전히 외면하는 것이다. 무시가 피해자의 관심사나 요구를 무시하는 것이라면, 불인정은 습관적으로 피해자의 요구에 대해 수치심을 주며 거부하는 것이다("어린애처럼 왜 이래? 병원 가는 게 뭐라고 왜 혼자 못 가는데? 내가 굳이 같이 가서 하루를 날려야겠어? 내가 같이 간다고 당신 병이 낫는 것도 아니잖아. 난 병원이 싫다고!"). 불인정이 장기화되면 피해자는 자신감이 떨어지고, 결국에는 자존감이 바닥을 친다. 처음에는 "내 말이 안 들린 건가?"라고 생각하며 고개를 갸우뚱할 수 있다. 자기애적 부모 밑에서 자란다는 것은 종종 불인정에 익숙해진다는 의미다. 부모가 간헐적으로 바라봐 주긴 하지만, 바라볼 때마다 피해자에게 수치심, 경멸, 무시당하는 기분을 경험하게 한다. 결국 피해자는 눈에 띄지 않는 것이 안전하겠다고 생각하게 된다.

'경시'는 나르시시스트가 피해자의 경험을 경시하고 때로는 완전히 부정할 때를 일컫는다. 이러한 형태의 자기애적 학대는 일반적으로 "그렇게 심각한 일이 아니야" 또는 "왜 그렇게 사소한 일로 화를 내는지 모르겠어"와 같은 발언으로 피해자의 감정을 과소평가하는 형태로 나타난다. 피해자의 감정과 경험만 과소평가하지 않고, 회사에서의 승진이나 학교에서의 학위 취득과 같은 고생마저 사소하게 여기는 등 상대의 업적을 가볍게 여긴다. 경시에는 위선이 깃들여 있다. 정작 본인에게 완전히 반대의 잣대로 자신이 겪는 문제나 감정을 평가하면서, 자신이 원하는 만큼 충분히 그 상태에 취해 있기 때문이다. 그리고 이러한 감정이 너무나도 타당한 것이라고 느낀다. 같은 경험을 상대가 했을 때는 별것 아니었는데 말이다. 특히 나르시시스트는 상대의 건강 문제를 경시하는 경향이 있다. 피해자가 적절한 의료적 도움이나 치료를 받는 데 시간을 지체할 수 있다는 점을 염두에 두길 바란다.

나르시시스트는 '조종'을 통해 상대를 통제하거나 상대에게 깊이 영향을 미쳐 상대의 이익은 아랑곳하지 않고 자신의 이익에 부합하는 목표를 달성한다. 상대에게 본인이 원하는 것이 무엇인지, 왜 상대의 도움이 필요한지 밝히지 않은 채, 상대의 죄책감, 의무감, 낮은 자존감, 혼란, 불안, 두려움 등 취약한 감정을 이용해 자신에게 유리한 일을 하도록 유도한다. 나르시시즘에 빠진 성인 부모라면 이런 식으로 자녀를 조종할 것이다. "이번 명절에 안 와도 상관없어. 어차피 내가 허리가 안 좋아서 요리를 못할 것 같거든. 근데 요리를 하게 되더라도, 올해가 마지막일 거야. 다시는 혼자서 이렇게 못해. 어차피 너는 바쁠 테니 못 올 테고. 나 혼자 다 해야지 뭐. 더 중요한 약속 있는 것 맞잖아."

'**착취**'는 다른 사람을 부당하게 이용하는 행위를 말한다. 상대의 취약점을 이용하기도 하지만 상대를 고립시키거나 재정적으로 의존하게 만드는 등 취약점을 만들어 그 상황을 이용하기도 한다. 또한 상대가 벌어온 돈, 상대의 인맥과 기타 자원을 이용하는 형태가 되기도 한다. 자기애적 부모라면 자녀에게 "내가 널 먹여주고 재워주었기 때문에 넌 나한테 빚을 지고 있는 거야"라고 암시하기도 한다. 착취라는 용어를 사용하는 이유는 피해자가 가해자의 부탁을 수락하는 순간 심리적 부채가 생기고, 나중에 자기애적 가해자가 요구하는 것에 불편함을 느끼면 과거에 그들이 당신에게 해준 것을 떠올리면서 죄책감을 느끼게 된다는 의미다.

마지막으로, '**분노**'는 자기애적 학대를 경험할 때 가장 우려스러운 부분일 수 있다. 나르시시스트는 수치심에 의해 촉발되는 폭발적인 분노를 마음껏 표출해도 무방하다고 믿는다. 피해자가 나르시시스트의 약점이나 불편한 감정을 건드릴 경우, (상대에게 고래고래 소리를 지르며) '외현적 공격성 overt aggression'을 표출하기도 하지만, '수동 공격성passive aggression'을 드러낼 수도 있다. 연락을 차단하거나 침묵으로 일관하는 '벽 쌓기stonewalling' 방식으로 분노를 표출할 수 있다.[4] 분노를 표출한 다음에는 급작스레 수치심을 느끼는 게 나르시스트의 또 다른 특징이다. 이들은 다혈질을 부리며 고함을 친 것이 수치스럽지만, "왜 나만 나쁜 사람으로 만드는 거야?"라며 상대를 탓한다. 그러면, 다시 피해자는 죄책감을 떠안게 되면서 상처만 누적된다.

자기애적 성향의 사람들은 충동을 조절하지 못한다. 특히 도발, 질투 또는 무력감을 느낄 때 매우 과민하게 반응할 수 있다. 특히 거절에 대한 민감도가 높아서 거절당하거나 버림받았다는 느낌을 받으면 즉각적으로 분노한다.[5] 자기애적 분노는 문자 메시지, 음성 메일, 이메일, DM, 전화 통화, 대면 등 모든 소통 수단에서 가능하며, 심지어 길거리에서의 분노 표출도 가능하다. 분노는 자기애적 학대의 가장 분명한 행동적 표현이며, 피해자에게 막대한 피해를 입힌다.

지배 성향의 패턴

지배, 고립, 복수, 위협

자기애적 학대는 자기애적 성격의 핵심인 부족함과 불안감을 상쇄하려는 의도가 있는 **지배** 성향에 관한 것이다. 상대의 일정,

외모, 재정적 결정, 의견을 통제하려는 욕구는 나르시시즘 행동의 전형적인 특성이다. 이러한 통제는 피해자 입장에서는 악의적으로 느껴질 수도 있으며, 단순히 가해자가 갑이라는 것을 보여주기 위한 수단으로 사용될 수도 있다. 특히, 상대에게 중요한 행사나 모임에 나르시시스트는 안 가고 싶어 할 때, 갑임을 드러낼 수 있다. 그러면서 자신이 가기 싫으니, 을도 갈 수 없음을 암시한다. 나르시시스트는 을이 자신과 가까운 곳으로 이사 와서 살도록 집세를 대주거나, 을의 가족 병원비를 대신 처리하는 등 금전적 수단을 통제 수단으로 사용하여 상대가 아무 불만도 제시하지 못하고 마음의 빚을 느끼게 만든다. 상대에 대한 통제는 상대를 주변인에게서 '고립'시키기도 한다. 자기애적 학대는 상대의 가족, 친구, 직장을 비난하는 형태로 나타나고, 이러한 사람들과 함께 있을 때 모욕적이고 무례하게 행동하기도 한다. 상대에게 주변 지인들에 대해 거짓말을 하며, 의리 부족과 얕은 우정에 대해 모함함으로써 상대가 그들을 의심하게 만들기도 한다. 그 결과 소중한 사람들과의 접촉이 서서히 줄어들거나 더 이상 연락이 닿지 않게 된다. 상대를 고립시킬수록 통제하기가 더 쉬워지니 나르시시스트가 바라는 상황이 되는 것이다.

자기애적 성향의 사람들은 종종 '복수'나 보복을 추구하며, 이를 위해 끈질긴 행동을 보이기도 한다. 누가 자신들에게 잘못했다고 느끼면 격렬하게 반응하며 악의적인 행동을 취한다. 직장에서 해로운 소문을 퍼뜨리거나 사업 기회를 방해하기도 한다.

더 심각한 경우에는 배우자에게 생활비를 주지 않기 위해 직장을 그만두거나, 상대가 자신에게 선을 긋고 경계하기라도 하면 재산 상속에서 제외하는 등의 보복을 가한다.

나르시시스트의 복수에 대처할 때 어려운 점은 잘못된 행동이 발각되지 않도록 피하는 데 능숙하기 때문에 어떠한 중대한 법적 조치를 취하기도 어렵다는 점이다. 나르시시스트의 행동이 문제가 되기는 하지만 직접적으로 법을 위반하지는 않을 수 있고, 불쾌감을 주는 것은 법적 범죄가 아니기 때문이다. 자기애적 학대는 크고 작은 '위협'을 가하는 것이 특징이다. 단순히 위협감을 조성하기 위해 법적 위협, 상대의 가족이나 중요한 사람들에게 폭로하겠다는 위협, 이혼 과정에서 재정적 또는 양육권에 대한 위협이 대표적인 형태다. "아무도 날 건드리지 마", "법정에서 보자"와 같은 거창한 말이나 어깨너머로 보는 듯한 행동은 '나는 갑이고 너는 을이다'라는 분위기를 조장한다.

맞추기 까다로운 패턴

논쟁, 밑밥 깔기, 책임 전가, 정당화, 합리화, 비판, 경멸, 굴욕감 주기, 아무 말이나 내뱉기

이러한 패턴은 자기애적인 사람들이 태세를 주도하기 위해 행동할 때 활용하는 전술들이다. 태세 주도는 이들의 모든 행동

에서 공통된 목표가 된다. 이들은 싸움, 토론, 논쟁을 비롯한 모든 형태의 갈등을 좋아한다. '논쟁'은 인정과 칭찬과 같은 자기애적 공급원supply을 받는 또 하나의 방식이다. 논쟁을 통해 스트레스를 풀고, 불만을 표출하고, 지배력을 유지하기도 한다. "돼지와 씨름하지 마라. 몸이 더러워지고 즐거워하는 쪽은 돼지뿐일 테니"라는 격언처럼, 이들과 애초에 논쟁을 시작하지 않는 게 나을 정도다. 게다가 이러한 관계에서 벗어나려고 할 때 나르시시스트는 상대의 신경을 건드리며 싸움을 유발하려고 시도하는 경향이 있다. 이때 '밑밥 깔기' 수법을 주로 이용한다. "너 전에 너희 형부 싫다고 하지 않았어?"라며 상대가 했던 말을 왜곡하면서 신경을 건드리기도 한다. 이 경우에 상대는 잘못 알고 있는 사실을 바로잡기 위해 핏대를 세우게 되고, 이렇게 논쟁은 시작된다. 안타깝게도 밑밥을 무시하면, 나르시시스트는 계속 수위를 높여서 더 중요한 문제를 제기할 것이다. 일단 상대가 깔아놓은 미끼를 물고 거품을 내면, 그들은 침착하게 한발 물러나 상대를 통제 불능의 불안정한 사람이라고 말할 것이다.

자기애적 학대는 상대에게 '책임 전가'하는 것으로 나타난다. 나르시시스트는 책임이나 잘못을 스스로 인정하는 것이 자신의 결점과 책임을 인정하는 것과 같기에, 온몸으로 이를 거부한다. 책임을 상대에게 전가함으로써 나르시시스트 자신이 상대보다 나은 사람이라는 생각, 혹은 현재 상황의 피해자는 자신이라는 거창하고 독선적인 생각을 붙잡고 있다. 만약 나르시시스트 애인이 바람피워 배우자에게 발각될 경우, 자기가 바람피운 원인은 상대 때문이라고 할 것이다. 만약 부모가 나르시시스트일 경우, 자신들의 꿈을 펼치지 못한 것은 자식 때문이라고 할 것이다. 만약 성인 자녀가 나르시시스트일 경우, 그들이 무직으로 백수 생활을 하는 것은 부모 탓이라고 할 것이다. 회사 동료가 나르시시스트일 경우, 마감 기한을 놓쳐 거래가 성사되지 않은 것에 대해 다른 동료를 탓할 것이다. 이처럼 자기애적 성향의 사람들은 어떠한 잘못에 대해서도 자백하는 법이 없다. 모든 것을 남의 탓으로 돌리기 때문에, 이런 사람들과 아무리 잘잘못을 가리기 위해 논쟁을 해도 아무 소용이 없을 것이다. 그들은 늘 무죄니까.

책임을 전가할 때 반드시 등장하는 행동은 자기주장에 대한 정당화다. 자기애적 학대에서 **'정당화와 합리화'**는 가스라이팅, 상대에 대한 조종, 상대의 주장에 대한 부인과 같은 행동과 밀접한 관련이 있는 중요한 측면이다. 예를 들어, 나르시시스트는 "아기가 태어난 이후로 당신은 나를 전혀 신경 쓰지 않았던 거 알지? 당신의 무관심 때문에 어쩔 수 없이 바람피운 거라고! 내가 우리 가족을 위해 노력하는 거에 대해 고마워한 적 있어?"라고 말할 수 있다. 만약 이런 사람이 당신의 배우자라면 어떨까? 당신 자신이 외도에 대한 원인 제공자라는 생각에 죄책감이 스며들 수 있다. 그런데 이때 정작 당신은 나르시시스트의 나쁜 행동에 대한 정당화 수단으로 이용당하고 있다. 나르시시스트는 논쟁에서 변호사 같은 언변을 보여줄 것이다. 냉정하고 논리적인 이유를 들어 당신에게 상처와 해를 입힌 행동을 옹호하는 등 치밀하게 논쟁을 벌일 수 있다.

또 다른 나르시시스트의 논쟁 패턴으로는 상대가 하는 모든 일에 트집을 잡으며 '비판'하는 것이다. 노골적으로 상대를 깎아내리고, 상대의 습관, 생활 방식, 혹은 단순한 존재 자체에 대한 '경멸'을 드러내어 결국 상대에게 '굴욕감'을 유발한다. 다른 사람들 앞에서 조롱하면서 농담이라며 대수롭지 않게 마무리할 수도 있지만, 화난 눈알을 굴리는 것과 같은 행동이나 보디랭귀지를 통해 간접적으로 전달할 수도 있다. 수치심과 창피를 주는 것은 자기애적 성향이 있는 사람이 무의식적으로 자신의 수치심을 다른 사람에게 돌림으로써 이를 해소하는 방법이다.

자기애적 학대의 전형적인 요소는 '아무 말이나 내뱉'어서 상대를 압도하는 것이다. 별 의미 없는 말(예: "내 삶의 목표는 나답게 사는 것, 내가 성장하는 것 그리고 세상을 위한 것이야")을 내뱉거나 과거의 여러 가지 일들을 떠올리며 상대를 당황하게 하며 말을 쏟아내는 경우다. 예를 들어 당신의 나르시시스트 배우자가 야근이 잦을 때, 왜 그렇게 늦게까지 일하는지 물어보면 "나는 개미, 넌 베짱이잖아. 난 노력파고, 넌 일확천금을 바라는 거 아냐? 나는 우리가 먹고살기 위해 열심히 일하고 있고, 앞으로도 노력할 거야. 그럼 맨날 나만 퍼주는 사람이고, 당신은 받아만 먹는 사람인 거야, 뭐야? 내가 뼈질나게 일하면서 당신한테 돈을 갖다 바치는데, 당신은 하루 종일 뭘 하는지 모르겠어. 대체 뭘 하며 사는 거야? 우리가 먹는 음식, 이거 다 누구 돈으로 사는 거야? 난 당신 휴대폰 비밀번호도 몰라. 난 일하고 당신은 밖으로 싸돌아다니느라 바쁘지? 당신이랑 연락하는 그 새끼 이름이 뭐야? 지금 당장 가서 밟아버려야겠어."

이런 말을 들으면, 기존 생각이 뒤틀리며 혼란이 올 것 같지 않은가?

배신의 패턴

거짓말, 외도, 퓨처 페이킹future faking(미래에 대한 달콤한 거짓말과 환상을 불어넣어 상대를 혹하게 만드는 기술-옮긴이)

자기애적 학대는 나를 사랑한다고 주장하던 사람이 나를 속이고 나의 신뢰를 배신했기 때문에 내 혼을 빼놓을 정도로 무너지는 감정이 느껴지기도 한다. 나르시시스트는 '거짓말'을 한다. 사이코패스 거짓말쟁이만큼은 아니지만, 거의 비슷한 수준으로 능숙하다. 자기애적인 사람들은 자신의 거창한 이야기를 유지하고, 사람들의 관심을 끌고, 대단한 사람으로 인식되기 위해 거짓말을 한다. 수치심에 대한 방어 기제로도 한다. 거짓말과 배신은 같이 움직인다. 나르시시스트가 '외도'를 저질렀을 때, 상대에게 가하는 고통은 막대하다. 상대에게 전혀 미안해하지 않고, 오히려 상대를 비난하며, 사람들의 시선을 의식해 자기방어 모드로 전환한다. 이에, 주변 사람들은 배신의 심각한 영향과 피해자가 겪는 트라우마를 과소평가하기도 한다. 믿었던 사람에게 배신당하면 멘탈이 무너지고, 다른 사람에 대한 신뢰가 약해져 인간관계에서 안전과 신뢰를 느끼기가 더 어려워질 수 있다.[6] 오랫동안 배신은 단순히 관계에서 일어닐 수 있는 불행으로만 여겨져 왔다. 하지만 이러한 관점은 배신이 자기애적 관계에 가하는 처참한 상처와 고통은 간과하고 있다.

또 다른 형태의 배신은 '퓨처 페이킹'이다. 혹시 당신 곁의 사람이 나르시시스트인 경우, 자신이 변하겠다거나 당신이 원하는 대로 하겠다고 약속한 적이 있는가? "(당신이 바라 온) 결혼하자", "(당신이 좋아하는) 동네로 이사 가자", "(당신 바람대로) 아이를 갖자", "(당신이 원하는) 휴가를 떠나자", "당신한테 꾼 돈 갚을게", "(당신이 얘기했으니) 상담치료받으러 갈게" 등을 말하며 당신을 진정시키고 관계를 이어가지만, 결국 절대 약속을 지키지 않고, 온갖 핑계와 수단을 이용해 약속을 피해 가려 할 것이다. 퓨처 페이킹은 특히 자기애적 학대의 '돌려 까기' 공격이다. 자기애적인 사람들은 상대가 원하는 것이 무엇인지 알고 있어서 상대를 다시 끌어들이고 계속 붙잡아 두기 위한 빌미로 약속을 제안한다. 이때, 미래의 어느 날짜를 콕 짚어서 약속하기도 한다. "1년후에 이사할 거야", "집을 팔자마자 그 돈을 갚을게", "근무 시간이 바뀌면 치료를 시작할게"라고 말한다. 이런 말을 들은 당신은 또다시 고민에 빠질 것이다. '이 말을 믿어, 말어?' 당장 결혼하거나 며칠 안에 동거하거나 치료를 통해 빠른 효과를 보는 등 즉각적인 변화를 기대하는 것 자체가 비현실적이다. 따라서 당신은 하염없이 약속을 지킬 때까지 기다린다. 기다리다 지쳐 정해진 날짜 이전에 그 주제를 끄집어내기라도 하면, 나르시시스트는 당신을 까다로운 사람이라며 몰아붙일 수 있다. 나르시시스트가 약속을 처음으로 제안했을 때, 당신이 "난 그 말 못 믿겠어"라고 회의적으로 말한다면 어떠한 반응이 나올까? "기회도 한 번 안 주고 못 믿겠다고 단정 짓는 게 말이 돼?"라고 반박할 것이다. 그러나 약속한 해, 혹은 날짜가 되면, 당연히 약속은 온데간데없고, 꾹 참고 기다려 온 당신은 그간의 시간을 날려버린 셈이다.

결핍의 패턴

결핍, 빵 부스러기 흘리기breadcrumbing(연애 대상에게 의심되는 정황을 자꾸 흘리지만, 실제로는 아무 문제도 없는 관계 방식,《헨젤과 그레텔》에서 빵 부스러기를 흘려 놓았으나 되돌아가려니 아무것도 남지 않았다는 데에서 착안한 개념-옮긴이)

나르시시즘은 희망과 절망을 적절히 섞어 친밀감을 '밀당(밀고 당기는)'하는 성격 유형이다. 자기애적인 사람들은 가시적 보상이 있을 때만 시간이나 친밀감을 제공한다(인정과 칭찬과 같은 자기애적 공급원). 자기애적 학대는 단순한 감정 조종을 넘어 상대에게 '**결핍**'을 느끼게 한다. 상대는 나르시시스트에게서 친밀감, 시간, 관심, 사랑의 결핍을 느낀다. 이는 마치 빈 우물에서 계속 물을 길어 올리려는 것과 같다. 가끔은 몇 방울을 얻을 수도 있지만, 대부분의 경우 마른 우물에서 끝없이 물을 길어 올리는 것과 같은 느낌이다. 어떤 경우에는 관계가 단순한 빵 부스러기로 연명하는 것과 비슷하게 느껴질 수 있다. 자기애적 성향의 애인이나 배우자가 당신에게 점점 더 적은 양의 빵을 제공하고, 당신은 점점 줄어드는 부스러기를 받아들이고 심지어 감사하는 데 적응할 때 '**빵 부스러기 흘리기**' 수법이 작용하게 된다. 이 패턴은 시간이 지남에 따라 발전하거나 처음부터 존재했을 수 있으며, 이는 어린 시절의 관계에서 경험한 성취감 부족의 연장선상일 수 있다.

자기애적 관계의 주기

아샤Asha와 데이브Dave가 처음 만난 건 친구 여럿이 함께 술을 마시던 어느 날 밤이었다. 아샤는 데이브가 매력적이고 매혹적으로 느껴졌고, 술집이 문을 닫은 후에도 두 사람은 밖에 앉아 새벽 3시까지 이야기를 나눴다. 데이브는 그녀의 이야기를 잘

들어주었고, 자신의 힘들었던 어린 시절에 대해서도 들려주었다. 두 사람은 본격적으로 데이트를 시작했고, 데이브는 그녀에게 자주 문자를 보내며 그녀에 관한 사소한 것까지 기억해 주었다. 그녀의 사무실 책상에는 데이브가 배달해 준 커피와 아침 식사가 놓여 있기도 했다. 둘은 자주 함께 여행을 다녔고, 만난 지 4주 후 그녀의 생일을 맞아 데이브는 아샤를 뉴욕으로 데려가기도 했다.

시간이 흐르면서 아샤는 데이브에게서 두 가지 상반된 모습을 발견하며 이상한 느낌을 받았다. 평소에는 세심하고 관대하며 매력적이고 야심 있는 사람이었지만, 때로는 건들거리고 시비조로 말하면서 뚱한 표정으로 욱하며 치밀어오르는 감정을 주체하지 못했다. 아샤에게 덤벼들 듯 화를 내다가도, 잠시 후에 바로 사과하는 패턴을 자주 보였다. 아샤는 처음에는 당황했지만, 결국 데이브가 힘들어하는 날에 기분을 풀어주거나 달래주는 법을 터득하게 되었다. 그러다 보니 아샤는 어느 순간부터 자신의 걱정거리나 스트레스를 얘기하지 않게 되었다. 혹시라도 그런 얘기를 하면, 데이브가 "왜 나한테 그런 얘기로 부담을 주는 거야?" 혹은 "넌 네 감정에만 매몰되어 있는 것 같아"라고 말할 것 같았다. 그녀는 둘의 관계를 이어가고 싶었기에 데이브의 행동을 정당화했다. '좋은 게 좋은 거다'라고 애써 상황을 받아들였다.

어느 날 데이브는 회사에서 승진 소식을 들었다. 그런데 멀리 떨어진 지역으로 발령을 받아, 이사를 해야 했다. 아샤는 데이브와 같이 가기 위해 정든 아파트와 자신이 다니던 직장을 포기했다. 심지어 회사에 타지로 전근 신청을 내어, 데이브의 새로운 부임지에 있는 지점에서 일을 할 수 있게 했다. 그렇게 두 사람은 새로운 환경에서 함께 살아가게 되었다. 그러면서 상황은 바뀌기 시작했다. 데이브는 아샤에게 열심히 일하지 않는다고 비난했고, 집 안 청소를 제대로 하지 않고, 자신이 필요로 할 때 곁에 없다며 자주 비난을 퍼부었다. 두 사람의 관계는 점점 더 아샤가 자신을 방어하고 그의 분노를 피하기 위해 점점 더 완벽해지려고 노력하는 방향으로 흘러갔다. 그녀는 자신이 무엇을 잘못하고 있는지, 무엇을 더 잘할 수 있는지 알 길이 없었다.

결국 아샤는 지쳐가기 시작했다. 그녀는 이사 온 것, 아파트를 처분한 것, 좋은 친구들을 떠나온 것을 후회했다. 데이브의 널뛰는 감정 기복 때문에, 한 치 앞을 내다볼 수 없었다. 결국 그녀는 데이브에게 이별을 선언했다. 새로운 곳으로 가서 마음 편히 살고 싶다고 했다. 하지만 데이브는 울면서 아샤에게 남아달라고 애원했고, 스트레스 때문이라고 주장하며 상담을 받아 마음속 악마와 싸우겠다고 약속했다. 그는 미안해했다. 자신이 바뀔 테니 떠나지 않아도 된다고 애원했다.

그래서 아샤는 그의 곁에 남았다. 처음엔 상황이 두 사람이 처음 만났을 때로 돌아갔다. 데이브는 여전히 매력적이고 관대한 모습을 보였고, 심리치료 상담을 예약하기도 했다. 아샤는 두 사람이 잘될 거라고 기대했다. 하지만 얼마 지나지 않아 싸움이 다시 시작되었고 데이브는 심리치료를 중단했다. 아샤는 다시 살얼음판을 걷는 것 같았고, 막막함을 느꼈다. 다시 한번 그녀는 관계를 끝내고 이사하는 것만이 유일한 탈출구라고 생각했고, 새 아파트까지 구했다. 이번에는 데이브가 "정말 미안해, 너 없이는 못살아. 너랑 같이 이사 가서 살게. 네가 친구들과 가족 곁에 있고 싶어 하는 거 알아"라고 말했다. 그녀는 주변 사람들이 곁에서 힘을 실어주면, 더 나아질 수 있을 거라고 믿었기에 동의했고, 둘은 살던 동네로 다시 이사했다. 안전한 곳에서 새출발을 하는 기분이었다. 그런데 얼마 지나지 않아 긴장감은 다시 고조되었다.

이렇듯 자기애적 관계는 일정한 주기를 따른다. 이 주기는 종종 매력, 강렬함, 좋은 이미지만 보이는 '이상화idealization'로 시작된다. 과도한 애정 공세, 즉 '러브바밍love bomning'으로 상대를 압도하는 패턴이다. 그러다가 점차 이상화 가면이 벗겨지고, 자연스럽게 상대를 폄하하고 무시하는 모습이 드러난다. 항상 그런 것은 아니지만, 일반적으로 자기애적인 사람은 관계가 끝났거나 둘 중 한 명이 떠났을 때뿐만 아니라, 상대가 경계를 넓히고 관계를 끊을 때도 어떻게든 상대를 다시 끌어들이려고 애쓴다. 마음이 약해진 상대가 나르시시스트에게 '한 번 더 기회'를 주는 순간, 같은 주기cycle가 또다시 반복된다.

각 단계는 관계의 성격에 따라 다르게 나타나지만, 반복되는 주기 자체는 모든 나르시시즘 관계에서 보편적으로 나타난다. 예를 들어, 자기애적인 부모가 자녀를 대할 때는 러브바밍 단계를 거치지 않는다. 굳이 자녀에게 과도하게 애정 공세를 하는 것을 꺼리기 때문이다. 그러나 아이는 비난과 방치의 순간보다는 부모에게 받은 애정과 관심의 순간―이상화의 순간―에 대한 기억에 집착하면서 '내가 더 잘하면 부모님이 그때처럼 나를 예뻐하겠지?'라고 생각하고 자신의 행동을 개선하려고 안간힘을 다할 것이다.

이상화 혹은 러브바밍은 사실 자신을 사랑하는 부모를 향한 자녀의 깊은 열망과 그 열망을 이용하는 부모가 만들어 낸 결과물이다. 성인이 나르시시스트와 관계를 맺으면 관계의 주기, 특히 러브바밍이 더욱 분명히 드러난다. 상대에게 애정 공세를 하여 관심과 애정을 최대한 끌어올린 후에 상대를 통제하려 할 것이다. 이때, 당근과 채찍―호감을 사는 행동과 경험 그리고 학대적인 행동과 경험―을 번갈아 가며 반복하는 혼란스러운 주기로 끌어들인다. 이러한 자기애적 관계 주기는 자기애적 부모의 성인 자녀에게도 반복될 수 있다. 나르시시스트 부모나 애인이 상대를 끊임없이 '자기 고양적self-serving(잘되면 내 탓, 안되면 남 탓하는 태도-옮긴이)'이고 상대를 무시하는 패턴으로 끌어들이기 때문에, 상대는 악순환에 갇히는 패턴이 형성된다. 이러한 악순환은 끊어내기가 매우 어렵다. 우리가 어렸을 때부터 접했던 동화와 우화에는 성미 급한 개구리가 왕자로 변하는 이야기, 관계를 만들어 나가는 데 노력이 필요하다는 교훈 그리고 사랑은 역경을 딛고 싸워 쟁취하는 것이라는 주제가 흔히 등장한다. 자기애적 관계 주기는 종종 사랑에 대한 이러한 왜곡된 내러티브를 수면 위로 끌어올린다. 어린 시절 자기애적 부모에게서 인정받기 위해 안간힘을 쓰면서 거부와 이상화의 악순환에 길들인 경우가 많을 것이다. 또한 자기애적 성향의 애인이나 배우자와의 관계에서는 의리와 정이 깊어진 탓에 그들을 비판하거나 그들과의 관계가 해롭다고 결론짓기 어려울 것이다. 그러면서 결국 나르시시즘의 피해자인 자신에게 책임을 돌리는 경향이 있다.

자기애적 관계의 주기는 항상 한 단계에서 다른 단계로 이어지는 선형적인 특징을 갖진 않는다. 같은 주 또는 같은 날에 러브바밍이나 이상화 그리고 상대의 가치를 떨어트리는 언행을 하는 '가치 절하devaluation'를 동시에 경험할 수 있다.

러브바밍은 관계 초반에만 강렬하다가, 어느 정도 관계가 무르익은 후에는 다시 나타나지 않는 경우가 대부분이다. 그때부터는 상대의 존엄을 깎아내리는 가치 절하 패턴이 이어진다. 신선한 사냥감으로 보일 때는 지나치게 이상화시키고 급하게 친해지려 온갖 도를 넘는 사탕발림을 하다가, 상대가 넘어와 잡은 고기가 되고 나면 요구 사항과 트집을 끝도 없이 늘려나가며 가치 절하를 밥 먹듯이 하고, 단물이 다 빠지거나 질리면 결국 상대를 쓰레기 취급하며 잔인하게 밟고 폐기한다. 이 주기가 매주 반복되기도 한다. 이는 나르시시즘 발현의 주기가 일회성이 아니라 계속 반복된다는 점을 시사한다.

러브바밍: 잘못된 동화

자기애적 성향의 사람과 알아가는 단계에서 러브바밍은 상대에게 강렬한 설렘을 준다. 압도적인 관심과 애정 표현으로 상대를 사로잡기 때문에, 상대는 잠재적인 경고 신호를 보지 못한다. 예를 들어, 당신이 새로운 사람을 만나 불꽃 같은 좋은 시간을 보낸 후에 서로의 전화번호를 주고받는다고 상상해 보자. 바로 다음 날 아침, "좋은 아침이야. 자기야"와 같은 애정 어린 문자 메시지를 받으면, 심장이 콩닥거리며 매우 특별하게 느껴질 것이다. 하루 종일 업무에 집중할 수 없을 정도로 자신이 당신을 생각하고 있는지 표현하는 메시지를 더 많이 보낸다. 저녁이 되면 그는 주말에 "자기야, 이번 주말에 뭐해? 또 만나고 싶어"라고 제안한다. 당신은 그렇게 하자고 하고, 두 사람은 고급 레스토랑에서 저녁 식사를 한다. 짜릿한 설렘이 가득한 완벽한 밤을 보낸다.

함께 보내는 시간이 늘어나면서 당신은 그의 애정 표현에 깊이 빠져든다. 애정 공세는 더 과감해지고 당신에게 집중하는 정도가 커진다. 관계가 급속도로 진전되어 함께 여행을 가기도 한다. 당신은 어느새 그 사람과 함께하기 위해 일정을 조정하곤 한다. 항상 꿈꿔왔던 로맨틱한 이야기가 당신의 눈앞에서 펼쳐지는 것 같은 기분이 든다. 두 사람은 함께할 미래와 결혼에 관해 이야기하고, 자녀 이름까지 짓는다. 이 단계는 이상화가 특징이다.

러브바밍은 상대를 통제하고 조종하기 위해 세뇌하는 과정이다. 세뇌당한 상대는 "어젯밤 정말 좋은 시간이었어", "이 사람 나를 정말 아끼네", "누구나 가끔 화는 내잖아", "그 사람이 거칠게 말은 했지만, 그런 의도로 말한 건 아닐 거야"라고 말하며, 나르시시스트의 언행을 정당화한다. 러브바밍은 시선을 끄는 미끼고, 이 미끼로 먹잇감을 낚아챈다. 러브바밍 단계에서 상대는 '그가 나를 간절히 원하고, 나에 대한 관심도 많고, 나의 가치를 존중해 주는구나'를 느낀다(한마디로, 기분 좋은 느낌이다). 다른 사람들한테서 고립(혹은 격리)시키는 행동처럼 해로운 행동은 '우리 둘만 있는 걸 좋아하는구나' 혹은 '나와 24시간 같이 있고 싶구나' 등의 로맨틱한 제스처로 잘못 인식될 수 있다. 러브바밍이 무시무시할 정도로 해로운 이유는 상대가 자신의 정체성, 취향, 꿈을 점차 잃어버리기 때문이다. 이러한 변화는 매우 미묘하게 일어나기 때문에 자신도 깨닫지 못할 수 있다.

설레는 기분, 대화가 통한다는 생각, 상대에 대한 관심, 상대와 계속 같이 있고 싶은 그의 욕구가 동시에 진행되는 과정에서 상대는 오히려 주의가 산만해짐을 느낄 것이다. 이제는 사탕발림이나 애정 공세에 다소 지칠 것이다. 오히려 그 사람에 대해 더 알고 싶고, 당신이 무엇을 좋아하고 바라는지를 표현하면서 마음이 편해지길 바랄 것이다. 그런데 과도한 애정 공세에 현혹될 경우, 그 사람의 행동 패턴, 즉 나르시시즘의 미묘한 신호를 알아차릴 만큼 충분히 숨 고르기를 할 여유가 없을 것이다. 자기애적 관계라는 '미끼 던지기'와 '스위치 끄기(관계 단절)' 과정에서 러브바밍은 상대를 혼란스럽게 하고 상처와 희망을 번갈아 선사하는 미끼인 셈이다. 자기애적인 사람들은 오랫동안 자신이 원한다고 생각한 대로 자신을 표현하여 상대의 마음을 사로잡은 다음, 단물을 빼먹고 관계를 단절한다. 자기애적 성격의 피상적인 특성으로 인해 자신을 잘 보이게 만드는 행위가 매우 자연스럽다.

러브바밍이 계속되는 가운데, 유해한 '밀당(다가갔다가 멀어지기)' 사이클이 고착화된다. 나르시시즘 성향이 있는 사람은 상대에게 관심을 쏟아붓다가 갑자기 멀어질 수 있다. 반대로, 상대가 연락을 주저한다면 끈질기게 연락을 시도하다가, 상대가 연락해 오면, 갑자기 반응이 뜸해질 수 있다. 이렇게 되면 상대는 당황스러워하며, 그가 보낸 모든 문자 메시지를 분석하면서 각 뉘앙스에 대해 다시 생각하고, 어떻게 답장해야 할지, 그의 의도는 무엇인지를 고민하게 된다. 그러다 그가 답장을 보내면 상대는 안도감이나 설렘을 느낄 수 있다.

그렇다고 관계 초반에 상대에게 과도하게 잘해 주는 것이 무조건 러브바밍인 것은 아니다. 건강한 관계에서도 초반에는 애정 공세나 설렘이 넘쳐날 수 있다. 그런데 "우리 너무 진도가 빠른 것 같아. 속도를 좀 늦췄으면 좋겠어" 혹은 "우리 생각할 시간도 가지면서 여유 있게 서로를 알아가자"라고 요청할 경우, 나르시시스트는 화를 내면서 관계에 대한 확신이 없는 거라고 비난을 가할 것이다. 이에 따라 상대는 죄책감을 느끼고 '내가 잘못 알고 있는 건가?'라며 자신을 의심하며, 건강하지 않거나 불편한 패턴이 반복되더라도 받아들여야 할 것 같다고 생각하게 된다. 반면 건강한 관계에서는 속도를 늦추라고 요청하면 상대는 충분히 이해하며 무뚝뚝해지거나 분노하지 않을 것이다. 진정한 연애는 상대를 존중하고 공감하는 것이고, 러브바밍과 같은 과도한 애정 공세는 상대를 자기 손에 넣으려는 하나의 전술이다.

고전적인 러브바밍은 일반적으로 새벽까지 춤을 추거나, 호화로운 선물을 안겨주거나, 호화로운 저녁 식사나 고가의 호텔로 대접하는 등의 상대를 현혹하는 과도한 행동이다. 그러나 러브바밍이 항상 그렇게 극적으로 표현되는 것은 아니다. 내현적 나르시시스트가 하는 러브바밍은 상대의 고민을 깊이 들어주고, 힘든 상황에서 구해 주려는 행동으로 표현되지만, 악성 나르시시스트는 지속적인 연락, 소유욕, "네가 다른 사람 것이 된다는 생각을 견딜 수 없어"라는 식으로 상대를 주변 사람들에게서 고립시키려는 심리를 보인다. 공동체적 나르시시스트는 세상에 선한 영향을 주고 싶다거나 세상을 구하고 싶다는 거창한 계획을 상대의 마음에 감흥을 일으키거나 상대가 영적으로 깨어나도록 이끄는 식이다. 한편 독선적 나르시시스트는 고도로 조직적인 삶을 살며 재정적으로 책임감 있는 사람으로서 매력을 뿜어낸다. 우리 각자는 서로 다른 것에 매력을 느낀다. 우리가 듣고 자란 모든 동화는 석양 속으로 걸어 들어가는 연인들의 이야기로 끝을 맺는데, 자기애적 관계는 그 석양 이후에 일어나는 모든 일이다.

나는 "데이트할 때 상대가 나르시시스트인지 어떻게 알 수 있나요?"라는 질문을 많이 받는다. "구별하기가 매우 까다로워요"라는 게 나의 답이다. 데이트 초반에 위험 신호를 발견하려고 애쓰다 보면 경계심을 늦추지 못해 새로운 사람과 함께할 기회를 놓치게 된다. 실제로 어떠한 관계가 건강한지 아닌지에 대한 기준조차 없는 사람들도 많다. 가장 어렵고 중요한 과제는 데이트를 단순히 '상대에게 매력을 발산하는 자기 과시'의 문제로 여기거나 정해진 규칙을 엄격하게 준수하는 것으로 받아들이지 않고, 새로운 관계에서 내적 성찰을 통해 자신의 감정을 주의 깊게 관찰할 수 있는 상태에 도달하는 것이다. 자신만의 기준을 설정하고 그 기준에 부합하는 방식으로 행동하는 것이다.[7] 가장 어려운 일은 자신의 정체성을 진정으로 파악하고 그 진정한 자아를 세상에 드러내는 것이다. 진정성이 실제로 무엇을 의미하는지를 파악하는 것이 중요하다. 진정성 있는 태도란 진실하고, 솔직하며, 편안하게 자신이 어떠한 사람이고, 어떠한 생각을 하는지 표현할 수 있는 태도다. 그런데 아무리 좋은 상황에서도 이러한 태도를 보여주기란 어렵다. 하물며 자기애적 관계에 있는 사람들은 자신이 진정 누구인지 재발견하려면 관계를 맺기 전의 자신으로 돌아가 다시 시작해야 하므로 이 과정이 더욱 힘들어진다.

또한 관계가 시작되고 1~2년이 지나야 관계의 문제점이 완전히 드러나는 경우가 많다는 점도 기억하자. 첫 한 달 동안 이러한 문제점을 파악할 수 있는 묘안은 없다. 문제 행동을 패턴으로 인식하기 시작하려면 1년 정도 걸리는 경우가 많고, 그때쯤이면 이미 관계에 상당히 몰입해 있을 수 있다. 치료사조차도 내담자의 자기애적 성격 패턴을 확실히 이해하는 데 몇 달이 걸리므로, 관계를 정리하면서 왜 "더 일찍 알아차리지 못했는가?"로 지나치게 자책하지 않길 바란다.

러브바밍 애정 공세를 받을 때 감동하거나 그렇게 하지 않을 때 해주길 바라는 것은 어리석거나 잘못된 것이 아니라는 점을 인식하길 바란다. 애정을 갈망하고 로맨틱한 행동에 고마움이 생기는 것은 자연스러운 일이기 때문에 러브바밍에 흔들리는 자신을 비하해서는 안 된다. 관계가 건강하지 않게 변했을 때, 러브바밍 때문에 관계에서 빠져나오지 못하고 관계를 유지해야 하거나, 관계를 정당화하는 경우가 바로 러브바밍이 위험해지는 순간이다.

연애가 아닌 관계에서도 러브바밍이 일어날 수 있나?

일반적으로 어린 시절 자기애적인 부모와 자녀의 관계에 관해 이야기할 때 러브바밍이라는 용어를 사용하지 않지만, 과도한 애정 공세라는 차원에서 비슷한 경험이 생길 수 있다. 많은 어린이에게 부모는 작은 선물을 주거나, 같이 놀아주거나, 동화책을 읽어주거니, 인사를 건네는 것만으로도 애정을 전할 수 있다. 이렇게 과하지 않은 소소한 행복과 애정 표현을 전하는 친밀한 순간들은 아이에게 충분히 만족감을 주기 때문에, 그들이 성인이 되어서도 과하지 않은 애정으로도 만족할 수 있게 된다. 반면 간섭형 나르시시스트 부모에게서 자란 아이들은 그렇지 못할 가능성이 높다. 자녀가 부모의 욕구를 충족시키기 위해 (예를 들어, 부모의 칭찬을 받기 위해 스포츠에서 우수한 성적을 내도록 강요받는 등) 특정 행동을 하도록 강요받게 된다. 이때 부모는 자녀가 자신이 부여한 기준을 충족시키지 못할 경우, 자녀에 관한 관심을 끊어버린다. 자녀는 건강한 경계를 유지하는 데 어려움을 겪거나 부모와의 관계를 유지하기 위해 지속해서 부모가 남들에게서 칭찬과 인정받게 하는 공급원supply이 되어야 한다고 느낄 수 있다(향후 관계에서도 이러한 패턴에 빠지게 될 수 있다).

연인이나 부모-자녀 관계 외에 성인 간의 관계에서도 일종의 러브바밍이 나타날 수 있다. 가족 중에 누군가가 나르시시스트라면, 다른 가족 구성원에게 선물을 주는 등 마음을 구슬려 자신이 그 가족에게서 필요한 것을 충족할 수 있다. 직장 면접에서는 면

接자에게 불리한 조건을 제시하기 위해 온갖 사탕발림이나 허황된 거짓말을 늘어놓을 수 있다. 나르시시스트 친구가 다른 친구의 인맥이나 돈을 갈취하기 위해 애정 공세를 퍼부을 수도 있다.

러브바밍으로 가는 관문: "호텔 스위트룸*에 오신 것을 환영합니다"

만약 당신이 자기애적 학대 관계에 처해 있거나, 그 관계를 끝내려는 시점이라면, '내가 대체 어떤 이유로 이 사람에게 매력을 느낀 거지?', '내가 왜 이 일을 한다고 한 거지?' 혹은 '왜 (자기애적 학대를 서슴지 않는) 애인·부모·형제자매·친구와의 관계를 끊어내지 못했지?'라고 자신에게 물어볼 수 있다. 그런데 잘 한번 생각해 보자. 당신을 힘들게 하는 나르시시스트가 공감 능력이 부족하고 분노와 자격지심으로 다가왔다면, 애초에 관계를 맺으려 하지 않았을 것이다. 하지만 자기애적인 사람들은 누구라도 반할 만한 미끼―호텔의 '스위트룸'이라 칭하겠다―를 던지며 상대를 끌어당긴다. 거부할 수 없는 매력의 미끼는 상대를 쉽게 유인하고, 상대가 박차고 나갈 수 없는 분위기를 만든다.

---

* 스위트룸C-Suite: CEO(최고 경영 책임자), CFO(최고 재무 책임자) 등 직함에 C(chief)가 들어가는 사람들이라는 뜻도 있는데, 여기에서는 '이그제큐티브 스위트룸'을 의미한다. 은유로 사용되는 스위트룸의 특징을 5C ― Charm(매력), Charisma(카리스마), Confidence(자신감), Credentials(신뢰), Curiosity(호기심) ― 로 묘사한다-옮긴이

자, 그럼 스위트룸 안으로 들어가 볼까?

매력 Charm. 나르시시즘을 지닌 사람들은 스위트룸에서 가장 눈에 띄고 매력적으로 보인다. 과해 보이지만 주변 사람들을 세심하게 배려하는 가면을 쓰고 있고, 그 가면 덕에 사람들에게 인정을 받는다. 겉으로 드러나는 이 매력은 내적 불안감을 숨기는 '심리적 안정을 위한 향수'다. 그리고 그 향기는 타인에 대한 칭찬, 훌륭한 말솜씨, 순간적인 세심한 배려 그리고 완벽한 매너를 통해 퍼져 나간다.

카리스마 Charisma. 남을 홀리는 매력으로 관심을 끄는 경우, 이를 흔히 카리스마로 간주한다. 카리스마가 있는 사람은 선견지명이 있거나, 매우 매력적이거나, 청중을 사로잡는 능력이 뛰어나 보인다.

자신감 Confidence. 자기애적 오만함, 특권 의식, 왜곡된 자존감, 끊임없는 인정 갈구와 같은 자기애적 특성은 자기 능력에 대해 매우 자신감 있고 확신에 찬 사람으로 보이게 한다. 기억하라. 정신이 건강한 사람일수록 겸손의 미덕을 보인다. 따라서 자신의 지식이나 자산에 대해 강한 허세를 보이는 경우, 그렇게 떵떵거릴 만큼 능력자라고 착각하기 쉽다(충분히 착각할 만하다).

과도한 자격 조건 Credentials. 자기애적인 사람들은 높은 사회적 지위를 갈망한다. 특히 학벌, 부유한 동네나 지역, 화려한 직업, 영향력 있는 인맥, 높은 지능, 부유하거나 영향력 있는 집안 출신 또는 단순히 세련되고 매력 넘치는 분위기를 통해 자신이 원하는 사회적 지위에 올라가려 한다. 이때 주의해야 할 점은 과도한 자격 조건을 갖추고 있다는 것이 사람의 됨됨이와 직결되지 않는다는 점이다. 때로는 '고스펙high-spec'에 눈이 멀어 그 사람의 정신 건강을 나타내는 자질—지혜, 친절, 존중, 연민, 공감, 겸손, 정직 등—을 간과하게 된다.

호기심Curiosity. 자기애적인 사람들은 관계가 시작될 무렵 상대에 대한 호기심이 멈추지 않는다. 꼬리에 꼬리를 무는 질문을 던지며 상대를 알아간다. 그런데 질문을 자세히 들여다보면, 상대의 자산, 인맥, 취약점 그리고 상대를 두려움에 떨게 하는 것 등 앞으로 본인에게 유용할 정보들을 탐색하는 과정일 뿐이다. 자기애적 성향이 있는 사람이 보여주는 겉으로 드러나는 관심은 관심이나 시선을 받지 못하고 살아온 사람들이 홀딱 빠질 정도로 강렬하게 다가온다.

상대의 가치 절하: 본격적인 자기애적 학대의 시작

자기애적 관계에 빠지는 순간, 그 달콤함에 흠뻑 취해 제대로 콩깍지가 쓰이게 되면서 다시 태어난 느낌으로 살아가게 된다. "사랑해"라는 말이 뜨거운 가슴을 뚫고 나온다. 그리고 본격적으로 "동거하자", "내 근처로 직장을 구해 봐", "우리 가족 모임에 같이 가자"라는 요구를 자연스럽게 받아들인다. 그리고는 러브바밍 애정 공세가 시작되고 4주에서 6개월 정도가 지나면, 하나둘 고비가 찾아온다. 이러한 변화는 나르시시스트가 상대를 자신의 손아귀에 넣었다는 안정감을 느꼈을 때 찾아오는 편이다. 상대는 한동안 나르시시스트의 열정이 식은 것에 대해 당황해하며 두 사람의 관계에 의구심을 제기한다. 그러나 어느 정도 시간이 지나면, '당연히 나한테 잘 보이려고 과도하게 잘해준 거니까, 그 자체로 인정하자. 이제부터는 콩깍지도 어느 정도 벗겨졌으니 편안하게 사귀면 되겠다'라고 생각할 것이다. 그리고 나름의 상황 점검이 끝났다고 판단한 후에는 관계에서 안정감을 느낄 것이다. 바로 이때 나르시시스트는 본격적으로 상대에 대한 가치 절하를 시작한다.

러브바밍에서 가치 절하로의 변화는 서서히 진행되지만, 상대를 깜짝 놀라게 할 수 있다. 다른 사람과 비교하거나 아무렇지 않게 언급하거나 다른 사람이 한 말을 꺼내기 시작할 수 있다. "내 친구들이 네가 많이 까다로운 사람 같대"라고 다른 사람의 말을 아무렇지 않게 언급한다. 이전에는 긴가민가했던 위험 신호가 이제는 확실해졌지만, 완전히 관계에 빠져 있어서 벗어나기가 더 어려워진다.

가치 절하 단계에서는 자기애적인 사람의 이상화된 버전, 즉 전에 보여준 사랑꾼의 면모는 사라졌다. 피해자는 나르시시스트의 관심을 되찾고 유지하기 위해 외모를 바꾸고, 행동이나 말로 상대를 감동해 주려 노력하고, 상대의 모든 변덕을 받아주고, 자신에게 중요한 것을 포기하고, 상대와 상대 가족을 위해 일하고, 돈을 더 벌려고 한다. 나르시시스트의 초심을 불러일으키는 일이라면, 뭐든 할 수 있는 상태가 된 것이다. 나의 내담자 중에는 자기애적 부모의 양육 환경에서 살아남은 성인들이 있다. 그들은 "더 이상 나를 안고 다닐 수 없을 정도로 내가 컸고, 내가 사춘기가 되면서 부모 말에 고분고분하지 않고, 같이 사진을 찍으면 어렸을 때만큼 예쁘게 나오지 않자, 내가 찬밥 신세가 된 것 같아요"라고 말했다. 그들은 부모가 자신의 가치를 내리는 단계를 쉽게 회상한다. 흥미롭게도 이들이 성인이 되어 스포츠, 여행, 가업에 종사하는 등 부모가 즐겼던 활동에 참여하기 시작하면서 부모에게 다시 관심을 받기 시작했다. 그러나 자녀에 대해 관심이 부활하더라도, 자기애적 부모의 근본적인 평가 절하 성향을 완전히 제거하지는 못했다.

이렇게 위험 신호와 주기에 대해 듣다 보면, "왜 사람들은 가치 절하가 시작될 때 관계에서 빠져나오지 않는 걸까?"라고 의문이 생길 수 있다. 자기애적 관계의 피해자들은 왜 관계를 단절하지 못하는 것일까? 그들은 혼란스럽기 때문이다. 위험 신호만 처리하고 도망가는 로봇이 아니기 때문이다. 그들은 나르시시스트 상대를 사랑하거나 존경하며 애착과 관계를 유지하고 싶어한다. 새롭게 시작된 관계라면, 한 번 더 기회를 주고 싶을 것이고, 오랜 관계에서는 미운 정 고운 정을 진하게 나누었을 것이다. 그들의 관점에서 나르시시스트 상대는 여전히 매혹적이고 매력적이고, 그와 함께 싹 틔운 사랑과 친숙함, 희망도 마찬가지로 다가온다.

버리기: "할 만큼 했다. 이쯤에서 끝내야지"

'버리기discard(폐기)' 단계는 말 그대로 상대를 마음속에서 버리는 단계다. 자기애적인 사람이 상대를 버리거나, 상대가 자기애적인 사람을 버리는 두 가지 모두 가능하다. 그렇다고 해서 관계가 끝나는 것은 아니지만, 더 이상 나아질 여지가 안 보이는 상태다. 예를 들어, 사기애석인 사람은 불륜을 저지르거나 제3자와 부적절한 문자나 DM을 주고받는 등의 행동을 통해 엄밀히 말해서 관계에서 끝내지 않고도 상대를 버릴 수 있다. 상대의 의견이나 상황을 고려하지 않고 다른 지역에서 취업을 고려할 수도 있다. 타지로 이사 가야 하는 상황에서 상대는 자신의 삶을 포기하고 함께 가거나, 혼자 남겨질 수 있다. 또한 상대에게 흥미를 잃고, 상대를 배제한 삶을 살며, 둘이 가까이 있거나 스킨십하는 것을 피한다. 그리고 상대를 투명 인간 취급한다. 상대도 관계에 대한 집착을 내려놓으려 할 것이다. 버리기 단계에서 피해자는 갑작스러운 통찰이나 이해의 순간을 맞이한다. 심리상담을 받기도 하고, 나르시시스트 상대에 관한 생각을 내려놓기 위해 영상을 시청하거나 독서를 할 수도 있다. 이때 피해자가 나르시시스트를 거부하고, 거리 두기를 하며, 나르시시스트가 던진 미끼에 무관심한 반응을 보이게 되면, 나르시시스트는 분노에 찬 반응을 보일 뿐 아니라, 상대를 다시 끌어들이려고 시도할 것이다(피해자의 혼란을 가중할 수 있다). 결국 관계는 새로운 파국을 맞이하게 된다.

　　버리기 단계에서는 피해자에 대한 학대, 날것 그대로의 경멸 표출, 더 심한 가스라이팅을 가할 수 있다. 자기애적인 사람들은 늘 새로운 것을 추구하기 때문에 시간이 지남에 따라 주변 모든 사람의 공급원supply에 식상함을 느낀다. 기억하라. 나르시시스트가 당신을 지루한 사람으로 취급할 때 그것은 당신이 지루해서가 아니다. 그들은 주변의 모든 사람들에 대해 따분함과 경멸을 느끼게 된다. 그들은 평생 자신에게 만족감을 주지 못하는 세상을 살아가고 있다. 그들은 끊임없는 편안함, 인정, 오락거리로 가득 찬 파란만장한 삶을 추구한다. 평범한 사람들의 사고방식으로는 버리기 단계가 이혼 후에나 있을 법한 단계일 것이다. 그런데 나르시시스트의 버리기는 다른 성격을 지닌다. 자기애적 부모가 이혼 후에 새로운 애인을 만나 자녀에게 관심을 잃었을 때, 또는 부모에게 자녀가 부담스러운 나이가 되었을 때, 동생이 태어났을 때, 부모의 직업에 큰 변화가 생겨서 가족과 분리될 때, 마음에서 떠나보내는 버리기 단계에 도달한다. 이러한 시기에는 자기애적 부모가 자녀 또는 다른 가족 구성원과 마주하거나 연락하는 것을 꺼리게 된다. 자기애적 부모가 더 이상 자녀를, 자신을 만족해 줄 공급원으로 여기지 않을 때도 버림이 발생할 수 있다.

　　버리기 단계에서 자기애적인 사람에게 본인 행동에 대해 책임지라고 하는 순간, 그들은 분노하면서 상대를 가스라이팅할 가능성이 높다. 예를 들어, 외도에 대해 알게 된 후 관계를 끝내고 싶다고 말하면 "나는 우리 관계가 끝나고 가정이 파탄 나는 게 너무 싫어. 이게 다 당신 때문이야"라고 말하며, 자신의 배신에 대한 책임을 지지 않을 것이다. 자기애적인 사람들은 사람들의 시선을 매우 의식하기 때문에, 바람을 피워서 혹은 다른 무언가에 한눈을 팔아서 배우자를 버린 사람으로 보이길 거부한다 (예: 사람들에게 기존 배우자와 관계를 정리하고, 새로운 사람을 만나게 된 거지, 양다리를 걸친 것은 전혀 아니라고 주장하는 경우). 그들은 자신을 피해자로 묘사하는 데 능숙하며 상황을 조작하여 상대가 결국 어려운 결정을 내리도록 유도할 수 있다. 이를 통해 "당신이 나를 버리고 떠난 거야", "이혼 소송을 한 사람은 당신이야" 혹은 "당신은 내 말을 제대로 듣지 않았어"라며, 상대에게 책임을 전가할 수 있다.

버리기 단계에서는 관계에 절망적인 기운이 감돌 수 있다. 어느 한쪽에서 사과하고, 애원하며, 상대를 달래기 위해 안간힘을 다할 수 있다. 이미 너무 많은 시간, 노력, 마음고생, 돈을 투자한 것 같아서 관계를 유지하려고 사투를 벌일 수도 있다. 부부 상담과 같은 최후의 전략을 시도해 볼 수도 있다.

하지만 안타깝게도 시간은 이미 지나갔고, 관계에 더 많은 시간과 노력을 쏟는다고 해서 이미 투자한 시간을 되돌릴 수는 없다.

후버링* : "잘 지냈어? 계속 네 생각만 했어.
다시 시작해 보자"

자기애적 관계에서 '가치 절하'와 '버리기' 단계는 종종 '후버
링' 단계로 이어진다. 자기애적인 사람과의 관계가 끝난 이유와
상관없이 나르시시스트는 결국 진공청소기처럼 다시 상대를 빨
아들이려고 해서 후버링이라는 용어가 생겼다. 기억하라. 이들
에게 관계를 맺는 이유는 상대를 통제하고, 상대가 칭찬과 인정
을 공급하는 공급원이길 바라며, 상대를 자기 뜻대로 통제하는
것이다. 자기애적인 사람들은 공급원을 되찾으려고 애쓰며, 특
히 잠시 관계를 중단했거나 관계를 끊은 주체가 상대라면, 오히
려 그들은 관계가 신선하고 새롭다고 느낄 수 있다.

자기애적인 사람들은 단순히 연인에게만 후버링을 하지 않
고, 성인이 된 자녀, 가족이나 친척, 이전에 함께 일했던 동료들,
심지어 그들이 자기 영향력 밖에 있다고 생각하거나 자신이 필
요한 무언가를 가지고 있다고 여기는 모든 사람에게도 후버링
을 한다. 자신이 외로움을 느끼거나 말동무가 필요하면, 그들은
상대를 다시 끌어당기려 할 것이다. 상대가 행복하거나 성공한
모습을 보일 때, 그들은 상대의 삶에 들어가고 싶은 욕구를 느

---

* 후버링Hoovering: 청소기Hoover에서 이름을 딴 이 용어는 나르시시스트가 자신의
관계망 속에 상대를 다시 빨아들이기 위해 활용하는 패턴으로, 애매한 관계(썸을
타거나 호감을 느끼는 관계)나 연애가 끝난 뒤에 시작된다-옮긴이

낀다. 나르시시스트 자신이 빠진 상대의 행복을 보면서, '이 사람이 내 손에서 완전히 빠져나갔구나'라고 느끼며 다시 상대를 통제하고 싶어 한다. 혹시라도 상대가 이러한 행동에 넘어간다면, 전체 단계가 다시 처음부터 시작된다.

후버링을 당하는 상대의 마음은 흔들리기 시작한다. '이 사람이 나를 이렇게 사랑하니?', '우리가 운명인 걸까?' 혹은 '나 없으면 안 되는 건가?'라는 착각마저 든다. 나르시시스트가 상대를 관계로 다시 끌어들이려 할 때, 상대는 쉽게 넘어오는 경향이 있다. 그들의 매력, 카리스마, 자신감이라는 강력한 무기를 사용하기 때문이다. 이러한 무기를 안 쓰더라도 상대에게 죄책감을 불러일으키는 방식으로 피해자 흉내를 낼 수도 있다("우리 엄마가 나를 버렸는데, 너도 날 버리는구나"). 또한 잘못을 인정하지 않는 가식적인 사과("네가 그렇게 느낀 거면 미안해")로 상대의 용서를 구할 수도 있다. 나르시시스트가 상대에게 돌아올 때 후버링 기법을 통해 상대의 소중함과 상대에 대한 갈망을 적극적으로 피력하며 희망을 주기 때문에, 최초의 러브바밍보다 그 유혹은 더 강렬할 수 있다.

자기애적인 관계에서는 후버링이 시작될 무렵이면 상대는 나르시시스트에게 무엇이 바뀌어야 하는지 대체로 명확히 파악하게 된다. 거짓말과 무시 금지, 친구와 가족에 대한 모욕 금지, 평정심 잃지 않기, 오만함과 특권 의식 버리기 등 요구 사항이 많아질 수 있다. 나르시시스트에게 마지막 순간까지 변화를 요구하고, 공감해달라고 부탁하며, 그냥 마음을 헤아려달라고 사정했다고 결국 포기한 예도 있을 것이다. 그러면 나르시시스트는 버림받는 것에 민감하고, 먹잇감이 사라지는 것을 혐오하며, 상대를 통제하려는 욕구와 남들의 시선을 매우 의식하기 때문에, 상대가 듣고 싶은 말, "내가 변할게"라고 말하며 약속할 것이다. 심리상담이나 분노 조절 치료를 받겠다고 제안하면서, 자신의 휴대폰을 저녁마다 검사하라고까지 제안할 것이다. 그러면 상대는 '내 말이 드디어 통했구나'를 느낄 만큼 강력한 인상을 받으며 안심할 것이다. 한동안은 변한 모습을 보이는 듯하다.

그러나 상대가 안도하면서 헤어지겠다거나 짐을 싸서 나가겠다는 조짐이 안 보이기 시작하는 순간, 그들은 슬금슬금 원래의 자기애적 패턴으로 돌아간다. 미래에 대해 희망과 환상을 품게 하는 퓨처 페이킹 방식을 이용해 후버링을 하는 것이다. 매력과 카리스마가 주도권을 잡는다는 점에서 퓨처 페이킹과 같은 경고 신호가 나타나지만, 관계로 다시 끌어당겨지는 과정에서 상대는 마침내 '드디어 내가 원하는 게 뭔지 알아들었구나. 드디어 나를 존중할 줄 아네'라고 생각하며 만족감을 느낄 수 있다. 그리고 두 사람의 관계가 일반적인 자기애적 관계에서 예외라는 기분이 들 수도 있다. 그러다가 어느 순간 다시 그 상황에 휘말린 자신을 발견하게 된다. 하지만 이번에는 자신이 더 어리석게 느껴지고, 문제가 다시 발생했을 때 자신을 탓하는 경향이 더 커질 수 있다. 이렇게 '이게 다 내가 잘못해서 그런 거지'라는 자책의 사이클에 들어가게 된다.

그렇다고 모든 자기애적 관계가 후버링으로 끝나는 것은 아니다. 자기애적인 사람은 새로운 관계, 직업, 생활 환경, 명성 등 새로운 공급원을 찾아서 욕구를 충족하기도 한다(하지만 새로운 상황이 터지면, 기존의 관계와 상대에게 다가와 다시 기웃거릴 수도 있다). 만약 나르시시스트가 상대를 배신했다면 수치심을 피하려고 상대를 피할 수도 있다.

하지만 관계가 냉전 상태일 경우에는 자존심 때문에 본인이 직접 연락하지 못하고 상대가 먼저 연락하기를 기다리고 있을 수도 있다. 나르시시스트와 가끔 문자 메시지나 SNS를 통해 계속 연락을 주고받는다면 나르시시스트에게 충분한 공급원을 제공하고 있는 것일 수도 있다. 후버링은 처음 관계를 맺은 후 몇 년이 지난 후에도 발생할 수 있다. 10년이 지난 후에도 다시 연락이 와서 후버링을 경험한다는 사례도 있었다. 다행히 그때쯤이면 대부분의 사람이 상처를 털고 새출발을 했겠지만, 후버링이 무엇인지 이해하지 못한다면 '두 번째 애정 폭탄'에 눈이 멀어 러브바밍의 먹잇감이 될 수도 있다.

기억하라. 나르시시스트가 후버링을 하는 이유는 상대가 너무나도 괜찮은 사람이기 때문도, 상대가 너무나도 필요해서도 아니다. 후버링은 나르시시스트가 어떻게 자신의 욕망에 집중하는지를 반영하는 수단일 뿐이다. 상대의 인정, 상대에 대한 통제, 자신의 시중을 들게 함으로써 느껴지는 편의성을 갈망할 뿐

이다. 때로는 상대가 인생의 새출발을 하는 모습을 철저히 가로
막으려는 심리가 있다. 나르시시스트와 관계를 정리하고 상처와
압박에서 회복 중일 때, 후버링의 먹잇감이 되지 않도록 하라.
관계에 다시 얽히지 않도록 안간힘을 다 써야 한다. 다시 휩쓸리
지 않으려면 굳건한 의지가 필요하다. 후버링에 끌려 들어가지
않기로 마음먹더라도 온갖 사탕발림과 약속에 마음이 흔들리며
고통스러울 수 있다. 그러나 온전한 치유를 위해 이를 악물고 버
티길 바란다.

트라우마 본딩*: 나르시시즘 관계의 급류

그렇다면 주로 어떤 사람들이 자기애적 관계에 빠질 위험이 클
까? 현재 힘든 상황에 있거나, 좌절 후에 회복 단계에 있거나, 심
적으로 불안정한 사람들이 빠질 가능성이 높다고 생각할 수 있
겠지만, 꼭 그렇지만은 않다. 예를 들어 아샤가 데이브를 만났을
때 외롭지도, 취약한 상황에 있지도, 궁핍하지도 않았다. 정신적
으로 매우 안정적인 상황이었다. 그녀는 데이브의 호탕하고 자
상한 태도뿐 아니라 그의 노골적인 약점에 모성애가 느껴졌다.
그녀는 경고 신호를 알아차리고 그의 본모습과 겉모습의 이중

* 트라우마 본딩Trauma Bonding: 학대자를 향한 강한 애착-옮긴이

인격을 간파했다. 점차 그녀는 그의 기질을 수용하고 그의 호감을 얻으며 관계를 지속하기 위해 자신을 변화시키기 시작했다.

자기애적 관계에 갇혀 있는 상태에서 학대를 견디면서까지 버티는 이유는 무엇일까? 그 이유를 파악하려면 자기애적 성격의 특징을 파악하는 것도 중요하지만, 피해자들이 보편적으로 어떤 반응을 보이는지도 알아야 한다. 이러한 자기애적 주기에 갇혀 있는 사람들을 자기애적 관계에 '타인에 대한 의존도가 높은 사람' 혹은 '이러한 관계에 중독된 사람'이라고 치부하는 사람들도 있다. 사실이 아니기 때문이다. 공감 능력이 있고, 인지 기능이 정상이며, 사회적·문화적 규범과 현실에 충실한 삶을 살아온 사람이라면 충분히 관계에 매몰될 수 있다. 자기애적 관계는 헤엄쳐 나가려고 해도 다시 끌어당기는 급류와 같다. 강렬한 감정, 지나친 간섭, 극심한 기복 때문에 강한 해류로 휩쓸려 위험한 상황에 빠지게 된다. 자기애적 학대 행동으로 인해 이 물결에서 벗어나고 싶지만, 떠나는 것에 대한 죄책감과 두려움, 떠나면서 발생하는 실질적인 문제(재정, 안전, 문화, 가족), 애착, 소통, 사랑에 대한 자연스러운 욕구 때문에 이 물결의 힘에 계속 끌려다니게 된다.

나르시시즘으로 인한 급류는 트라우마에 의한 유대감, 즉 '트라우마 본딩'에 의해 형성된다. 이 용어는 비슷한 트라우마 경험을 한 사람들 사이의 유대감으로 잘못 이해되기도 한다. 이는 실제로 해로움과 혼란으로 특징지어지는 관계에서 형성되는 복잡하고 수수께끼 같은 유대감을 의미하며, 이는 미래의 관계에도 반영된다. 자기애적 관계에서 트라우마 본딩은 강렬하고 소모적인 사랑 또는 유대감으로, 관계가 해로운 사이클에 빠지더라도 전혀 인식하지 못한다.[8] 나르시시즘 관계가 학대적이고 불편하다고 해서 그 관계를 유지하는 사람은 없으며, 성인 나르시시즘 관계의 생존자를 '마조히스트masochist(이성에게 정신적·육체적·정서적 학대를 받는 데서 즐거움을 느끼는 정신 상태에 있는 사람-옮긴이)' 혹은 '학대 애호가'라고 칭하는 것은 부정확하고 비합리적인 표현이다. 좋은 순간에는 가차 없이 관계 속으로 빠져들고 그 순간이 영원하길 바라지만, 나쁜 순간은 모든 게 혼란스럽고 불안해진다.

자기애적인 사람은 관계의 감정 온도계를 제어하고 있다. 따라서 자신이 기분이 좋은 상태이거나 상대에게 잘 보이려고 노력하는 시기에는 상대에게 몇 주 또는 몇 달 동안 좋은 날이 지속될 수 있다. 그러다가 상대가 자신을 인정하지 않는다는 느낌을 받거나 안전하지 않다는 느낌을 받을 때, 상대에 대한 무시, 분노, 조종, 가스라이팅이 난무한 관계로 전락한다. 시간이 흐르면서 나쁜 날이 지나면 좋은 날이 올 거라고 기대하게 된다. 이런 기대감은 나쁜 날에도 희망을 느끼게 하지만, 현재 상황에 더 만족하게 만들고, 나쁜 날에 대한 경각심을 느끼지 못하게 할 수 있다. 안타깝게도 아무리 좋은 날에도 시한폭탄이 언제라도 터질 수 있다는 두려움이 뿌리 깊이 내재해 있다.

학대자에 대한 집착을 보이는 트라우마 본딩의 원인은 두 가지에서 찾을 수 있다. 유년기 관계에서 시작되어 성인이 되어서까지 이어지기도 한다. 어린 시절 자기애적 부모 밑에서 자란 사람들은 예측 불가능성, 혼란, 조건부 사랑이 당연시되는 환경에 노출되어 있을 것이다. 자기애적 부모는 자녀를 자신과 분리된 인격체, 특히 욕구, 정체성, 인격을 가진 별개의 인격체로 인식하지 않는다. 그렇다고 자녀가 직접적으로 "나를 하나의 인격체로 인정해 줘"라고 요구할 수 있는 부분도 아니다.

이렇게 트라우마 본딩 관계에 놓인 자녀는 부모에게 무시당하고 감정을 존중받지 못하지만, 그러한 부모의 행동을 정당화하는 법, 정상이라고 생각하는 법을 배우게 된다. '해서는 안 되는 행동'이라고 받아들이거나 인정하지 않는다. 부모의 행동에 대해 남에게 발설하지 않고, 자신을 자책하며, 자신의 욕구를 부정한다. 무엇보다도 자녀는 단지 생존을 위해 부모를 이상화한다(자녀는 부모와 헤어질 수 없고 부모 없이는 생존할 수 없기 때문이다).

부모에게 자기애적 학대를 당하는 자녀가 부모의 행동에 대해 경계를 정하거나 요구를 표현할 경우, 자녀는 버림받았다는 느낌이나 죄책감을 느낄 수 있다. 부모가 자녀를 투명 인간으로 취급하며 아무 말 없이 무시하거나 부모가 스스로 피해자인 것처럼 행동하기 때문이다. 그러면 자녀는 상처받은 부모의 욕구에 맞춰주고 자신의 욕구를 잠재워야 하는 양육자 역할을 맡게 된다.

감정과 욕구가 무시당하는 유년기를 겪는 자녀는 부모에게서 사랑을 얻기 위해 애쓰고, 자신의 욕구를 표현한 것에 대해 죄책감을 느끼며, 학대하거나 무시하는 행동은 사랑하는 관계에서 정상적인 행동으로 잘못 인식할 수 있다. 또한 타인과 건강한 정서적 관계를 형성하는 것에 대한 두려움과 불안을 뿌리내릴 수 있다. 게다가 좋은 날과 나쁜 날이 번갈아 찾아오는 과정에서 기복이 심한 사이클을 당연시하며, 이에 대한 원인이 자기 때문이라고 생각한다. 이들은 성인이 되어서도 쉽게 자책하는 경향이 있다.

트라우마 본딩은 성인이 되어서도 이어지면서, 가학자의 변덕스러운 행동 주기에 대해 자연스럽게 받아들이며 지극히 정상적인 패턴이라고 생각한다. 결국 시한폭탄 같은 관계가 아닌 관계에서는 불꽃이 튀지 않는다거나, 정서적 교감이 부족하다고 판단할 수 있다. 이에 따라 성인이 되어서도 타인과 해로운 관계가 어린 시절을 연상시키는 '데자뷔 déjà vu'처럼 반복된다. 트라우마 본딩 관계에 있을 때는 관계가 끝나거나 어떻게든 가해자인 상대를 상실할 수 있다는 생각에 본능적인 공포감을 느낄 수도 있다. 신체의 모든 이성 세포가 자신에게 좋지 않다는 것을 알면서도 상대 없이는 살 수 없다는 신체적, 정서적 감각을 느낄 수 있다. 궁극적으로 나르시시스트의 매력과 카리스마, 자신감이 피해자를 끌어들이고 트라우마에 의해 관계의 포로가 된다.

　물론 트라우마 본딩을 경험하는 모든 사람이 어린 시절에 같은 경험을 했던 것은 아니다. 실제로 성인이 되어 처음으로 나르시시스트와 관계를 맺는 경우도 상당히 많다. 사랑은 강렬하고, 상대를 구해 주며, 희생적이고, 놀랍고, 열정적이며, '일생에 단 한 번'이며 압도적이어야 한다는 동화 같은 이야기가 사람들의 뇌리에 박힌다. 또한 박력 넘치는 매력과 카리스마는 상대를 압도하여 심리적으로 동조하게 만들 수 있다.

　성인기에 시작되는 트라우마 본딩은 본능적인 반응보다는 인지적 판단에 기반하는 경향이 있다. 일단, 관계가 무조건 잘 이어지길 바라는 마음이다. 나르시시스트인 그 사람을 사랑하고 있다. 관계가 자신의 주요 욕구를 충족시켜 준다. 슬롯머신으로 도박하는 것과 비슷한 주기로 좋은 순간이 있다. 그렇기에 계속해서 큰 보상을 바라고 가끔은 작은 승리로 만족하게 된다. 이처럼 성인이 되어 트라우마 본딩을 처음 경험하는 사람들은 이러한 패턴을 알고 있어야 회복에 큰 도움이 된다. 그러나 어린 시절부터 이러한 관계에 노출된 사람들은 트라우마에 초점을 맞춘 더욱 심층적인 치료를 받는 것이 중요하다. 유년기의 트라우마 본딩은 더 강하고 근본적인 경향이 있어 극복하기가 더 어렵다. 하지만 이러한 복잡한 패턴이 언제 시작되었든, 이를 탐색하고 치유하기는 어려운 과정이다.

트라우마 본딩 관계에 놓인
피해자에게서 나타나는 열 가지 패턴

1. 학대와 무시를 당하면서도 이를 정당화한다.
2. 나르시시스트 상대가 말하는 허황된 약속과 거짓이 가득한 퓨처 페이킹 내용을 믿는다.
3. 만성적으로 갈등을 경험한다. 헤어짐과 화해, 같은 싸움을 반복한다.
4. 상대와의 관계가 마법 같고, 형이상학적이거나 신비로운 관계라고 생각한다.
5. 관계가 끝났을 때의 상황에 대해 두려움을 느낀다.
6. 나르시시스트 상대가 원하는 인정과 칭찬을 '원스톱 서비스'처럼 다채롭게 제공한다.
7. 자신의 감정과 욕구를 숨긴다.
8. 관계에 대해 사람들에게 합리화하거나 독성 패턴을 숨긴다.
9. 관계에 대해 나쁜 생각을 하는 것에 대한 안타까움과 죄책감을 느낀다.
10. 갈등을 두려워한다.

나르시시즘이 해로운 이유는 그 성격적 유형 자체 때문이 아니라 그 특성으로 인해 유발되는 행동 때문이다. 자기애적 특성을 가진 사람들은 종종 자신의 불안감을 감추고 통제감을 느끼기 위해 과대망상이나 특권 의식을 보이는 행동을 한다. 매력,

카리스마, 심지어는 자신이 안정감을 느끼고 인정받는다고 느낄 때 공감하는 순간에도 나타날 수 있는 행동이다. 이렇게 변덕스러운 행동들이 혼합될 때, 상대는 혼란에 빠진다. 사랑하고, 아끼고, 존경하고, 관계를 유지하고 싶은 모습을 보이다가도 상대의 욕구와 바람을 무시하거나 상대를 자신과 별개의 인격체로 인정하지 않고 통제와 지배를 유지하기 위해 어떤 전술도 기꺼이 사용하는 관계이기 때문이다. 그 어느 것도 기분을 좋지 않게 한다. 자기애적 학대는 피해자가 자신에게 문제가 있다고 생각하며 자괴감에 빠지게 한다. 자기애적 학대의 영향은 애인, 가족, 친구, 동료 등 학대를 견디는 모든 사람에게 일관되게 나타나며 사고, 감정, 행동 및 결과에서 공통된 패턴으로 나타난다. 피해자는 종종 자신의 가치와 현실에 의문을 품고 '이 문제는 나 때문이네', '문제는 나네'라고 생각하며 깊게 반추하게 된다.

이러한 관계의 피해자 혹은 생존자들에게 전한다. "당신 잘못이 아니다." 이제부터는 우리가 자기애적 관계를 경험할 때 우리에게 어떤 일이 일어나는지를 살펴보고자 한다.

3장

나르시시즘 학대의
영향과 후유증

고통은 어떻게 회피하고, 어떻게 굴복하고, 어떻게 대처하
고, 어떻게 초월하는가가 중요하다.

— 오드리 로드Audre Lorde (미국의 시인)

자야Jaya는 라이언Ryan과 동거한 지 1년이 지났다. 처음에는 알
콩달콩 깨가 쏟아지는 행복한 시간이었다. 하지만 몇 달이 지나
자, 분위기는 냉랭해졌다. 저녁만 되면 라이언은 자야에게 자신
의 회사 사장에 대한 험담을 늘어놓았다. 자야는 환자가 많은 병
원에서 의사로 일하고 있었는데, 그녀의 고된 업무에 대해서는
거의 묻는 일이 없고, 그녀의 일이 "매일 똑같은 처방전을 쓰는
땡보직"이라고 얘기했다. 그는 사소한 일이라도 일이 뜻대로 되
지 않으면 순간의 화를 참지 못하고 욱하는 성격이었다. 이성을

잃을 정도로 화를 내는 그의 감정 패턴은 자야에게 공포심을 조장했다. 결국 그는 직장을 잃게 되었고, 이를 사장에게 일방적으로 당한 억울한 상황으로 묘사했지만, 사장을 상대로 소송을 제기하지는 않았다. 그녀는 시간이 지난 후에 그가 동료를 괴롭히고, 고객에게 무례하고, 결근을 반복했다는 이유로 해고되었다는 사실을 알게 되었다.

격렬한 싸움을 벌일 때면 라이언은 항상 장소를 박차고 나갔다. 그런 다음 며칠 동안 집에 오질 않았다. 그녀는 그가 없다는 사실에 처음 며칠 동안 안도감을 느꼈지만, 곧 불안해지면서 공황 상태가 시작되었다. 그러다 그가 다시 들어오면, 그의 잘못된 행동에 대해 지적하지는 않았고, 어차피 지킬 것 같지 않은 거짓 약속을 듣고 그를 다시 받아들였다. 자야는 지칠 대로 지쳤다. 자신이 라이언의 애인이기보다 그의 엄마가 된 것처럼 느껴지기 시작했다. 그가 했던 수많은 거짓말과 배신도 힘들었지만, 계속 돈을 요구하고 자신에게 빚을 졌으면서도 소비를 멈추지 않는 그의 모습이 그녀를 숨 막히게 했다. 그의 행동과 모습을 떠올리며 '반추ruminate(자기 자신을 갉아먹는 형식을 띠는 원망으로, 심리학에서는 부정적인 경험에 대한 기억과 그로 인한 달갑지 않은 귀결과 부담스러운 감정들에 관심을 쏟는 건강하지 않은 집착으로 설명한다-옮긴이)'하고 또 반추했다. 그가 자기 행동에 대해 책임지고 사과하기를 바랐다. 그녀는 직장에서 더욱 산만해지고 판단력이 흐려졌으며, 병원으로 출근하는 길에 공황 발작을 일으킬 정도로 불안해졌다.

자야는 두 사람의 관계에 관한 생각을 반복 재생하며, 갈라섰을 때 현재 함께 쓰고 있는 물건들을 어떻게 분리할 것인지 고민하면서도, 이 관계를 끝낼 수 있을지 의구심을 품었다. 그러다가도 라이언의 빠져나올 수 없는 매력을 떠올리며, 과연 새로운 사람과 연애를 시작할 수 있을지 망설여지면서 두려웠다. 그러면서 그의 새로운 사업 아이디어가 성공하면 상황이 반전될지도 모른다는 희망을 붙잡았다. 그녀는 잠을 설치고 식욕도 떨어졌다. 자주 아팠고 직장에서 사소한 일로 논쟁을 벌이는 일이 잦아져 직장 생활과 업무를 이어가는 것이 힘들어질 정도였다. 친구들과 이런 상황에 관해 이야기하기에는 수치스러웠고, 기댈 곳이 없다고 느꼈다. 그녀는 자신을 탓했다. '퇴근 후 내가 더 많이 곁에 있고 심술만 부리지 않았으면, 이 정도는 아니었을 텐데. 내가 더 잘해줬어야 하는데, 너무 이기적이었던 것 같아. 어쩌면 내가 말하는 방식이 문제인 것 같아.' 어떤 날은 애초에 두 사람이 만나지 않았으면 좋겠다고 생각했다. 그리고 관계를 유지하기 위해 놓친 기회에 대해 반추했다. 어떤 날은 일어나서 일하기도 힘들었다.

자기애적 관계에 있는 모든 사람에게 지금 당장 종이에 해로운 행동이 자신에게 미친 열 가지 영향을 적어보라고 한다면, 그 내용은 매우 비슷할 것이다. 지속적인 불안이나 정신적 고갈은 피해 당사자에서 비롯된 문제도 아니고, 뜬금없이 느껴지는 기분도 아니다. 그것은 자신이 견뎌 온 일관성 없고 정서적으로 학대적인 행동의 후유증이다. 자기애적 행동의 후유증은 피해자가 생각하는 방식과 사람들과 관계를 맺는 방식에 영향을 미친다. 이는 때때로 트라우마를 경험한 사람들에게서 관찰되는 증상과 겹치기도 한다. 자신을 바라보는 관점, 자기 능력에 대한 평가, 그리고 자문자답하는 방식에 변화가 생길 수 있다. 또한 감정 반응, 행동 패턴, 신체 건강 및 기능에 영향을 미치기도 한다. 몸과 마음의 기능이 모두 영향을 받는다. 자기애적 학대로 인한 스트레스는 심오한 방식으로 피해자 자신과 그 삶을 변화시킨다.

나르시시즘에 대한 담론에서는 대체로 나르시시즘을 가진 사람을 이해하는 데 초점을 둔다. 이마저 피해자, 즉 관계의 생존자에게 상처를 입힌다. 자기애적인 사람을 파악하는 것은 무엇이 용납할 수 없는 행동에 해당하고 그것이 생존자에게 어떤 영향을 미치는지 이해하는 것만큼 중요하지 않다. 나는 수년간 생존자들을 상담하면서, 나르시시스트의 유해한 행동을 이해하고 인정하게 되면, 자책감을 떨쳐내고 치유를 시작할 수 있다는 사실을 알게 되었다.

나르시시스트가 떠나면 대면적인 스트레스와 갈등, 긴장은 사라질 수 있지만 혼란, 반추, 죄책감, 슬픔, 분노가 남는 경우가 많다. 나르시시즘이 있는 연상의 남성과 50년 동안 결혼 생활을 한 전통 문화권의 여성은 "죄책감도 크고 주변 시선이 너무 따가워 떠날 수 없다"라고 말할 것이다. 그녀는 심지어 남편이 없을 때 마음이 편해지고 기분이 나아지면, 오히려 죄책감을 느끼기도 했다. 그녀와 같은 상황에 처한 사람이 실제로 치유될 수 있을까? 물론 가능하다. 생각의 기본 틀을 바꾸면 판도를 바꿀 수 있다. 그런데도 가까운 사람의 행동 때문에 기분이 나쁘거나 화를 내는 것에 대해서도 죄책감을 느낄 수도 있다. 누군가가 나를 화나게 하고 조종하기 때문에 불안해하는 자신이 나쁜 사람인 것처럼 트라우마 본딩이 얼마나 깊게 자리 잡을 수 있는지 알 수 있다. 일반적으로는 마음을 단단히 먹고 강해져라, 어떻게든 털어내고 잊으라는 조언을 한다. 그러나 그냥 쉽게 극복되는 고통은 아니다.

이 장에서는 분노와 불안, 자책과 수치심, 절망과 우울증, 공황 발작, 약물 사용, 급성 및 외상성 스트레스에 이르기까지 자기애적 관계가 생존자에게 미치는 영향에 관해 설명한다. 자기애적 행동을 견디는 데 따른 고통과 혼란은 당연하다. 감히 말하건대 "이러한 상황에서는 당신 잘못이 아니라는 점, 이 점을 받아들이는 것이 치유의 첫 단계다."

자기애적 학대는 상대에게 어떤 영향을 미칠까?

자기애적 학대의 경험은 여러 단계에 걸쳐 일어나는 경향이 있다. 이러한 관계에 대응하는 방식이 진화하기 때문이다. 관계 초반에는 균형과 평등이 있다고 믿으며 이에 따라 행동할 수 있다. 그런 다음 명확한 사고의 틀을 갖추지 않은 채, 관계를 이해하려고 노력하는 과정에서 서서히 정신적 퇴화가 일어나기 시작한다. 이 사실을 이해하면 자책감을 완화하는 데 도움이 될 것이다. 또한 평소에 아무 문제 없었던 공감력, 책임감, 애착과 사랑에 대한 욕구 등 자신의 건강한 부분이 자기애적 관계의 독성과 통제로 인해 약화한다는 사실을 깨닫게 될 것이다.

1단계: 물러서지 않음

자기애적 학대에 갇힌 사람들은 '수줍음을 타는 내성적인 사람'이라는 잘못된 편견이 있다. 당연히 사실이 아니다. 그들은 이 관계에 처음 발을 들였을 때만 해도 자신감 넘치며 뚝심 있는 사람이었다.

1단계에서는 아직 자신이 어떤 상황에 처해 있는지 모르기 때문에 자신의 현실과 경험이 부정당하면 반발하며 날뛴다. 나르시시즘에 빠진 상대의 행동을 지적하거나 책임 소재에 대해 논쟁을 벌일 수도 있다. 하지만 얼마 지나지 않아 혼란이 시작된다. 이 사람과 함께 있는 것이 정말 즐거울 때도 있지만, 때로는 배신감이나 상처가 될 때도 있는 이유에 답답해한다. 쉽게 결론 내릴 수도 없다. 오히려 나르시시스트 상대에게 비난을 받고, "너 사람이 왜 그렇게 이상하냐?"라고 말하기 때문에 자신을 자책하기 시작한다. 그리고 '맞아. 내가 좀 이상한 사람인가 봐'라고 서서히 이해하게 된다. 가족이 나르시시즘을 지녔다면, 그 가족과 사사건건 말다툼하다 보면, 어렸을 때 그 가족에게 받았던 정서적 학대 때문에 혼란을 느낄 수 있다. 이러한 관계에 마음을 뺏기면 뺏길수록, 나르시시스트 상대의 행동을 보고도 한 발짝 물러서서 눈감아버린다.

2단계: 이러지도 저러지도 못함

가스라이팅과 무시(불인정)하는 행동이 두드러지면, 불안감이 커질 것이다. 단, 피해 당사자로서는 자신이 부분적으로 책임이 있다고 느끼기 시작한다. 이 단계에서는 관계에서 일어나는 일에 대해 오랫동안 반추하고, 나르시시스트의 말을 머릿속으로 곱씹으며 그들의 행동을 정당화하려 한다. 나르시시스트를 달래고, 피해 당사자 본인의 요구 사항은 일단 접어 두면서, 양보함으로써 관계를 개선하려고 노력한다. 자신이 변하면 나르시시스트 상대도 변할 것이라는 믿음이 있는 상태다. 이 시점에서 나르시시스트의 공적 이미지와 사적 이미지가 다르다는 사실을 확실하게 느낀다. 이중적인 태도로 고립감, 혼란스러움, 분노를 더 많이 느낄 수 있다. 그렇다고 삶의 책임, 일, 학업, 내조(혹은 외조)를 소홀히 하지 않기 때문에, 사람들의 눈에는 피해자의 고통스러운 경험이 전혀 보이지 않는다. 겉으로 보기엔 삶에 문제가 없는 '좋은 가면'을 쓰고 있기에 두 사람의 관계가 아무 문제 없다고 생각할 수 있다. 이 단계에서 피해 당사자는 '아무래도 관계를 정리해야 할 것 같아'라는 생각이 떠나지 않지만, 실제로 이 단계에서 평생을 보내는 이들도 많다.

3단계: 치료가 절박함

이 단계에서는 '이번 생은 포기'라는 생각을 할 수 있다. 자신을 자책하고 자기 생각을 의심하며, 결정을 내리는 데 어려움을 겪고, 우울증과 불안이 삶에 큰 타격을 주고 있다는 사실을 느낀다. 직장, 학교 또는 기타 인간관계에서 큰 문제를 겪어 건강이 악화하기도 한다. 정신이 산만해질 정도로 반추하게 된다. 주변의 응원과 지지도 사라진 지 오래라 슬프다. 아니면 주변 사람들도 하나둘 떠난다. 이 단계는 심각한 고립의 단계다. 사람들과 시간을 보내더라도 그들이 자기 경험에 대한 완전한 진실을 이해하지 못할 것이라고 단정해 버린다. 자신을 완전히 자책하거나 남은 인생을 어떻게 살아가야 할지 막막할 수도 있다.

이 단계에서는 자신이 누구인지 잊어버린 것처럼 느끼거나 미래에 대한 꿈과 야망이 현저히 줄어든 것처럼 느낄 수도 있다. 회피, 악몽, 과잉 경계 등 외상 후 스트레스에서 관찰되는 공황 및 기타 패턴을 경험하기도 한다. 모든 사람이 이 단계에 도달하는 것은 아니다. 1단계부터 3단계까지 모든 단계에서 치료가 유용하지만, 이 단계에 도달하면 치료가 필수적이다.

자기애적 학대의 후유증

생각과 신념

- 반성
- 무력감
- 무기력
- 완벽주의
- 쾌의적 회상(좋았던 일을 회상하는 것)

- 후회
- 절망감
- 혼란
- 죄책감

외부 세계에서 자신을 인식하는 방법

- 외로움
- 고립감

- 신뢰의 어려움
- 수치심

극심한 스트레스 반응

- 과거 회상
- 과잉 경계(지나치게 경계하고 주변을 지속해서 감시함)
- 과각성(초조하고 불안한 느낌)
- 집중력 저하
- 멍한 상태에서 해리dissociating(의식, 기억, 정체감, 환경에 대한 지각 등 과 같이 정상적으로 통합되어야 하는 성격 요소들이 붕괴하여 나타나는 상 태-옮긴이) 증상(예: 정신적 번아웃, 과로, 자학적 행동)

자의식과 책임감

- 자기 의심

- 자기 비난

- 자기혐오
- 혼자가 되는 것에 대한 두려움
- 자신에 대한 가치 절하(자신을 낮추는 것)

감정

- 우울증
- 슬픔
- 짜증
- 자살 충동
- 불안
- 무관심(아무것도 신경 쓰지 않음)
- 의욕 저하(아무것도 하고 싶지 않음)
- 무쾌감증(과거에 즐거웠던 일을 해도 기쁨이 없음)

관계를 유지하기 위해 하는 행동

- 달래기
- 안심시키기
- 사과하기
- 눈치 보기
- 자기 부정(자기 비하)

이러한 관계가 건강에 미치는 영향

- 수면 장애
- 신체 건강 문제
- 자기 관리 부족
- 피로/탈진
- 부적응적인 대처

관계 속에 갇힌 3R 인식하기

자기애적인 관계는 머릿속을 맴돌며 정상적인 삶을 이어가기 어렵게 한다. 이는 3R—Regret, Rumination, and (Euphoric) Recall 즉, 후회, 반추, (쾌의적 혹은 행복감) 회상—이라고 표현할 수 있다. 이러한 경험은 피해 당사자, 즉 생존자의 보편적인 경험으로, 관계를 떠난 후에도 계속 그 관계에 갇혀 있는 듯한 느낌을 주고, 자기 의심과 자책에 시달리게 할 수 있다.

후회 Regret

후회는 자책('왜 위험 신호에 주의를 기울이지 않았을까? 왜 내가 더 노력하지 않았을까?'), 환경에 대한 탓('왜 이런 부모한테서 태어난 걸까?') 또는 시간에 대한 탓('왜 그렇게 오랫동안 관계를 유지했을까? 왜 더 빨리 현실을 직시하지 못했을까?')과 관련될 수 있다. 일반적으로 다음의 내용에 대해 후회한다.

- 그 관계를 애초에 시작한 것
- 관계가 달라지지 않았다는 것
- 그 관계로 인해 잃어버린 기회
- 행복한 어린 시절을 놓친 것
- 자녀에게 미치는 영향
- 더 빨리 빠져나오지 않은 것

- 해결을 위해 더 큰 노력을 기울이지 않은 것
- 관계가 끝났다는 것

애인이나 친한 친구와의 관계에서는 내가 상대를 선택한 것, 더 빨리 관계의 문제점을 파악하지 못한 것에 대한 책임감 때문에 후회가 더 심해질 수 있다. 이러지도 저러지도 못하면서 후회만 하는 상황일 것이다. 자기애적인 사람이 변할 것이라는 믿음, 더 나은 사람이 될 수 있다는 확신이 있어서 관계를 유지하긴 하지만, 변하지 않는다면 후회할지도 모른다는 두려움 그리고 관계를 끝내는 것을 후회할지도 모른다는 두려움이 동시에 자리하고 있다. 또한 이혼하고 자녀에게 피해가 갈까 두려워하는 마음과 관계를 유지했을 때 시간만 더 낭비하고 자기애적인 상대가 행동이 변하지 않는 상태에서 망가진 결혼 생활이 자녀에게 피해를 줄까 두려워하는 마음 사이에 갈팡질팡할 수 있다.

자기애적인 가정에서 자란 사람이라면 '후회＝해답 없음'으로 느껴질 수 있다. 중요한 발달 단계의 사회적·정서적 요구에 대한 충족을 못 받은 것을 후회할 수 있다. 자신이 부족하다고 느껴서 제대로 능력을 펴지 못한 것을 후회할 수도 있다. 꿈을 이루는 데 힘을 실어주는 사람이 없었거나, 성인이 되어서도 안전하고 조건 없이 의지할 수 있는 대상이 없는 사실에 대해 후회할 수도 있다. 또한 건강한 관계에 대한 롤 모델이 없었던 것을 후회할 수도 있다. 직장에서는 자기애적 상사나 멘토를 위해 열심히 일한 것이 후회될 수 있다. 특히, 자기 경력을 방해하거나 끌어내리면 그렇다. 수년 동안 최선을 다하고 자신의 업무가 주목받을 것이라고 믿었는데 오히려 자기 아이디어를 도둑맞거나 무시당하고 나르시시스트의 조력자로 대체되어 경력과 수익 잠재력이 손상된 것을 후회할 수도 있다.

반추 Rumination

자기애적 행동을 이해하려고 노력하는 것 자체로 머리가 아플 것이다. 너무나도 복잡한 행동 패턴이 나타나기 때문이다. 그렇기에 생각이 꼬리에 꼬리를 무는 생각의 고리에 갇혀 반추가 멈추지 않는다. 내가 매달 진행하는 마음 치유 프로그램 참가자들을 대상으로 한 설문조사에서 참가자들이 가장 힘들어하는 문제가 '반추'라는 사실이 밝혀졌다. 특히 심각한 배신이 있었을 때, 관계가 끝났을 때 관계에 대한 반추가 더 많이 일어난다. 후회 또한 반추에 영향을 미치는데, 관계를 곱씹을 때 후회가 몰려오는 경우가 많기 때문이다. 반추에 매몰되면 일상생활을 제대로 하기가 어렵다. 관계에 관한 생각이 항상 머릿속에서 떠나지 않기 때문에 다른 것에 집중하기가 어렵다. 해답이 없는 문제에 대해 불편한 마음으로 반추할 뿐 아니라 가족, 친구, 취미, 기타 의미 있는 활동 등 인생의 소중한 부분에도 소홀하게 되니, 이중으로 괴롭다. 반추에 매몰되면 새로운 관계와 경험에 진입하는 것 자체가 불가능하다. 다른 주제에 관해 이야기하거나 생각할 수 없게 되고, 시간이 지남에 따라 그 이야기를 듣는 것에 지친 친구 및 가족과의 관계가 소원해질 수 있다.

자기애적 관계에서 반추한다는 것은 대화를 곱씹고, 이메일과 문자 메시지를 다시 읽고, 자신이 말하거나 행동할 수 있었던 다른 방식을 생각하고, 자신이 했다고 생각하는 실수에 집중하는 것을 의미한다. 자기애적인 관계에서 서로를 제압하고 이기려는 시도처럼 느껴질 수 있다. 따라서 전술적 실수('내가 너무 빨리 답장을 보냈다', '전화를 기다렸어야 했다', '그런 질문을 하지 말았어야 했다')를 되새기거나, 관계의 좋은 시절에 대해 반추하며 다시 그렇게 되기를 바랄 수 있다. 관계가 끝나면 엄청나게 머리가 복잡해진다. 강박적으로 모든 사건을 곱씹고 되새김질하고, 상대의 행동을 이해하려고 노력한다. 관계가 끝나고 나르시시스트가 다른 사람과 새출발을 한 경우, '그 사람이 선택한 상대한테는 내게 없는 어떤 점이 있을까? 그 사람이 과연 변할까?'라는 생각에서 벗어나지 못한다.

자신의 가정 환경에서 나르시시즘을 경험한 경우, 반추는 두 가지 방식으로 나타날 수 있다. 첫째, 어린 시절에 인정받지 못하고, 거부당하고, 무시당했던 경험이 뇌리를 떠나지 않는다. 둘째, 자기애적 부모를 비롯해 다른 가족과도 관계를 유지하는 경우, 최근에 나눴던 대화를 곱씹고 지금까지도 겪고 있는 가스라이팅이나 불인정에 대해 반추할 수 있다. 특정 사건이나 대화가 달라졌으면 좋겠다고 생각한 후 무엇이 잘못되었는지 반추하게 될 수도 있다. 직장 생활에 대한 반추는 밤잠을 설치게 하고, 삶과 친구, 가족에 대해 소홀하게 만든다. 나 말고 다른 동료 직원만 편애하는 상사, 직장 내 가스라이팅, 삼각관계triangulation(나르시시스트가 자신의 상대와 제3자를 서로 경쟁하게 만드는 심리적 조작 기법으로, 이 관계에서 나르시시스트는 자신의 우월감을 유지하고 주목을 받으며 상대를 통제하려는 목적으로 사용한다-옮긴이), 자격이 부족한 동료의 불공정한 승진에 대한 집착에 사로잡힐 수 있다. 한마디로 마음을 들쑤시는 생각이 끊이질 않는다.

반추는 머리가 멍해지고 기억력이 둔화하는 '브레인 포그brain fog'의 원인이 될 수 있다. 이는 매우 흔한 현상이며 자기애적 학대로 인해 겪는 혼란스럽고 만성적인 정서적 스트레스의 부작용이다. 다만, 또렷하게 생각 못한다는 이유로 자신을 몰아세우며 채찍질을 가하는 '셀프 가스라이팅self gaslighting'을 하지 않아야 한다.

쾌의적 회상 Euphoric Recall

3R의 마지막 R은 'Recall' 즉 회상, 더 구체적으로는 관계의 좋은 기억과 사건을 떠올리는 행복감에 대한 회상이다(전문 용어로 '쾌의적 회상'이라고 한다). 몇 년이 지난 후에도 오래전 휴가를 떠났을 때의 멋진 저녁 식사를 떠올릴 수 있다. 쾌의적 회상은 자기애적 관계에 대한 인식을 왜곡하여 자기 의심을 유발하고 학대로 받은 고통을 최소화('어쩌면 그렇게 나쁘지 않았고 내가 그

사람의 행동을 너무 과하게 받아들인 것 같아')하기 때문에 학대에서 회복하는 데 방해가 될 수 있다. 이러한 현상은 피해자와 가해자 모두 왜곡된 기억을 사용하여 행동을 합리화하기 때문에 학대의 여파가 지속될 뿐만 아니라 학대를 더욱 공고히 한다.

연인 관계에서는 쾌의적 회상이 처음부터 관계에 큰 영향을 미친다. 관계가 잘되길 바라는 마음에 좋은 점에만 집중하고, 위험 신호와 불인정 행동을 대수롭지 않게 여길 수 있다. 시간이 흐르고 자기애적 행동이 누적되면 좋았던 기억만 떠올리니 관계를 명확하게 바라보는 것도, 경계를 설정하는 것도 어려워진다. 무엇보다 관계를 끝내기가 힘들다. 또한 자기애적 가정 환경에서 자란 경우, 가족과 어린 시절을 이상적으로 기억하고 싶을 때 쾌의적 회상이 발생하고, 가족을 단란한 모습으로 그리거나 어린 시절의 캠핑 여행이나 베이킹을 하며 보낸 오후를 기억한다. 가족에게서 정신적으로 조종당했던 기억, 끊임없는 불인정의 태도는 기억에서 치워버린다. 쾌의적 회상은 사실을 이상화하는 사고로 변모하여 가족 관계의 본질을 인정하는 데 수반되는 슬픔과 불편함을 회피하는 수단으로 작용한다.

쾌의적 회상은 현실에 대한 부정, 관계에 대한 희망, 상대의 행동에 대한 정당화, 관계에 대한 왜곡으로 가득 차 있다. 물론 좋은 순간을 기억하는 것은 본질적으로 나쁜 게 아니다. 관계에서의 해로운 패턴과 자책의 사이클에 매몰되지만 않으면 말이다.

자책: '나 때문일까?'

'나 때문일까?'라는 질문은 자기애적 학대를 경험하는 거의 모든 사람이 떠올리는 질문이다. 자기애적 행동으로 인한 혼란을 이해하려고 노력하다 보면 결국 학대받는 자신에 대해 스스로 비난하게 된다. 이 책을 읽는 독자 중에는 평생 여러 세대에 걸쳐 대물림되는 자책의 순환을 겪고 있을 수도 있다. 자책은 다양한 요인이 교차하는 지점에 자리 잡고 있고, 상대에게 조종당했을 때의 충격을 흡수하고 상황을 이해하려고 노력하며, 어느 정도 통제력을 확보하기 위해 애쓰는 방식이다('내 잘못이라면 내가 해결할 수 있을 거야'). 자책한다는 것은 관계에서 자기애적 행동으로 인해 한 번, 그리고 자신이 잘못한 사람이라고 판단함으로써 두 번 상처를 받을 수 있다는 것이다. 자책에 매몰되다 보면, 현실을 명확하게 파악하거나 필요한 도움을 받기가 어려워진다. 또한 이 모든 게 자기 잘못이라는 생각에 스스로 문제를 해결하려고 해서 관계를 지속시킬 수 있다. 자책은 수년 동안 지속될 수 있는 심리적 자해의 악순환에 갇히게 한다.

그렇다면 왜 이들은 자책하는 것일까? 유년 시절에 그랬던 습관 때문일까? 평정심을 유지하는 방법일까? 관계 전문가들의 일관된 주장―연인 관계에서 어떤 문제에 대해서도 두 사람이 동등한 책임을 진다는 주장, 두 사람이 밤에 데이트하는 시간도 갖고 서로에 대해 고마워하는 훈련을 하다 보면 충분히 관계를 개선한다는 주장─에 세뇌된 탓인가? 부모, 애인, 배우자, 심지어 성인 자녀와 같이 가까운 사람이 그렇게 가혹하게 행동할 수 있다고 생각하는 것보다 자기 잘못을 받아들이는 것이 더 간단해서일까? 누군가의 과거를 이해하고 어쩔 수 없이 그렇게 행동한다고 정당화하는 데서 오는 죄책감 때문일까?

위의 모든 질문에 대한 답은 '그렇다'이다. 어린 시절 자기애적 학대를 경험했다면, 자책은 생존 전략이자 부모에 대한 이상적인 이미지를 유지하고 필수적인 애착 욕구를 충족하는 방법이었을 것이다. '관계 산업'에 종사하는 전문가 대부분은 대화할 때 상대를 쳐다보는 것과 같은 빠른 치료법만으로도 관계가 올바른 방향으로 나아갈 수 있다고 한다. 그런 말을 여러 번 듣다 보면 '그래, 이게 다 내 탓이지'라는 생각이 스며들고 자신이 명확하게 소통하지 못하고 있는 것은 아닌지 자문하게 된다. 자책은 자기 자신을 보호하며, 비난을 감수함으로써 갈등과 비난의 시선을 피하는 수단이기도 하다.

부정적인 생각이나 상대와의 의리를 저버리는 생각을 하는 자신을 자책할 수도 있다. '아버지를 참을 수 없어', '우리 아들은 인간 말종인 것 같아', '남편에 대한 증오심이 생겨', '언니는 자기밖에 모르는 한심한 인간이야' 등이 대표적이다. 그런 다음에는 끔찍한 생각을 한 것에 대해 반성하게 된다('어휴, 이런 생각을 하는 내가 문제지. 혹시 내 마음을 알아차린 건 아니겠지?', '관계가 이 지경이 된 건 나 때문인 것 같아. 내가 나르시시스트가 아닐까?'). 자기

애적 관계의 패턴을 이해하면 자신과의 소통 방식('다 내 잘못이
지, 뭐', '내가 예민해서 이런 생각이 드는 것 같아', '난 뭐든 제대로 하
는 게 없네')을 변화시키는 데 도움이 될 수 있다.

　자기애적 관계에서 피해자들이 자신을 비난하는 이유에 관해
중요한 퍼즐 조각을 맞춘 제니퍼 프리드 박사Dr. Jennifer Freyd는
'배신에 눈감기 현상betrayal blindness('배신맹'이라고도 함)'에 대한
연구에서 그 원인이 "배신에 대해 사람들이 보이는 무의식, 무감
각 그리고 망각"이라고 설명한다.[1] 배신에 눈을 감아버리는 사람
은 상대의 휴대폰에서 두 사람의 관계에 문제가 될 만한 메시지
를 발견하고, 실제로 불미스럽게 펼쳐지는 상황을 지켜보지만,
상대에게 "그건 오해야. 별것 아닌 것 같고 왜 그렇게 난리야?"
라는 말을 들으며 가스라이팅을 당한다. 그 후에는 '내가 착각한
것이구나'라고 애써 단정하고, 메시지의 의미를 무시한 채 원래
대로 돌아갈 수 있을 것이다. 분명 불길한 메시지의 내용에 대한
해명을 확실히 파악하려면, 상대를 바라보는 관점에 근본적인
변화가 필요하기 때문이다. 그러니 대충 사건을 마무리하는 게
낫다고 판단한다. 이는 아이들이 경험하는 배신 트라우마에서
더욱 두드러진다. 부모에 대해 왜곡되고 이상화된 시각을 유지
해야 그나마 안전과 애착을 느낄 수 있는 아이에게 부모를 액면
그대로 명확하게 보는 것은 치명적일 수 있어서 애써 눈감아버
리는 것이다. 두 눈으로 보고 있지만, 보지 않기 위해 눈을 감아
버린다. 이와 같은 '배신에 눈감기 현상'은 서로의 관계, 가치관,

사회·제도적 시스템을 보존하기 위해 발생한다.[2] 무엇보다도 사랑하는 사람들에 대한 애착과 관계를 유지할 수 있게 해주니 충분히 눈감을 이유가 존재한다.

하지만 억지로 고통을 삼키는 행위에는 그 대가가 따른다. 의식적으로는 신경 쓰지 않는다고 해도, 무의식적으로는 배신에 대한 인식이 마음속에 존재하기 때문이다. '컬트cult(카리스마가 있는 지도자를 통해 구현되는 극단적 이념을 추구하는 집단이나 시민운동을 의미한다. 일반적으로 사이비 종교를 떠올리지만, 정치, 자기 계발 등 매우 다양한 형태로 존재한다-옮긴이)' 전문가 야냐 라리치Janja Lalich 박사는 배신에 눈감기를 마음속의 '선반'에 비유했다. 이성적으로는 눈을 감아버리면 된다고 생각하지만, 한 번 배신을 당하고 그다음에도 끔찍한 일이 재발하고, 누적된 배신과 정서적 학대 행동 때문에 선반은 더 이상 버티지 못하고 무너져 버린다는 논리다.[3] 배신 경험에 눈먼 사람들은 배신감이 몰려오기 전에 자신을 자책하게 되고('나는 세심한 아내가 아닐지도 몰라', '나는 엄마, 아빠에게 나쁜 자식이야'), 이와 함께 불안, 공황, 고립, 혼란 등 온갖 부정적인 심리적 패턴을 경험한다.

자기애적 관계의 큰 함정 중 하나는 자기애적인 사람들이 실제로 자신을 좋은 사람이라고 믿는다는 것이다. 예외 없이 '나처럼 좋은 사람이 어디 있다고 그래?'라는 인식이 뿌리 박혀 있다. 우월감, 도덕적으로 올바르다는 강한 자각, 자신의 의로움에 대한 확고한 신념에서 비롯되는 특징이다. 차라리 "나는 이기적인 사람이야. 모든 것이 나를 중심으로 돌아갈 수밖에 없으니 넌 그냥 받아들여"라고 대놓고 말하면서, 자신의 본성을 공개적으로 인정한다면, 옆에 있는 상대의 머릿속이 그렇게 복잡해지지 않을 것이다. 그러면 가해자가 나쁘게 행동하거나 교묘한 방식으로 행동할 때, 피해자는 약간 당황할 수는 있지만 매우 놀라지 않을 것이며, 가해자의 나쁜 행동에 대해 자신을 비난할 가능성이 훨씬 낮아질 것이다. 나르시시스트와의 관계는 불균형적인 갑을 관계다. 따라서 가해자와 피해자는 서로 다른 원칙과 기대치를 고수한다. 피해자는 정서적 공감과 애착 관계를 추구하는 반면, 나르시시스트는 지배와 이기심에 집중하여 정서적으로 소진되지 않은 채 더 많은 이득을 취한다.

자기애적인 사람들은 자신의 선함, 따뜻함, 공감 능력을 비롯한 모든 면에서 대단하다는 생각이 확고하다. 따라서 피해자가 원래 자존감이 낮은 편일 경우, 문제가 발생했을 때 그 원인이 본인에게 있다고 생각한다('저 사람은 자신감이 저렇게 높고, 나는 내가 보잘것없다고 여겨지니 문제는 나한테 있는 것 아닌가?'). 자기애적인 사람들은 관계가 위태하다는 생각이 들 때, 상대와 함께 떠나는 여행을 갑자기 계획하거나, 상대가 오래전부터 해 온 부탁을 들어주거나, 상대의 가족을 비롯해 상대에게 소중한 사람들에게 도움을 주는 등 평소에 하지 않던 행동으로 환심을 사려 한다. 안타깝게도 이러한 행동은 상대의 자책감만 키울 뿐이며, 자신이 이 사람과 함께해 얼마나 운이 좋은지 인정해야 한다고 느낄 수도 있다.

이러한 관계는 특히 트라우마 본딩으로 인해 자책으로 이어지는 경우가 많다. 자기애적 부모에게서 자란 자녀의 경우, 부모는 자녀의 애착 욕구와 부모가 느껴야 할 죄책감 및 수치심을 자녀 자신이 흡수하려는 경향("엄마, 내가 잘못했어. 미안해")을 이용하기도 한다. 자녀가 성인이 되어도 자신의 욕구는 짓눌러 버린 채, 자기애적인 부모의 보모로 전락하기도 한다. 이 시점부터는 모든 인간관계에서 자동으로 수치심과 비난을 자신의 몫으로 받아들이고, 다른 사람에 대한 책임을 자신이 떠안게 된다.[4] 자녀는 부모가 마음에 안 든다고 이혼할 수 없는 위치에 있다. 그러니 생존을 위해 적대적인 환경에 적응해야 한다고 생각할 수밖에 없다. 이때 적응하는 모습은 자책의 형태로 나타나는 편이다.

자책하는 말과 행동

자책하는 말
- 다 내 잘못이야.
- 어떻게 하면 내가 더 잘할 수 있을까?
- 어쩌면 내가 충분히 제대로 말하지 않아서 그런 것 같아.
- 내가 충분히 열심히 노력하지 않는 것 같아.
- 나는 항상 엉뚱한 말을 하는 것 같아.

- 내가 더 신중해야겠어.

자책하는 행동

- 끊임없는 사과
- 자기애적 상대를 달래며 살얼음판 위를 걷기
- 자기 잘못이 아닌 행동이나 사건에 대해 자신이 책임지기
- 집안이나 직장에서, 혹은 가족에게 일어나는 모든 대소사에 대해 본인이 직접 관여하고 결과에 대해 책임지기
- 사람들에게 여러 가지 선택지를 제공하는 행위(예: "저녁 메뉴로 뭐가 좋은지 알려줘")
- 자기애적인 상대의 마음을 읽고 그 사람이 필요로 하는 것을 눈치채려고 애쓰는 행동
- 상대의 만족을 위해 자신이나 환경을 바꾸는 행위(예: 강박적인 집 안 청소)
- 자신의 필요나 욕구를 부정

수치심: '이것밖에 못 해?'

수치심이 드는 순간, 자신이 망가지고, 상처받고, 때로는 회복할 수 없는 존재로 느껴진다. 수치심은 실수나 단점이 남들 앞에 드러났을 때 느끼는 자책감이다. 이는 우리가 자신을 비판하는 것을 넘어, 다른 사람들도 우리를 비판하고 있다고 믿는 상태다.

자기애적 가정 환경에서 아무리 잘해도 "이것밖에 못 해?"라는 말을 듣고 자랐고, 가족 간에 비밀과 거짓말이 난무하고, 가정에서의 고립감이 익숙한 사람이라면, 수치심이 매우 일찍 찾아온다.

이러한 환경에서 자란 아이들은 거짓 이야기를 지어내거나 자기 가족을 다른 사람들에게 징상으로 보이게 하려고 노력하느라 파김치가 된다. 평소에 고립감을 느끼고, 집에 친구를 데려오는 것을 부끄러워하며, 또래나 이웃의 화목하고 건강한 가족을 마주할 때 수치심을 느낀다. 수치심을 느낀다는 것은 문제를 일으킨 사람이 가족이 아니라 자신이라고 생각하며, 상처를 입어야 하는 사람도 자신이라고 받아들이는 것을 의미한다. 자기애적인 사람이 느껴야 하는 수치심을 자신이 가져와 내면화하는 순간, 자기애적인 갑을 관계가 형성된다. 결국, 을은 갑의 수치심을 보관하는 저장소인 셈이다.[5]

어렸을 때부터 '내 탓이오'를 되뇌며, 남의 책임을 자기의 것으로 가져오는 패턴이 굳어질 경우, 성인이 된 후에도 자기애적 관계에 갇혀 수치심을 떠안기 쉽다. 관계가 실패했을 때 수치심과 자책감을 느끼고, 헝클어진 관계에 처해 있는 현실에 대해 자책하며, 이별이나 이혼을 한 후에도 수치심을 떨쳐내지 못한다. 수치심의 불씨('나는 망가진 상황에 놓여 있다')는 결국 '나에게 뭔가 문제가 있는 게 틀림없다'라는 믿음으로 이어질 수 있다.

혼란: '왜 하필 나에게 일어나지?'

살면서 이런 자신에게 '왜 하필 이런 일이 나에게 일어나지? 미쳐버리겠네'라는 생각을 한 적이 있을 것이다. 자기애적 행동과 학대에 대해 무지한 상태에서 그러한 상황에 노출되어 있다면, 일상이 혼란 그 자체일 것이다. 혼란에 빠지는 상황은 다음과 같다. 상대가 공감 능력이 이렇게도 없을 수 있다는 사실이 충격적일 때, 상대가 내게 사랑한다고 말하다가 갑자기 내 말을 무시하고 인정해 주지 않거나 말도 없이 사라져 연락이 안 될 때, 내가 그 사람을 지극정성으로 챙겨주는데 나를 이용해 먹을 때, 관계가 좋을 때는 한없이 좋다가 나빠지면 나락으로 떨어지는 패턴이 반복될 때, 상대가 자라온 환경을 헤아려주고 연민을 느끼는데도 그런 내게 여전히 분노할 때, 내가 상대에 대한 의무감과 의리를 지켜야 하는 강박을 품으면서 그의 부모나 가족과 같은 내가 좋아해야 하는 사람들이 싫어질 때 등이다. 자기애적 학대를 받으면 어떻게 느끼고 무엇을 생각해야 하는지 상대에게서 지시받기 때문에 내가 누구인지, 어떤 존재인지에 대한 감각을 모두 잃게 되어 혼란이 가중된다.

　이러한 관계에서는 주변에서 일어나는 모든 일이 정상인 것처럼 행동해야 할 것 같은 현실 부정의 악순환이 복잡하게 펼쳐진다. 주변에서 일어나는 모든 일이 정상인 것처럼 행동하는 데 능숙해졌고, 자기애적인 사람과 그의 조력자들은 내게 정상적으로 행동하길 기대하게 된다. 서서히 세뇌되면서 현실을 왜곡해 받아들일 뿐 아니라, 무엇이 정상적이거나 건전한 행동인지에 대한 판단력도 흐려질 정도로 혼란스럽다. 남들이 보기엔 잘 적응하는 듯하지만, 안타까운 것은 상황이 괜찮아 보이기 때문에 주변의 선한 사람들조차도 피해자가 얼마나 고통스러운지 느끼지 못한다는 점이다.

가스라이팅과 퓨처 페이킹은 당하는 상대는 혼란 속에서 살아간다. 오래전 주고받은 메시지를 꼼꼼히 살펴보면서 자신이 제대로 이해했는지 거듭 확인하고, 혹시나 잘못 이해하고 오해하는 건 아닌지 헷갈린다. 나르시시스트가 하는 거짓말도 혼란을 가중한다. 삼각 구도로 인한 혼란도 있다. 제3자를 끌어들여 상대와 대립 구도를 만든다. 또한 상대와 직접 소통하는 대신 다른 사람의 등 뒤에서 이야기하는 등 간접적인 소통으로 상대를 조종한다. 예를 들어 나르시시즘에 빠진 어머니가 "네 언니가 그러는데, 네가 욕심이 너무 많대"라고 말했다고 가정해 보자. 이 말을 들은 동생은 언니에게 화를 낸 후, 자신이 주관하는 파티에 초대하지 않을 수 있다. 실제로 언니는 그런 말을 한 적이 없어서, 자신이 소외된 것에 대해 상처받고 혼란스러워한다. 삼각관계는 가족, 친구 그룹, 직장에서 혼란과 불신을 조장한다.

절망감: '나는 매우 하찮구나'

내가 사랑하거나 사랑해야 한다고 믿었던 사람이 공감 능력이
없고, 내가 상처받을 때 신경 쓰지 않으며, 항상 자기 자신을 우
선시한다는 사실을 서서히 깨닫는 과정은 암울한 깨달음의 연
속일 것이다. 절망감은 자기애적 관계를 맺는 거의 모든 사람이
경험하는 감정이다. 슬픔, 무력감, 절망감, 무기력, 두려움, 때로
는 자살 충동까지 복합적으로 느끼기도 한다. 절망감에 젖어 있
을 때는 상황을 해결 또는 개선할 방법도, 그 사람의 관심과 공
감을 받을 방법도 없다. 어떤 말과 행동을 해도 아무것도 바뀌지
않는다. 나르시시즘 관계의 유형과 관계없이, 변화할 수 없다는
인식은 두려움과 헤아릴 수 없는 슬픔을 불러일으킨다. 아무리
나의 욕망, 꿈, 요구를 주장해도, 자기애적인 사람의 편협한 태
도에 부딪히게 된다. 그 결과 시간이 지남에 따라, '내 인생에서
나는 매우 하찮구나'라는 생각에 젖게 된다. 자기애적 관계는 종
종 나 자신뿐만 아니라 자녀, 직장, 우정 또는 다른 가족 구성원
과의 관계에도 영향을 미칠 수 있다. 자기애적 관계에서 느끼는
무력감은 다른 관계에서의 무력감으로 확장될 수 있으며, 다른
사람을 보호할 수 없다는 절망감으로 이어질 수 있다. 게다가 슬
픔, 짜증, 식욕 변화, 수면 문제, 쓸모없음, 주의 산만 및 집중력
저하, 눈물, 대인관계에서의 위축 등 우울증에서 관찰되는 패턴
중 일부(또는 다수)를 경험할 수 있다.

이때, 우울증 때문인지, 자기애적 학대의 부작용인지 구분하는 것이 가장 큰 과제다. 슬픔과 절망감은 나르시시스트 그 사람과의 관계에서만 국한된 것이지, 평소처럼 친구들과 잘 웃고, 자녀와의 순간을 소중히 여기며, 직장에서 좋은 성과를 내는 등 삶에 문제가 없다고 주장하는 경우도 있을 것이다. 만나기 싫은 것은 나르시시스트 그 사람뿐이고, 다른 사람들을 만나는 것은 좋아할 수 있다. 하지만 이런 우울한 패턴으로 인해, 삶의 다른 영역에까지 영향을 미치기 시작하고 직장, 학교, 양육에서 제대로 기능하지 못하거나 더 이상 삶에 흥미를 느끼지 못한다면 우울증으로 발전했을 수 있으므로 가능한 한 빨리 정신 건강 치료를 받아야 한다. 절망감과 우울감으로 자살 충동까지 느끼는 예도 있다. 이때는 즉시 도움을 요청하는 것이 중요하다.

세상에서 나를 경험하는 방법

자기애적 학대를 경험하는 것은 매우 외로울 수 있다. 나만 이런 학대를 당하며 사는 게 아니라는 사실을 알기 전까지는 마치 나만 이 지독한 비밀을 알고 있는 유일한 사람이고, 나머지 사람들은 우리 관계의 실체를 모른다고 느낄 것이다. 마치 외딴 행성에서 고독하게 살아가는 기분이 들 것이다. 관계를 끝내기로 하거나 더 이상 연락을 유지하지 않으면서도 외로움은 지속될 수 있다. 자기애적 학대를 경험한 후에는 다시는 사람을 믿지 못할 것 같고, 모든 사람을 의심하게 될 수 있다. 그 결과 사람들과 우정을 쌓고, 협업하고, 관계를 형성하고, 인연을 만들어 가는 데 많은 기회를 놓칠 수 있다. 나르시시스트가 있는 가정에서 자랐다면, 어릴 때부터 가정에서 신뢰가 왜곡되었거나, 잘못 형성되었거나, 아예 형성되지 않았을 수 있다. 또한 세상을 신뢰하지 않을 뿐만 아니라 자신도 신뢰하지 않을 수 있다. 세상을 끊임없이 불신하고 의심하는 삶은 힘들고 지치는 과정이다.

자기애적 학대의 결과로 사람과 세상에 대한 불신은 타인에게 의존하는 것에 대한 두려움으로 확대될 수 있다. 이러한 상황에서는 '세상에 맞서는 나'라는 느낌으로 살아갈 수 있으며, 다른 사람들에게 실망감을 주지 않기 위해 모든 일을 혼자서 할 때 안심이 된다. 그러나 자기애적 학대에서 쓴맛을 느끼고 나서는 언제 타인에게 의존해야 할지, 그 타이밍을 모르기 때문에 일상이 버거울 때도 있다. 오로지 혼자 다 하려 해서 효율성이 떨어지기 때문이다. 한편으로는 자기애적인 사람의 예측할 수 없는 행동에 너무나도 능숙하게 적응하다 못해 이골이 났을 수도 있다. 자기애적인 사람의 예측할 수 없는 성격 때문에 기분 좋은 날은 친절하게 공항까지 태워다 주다가도 다음번에 같은 부탁을 하면 이기적이라고 화를 낼 수도 있다. 도움을 요청했을 때 상대의 변덕스러운 반응을 수없이 경험하고 인지하게 되면, 다른 사람들도 기분에 따라 제멋대로 반응할 것 같다고 생각하게 된다. 결국 다른 사람에게 도움을 요청하면 실망하거나 화를 낼 것이라고 단정 지을 수 있다.

자기애적 학대를 경험하는 사람들의 정신 건강 문제

자기애적 학대의 후유증을 겪고 있는 경우, 많은 감정과 패턴이 다른 정신 건강 문제와 겹치거나 함께 발생할 수 있다. 피해자가 겪는 자기애적 학대의 후유증은 장애(이상 증상)가 아니라 해로운 관계로 인한 자연스러운 스트레스 반응이라는 점을 기억하라. 공황, 불안, 우울증과 같은 문제도 이러한 후유증과 함께 발생할 수 있다. 단, 이러한 증상은 자기애적 학대 이전부터 있었지만, 관계 이후부터 악화되었거나(예: 자기애적 관계를 맺기 전에 우울증 병력이 있는 경우) 자기애적 학대로 인해 활성화되었을 수 있는 문제일 수 있다(예: 자기애적 관계를 경험한 후 불안 장애가 발생한 경우).

기존에 트라우마 병력이 있는 경우 자기애적 행동에 노출되면 외상 후 반응이 더욱 두드러지게 나타날 수 있다.

사람들 앞에서 불안감을 느끼는 '사회적 불안'도 동반될 수 있다. 가스라이팅을 너무 많이 당하면 사람들과 어울릴 때 자신이 상황을 잘못 파악하고 있다는 생각이 든다. 혹은 자신을 괴롭힌 나르시시스트에게 "너 있잖아, 사람들하고 있으면 한심해 보여"라는 말을 직접 들었기 때문일 수도 있다. 이러한 패턴 중 하나라도 겪고 있고, 업무, 양육, 학교, 대인관계를 비롯한 삶의 여러 부분에 방해가 된다면, 정신 건강 전문의와 상담하여 더 많은 도움과 조언을 구하는 것이 좋겠다.

자기애적 학대가
신체적 질병을 유발할 수 있나?

자기애적인 사람과 가까운 정도에 따라 건강이 좋아지거나 나빠진 적이 있는지 생각해 보자. 이런 사람과 관계를 맺고 있다는 것은 분명 스트레스를 초래하고, 스트레스는 두통, 근육 긴장, 면역 기능 저하 등 다양한 방식으로 건강에 영향을 미쳐 몸이 질병에 취약해질 수 있다. 자가 면역 질환, 천식, 당뇨병 등 기존에 만성 질환을 앓고 있는 경우 스트레스가 질병을 악화시킬 수 있다. 억압된 트라우마는 신체적 통증으로 나타날 수 있다는 연구 결과가 있다.[6] 자기애적 학대를 장기간 경험한 사람들이 보고한 만성 통증 및 기타 유사한 신체적 불편함으로 결과를 입증하고 있다.

　자기애적 학대와 질병의 연관성을 입증하는 데 필요한 종류의 연구를 수행하는 일은 쉽지 않다. 자기애적 학대를 받는 사람들을 수년간 추적 관찰하고, 그들의 건강을 모니터링하고, 그들의 관계와 스트레스 수준을 측정하고, 어떤 일이 일어나는지 관찰할 수 있다면 가장 이상적일 것이다. 내가 지켜본 결과, 자기애적 학대의 영향을 받는 매우 건강한 사람들도 나이, 가족 병력, 체형과 무관하게 병에 걸리는 경우가 있었다. 질병 형태도 예상보다 훨씬 더 복잡하게 드러났다. 실제로 임상에서 많은 의료 종사자는 해로운 관계가 건강에 미치는 부정적인 영향을 목격하고 있다.

자기애적 학대의 피해는 마음보다 몸이 더 정직하게 반응한다. 뇌와 마음은 트라우마 본딩으로 인해 나르시시스트를 정당화하고 합리화하는 데 작용하는 반면, 몸은 고통, 슬픔, 트라우마, 상실감을 여과 없이 흡수하고 간직한다. 또한 자기애적 관계에서 거리를 두면 이러한 건강 문제 중 상당수가 사라지기 시작한다는 사실을 나의 내담자를 통해서도 알 수 있었다. 두통, 위장 문제, 만성 통증 등 건강 문제가 많았던 한 여성의 나르시스트 남편이 짧은 투병 끝에 갑작스럽게 세상을 떠난 일이 있었다. 그녀는 남편의 죽음과 그가 남긴 빚 때문에 재정적으로 불안정하고 스트레스를 받았지만, 그가 사망하고 나서 한 달 만에 자신의 신체적 증상이 완화되었다고 말했다. 그녀는 남편의 죽음과 그로 인한 심리적 고통이 끝났다는 안도감에 죄책감을 느꼈고, 사람들이 자신을 슬픔에 잠긴 미망인으로 여길 것을 알기에 건강이 좋아진 것에 죄책감까지 느꼈다. 감정은 이렇게도 복잡

미묘하다.

한편, 자기애적 학대는 신체에 간접적으로 영향을 주기도 한다. 피해자는 우선 자신을 돌보지 않게 된다. 너무 지치거나 정신이 팔려서 평소에 앓던 증상으로 병원에 가는 것, 약을 먹는 것을 잊어버린다. 수면과 식사를 제대로 하지 않거나, 운동을 하지 않거나, 정기 암 검진을 소홀히 하는 등 예방적 의료 조치를 따르지 않을 수 있고, 이는 다음에 치명적인 결과로 이어지기도 한다. 게다가 자기애적 성향이 있는 사람은 주변 사람을 잘 챙기는 능력—간병 및 양육 능력—이 떨어지는 경우가 많다. 혹시라도 나르시시즘 성향의 배우자가 노후에 자신을 부양해 주기를 바라며 어떻게든 결혼을 참고 견딘다면, 이렇게 말해 주고 싶다. "꿈에서 깨어나라! 그럴 일은 없을 테니." 자기애적 성향의 사람들은 주변 사람이 건강 문제로 아파하는 모습에 매우 불편하고 부담스러워한다. 그들은 인간이 병약해져서 잔병치레가 많다는 현실, 결국 죽음을 맞이한다는 사실을 생각하는 것조차 싫어한다. 게다가 자기중심적이고 인내심이 부족하여 상대의 불편함을 진정으로 헤아리지 못하고 오랫동안 신경 쓰고, 챙겨주지 못하는 경우도 많다. 배우자나 가족이 항암 치료나 응급 진료를 받아야 할 때, 병원까지 데려다주고 함께 병원에 들어가지 않는 나르시시스트들이 많다는 얘기도 끊임없이 들린다. 만약 나르시시스트 배우자나 가족이 당신에게 "필요할 때 달려갈게. 연락만 해"라고 했을 때, 당신은 안심이 될 것이고, 희망마저 느낄 것이다. 그런데 정작 당신이 위급한 순간 그 사람은 어떤 이유에서든 나타나지 않을 가능성이 높다. 희망의 끈을 놓지 않았기에 절망하는 것은 당연하고, 간병인을 알아보거나 재정적으로 힘든 생활을 할 수도 있다. 혼자서 이 모든 것을 감당하기가 자칫 위험할 수 있고, 나가는 돈도 상당할 것이다. 이처럼 생각지도 못한 여러 방식으로 자기애적 관계는 삶을 뒤흔들어 너덜너덜하게 만들 것이다.

이렇듯 자기애적 학대는 단순한 정서적 고통, 그 이상이다. 당연히 나르시시즘에 노출되면 일련의 심리적 반응을 경험한다. 거의 모든 피해자에게서 나타나는 패턴이다. 후유증은 보편적으로 발생하기 때문에, 피해자 자신이 느끼는 고통이 비정상적이거나 과장된 것이 아니라는 점을 인식하길 바란다. 또한 돈이 아무리 많아도, 사회적 지위가 아무리 높아도, 어마한 권력을 갖고 있어도 여전히 마음이 아프고, 그래서 몸도 아프다.

자, 이제 회복recovery, 치유healing, 성장growth 그리고 온전한 삶thriving(번영하는 삶)에 관해 이야기할 때다. 그 여정이 쉽지는 않지만, 관계를 극복하고 더 현명해지고 용기를 내며 의미와 목적이 충만한 온전한 삶을 사는 경우를 나는 많이 보았다. 우리가 과거를 바꿀 수는 없지만, 현재에 갇혀 있지 않고, 어떻게든 앞으로 나아갈 수는 있다. 자기애적인 사람을 매일 만나든, 다시는 만나지 않든, 그 관계를 유지하든 떠나든 치유할 수 있다. 나르시시즘에 사로잡혀 자책하는 것에서 벗어나 자기 계발, 자기 인식, 현실 이해, 명확성 확보에 집중하는 것으로 새로운 삶을 살 수 있다. 이제는 단순히 살아남는 것을 목표로 삼는 것이 아니라, 회복되어 온전한 삶을 살기 위해 에너지, 정신, 시간을 투자해야 할 때다.

2부

기억하라,
당신 잘못이 아니다

우리는 나비의 아름다움에 감탄한다.

하지만 그렇게 아름다워지기까지

얼마나 많은, 얼마나 힘든 어떤 일을 겪었는지

그 변화의 과정을 인정하는 사람은 거의 없다.

–마야 안젤루 Maya Angelou(미국의 시인이자 소설가)

내가 힘든 게 자기애적 학대 때문이라고? 이처럼 자신의 고통을 정확하게 설명하는 용어로 '자기애적 학대'라는 말을 처음 접하는 사람들도 많을 것이다. 이는 가슴이 무너지거나 답답해지는 평범한 절망감과는 그 결이 다르다. 그러한 학대가 어린 시절부터 이어지기도 하고, 성인이 되어서 접할 수도 있지만, 공통으로 마음(영혼)을 산산조각 내며 상처를 입히고 삶을 변화시키고 현실과 자아를 빼앗아간 일련의 불인정 관계에서 비롯된다. 그렇게 마음에 상처를 입고 심리상담을 받으러 간 경우도 있을 것이다. 그런데 막상 듣는 얘기는 주로 "불안 장애인 것 같다. 어느 하나 쉬운 인간관계가 없죠. 더 나은 소통 방식을 찾는 게 좋겠네요"일 것이다. 그러면, '내가 착각한 건가?'라는 생각이 들며 자신을 의심하게 될 수 있다.

가족과 거리를 두는 삶을 사는 사람들의 경우 항상 불편하고 찝찝한 마음으로 살아갈 수 있을 것이다. 자기애적 학대의 후유증을 겪고 있을 때는 막상 관계를 끊고 났을 때의 결과마저 상상하기 어렵다. 그러한 관계를 떠난 후에도 슬픔, 신뢰감 저하, 돌이킬 수 없을 정도로 바뀐 인생관 등 특정 상처가 지속된다.

당신에게 치유healing란 어떤 의미인가? 더 이상 자신을 의심하거나 비난하지 않고, 반추하지 않으며, 온전함을 느끼고, 본능을 신뢰하고, 자신을 용서하는 것으로 생각할 수 있다. 나르시시스트가 잘못에 대한 양심의 가책을 느끼고, 가면을 벗고, 자신이 한 일을 인정하고 책임지기를 원할 것이다. 내 마음이 온전히 치유되려면, 모든 게 이해되어 더 이상 문제 될 것이 없는 정의justice가 필요하다고 느낄 것이다. 내가 불안, 슬픔, 후회, 의심으로 힘들어하는 동안 나르시시스트 상대도 어느 정도 아파하며 새출발을 하지 않길 바라는 마음도 있다. 안타깝게도 우리는 항상 정의와 책임 의식을 마주하지 못한다. 심지어 사과도 받지 못하는 경우가 허다하다. 그렇다면 나를 괴롭힌 그 나르시시스트가 아무런 처벌이나 고통을 받지 않더라도 내 마음을 치유할 수 있을까?

치유는 실컷 울어버린다고 찾아오는 것이 아니다. 어느 정도 슬픔에 잠겨 있다가 마음에서 슬픔을 털어내고 새로운 감정이 들어오도록 마음을 비워내는 것이다. 그렇게 새로운 삶을 살고, 잃어버린 내 주장을 살려내고, 나만의 요구(필요), 욕망, 희망을 표현할 정도로 용기와 힘을 얻고, 궁극적으로 안정감을 얻는 것이다. 이 여정은 생존과 대처에서 성장과 온전한 삶으로 진화하는 과정이다.

치유의 속도는 개인마다 다르다. 아무리 빨리 치유하고 싶어
도, 속도가 더디기도 하다. 특히 관계에 머무르든 관계를 떠나든
그 성격에 따라서 다르지만, 내가 어떠한 삶을 살아왔는지에 따
라서도 다르다.

치유는 나르시시스트에게 다시 기회를 준 후 다시 어려운 상
황이나 상처를 겪었을 때도 자신을 나무라지 않고 자신에게 친
절하게 대하는 것을 의미한다. 지혜와 분별력도 필요하지만, 나
를 자기애적으로 학대한 사람들에게서 벗어날 수 있는 강한 의
지도 필요하다. "이러는데도 용서 안 하는 게 말이 되냐?"라는
말을 듣고 수치심을 주려 해도 눈 하나 깜짝하지 않을 정도로
마음을 단단히 먹어야 한다. 자기애적 행동은 변하지 않는다는
냉혹한 진실을 받아들이고 살아가야 한다는 의미다.

따라서 자책과 자기 비하를 더 이상 하지 말아야 한다. 자신
의 욕구와 표현을 억누르며 그 사람의 눈치를 보며 기분을 좋게
하고, 인정을 갈구하느라 수년 또는 평생 살얼음을 디디며 살았
다면, 이제는 자기 삶의 의미와 목적을 발견하고 자신의 내적 평
화와 자아감을 찾는 법을 배우는 데 초점을 맞춰라. 이렇게 해야
진정한 치유에 다가가기 때문이다.

나는 치유가 가능하다고 생각하지 않았다면 이 책을 쓰지 않
았을 것이다. 자기애적 관계에 있을 때는 누릴 수 없었던 소소한
기쁨에 감사하고, 한때 조롱받았던 목표를 추구하고, 어쩔 수 없

이 관계를 끊었던 사람들과 다시 연락하며 행복해하는 사람들을 나는 매일 보고 있다. 또한 그동안 힘들게 한 나르시시스트에게서 정신적으로 벗어나 마침내 자기 자신을 발견하고 본연의 자기 정체성을 경험하는 사람들도 보았다. 새로운 사람과 사랑에 빠지고 서서히 상대를 신뢰하는 법을 배워가는 사람들도 있었다.

하지만 치유는 최종 목적지 중 하나일 뿐이다. 궁극적으로 진정한 자아를 찾고 마음 편한 온전한 삶을 사는 것(내가 어떠한 사람인지, 뭘 원하는지 싫어하는지 파악하는 과정)이며, 자기애적 관계로 인해 잘린 날개를 되찾고 마침내 힘껏 날아오르는 것이다. 반추와 후회를 밀어내고, 트라우마에 묶인 내면의 아이를 보호하고 해방하며, 자신과의 대화 방식을 바꾸고 셀프 가스라이팅을 멈추면, 진정한 자아는 물론 침묵했던 목표와 열망을 풀어내고 그 안에서 마음껏 자유롭게 살아갈 수 있게 된다.

이 책의 다음 파트부터는 독자 여러분이 적극적으로 이 책을 활용하면서 읽어나가길 바란다. 일기를 쓰고, 생각과 느낌을 기록하고, 관계의 진행 상황을 기록해 본다. 책에서 제시하는 기술을 시도해 보고 효과가 있는지 확인해 보라. 서두르지 말고 차이를 느껴보기를 바란다. 치유는 적극적인 노력이 필요한 여정이기 때문이다.

나르시시스트는 종종 자신의 과장된 이야기로 대화를 지배하고 주변 사람들의 의견을 쳐낸다. 치유에는 자아를 되찾고, 강요

와 명령에 도전하고 변화하며, 자신이 원하는 바를 다시 표현하
고 정리하는 것이 중요하다.

4장

나르시시스트를
꺾을 수 있을까?

그녀에게는 내적 자아와 외적 자아가 있었다.

그리고 불현듯 이 두 가지를 섞지 않는 법을 알게 되었다.

— 조라 닐 허스턴Zora Neale Hurston (소설가)

사라Sarah가 로스앤젤레스로 이사했을 때, 그녀의 감정은 불안 반, 설렘 반이었다. 최근 해로운 관계에서 벗어나 새출발을 바라고 있었다. 회사에서 이곳으로 전근을 제안했을 때, 그녀는 환호했다. 이전 팀장 때문에 팀원 전체가 이를 갈며 회사 생활을 하던 차였기 때문이다. 가족과 멀리 떨어져 지낼 수 있다는 점에서도 진정한 휴식을 취할 수 있을 것 같았다. 가족들을 일일이 챙기는 일은 마치 제2의 직장처럼 느껴졌다.

사라는 LA에서 생활을 시작하면서 연애에는 별 뜻이 없었다.

그래서 조쉬Josh라는 남자를 만났을 때도, 이성이 아닌 친구로 편하게 대할 수 있었다. 마지막 연애 이후, 그녀는 나르시시즘과 자기애적 관계에 대해 제대로 파악할 수 있었기 때문이다.

그녀는 자기애적 관계의 구조, 러브바밍 등에 대해 알고 있었지만, 조쉬는 그저 친구였기 때문에 그 어떤 것도 관련이 없다고 생각했다. 시간이 지남에 따라 친구 조쉬에게 많이 의존하게 되었다. 그는 친구였기 때문에 그녀는 더 마음을 열고 자신을 인정해 주지 않는 가족, 자신이 부족하다고 느꼈던 점, 항상 모든 사람을 위해 모든 것을 해결하려고 했던 점, 전 애인과의 관계에서 힘들었던 점에 대해 이야기했다. 그는 열심히 경청했다. 이어서 그는 자신이 살아온 삶에 대해서도 더 많이 털어놓았고, 새로운 사업 아이템에 관해서도 이야기했다. 그녀는 그가 가족의 지원을 받지 못한다는 사실에 안타까움을 느꼈고, 얼마나 힘들지 공감해 주었다.

만난 지 몇 달 후, 조쉬는 월세를 절약해서 꿈을 이루는 데 보태기 위해 살던 아파트에서 나와, 친구가 사는 곳으로 이사해서 그 집에 얹혀살며 소파에서 잘 계획이라고 그녀에게 말했다. 사라는 도시의 오아시스가 되어준 사람을 잃는다는 생각이 싫어서 차라리 자기 집으로 들어와서 소파에서 자도 된다고 제안했다. 두 사람은 같은 공간에서 생활하면서 어느새 연인 관계가 되었다. 그녀는 이미 그를 알고 있다고 느꼈기 때문에 남자 친구가 되어도 여전히 편안하게 느껴졌다. 집에서 함께 저녁을 먹거나 서로 좋아하는 애니메이션 영화를 함께 보는 등 소소한 즐거움을 공유할 수 있는 사람이 있다는 것도 좋았다. 그녀는 잠에서 깨었을 때 누군가가 옆에 있다는 사실, 사랑하는 연인이 있다는 사실이 좋았다.

사라는 곧 조쉬와의 동거 생활이 항상 완벽하지 않다는 것을 알게 되었지만, 어차피 세상에 완벽한 사람은 없다고 생각했다. 그는 집안일을 거의 하지 않았다. 그런데 그녀는 혼자 살면서 집안일에 익숙해져 있었고 조쉬는 새로운 사업 때문에 바빴기 때문에, 이 부분에 대해 크게 문제 삼지 않았다. 그가 가끔 '도와주는' 집안일이라고는 집에 있는 공간을 재배치하는 정도(예: 자신을 위한 작업 공간을 마련하기 위해 일부 가구를 옮기는 등)였고, 이마저 본인의 필요에 의해서였다. 그래서 그녀의 심기를 건드리기도 했지만, 그가 자기 집에서 편하게 지낸다는 사실에 기뻤고, 자신이 좀 고생하더라도 그의 사업에 도움이 되길 바랐다.

그는 그녀가 외출할 때면, 어디를 가는지, 누구를 만나는지 자세히 물어보곤 했지만, 자신의 동선에 대해서는 상당히 말을 아꼈다. 그녀는 이렇게 생각했다. '내가 어디 있는지까지 신경 써주니 참 든든하다. 이전 남자 친구는 너무 이기적이어서 그런 걸 물어보지도 않았는데 말이야.' 그녀는 조쉬가 새로운 사업을 시작하기까지 얼마나 힘들었을지 안타까웠고, 한편으로는 자기 일은 꽤 잘 진행되고 있었기 때문에 그에게 상처가 될 것 같아 죄책감도 느꼈다. 그래서 그녀는 조쉬가 자신의 하루 일과, 좌절

2부 기억하라, 당신 잘못이 아니다

감, 업무에 대해 장황하게 독백을 늘어놓을 때마다 그냥 잘 공감
해야겠다고 생각했다. 가끔은 그녀의 조언에 "사업에 대해 네가
뭘 안다고 그래. 잘난 척 좀 하지 마. 맨날 뻔하고 쉬운 일만 하
는 거랑 차원이 다르다고"라고 말했다. 게다가 생활비를 보태라
는 요구를 거부하기도 했다. 사라는 상대를 위해 복잡한 문제들
을 해결하는 것이 사랑을 표현하는 방법이라고 믿었기 때문에,
그의 마음을 편하게 하려고 애쓰며, 그에게 도움을 줄 수 있는
사람들을 소개해 주려고 여기저기 알아보기도 했다.

  그렇다면 우리는 이렇게도 막돼먹은 나르시시스트들에게 왜
끌리게 될까? 왜 우리는 위험 신호가 나타나면 도망치지 않을
까? 답하기 까다로운 질문이며, 내가 치유에 관해 이야기할 때
답하기 애매한 질문이기도 하다. 자기애적으로 매우 학대적인
관계에 있었던 한 여성이 언젠가 했던 인터뷰 내용이 떠오른다.
여성에 대한 정보가 없었던 질문자는 이렇게 물었다. "왜 그냥
그 사람을 떠나지 않았나요?" 나는 그 질문이 그 여성을 탓하는
것 같아서 움찔했다. 그 여성은 "그 사람이 왜 저를 학대했는지
를 물어야 하는 거 아닌가요?"라고 날카롭게 반박했다. 왜 학대
했는지 물어야 하는 이유에 대해서도 충분히 이해하지만, 그 이
유를 안다고 해도 근본적으로 치유하는 데 도움이 되는 건 아니
다. 그녀를 학대한 남성은 나르시시즘이 심했고, 살면서 줄곧 사
람들을 학대해 왔고, 지금도 학대를 멈추지 않고 있다. 아마 앞

으로도 학대를 멈추지 않을 것 같다. 그렇기에 치유는 가해자의 행동에만 의존해서는 이루어질 수 없다.

치유한다는 것은 기존의 상처를 해결하는 것뿐만 아니라 미래의 상처를 최대한 예방하는 것을 의미한다. 우리 모두에게는 자기애적 관계에 발을 내딛거나 그러한 관계를 끊어내지 못하게 하는 각자의 기질이나 사연이 있다. 여리고 약한 마음을 다스린다고 해서 자신의 약점을 자책하라는 의미는 전혀 아니다. 자신의 매우 건강하고 좋은 성격적인 부분(공감, 연민, 친절함)과 그동안 살아온 인생의 복잡한 사연(트라우마, 나르시시스트 가족)이 더해져 관계의 악순환에서 벗어나기 어렵게 만드는 이유를 파악하라는 의미다.

신체적으로 취약점이 있는 경우, 오히려 그 원인을 쉽게 이해할 수 있다. 예를 들어, 발목을 삐어 계단을 올라갈 수 없거나, 천식이 있어 먼지가 가득한 방에 들어갈 수 없는 경우다. 마찬가지로 자기애적 학대의 후유증에서 치유하고 향후 학대를 예방하려면 먼저 내가 어떤 사람인지 알아야 한다. 자신의 약점, 신념, 그동안 살아온 인생을 포함한 자아 전체에 대해 파악해야 한다. 행복한 가정에서 태어나 좋은 직장에 만족하고 친구가 많더라도 자기애적 관계를 경험하면 신념이 뒤흔들릴 수도 있다.

자신의 성장 배경과 이러한 관계에 대한 취약성을 이해하면 앞으로 자신을 치유하고 보호하는 데 도움이 될 수 있다. 이 장에서는 이러한 위험 요소를 개인으로서의 나, 태어나서 자란 가정에서의 경험, 내가 접하고 받아들여온 문화적 관점 그리고 사회 전반의 관점 등 다양한 차원에서 알아볼 것이다. 또한 '위험 신호를 조기에 발견하는 것'이 실제로는 헛고생이고, 새로운 관계에서 무슨 일이 일어나고 있는지 판단하는 데 시간이 걸릴 수 있다는 점에 대해서도 살펴볼 것이다.

무엇이 우리를 취약하게 만드나?

매력, 카리스마, 자신감 등 눈에 띄는 특징 때문에 사람들은 나르시시스트에게 강하게 끌린다. 이러한 속성 때문에, 그들의 바람직하지 않은 행동을 간과하거나 정당화할 수 있다. 따라서 누구나 그 매력을 거부하지 못하고 관계에 쉽게 빠져들 수 있지만, 특별히 금세 빠지게 만드는 특성, 상황, 성장 배경이 있다. 쉽게 빠지게 되는 조건이 여럿일 경우, 자기애적인 사람의 매력에 더 취약해지거나 관계에 갇히게 될 가능성이 커진다. 근본적인 문제를 인식하지 않고 치유와 변화를 시도하는 것은 눈에 보이는 잡초만 제거하고 뿌리는 그대로 자라게 해서, 결국에는 정원을 잡초로 덮어버리는 것과 같다. 각 개인이 살아온 복잡한 인생과 기질을 이해하지 못한 채, 무작정 '상대에 대한 사고방식을 바꿔라'는 조언이 남발되는 현실이 안타깝다. 지극히 개인적인 각기 다른 경험을 단순화하려는 이러한 접근 방식은 도움은커녕 수치심을 불러일으킬 수 있다. 자기애적 학대에서 회복하기 위한 간단하고 빠른 해법이란 애초에 존재하지 않는다.

언젠가 나는 강연자로 초청되어 각자가 어떠한 삶을 살아왔고, 어떠한 기질을 지녔는지에 따라 자기애적 학대에 대한 취약점이 다르게 나타난다고 설명했다. 그때 청중에서 누군가가 다소 절망적인 어조로 이렇게 질문했다. "그럼 도대체 그런 관계에 안 넘어가는 사람들은 누군가요?" 우리는 모두 웃음을 터뜨렸다. 그런데 근본적인 진실을 건드리는 질문이기도 했다. 우리 중 대부분은 각자 살아온 삶의 방식이나 타고난 특성으로 인해, 어느 정도는 자기애적 관계에 빠지기 쉬운 경향이 있기 때문이다. 따라서 각자의 취약성을 관리하기 위해서는 자신의 과거를 이해하는 것뿐만 아니라 나르시시즘의 징후를 인식하고, 해로운 관계 패턴을 식별하며, 상대의 행동을 정당화하고 있지는 않은지, 상대의 요구에 수동적으로 반응하는 것은 아닌지, 내가 살아온 삶이 상대에 의해 송두리째 납치되는 건 아닌지를 점검해야 한다. 단, 자신의 취약성을 결점이 아닌 자신의 본질적인 측면으로 받아들이고 소중히 여겨야 한다. 치유에는 자신의 모든 부분을 포용하면서, 분별력, 자기 방어력, 지각력을 유지해야 한다.

공감 능력이 뛰어나다

공감 능력이 뛰어난 사람은 정말 인격이 뛰어난 사람이다. 세상에 이런 사람들이 많다면 그 이상 바랄 게 없을 것 같다(안타깝게도 현실은 그렇지 않다). 그런데 자기애적 성향을 지닌 사람들은 상대의 공감 능력과 같은 선한 마음을 이용하는 경향이 있다. 공감 능력이 뛰어나면 이상화, 가치 절하, 사과, 정당화 등의 단계를 포함하는 자기애적 관계에서 흔히 볼 수 있는 악순환에 특히 취약해지기 쉽다. 그래서 나르시시스트 본위의 욕구를 충족시키는 주요 먹잇감이 될 수 있다. 공감 능력이 뛰어난 사람은 잘못한 상대에게 기회를 한 번 더 주고, 용서하며, 항상 상대의 관점을 이해하려고 계속해서 노력하는 경향이 있다.

만약 공감 능력이 뛰어난 사람이 자기애적 성향이 어떤 것인지 전혀 인식하지 못하는 경우, 계속해서 나르시시스트 상대를 용서하면서 공감 어린 행동을 보일 수 있다. 그러나 나르시시스트 상대는 공감하는 법 없이 받기만 할 것이다. 그 결과 관계는 공감의 불균형에 매몰된다(공감은 한 방향으로만 흐른다). 공감 능력이 뛰어나면 나르시시스트의 행동을 끊임없이 정당화하고, 지칠 때까지 연민의 시선으로 대하게 된다. 따라서 이러한 관계에 쉽게 빠질 뿐 아니라, 상대의 해로운 행동이 굳어진 상태에서도 오랫동안 관계에 갇히게 된다. 예를 들어, 이 장의 앞부분에 등장한 사라는 어려운 상황에 처한 조쉬에게 공감하면서 자기애적 관계에 발을 들이게 되었다. 결국 그를 격려하고 지원하는 '공급원'이 되었고, 그의 일방적인 폭언에 무방비로 노출되었다. 반박이나 우려를 표현할 여지도 주지 않을 정도로 분노를 표출했다.

해결사를 자청하다

주변 사람들을 도와주는 습관이 몸에 배어 있는 사람들이 있다. 문제를 해결하고 상황을 개선하여 다른 사람을 기쁘게 하려고 노력하는 부류의 사람들이다. 끊임없이 다른 사람을 격려하고 칭찬해야 한다는 강박이 있을 수도 있다. 타인에게 숙소, 차량, 재정 지원, 취업 지원 등 상당한 도움을 제공하기도 한다. 하지만 재정 및 시간적으로 지나치게 많은 도움을 주거나 법적·윤리적으로 모호한 상황에 처하는 등 위험한 상황으로 이어질수도 있다. 이러한 경향은 특히 나르시시스트와 교류할 때 더욱 위험해진다. 친절에 대한 고마운 마음이 전혀 없고, 오히려 관대함을 악용할 수 있기 때문이다.

나르시시스트, 특히 내현적 나르시시스트는 피해의식과 음울한 특권 의식("다른 사람들은 모두 특혜를 받는 것 같은데, 나만 계속 부당한 대우를 받는 것 같아")을 일찍부터 드러낸다. 상대가 죄책감을 느끼게 하고 잘못을 바로잡고 싶은 강한 욕구를 불러일으키는 분위기를 연출하기도 한다. 자신이 과거에 필요했던 도움을 지금 다른 사람에게 베풀려는 노력은, 사실 자신의 과거 상처를 치유하려는 시도일 수 있다. 혹은 어떻게든 문제를 해결하려하면서 관계에서 주도권을 쥐려고 할 수도 있다. 그러나 나르시시스트와 관계를 맺는다는 것은 해결해야 할 문제가 끊이지 않는다는 것을 의미한다. 아무리 돈을 많이 빌려주고, 기회를 마련해 주고, 인맥을 소개하고, 시간을 할애해 줘도 충분할 수 없다.

나르시시스트의 문제를 해결하여 관계를 개선할 수 있다는 희망을 품지만, 나르시시스트가 어떤 형태의 실망도 느끼지 않도록 격려하는 것 자체가 불가능하다. 따라서 해결사를 자처하던 피해자도 어느새 소모적인 관계의 덫에 걸린 채 '내가 충분히 잘하면 괜찮아지지 않을까?'라는 잘못된 믿음을 간직한다.

시리의 경우를 되짚어 보자. 상대에게 도움과 해결책을 제시하려는 성향이 처음에 그녀를 관계에 끌어들였고, 관계의 진행 과정을 제대로 느끼고 이해하기보다는 계속해서 '나는 어떠한 행동을 하면 될까'에 초점을 맞추게 했다.

이처럼 공감 능력과 도와주려는 마음에는 공통점도 있지만, 차이점도 있다. 그러나 감정이입을 잘하는 공감 능력은 결국 자기 질책이나 자기 정당화의 원인이 되는 방향으로 이어진다. 따라서, 문제 해결에 대한 강박을 항상 느끼는 것은 아니다. 반대로 상대를 도와주고 해결책을 제시하려는 성향은 공감대를 느끼는 것은 맞지만, 그 동기는 자신의 마음이 편하고 안전함을 느끼며, 상대와 마음이 통하며, 자신이 유용하다고 느끼기 위함일 수 있다.

낙관주의와 긍정적인 마음이 타고나다

한편, 삶의 긍정적인 측면을 파악하고, 도전을 기회로 전환하며, 상황을 낙관적으로 바라보는 성향의 사람들은 어떨까? 모든 사람은 잠재력을 가지고 있으며 누구나 변화할 수 있다고 진심으로 믿는다. 삶은 공평하다는 생각, 정의는 존재한다는 생각, 그리고 모든 상황이 잘 풀릴 것이라고 믿는다. 이렇게 긍정적인 사고는 누구에게든 한 번만 더 기회를 주면 그 사람이 변할 것이라는 믿음으로 이어지기도 한다. 심지어 지나치게 낙관적이고 긍정적인 사람이라면 자기애적인 사람은 변하지 않는다는 생각을 받아들이기 어려울 수 있다.

　각자의 신념 체계는 근본적으로 자신이 어떠한 사람인지, 그 정체성에서 근간이 된다. 따라서 자신의 가치관을 포기하는 일은 매우 고통스러울 수 있다. 내 임상 경험에 따르면, 낙관적이고 긍정적인 기질을 타고난 사람들은 무언가를 바꿀 수 없다는 사실을 받아들이는 데 강한 저항을 한다. 그래서 치료가 더디게 진행되는 경향이 있다. 나르시시스트의 행동이 변할 가능성이 없다는 사실을 깨닫는 점이 특히 어렵다. 그러다 보니 '진짜 변할 수 없구나'라는 결론에 도달하는 시점에는 절망감과 우울감에 사로잡힌다(그나마 다행인 것은 초기 슬픔을 겪은 후에도 낙관주의 덕분에 회복력을 키울 수 있다는 점이다). 낙관주의에는 서로에게 끌리게 하는 마법이 있다. 우선, 낙관주의자는 나르시시스트의 매력과 카리스마에 끌리는 경향이 있고, 나르시시스트는 낙관주의자에게서 느껴지는 긍정적인 마음, 자신을 있는 그대로 인정해 주는 격려의 태도에 이끌린다. 또한 낙관주의자는 상황이 개선될 것이라고 믿는 끈질긴 희망으로 인해 어느 순간 나락에 빠진 자신을 발견한다.

사라는 완전히 낙관적이지는 않았지만, 조쉬의 야심에 찬 계획과 원대한 사업적 포부를 기꺼이 받아들일 준비가 되어 있었다. 따라서 비록 진전이 없더라도 그를 이해하고 관용적인 태도를 보일 수 있었다. 마찬가지로 긍정적이고 낙관적인 태도는 나르시시스트의 부풀려진 과대망상을 더욱 부추겨 그가 약속하는 실현되지 않을지도 모르는 미래에 마음이 약해지게 한다.

끝없이 용서한다

누구든 용서하려는 성향, '기회 한 번 더 줄게'를 습관적으로 말하는 성향도 자기애적 관계에서 쉽게 갇혀버리게 한다. 용서할 수 있는 이유는 다양하다. 용서하는 것이 옳은 일이라고 믿거나, 종교적·문화적 가르침을 실천하거나, 용서하면 상대가 변할 것이라고 기대하거나, 누구에게나 한 번 더 기회를 주어야 한다고 믿거나, 안 좋은 상황은 큰 오해 때문이라고 생각하거나, 용서하지 않으면 어떤 예상치 못한 일이 벌어질지 두려워서다. 용서하는 것 자체는 나쁠 것이 없다. 다만, 나르시시스트에게는 효과가 없을 뿐이다. 특히 헌신적으로 용서하는 것이 일상이 된 사람이 나르시시스트와 만나면 순식간에 '을'로 전락할 수 있다. 나르시시스트는 상대에게서 용서를 받을 때, 나아져야겠다고 깨닫는 것이 아니라, 자기애적 행동에 대한 면죄부로 받아들이기 때문이다. 공감 능력이 부족한 경우가 많기에, 상대가 어떤 태도나 감정으로 대하든, 본인의 행동을 바꾸려 하지 않을 것이다.

'어차피 저 사람이 그냥 넘어갈 텐데. 어차피 용서해 줄 건데, 뭐'라는 생각이 지배적이다. 따라서 용서를 퍼붓는다고 해도 배신과 부정적인 행동의 패턴이 계속될 것이다. 조쉬의 잘못을 계속 간과했던 사라의 예로 돌아가 보자. 그녀는 조쉬를 명시적으로 용서하지는 않았지만, 그의 행동에 이의를 제기하지 않고 합리화했다. 이렇게 용서하는 태도는 조기 경고 신호를 무시하는 결과를 초래하고, 결국 건강하지 못한 관계에 갇히게 한다.

자기애적 가족과 지내다

자기애적 가족에서 자란 자녀는 세뇌의 환경에 노출된다. 자녀는 위축되고, 자책하고, 자기 가치를 내리며, 늘 자신이 부족한 사람이라고 느낀다.[1] 이러한 가정에서는 부모의 사랑은 노력을 통해 얻는 것이거나 자녀가 자기애적인 공급원이 되어야 한다. 자녀는 자기애적 부모를 위해 얼마나 노력하는지에 상응하는 대우를 받게 된다. 그 결과, 자녀는 자신의 욕구를 억누르고 자기애적인 가족 구성원을 도와주는 법(조력자 역할)을 배우게 되며, 가스라이팅과 조종을 당하고 '침묵의 처벌silent treatment'을 받는 데 익숙해진다. 자기 애인 가족은 그러한 행동이 당연시되는 분위기에 익숙해져서, 정상으로 받아들이기 때문에 성인이 된 후에도 자기애적인 사람들에게 훨씬 더 취약해질 수 있다. 자기애적인 가족 환경에서는 나르시시스트 가족의 눈치를 보며 비위를 맞춰서라도 이 가정에 정착해야 한다고 생각하게 되므로, 타인에 행동이 아무리 비정상적이어도 이를 판단해서는 안 되고, 자신에게는 그럴 권리가 없다고 생각한다. 이러한 가정에서 자녀는 자기애적 부모의 요구를 충족시키기 위해 특정한 역할을 부여받는데, 이때 부모는 그 역할에 따라 자녀의 정체성을 제한하고 결정한다. 이러한 역할에 대한 자세한 내용은 이 장의 뒷부분에서 살펴볼 것이다.

이렇게 열악하고 정서적으로 해로운 환경에서 유년 시절을 보내고 성인이 되면, 자신이 어렸을 때 받지 못했던 느낌(재정적 안정, 사랑, 깊은 관심이나 따뜻한 시선 등)을 주는 사람이 과거를 보상해 주는 은인처럼 느껴질 위험이 있다. 만약 성인이 되어 만나게 된 사람이 나르시시스트라면, 새롭게 경험하는 유해한 행동—상대에 대한 불인정—은 눈치채지 못하고 넘어갈 수 있을 것이다. 예를 들어, 자신을 인정해 주지 않았던 가족과 거리를 두었던 사라는 자기와 비슷한 가정에서 자란 조쉬에게 공감했다. 이에, 사라에게는 그를 도와주고 싶다는 마음과 공감 능력이 싹트기 시작했다. 겉으로 보기엔 그를 도와주지만, 어쩌면 그녀 자신의 마음속 깊이 자리 잡은 문제를 치유하려는 본능이 작용했을 것이다. 조쉬의 온전치 않은 행동 패턴이 그녀에게는 비정상으로 보이지 않았기에, 처음에는 크게 개의치 않았을 것이고, 나중에는 너무 익숙하게 느껴져 그 상황에 갇혔을 수 있다.

화목한 가정에서 자라다

역설적으로 보일지 모르지만, 화목한 가정에서 자란 사람들이 나르시시스트의 접근에 취약한 편이다. 실제로 부모님이 서로 존중하고 사랑하는 결혼 생활을 하고, 가족이 진정으로 친밀하며, 공감과 연민이 있고, 모두가 서로를 지지하며, 슬플 때 달래주고, 아무도 소리를 지르거나 싸우거나 상처를 주지 않는 화목한 가정도 많을 것이다. 그렇다면 문제점은 무엇일까? 나르시시즘의 가혹한 현실에 무방비로 노출된다는 것이 문제다. 그런 사람을 본 적이 없기에, 어떻게 다른 사람을 무시하고(불인정), 조종하고, 경멸적이고 가혹하게 대할 수 있는지 받아들이기 어려울 수 있다. 소통과 용서, 사랑만 있으면 어떤 문제도 해결할 수 있다고 믿으며 살아왔기 때문이다. 사랑으로 어떤 장애물도 극복할 수 있다는 믿음은 성장 과정에서 보고 자란 긍정적인 관계의 경험에서 비롯된다.

용서를 중시하는 가족은 "네가 그 사람한테 더 사랑과 헌신을 보이면 관계가 괜찮아질 거야"라고 조언함으로써 의도치 않게 해로운 관계의 조력자가 될 수도 있다. 딸이 나르시시스트 남자와 결혼했다고 털어놓은 노부부와 이야기를 나눈 기억이 있다. 이 부부는 45년 동안 행복한 결혼 생활을 이어왔고 가족 간의 유대감도 돈독했다. 딸이 악성 나르시시스트와 결혼한다고 했을 때, 부부는 딸을 이해하지 못했다. 그러나 어떻게든 두 사람이 결혼 생활을 유지하고 관계를 개선하도록 도와주려 했다. 경제적으로 힘든 두 사람에게 노부부가 대출받아 생활비를 지원하기도 했고, 호화로운 휴가를 보내주기도 했으며, 손주들을 돌봐주며 두 사람의 관계가 개선되도록 도와주었다. 이 모든 노력은 소용이 없었고, 딸은 정신적으로 피 말리는 나날을 보냈으며, 결국 결혼 생활도 산산조각이 났다. 정의가 이긴다는 믿음을 지녔던 노부부는 두 사람의 이혼 소송에서 당연히 딸에게 완전한 양육권이 부여될 것으로 생각했다. '파렴치한 친부'에게 상식적으로 양육권이 절대 갈 수 없었기 때문이다. 실제로 온갖 계략을 세워 양육권을 앗아가는 나르시시스트 사위를 보며 억장이 무너졌다.

그럼에도 사랑이 넘치는 가정에서 성장하면 두 가지 주요 이점이 있다. 첫째, 정서적 지원과 강한 유대감이 후유증에서 극복하는 회복탄력성(정신적 저항력)의 토대가 된다. 둘째, 의지할 수 있는 안전하고 편안한 지원군이 있으면, 나르시시스트 상대와의 관계를 파악하고 적응하는 과정에서 큰 힘을 실어줄 것이다.

이별이나 낯선 환경에 놓이다

누구나 인생에서 변화의 시기를 겪는다. 많은 일들이 새로 벌어지는 상황에서는 스트레스도 많고, 몸과 마음이 최상의 컨디션을 유지하지 못할 수 있다. 나는 이별 직후나 이혼 중에 나르시시스트와 관계를 맺는 사례를 여럿 보았다. 새로운 도시로 이사하거나 사랑하는 사람의 죽음 앞에서 슬퍼할 때도 이런 일이 발생한다. 사별과 같은 힘든 경험이건, 새로운 직장 생활과 이사와 같은 긍정적인 변화이건, 변화는 힘들다. 게다가 어떤 경우든 변화는 삶의 균형을 잃게 만들 수 있다. 인생의 변화는 이별이나 사별로 인한 것이든, 새로운 직장이나 이사와 같은 긍정적인 것이든 힘들 수 있다. 삶에서 일어나는 새로운 변화에 온갖 관심이 쏠려 있을 것이다. 평소의 일상적인 습관, 친구나 가족의 지원, 익숙한 환경, 정해진 경로, 익숙한 사람들과 함께 있을 때 느끼는 편안함 없이 당면한 문제를 관리하거나 계획을 세워야 한다. 새롭고 낯선 상황은 불안감이나 무능력감을 불러일으키기에, 자신을 취약하게 만들 수 있다. 새로운 상황에 적응하는 과정에 집중하다 보면 눈앞에 펼쳐질 수 있는 유해한 관계 패턴을 놓칠 위험에 처할 수 있다. 새 도시로 이사 온 지 얼마 되지 않았고, 최근 지독한 관계를 끝내고 새 사무실에서 일하고 있던 사라가 조쉬를 만났을 때를 떠올려 보라. 그녀는 적극적으로 새롭게 연애할 생각은 없었지만, 낯선 곳에서 새로운 친구를 사귀는 것은 바라던 바였다. 이처럼 과도기에 있는 사람은 더 쉽게 자기애적 관계에 빠질 수 있다.

조급하게 결정한다

나르시시스트와 사귀는 사람 중에는 마음이 조급한 경우가 많다. 어차피 여러 사람을 만나보기에는 나이도 많고, 독신이나 싱글의 삶에 대해 훈수를 두는 사람들도 많고, 시간적으로도 여유가 없다는 조급함 때문에 경고 신호를 간과할 수 있다. 자기애적 관계의 약자로 내게 찾아온 내담자들은 이렇게 말했다. "이 관계가 저한테 나쁜 선택인 건 알지만, 밖에서 새로운 사람을 만나서 결혼하고 노산이 되기 전에 출산하기엔 시간적 여유가 없어요." 이러한 상황에서 사람들은 해롭더라도 자신의 고집으로 밀어붙이는 경우가 많다. 안타깝게도 이러한 서두름은 복잡하고 비용이 많이 드는 이혼이나 불행하고 해로운 관계로 이어질 수 있다. 일반적으로 급히 내리는 결정은 최선의 결과를 가져오지 못한다.

나르시시스트와의 관계는 보통 너무 빠르게 진행된다. 동거, 약혼, 공동 사업 투자 등의 일도 평소보다 빠르게 진행될 수 있다. 초반의 불타오르는 애정 때문에 호화스러운 여행을 같이 가거나 서로의 가족을 평소보다 빨리 만나는 등의 중요한 단계를 서두르게 될 수 있다. 숨 가쁘게 전개되는 관계가 자신이 평생의 목표로 세워 놓고 달려온 목표와 충돌이 생길 경우, 자신이 그렇게도 중시했던 목표나 꿈은 나중에 이룰 수 있다고 생각하며 관계에 깊이 빠져들 수 있다. 이미 눈에 콩깍지가 씌었기 때문에, 현재의 관계가 얼마나 건강하지 않은지 알아차리지 못한다.

여러 가지 변화를 겪으며 새로운 친구를 사귀고 싶었던 사라는 타인의 문제를 해결해 주려는 성향으로 인해 조쉬와의 관계는 우정에서 연인 관계로 전환하고 조쉬를 자기 아파트로 들이는 과정에서 급물살을 탔다.

트라우마, 배신 등의 상처가 있다

사람은 누구나 트라우마나 극심한 배신을 경험하면 변화하기 마련이다. 생각과 가치관도 바뀌지만, 자책, 자기 의심, 부정적인 감정, 수치심, 죄책감, 친밀한 대인관계 형성에 더 취약해진다.[2] 배우자의 외도, 동업자의 횡령, 내 돈을 훔쳐 간 친척 등 나를 힘들게 한 대상이 누구든 간에 상당한 충격을 받는다. 이러한 배신 트라우마는 심리적으로 매우 고통스럽다. 신뢰했던 사람이나 관계 속에서 속거나, 그 관계에서의 신뢰와 안전감이 깨어졌을 때, 그 어떤 트라우마나 상실감보다 더 심각하고 오래 지속되는 심리적 후유증을 초래할 수 있기 때문이다.[3] 배신 트라우마는 자신의 가치를 떨어뜨리고 자신을 자책하며 판단력과 신뢰에 어려움을 겪게 한다. 자기애적인 성향을 지닌 사람들과 그들이 가하는 학대에 더 취약해지는 상태이기도 하다. 트라우마, 특히 어린 시절의 복잡한 트라우마를 겪은 많은 사람은 트라우마에 대한 이해를 바탕으로 한 치료를 제대로 받지 못했다. 따라서 이들에게 치유 과정은 평생에 걸쳐 이어질 수 있다. 어린 시절 트라우마를 경험한 경우, 자신의 감정을 의심하거나 자신을 가스라이팅하게 된다('아무리 내게 소리를 지른다고 그 사람에게 과민 반응을 보이는 건 아닌가?'). 몸과 마음이 트라우마와 정서적 고통에서 벗어나지 못한 상태라 새로 접하는 자기애적 관계가 자신에게 더 큰 타격을 줄 수 있다는 점은 가늠조차 못한다. 과거의 트라우마를 치료하지 않았기 때문에 트라우마가 본인들의 행동과 선택에 어떤 영향을 미치는지 알지 못하고, 그 결과 앞으로도 학대적인 관계를 맺거나 유지할 위험이 커진다.

내가 살아온 환경과 주변인들과의 관계가 나의 취약점—나르시시스트와의 관계에서 쉬운 먹잇감이 되게 하는—에 영향을 주었는지 떠올려 보라. 어떠한 연결 고리와 영향이 작용했는지 실마리가 잡힐 것이다. 모든 일에서 좋은 점을 보려고 노력하는 것이 당연하다고 여기는 경향은 다른 사람을 도와주고 해결책을 제시하려는 경향으로 이어질 수 있다. 또한 과거의 트라우마와 자기애적인 가족을 대했던 경험은 상황을 명확하게 판단하는 능력을 약화할 수 있다. 과거를 바꿀 수는 없지만, 이러한 이해를 바탕으로 매사에 서두르지 않고 신중하게 결정을 내리고, 그렇게 하기 위해서는 상황과 관계에 더 주의를 기울여라. 또한 자신을 가혹하고 매정하게 대하지 마라. 자책감에서 벗어나도록 의식이 깨어 있길 바란다.

자기애적인 가정 분위기는 어떤가?

스미스Smith 가족에서 이사벨Isabelle은 나르시시스트 여자 가장이다. 그녀는 무엇보다도 외모와 사회적 지위를 중요하게 생각했다. 가족들의 감정은 뒷전이고 집안의 모든 것, 모든 사람을 마치 자신이 조종하는 체스판의 말이나 무대의 배역처럼 여겼다. 장남 앤드류Andrew는 동생들을 보호하고, 엄마의 잔소리에서 벗어나지 못하는 아빠의 눈치를 살피는 일이 잦았다. 아빠는 엄마가 원하는 만큼 돈을 벌지도, 사회적 지위에 오르지도 못했다. 둘째는 딸 세릴Sheryl이다. 그녀는 엄마를 꼭 닮은 발레 신동이다. 엄마는 최고의 무용학교에서 공부할 수 있도록 최선을 다했고, 크리스마스마다 '호두까기 인형' 공연에서 누구나 탐내는 배역을 따냈다. 셰릴은 거의 완벽한 학생이었고, 엄마는 종종 셰릴을 전국 각지의 발레 공연에 데려가곤 했다.

셋째는 두 살 어린 다이앤Diane이다. 다정하고 온화한 성격의 그녀는 살찐 비만아였다. 엄마는 경멸하는 태도로 다이앤을 대했고, 수없이 강제로 다이어트를 시켰다. 심할 때는 화난 어조로 "이번 주말에 같이 놀 친구 좀 알아봐. 널 챙기는 게 너무 힘들고 귀찮아. 언니랑 엄마가 바쁘단 말이야"라고 말했다. 그 밑으로 다이앤보다 13개월 어린 마틴Martine이 있다. 가족 중에 마틴을 신경 쓰는 사람은 아무도 없었다. 마틴은 부모에게서 지원을 거의 받지 못했기 때문에 스스로 관심 분야를 탐색하고 키워야 했다. 자신이 직접 방과 후 수업이나 사교육의 기회를 알아보기도 했다. 본인이 신청한 유료 방과 후 수업에서도 높은 점수로 수업료를 면제받기도 했다. 학교에서 집으로 가려면 부모가 차를 운전해 데리러 와야 하는데 부모가 깜빡하고 오지 못하는 경우가 잦았다. 시간이 지나면서 마틴은 지역 버스 노선을 익혔지만, 버스 정류장에서 집까지 3킬로미터 이상을 걸어야 했다.

막내 토마스Thomas는 아주 어렸을 때부터 집안 분위기를 이해하는 것 같았다. 아무 말 없이 매우 협조적이었고, 네 살 무렵에는 자기 방을 깨끗이 치우고 형이랑 누나들에게도 그렇게 해달라고 부탁하기도 했다. 열두 살 무렵, 특히 엄마가 셰릴에게 점점 더 집중하게 되면서 토마스는 가끔 직접 저녁을 준비해서 먹곤 했다. 토마스가 엄마에게 너무나도 큰 도움이 되었음에도, 엄마 이사벨은 토마스의 어떤 면이 보기 싫어 짜증을 냈다. 엄마는 토마스의 도움이 필요했지만, 마치 토마스의 존재가 수치스러운 것처럼 느꼈다. 토마스는 엄마의 막말에 힘들어하는 누나 다이앤을 달래주곤 했다. 다이앤은 동생에게 "엄마는 왜 나를 싫어할까?"라고 물었고, 토마스는 어린 나이가 믿기지 않을 정도로 이렇게 말했다. "그건 누나 잘못이 아니야." 해결사이자 평화주의자인 장남 앤드류는 인간 방패이자 동생들의 심리치료사 역할을 하느라 지쳐 있었다.

엄마의 사랑을 독차지하는 '골든 차일드golden child' 셰릴은 주변 상황에 무심한 편이었지만, 시간이 지나면서 발레가 싫어졌고, 발레를 직업으로 삼고 싶지 않다는 말을 엄마에게 어떻게 할지 두려웠다.

엄마의 희생양, 즉 '스케이프고트scapegoat(골든 차일드와 반대 개념으로 나르시시스트의 펀칭백과 같다-옮긴이)' 다이앤은 강박 장애와 일치하는 패턴을 보였고, 체중 감량을 위해 위험하고 급격한 다이어트에 돌입했으며, 우울증과 불안으로 힘들어했다. '없는 아이', 즉 '인비저블 차일드invisible child' 취급을 받은 마틴은 성인이 되어서도 오로지 혼자서 살길을 마련해야 했고, 이때 부모에게서 거의 지원이나 도움을 받지 못했다.

집안일과 지각력이 뛰어났던 토마스는 집안 살림을 책임져야 한다는 부담감에 시달렸다. 누나 다이앤을 보호하고 싶었지만, 지칠 대로 지쳐서 열여덟 살 생일에 집을 나갔고 다시는 돌아오지 않았다.

건강한 가정에서는 자녀의 취향, 차이점, 개성을 인정하면서도 자녀의 특성에 따라 자녀를 특정 역할에 가두지 않는다. 그러나 자기애적 역학 관계가 있는 가정에서는 부모가 자녀를 자신의 욕구를 충족시키기 위한 도구로 여기고 유용하거나 귀찮은 존재로 취급하는 경우가 많다. 즉, 자녀의 진정한 자아와 욕구를 무시한 채 부모의 욕구에 맞는 역할을 강요한다. 자기애적인 부모가 있는 가정에서 이러한 역할은 부모가 자신의 권력과 통제력을 휘두르는 데 도움이 된다. 자녀가 항상 이러한 역할을 수행하는 건 아니다. 그러나 자신의 감정이나 필요를 인정하지 않는 부모의 환심을 사기 위해, 부모와 유대감을 지키며 가정에서 안전함을 유지하기 위해, 이러한 역할을 기꺼이 수행하기도 한다.

나르시시스트가 없는 가정에서 자란 경우도 많겠지만, 직장에서 혹은 애인이나 배우자의 가정에 나르시시스트가 있는 경우 눈칫밥을 먹으며 각자의 임무를 수행하는 사람들을 볼 수 있다. 이러한 역할을 인식하면, 내 가족이나 유해한 친구 또는 직장과 같은 조직에서 어떻게 패턴을 반복하고 있는지 이해하는 데 도움이 된다. 이러한 역할에서 벗어나는 것이 치유의 핵심인 자신의 정체성을 개발하는 데 중요하다. 따라서 그러한 역할을 이해하는 것은 치유 여정에서 중요한 단계가 될 수 있다.

자기애적인 집안에서 자란 사람이라면 이러한 역할 중에서 최소한 한 가지의 역할을 수행해 온 자신을 발견할 수 있을 것이다.

당신은 어떤가? 혹시 가정에서 학대, 괴롭힘, 모욕의 대상이 었는가? 가족 모두가 괜찮은지 확인하려고 뛰어다니며 꼬마 외교관처럼 행동했는가? 자기애적인 부모의 문제 행동을 인식하고, 나의 자아가 위협받는 것을 느꼈는가? 나르시시스트 가정에서 맡게 되는 다양한 역할을 살펴보면, 서로 겹치는 부분이 있다는 것을 알게 될 것이다. 예를 들어, '트루스 텔러truth teller(건강하지 않은 측면을 어린 나이에서부터 감지하는 능력을 가진 자녀. 진실을 볼 줄 아는 '트루스 시어truth seer'라고도 함-옮긴이)'와 가여운 '스케이프고트'에는 겹치는 부분이 많다. 한편, 재혼 가정에서 자란 경우에는 친부모와 새 부모에게 다른 역할을 할 수 있다. 나이가 들면서 역할이 바뀔 수도 있다. 어렸을 때는 사랑을 독차지하는 '골든 차일드'였지만 더 이상 귀엽지 않거나 부모에게 충분한 자기애적인 공급원을 줄 수 없어서 그 자리를 동생에게 뺏길 수도 있고, 아니면 그저 그 왕관을 내려놓아야 할 수도 있다. 가족 규모가 클수록 이러한 역할이 모두 표현될 가능성이 높으며, 소규모 가족에서는 형제자매가 여러 역할을 맡을 수 있다. 생략되는 역할이 있을 수도 있다. 또한 사촌, 이모나 고모, 삼촌으로 구성된 대가족에서는 한 사람이 여러 역할을 맡기도 한다.

안타깝게도 부모 모두가 나르시시스트이거나 적대적인 성향이 있는 가정도 있다. 이때 위에서 언급한 다양한 역할은 자녀 자신의 정체성으로 굳혀진다. 피곤하지만 이 역할, 저 역할을 다 수행하는 것이야말로 자신의 필요를 충족시킬 수 있는 유일한 방법이 될 수 있다. 이러한 역할은 어렸을 때는 대처하는 데 도움이 될 수 있지만, 성인이 된 후에는 잘못된 정체성에 갇혀 인간관계에 영향을 미칠 수 있다. 이러한 역할에서 점차 벗어나 진정한 자아를 발견하기 위해서는 '내가 이러한 역할을 하고 살았구나'라는 사실을 인식해야 한다. 맡은 역할이 많을수록 그 역할에서 벗어나 진정한 자아로 거듭나려는 노력을 배가해야 한다. 왜 힘들었는지 알아야 새로운 인생이 열리지 않겠는가. 각 역할에 대한 명확한 이해를 위해 하나씩 살펴보겠다.

부모의 아바타인 골든 차일드 역할

스미스 가족에서 셰릴은 엄마가 유일하게 편애하면서 사랑을 독차지한 자녀였다. 그러나 자신이 원하는 대로 할 때, 엄마가 분노하고 실망하는 모습을 볼 것 같아 다른 자녀들처럼 불안한 마음으로 살아갔다. '골든 차일드'는 부모 사랑을 독차지하는 자녀로, 부모가 자기애적 만족을 느낄 수 있게 하는 자기애적 '공급원' 역할을 맡는다. 나르시시스트 부모가 골든 차일드를 선택하는 기준은 몇 가지가 있다. 우선, 자신을 가장 닮은 자녀일 경우가 많다. 또한 외모가 출중하거나, 부모 말을 무조건 잘 따르고, 부모를 하늘처럼 여긴다. 공부나 운동을 특출나게 잘하기도한다. 부모는 골든 차일드를 자신의 연장선상으로 여기기 때문에, 주변 사람들에게 자녀가 성공, 외모, 행동에 대해 칭찬받으면 자신에게 향한 것으로 생각한다. 자녀의 입장에서는 부모가 원하는 존재가 됨으로써 애착과 소속감의 욕구를 충족시킬 수 있다. 골든 차일드는 어렸을 때부터 다른 형제자매에 비해 특별 대우를 받는다(넓은 방을 혼자 쓰거나, 성인이 되어서는 차를 사주거나, 사립 학교나 고액 과외 등의 혜택). 그러나 골든 차일드는 자신이 더 이상 좋은 결과나 성과를 내지 못하면, 주가 하락 현상처럼 자신의 가치가 떨어질 수 있다는 것을 알기 때문에 '조건부 편애'라는 위험한 발판 위에서 살아간다.

기질적으로 공감 능력이 높은 골든 차일드는 자신만 편애받고 있다는 것을 인지하면서 죄책감이나 슬픔을 느끼고, 심지어는 다른 자녀 대신 자신이 편애의 대상이 된 것에 대해 수치심을 느끼기도 한다. 반대로 공감 능력이 부족한 골든 차일드는 남을 괴롭히거나 나르시시스트로 성장할 수 있다. 골든 차일드는 자기애적인 부모를 계속 기쁘게 해줌으로써 그 지위를 유지하는 감옥에 갇혀 자신의 관심사나 인생 방향을 추구할 자유가 꺾여 성인이 되어서도 여전히 자기애적인 부모의 인정에 의존하는 골든 차일드의 역할에 머물러 있을 수 있다. 또한 형제자매가 부모와 의절하거나 거리를 두고 있어서, 부모가 안쓰럽고 자신이 부모를 끝까지 책임지고 챙겨줘야 한다는 압박감을 느낀다. 하지만 성인이 된 후에 부모한테서 정신적 독립을 할 것을 선언하고 자신이 원하는 삶을 살 경우, 부모는 평생 퍼부었던 애정과 과잉보호를 내려놓을 수 있다.

문제가 있는 가정에서 편애받은 골든 차일드는 자신의 역할이 형제자매에게 어떤 영향을 미쳤을 수 있는지 알고 있어야 한다. 또한 그들과의 긴장 관계가 현재 진행형이라는 점도 인지해야 한다. 만약 당신이 골든 차일드라면, 형제자매가 부모한테서 받은 대우, 그들에 대한 부모의 양육 방식을 얘기할 때 절대 그들을 가스라이팅하지 마라. 부디 그들의 말을 잘 들어주라. 형제자매보다 나은 대우를 받았다면, 나르시시스트 어머니가 아버지보다 당신을 더 챙기고 대우했다면, '생존자 죄책감'을 느낄 수 있다. 상담치료를 통해 죄책감과 슬픔을 다스리는 것도 중요하다. 또한 결혼해서 자녀를 키울 때, 한 자녀만 편애해서 본인의 과거를 답습하지 않도록 하라.

부모의 펀칭백인 스케이프고트 역할

자기애적인 사람들은 자기 행동과 감정을 조절하기 위해 다른 사람을 이용하고 학대하는데, 이때 자신의 펀칭백 스케이프고트가 필요하다. 나르시시스트 부모는 자신의 결함을 자녀에게 투사해서 부정적인 감정들이 자녀 때문에 생기는 것인 양 행동한다. 자신이 하지 않은 행동에 대해 비난받고, 불균형적으로 집안일 부담을 짊어지고, 형제자매와 같은 방식으로 지원이나 도움을 받지 못했으며, 최악의 신체적 학대를 포함하여 아주 어린 나이부터 자기애적 학대의 모든 측면을 경험했을 가능성이 높다. 심하면 심리적 피해로 이어질 수 있다. 예를 들어, 스미스 가족의 스케이프고트 다이앤은 가정에서 안전을 유지하거나 대처하기 위한 시도로 보이는 식습관 장애, 강박 패턴 등 장기적으로 해로운 영향을 미칠 수 있는 여러 문제에 직면해 있었다.

부모가 자녀를 스케이프고트로 삼는 데에는 여러 가지 이유가 있다. 나르시시즘 부모는 이들을 약하거나 부족한 사람, 위협적인 사람, 취약한 사람으로 인식한다. 부모의 수치심을 투사하며 천대하는 대상이기도 하다. 자녀가 부모의 기대에 부응하지 못하거나, 남들이 인정할 만한 능력이 없는 경우에도 해당된다. 예를 들어, 예술을 전공하고 싶은 아들 혹은 신체가 허약한 아들의 아버지가 스포츠에 열광하는 나르시시스트일 경우에도 아들을 한심하게 여기며 천대하기도 한다. 또한 다른 가족 구성원에게도 특정 자녀를 스케이프고팅하는 데 동의할 것을 암묵적으로 조장하여 '가족 내 따돌림family mobbing'을 한다. 이런 경우 가족 전체가 한 자녀를 몰아세우고, 형제자매가 자기애적인 부모의 분노를 피하고자 따돌림에 동조할 수 있다.

스케이프고트는 가족과 거리감을 느끼고 자존감이 낮아지며 소속감이 결여된 채 성인이 될 수 있다. 두 가지 유형으로 성장할 수 있는데, 그중에서 더 안 좋은 방향은 정체성, 자존감, 불안으로 계속 어려움을 겪는 경우다. 성인 관계에서 트라우마에 묶인 악순환에 빠질 뿐만 아니라 가족이라는 소용돌이에 갇혀 자기애적인 부모를 영원히 이기려고 노력할 수도 있다. 더 나은 방향은 자기애적 가족에게서 경계를 설정하거나 거리를 두는 것이다(거리 두기에는 성공했지만, 여전히 정체성, 자존감, 불안으로 어려움을 겪고 있는 복합적인 유형도 있다).

스케이프고트는 많은 고통과 복잡한 트라우마를 갖고 있다. 따라서 트라우마에 기반한 치료가 필수적이다. 자신이 스케이프고트였다는 사실을 자각했다면, 가족에서 벗어나 자신의 목소리를 찾고, 자신에게 새롭게 힘을 실어줄 사람이나 대상을 키워가며, 자신이 직접 꾸린 가족을 발전시켜라. 부정적인 영향에서 벗어나 자존감을 높이고 개인으로서 성장하는 데 도움이 되는 활동에 집중하길 바란다.

자기애적 부모를 돕는 조력자 역할

토마스와 같은 '조력자Helper' 역할은 자기애적인 부모의 욕구를 충족시킴으로써 자신을 안전하게 지킬 수 있다. 식사 준비, 청소, 동생 돌보기, 나르시시즘에 빠진 부모님을 달래고 안심시키는 일 등 도움이 될 만한 일은 다 한다. 자기애적인 부모의 관심을 유지하기 위해 도움이 될 만한 행동을 할 수 있으므로 자기 영향력을 펼칠 수 있는 통제감이나 안정감을 얻을 수 있다. 하지만 나르시시스트 부모를 모시느라 지치고, 학교생활에 힘들어하고, 친구들과 어울리는 평범한 어린 시절을 놓쳤을 수도 있다. 여기에서 구분해야 할 점은 나르시시스트 부모를 돕는 조력자와 가족 모두가 힘을 합쳐 집안일을 분담하는 것과는 다르다는 것이다. 대가족, 한부모 가성 또는 경제적 어려움에 직면한 가정에서는 자녀를 포함한 가족 구성원들이 서로 힘을 합쳐 도와주는 것이 일반적이다. 단, 자녀가 사랑받기 위해 이러한 행동을 하게 해서는 안 된다. 안심하면서 사랑으로 양육된다는 점을 인지시켜야 하고, 자녀의 행동에 대해 인정하고 고마움을 표현해야 한다. 어렸을 때 나르시시스트 가정에서 조력자 역할을 한 사람은 성인이 되었을 때, 대인관계에서 항상 그런 역할을 하거나 직장에서도 여기저기 도움을 주는 모습을 보이기도 한다. 자기애적 부모는 자녀가 자신의 욕구를 충족시키기 위한 수단이라고 믿을 만큼 자기만의 특권 의식을 갖고 있다. 부모 마음대로 자녀를 부리기도 하지만, 부모의 관심을 받는 유일한 방법이라고 판단해서 적극적으로 집안일을 하려는 자녀들도 있다. 부모의 화를 풀고, 부모의 분노를 피하며, 가족의 평화를 위해 그렇게 하는 자녀들도 있다. 성인이 되어서도 조력자 역할에서 벗어나지 못하면 여전히 부모님을 위한 삶을 사는 자신을 발견하게 될 것이다. 형제자매가 있는 경우 그들의 부탁은 혼자서 짊어져야 할 수도 있다.

어릴 적 조력자로 살았다면, 지금부터라도 "아뇨. 난 못해요" 를 연습해 보라. 항상 집에서 설거지하고, 사람들을 태워다 주거 나, 모든 일을 다 해야 한다고 생각하지 않길 바란다. 타인을 위 해 하던 일을 '하지 않기'가 불안감을 불러일으킬 수 있다는 것 을 알고 있지만, 그것은 이 역할의 정체성을 내려놓는 과정일 뿐 이다. 처음에는 '아뇨. 난 못해요'부터 시작해서 천천히 단계를 높여보라.

가족 간의 해결사·평화주의자 역할

'해결사 · 평화주의자Fixer·Peacekeeper'는 나르시시스트 가정에 서 사실상 외교관 역할을 한다. 예를 들어, 앤드류는 가족의 중 재자로서 항상 싸움이 나지 않게 온화한 분위기를 유지하거나 아빠를 위로하려고 애쓰는 동시에 형제자매도 부모에게서 상처 받지 않도록 감싸기 위해 노력했다. 해결사 역할을 하게 되는 이 유는 불안, 자기 보호, 버려짐에 대한 두려움 또는 타인에 대한 보호 욕구 때문이다. 나르시시스트 엄마가 시도 때도 없이 발끈 화내는 기질을 예민하게 인식했기 때문에, 가정 내에 평화를 유 지하려고 몹시 노력했다. 또한 가족을 학대하지 않는 온순한 아 빠, 부당하게 비난을 받은 형제자매 혹은 다른 가족들(반려동물 포함)의 안전을 위해 상황을 진정시키고 살벌한 분위기를 막으 려고 노력했을 수도 있다. 평화 유지군처럼 행동하며 항상 주제 를 바꾸거나 심지어 자신이 잘못을 떠안음으로써 나르시시스트 엄마의 분노를 막고 주의를 돌리려고 애쓴다. 기운이 쏙 빠질 수밖에 없는 해결사·평화주의자는 부모를 자극할 수 있는 요인을 항상 경계하고 눈치를 본다. 안타깝게도 자기도 모르게 나르시시스트의 조력자가 될 가능성도 갖고 있다. 나르시시즘 부모를 포함한 모든 사람을 달래서 타격을 완화하고, 평화라는 명목으로 모든 가족이 나르시시즘 부모를 받아들이자고 회유할 수도 있기 때문이다.

성인이 되어서도 해결사·평화주의자의 역할을 이어가기도 한다. 가족 간에 충돌이나 갈등이 있을 때 심판 역할을 자처하기도 한다. 온라인에서는 가족 단체방에서 안심시키는 메시지를 올리고, 실제로 별문제 없고, '좋은 게 좋은 거다'라는 분위기를 연출한다. 이러한 유형은 나르시시스트 관계에 빠질 위험이 매우 큰 편이다. 항상 상대와의 갈등을 중재하고 해결책을 찾으려는 성향 탓에 자기애적인 사람과 깊은 관계가 되기 쉽다. 또한 최대한 갈등을 피하려 하는 성향은 트라우마 본딩의 일부로 흔히 볼 수 있는 패턴이다. 해결사·평화주의자는 나르시시스트가 원하는 것에 굴복하고, 상대에게 경계를 설정하는 것을 꺼린다. 경계에서 오는 긴장과 갈등을 몸서리치게 싫어하기 때문이다.

그렇다면 어렸을 때부터 체득한 이 역할에서 어떻게 해방할 수 있을까? 문제를 해결하지 못하거나 평화를 유지하지 못하더라도 자연스럽게 받아들여라. 불안하면 좀 어떤가. 억지로 불안을 떨치려 하지 마라. 예를 들어, 가족 단체방에서 그동안 갈등

해결사이자 나르시시스트 관리 역할을 자처했다면, 단체방 활동을 잠시 쉬어도 좋다. 이렇게 작은 경계를 설정하다 보면, 역할이 주는 무게도 서서히 줄어들 것이다.

투명 인간 같은 인비저블 차일드 역할

마틴은 학교에서 집에 가는 방법을 찾지 못했다면 밤새 학교에서 시간을 보냈을지도 모른다. 부모는 전혀 신경 쓰지 않는 듯했다. 그녀는 말 그대로 투명 인간 신세였다. '인비저블 차일드'는 혼란 속에서 갈피를 못 잡는다. 자신의 관심사를 발전시킬 수 있는 환경도 아니고, 기본적인 필요와 요구 사항이 철저히 무시된다. 나르시시스트 부모는 이 아이의 존재 자체를 모르는 듯하다. 아이에게 질문을 하지도, 말을 걸지도 않는다. 아이는 거의 전적으로 심리적으로 버려진 상태다.

이 아이의 고민은 부모의 사랑을 독차지하는 골든 차일드와 같은 눈에 띄는 자녀와는 달리 자신은 보이지 않는 자녀라는 사실이다. 한 가족 내에서 부모가 주는 관심과 인정의 불균형은 자신이 부족하다라는 느낌을 더욱 심화시킬 수 있다. 나르시시스트 부모의 펀칭백 스케이프고트마저도 눈에 띄기 때문에(물론 당사자에게는 고통이겠지만) 고통이 더욱 외롭게 느껴진다. 일부 가정에서는 인비저블 차일드가 길 잃은 아이, 즉 갈 곳 없이 방황하며 가족 안팎을 떠도는 아이가 될 수도 있다.

인비저블 차일드로 어린 시절을 보낸 경우라면 인생에서 중요한 선택과 학교생활의 어려움을 혼자서 헤쳐나가야 했을 것이다. 투명 인간이 된 삶은 자신이 무가치한 느낌, 낮은 자존감을 유발하고, 자기주장을 펼치는 데 어려움을 초래할 수 있다. 이러한 취약성은 성인이 되었을 때, 자신에게 관심을 보이는 나르시시스트에 호감을 느낀다. 관계가 시작될 때 많은 관심을 보여주기 때문에, 빠져들 수밖에 없다. 그러나 결국 상대에게 무시를 당하거나 자기애적 먹잇감이 되는 환경에서 무방비 상태일 확률이 높다. 그나마 다행인 것은 가족에서 벗어나 연락을 끊더라도 상대적으로 눈에 띄지 않을 수 있다는 점이다. 하지만 안타깝게도 연락을 쉽게 끊기보다는 평생을 가족의 관심을 끌기 위해 노력하려는 경향이 있어 위험하다. 이에 따라 해로운 관계에 갇혀 자신의 진정한 자아를 부정하고, 오로지 타인의 눈에 띄는 데에만 집착하며, 관계 밖에서 자신의 정체성을 발전시킬 기회를 놓치게 된다.

이 역할에서 벗어나기 위해서는 신중한 선택이 필요하다. 자신에게 쏟아지는 모든 형태의 관심이 유익한 것은 아니기 때문이다. 자신을 진정성 있게 드러내는 방법을 물색하는 것을 권한다. 원가족에게 자신의 성과, 기쁨, 경험을 그만 이야기하라. 어차피 인정하지 않는 사람들 아닌가. 나누려 했던 기쁨마저 상쇄될 뿐이다. 자신을 인정하지 않는 사람들에게 인정을 받으려는 악순환이 다시 시작될 수 있기 때문이다.

현명한 트루스 시어·트루스 텔러 역할

모든 나르시시즘 가정에는 엄청난 통찰력과 지혜로 (문제에 대한 정확한 용어는 모르더라도) 자기애적 패턴을 독하고 잔인한 것으로 보는 현명한 자녀가 있다. '트루스 시어' 혹은 '트루스 텔러' 역할이다. 그런데 그 특별한 능력 때문에 자칫 위험에 노출될 수 있는 것이 함정이다. 나르시시스트 부모는 이런 자녀가 말 한마디 하지 않고 곁에 있는 것만으로도 자신의 부족함이 발가벗겨지는 기분이 들기도 한다. "엄마는 멍청함이 드러나면 화를 내는 것 같아"와 같은 직언을 하는 순간, 가족의 스케이프고트가 될 수도 있다.

부모는 자녀가 진실을 말하지 못하도록 입막음을 시도하지만, 무슨 일이 일어나고 있는지 보는 것까지는 막을 수 없다. 이런 역할의 자녀는 상처받은 형제자매를 달래주거나, 가정에서 온갖 혜택을 누리는 골든 차일드와 잘 어울리거나, 나르시시즘에 빠진 부모를 '벌거벗은 임금님'이라고 조용히 또는 노골적으로 부를 수도 있다. 하지만 나이가 들면서 가족 내 관계 구조를 명확하게 파악하고, 그 결과 나르시시즘 부모가 남들 앞에서 숨기고 싶어 하는 천덕꾸러기가 될 수 있다. 예를 들어 스미스 가족의 경우, 토마스는 조력자인 동시에 누구보다도 진실을 가장 잘 파악하고 있는 트루스 시어이기도 했다. 실제로 그는 준비가 되었을 때 집을 나가서 자취를 감추었다. 하지만 아무리 통찰력이 있다고 하더라도 이런 가정에서 자란 사람은 자신의 강인함과 상관없이 불안에 시달릴 수 있다. 자신감이 부족하거나, 형제자매나 자기애가 없는 부모를 남겨두고 떠나는 것에 대한 죄책감 때문에 떠나는 것을 주저할 수도 있다. 또한 '나한테는 조건 없이 나를 사랑해 주는 가족이 없구나'라는 생각에 슬퍼하며 지속적인 상실감에 시달릴 수도 있다.

그러나 막상 집을 나오더라도 온전한 삶을 살 수 있다. 나르시시스트를 마주하더라도 경계를 설정할 줄 알고, 옳고 그름을 분별하는 본능이 뛰어나며, 심신의 건강에 해로운 상황에도 한 발 물러서서 관여하지 않을 줄 알기 때문이다. 나르시시즘 부모의 명령에 따라 가족에게서 버림받는 일도 있다. 이때 엄청난 슬픔과 좌절감을 느낄 것이다. 감정을 잘 추스르고 다스리기 위해 상담치료를 받거나, 자신에게 사랑과 지지를 아끼지 않을 새로운 인맥(혹은 새로운 가정 만들기)을 발전시키는 것도 좋다. 트루스 시어·트루스 텔러는 분명 분별력에 대한 재능을 타고났다. 나르시시즘 관계에서의 해로운 패턴을 인지하고 적합한 행동을 할 수 있는 자기 능력을 소중히 여기길 바란다.

나르시시즘 관계에서 나를 보호하는 방법

내가 어떠한 삶을 살아왔는지, 나르시시즘 관계에서 어떠한 역할을 맡았는지를 되새기며 자신을 보호하려고 노력하는 과정은 매우 부담스럽게 여겨질 수 있다. 내가 가진 멋진 자질이 때때로 나를 취약하게 만들 수 있다는 점을 받아들이면서도, 내게 무슨 일이 일어나고 있는지 인식하거나 신경 쓰지 않는 세상, 직장 또는 가족에게서 자신을 보호해야 하기 때문이다. 나는 정신과 의사로서 나르시시즘 관계의 생존자인 내담자들에게 개인사, 약점, 가족 내에서의 역할을 이해하는 것도 강조하지만, 그로 인한 상황에 대해 책임이 본인에게 있다고 결론짓지 않도록 유도하며 균형점을 찾는다. 예를 들어, 타인의 문제를 해결해 주고 싶은 욕구 때문에 나르시시즘 관계에 빠져들기도 한다. 남을 돕고자 하는 마음마저 자책하는 것은 옳지 않기 때문에, 나르시시즘을 조장하는 주체는 단지 한 개인이 아니라, 주변 사람들, 가족 그리고 사회 전체일 수 있다는 점을 강조한다. 나의 약점과 내 신념이 무너지는 것도 '내가 잘못해서가 아니라' 주변의 영향일 수 있다는 점도 부각한다.

가족 내에 누군가가 가족 구성원들을 무시하고 인정하지 않는 나르시시스트인 경우, 가정에서는 암묵적으로 '잘못된 것을 발견하면 조용히 있는 것이 최선'이라는 규칙이 있다. 그 나르시시스트를 상대로 말대답하거나 시비를 거는 가족은 문제아로 인식되거나, 침묵을 강요당하거나 가스라이팅을 당하기도 하며, 가족 내에서 따돌림을 당하기도 한다. 마찬가지로 여러 직장에서 능력 있는 직원을 보호하고 높은 성과를 내는 직원을 보상하는 기업 문화를 강조하는 과정에서 나르시시즘을 부추기기도 한다. 그러한 직원들이 사내에서 다른 사람에게 미치는 부정적인 영향을 크게 고려하지 않기 때문이다. 내부고발자가 사내 괴롭힘이나 기타 가학적인 행위에 대해 고발하여 경각심을 높이려고 할 때, 침묵을 강요당하거나 가스라이팅을 당하기도 한다. 이처럼, 우리는 알게 모르게 나르시시즘을 옹호하는 환경—반성과 사과를 모르는 자기애적인 행동에 격려나 박수를 보내든, 그러한 행동과 문제를 조용히 눈감아주든—에서 살아가고 있다. 결과적으로 나르시시즘 문제를 확대 재생산하고 있으며, 이러한 주기는 세대 간, 사회 간 반복되고 있다. 자신의 성장 배경과 관련한 취약성을 알고 있더라도 사회 전반의 시스템은 이러한 자기애적 패턴을 계속 보상하고 있다. 따라서 상처를 떠안은 생존자들은 건강하지 못한 치유 생태계에서 더욱 치열하게 회복하려고 노력해야 한다. 마음을 재정비하는 것이 어렵게 느껴진다면 충분한 노력을 기울이지 않아서 그런 것이 아니다. 여전히 해결되지 않은 상황—여전히 상처로 얼룩진 가족 관계, 유해한 업무 환경, 불평등이나 불공정을 영속화하는 사회 구조 등—내에서 치유를 시도하고 있기 때문이다.

그런데도 치유는 충분히 가능하다. 상처받고 가여운 내면의 아이에게 '네 잘못이 아니야', '네가 해결할 수 있는 문제가 아니야', '네가 어떻게 느끼고 생각하는지가 중요해'라고 속삭이는 것만으로도 치유에 다가갈 수 있다. 자신이 처한 상황에서 다양한 취약점들이 복합적으로 작용하여 특정 상황에 끌린 이유, 그리고 결정적으로 그 상황을 떠나기 어려운 이유를 알 수 있을 것이다. 예를 들어, 나르시시스트 가정에서 자랐거나 트라우마로 가득 찬 과거가 있거나, 타고난 공감 능력이 뛰어난 성격이거나, 삶의 중대한 과도기에 나르시시스트를 만난 경우 등은 모두 건강하지 않은 애착을 형성하고 자신을 의심하며 자신을 비난할 확률을 높일 수 있다. 취약점이 복합적으로 작용할 경우, 트라우마 본딩, 자기 의심, 자책이 생길 가능성이 커진다. 치유란 이를 이해하는 과정이다.

지나온 과거를 바꿀 수는 없지만, 이러한 취약성과 상황을 토대로 당시의 관계에 접근할 수는 있다. 치유는 단순히 눈을 크게 뜨고 이러한 상황을 더 명확하게 보는 것만으로도 가능하다. 이는 자기애적 관계의 위험과 관계 역학을 설명하는 방식이자, 자신의 취약점과 가치관을 통합하는 방법, 무엇보다도 자신을 보호하는 방법이다.

마음 챙김에 집중하며 삶의 속도를 늦춰보라

그렇다면 자기애적 관계에 취약한 다양한 기질이나 특성은 어떠한 형태로 나타날까? 문제를 해결하기 위해 바로 행동에 들어가거나, 하던 일을 멈추고 다른 사람의 문제에 귀를 기울이는 등의 반사적 반응으로 나타날 수 있다. 몸이 즉각적으로 반응할 정도로 이렇게 깊이 새겨진 패턴을 바꿀 수 있는 유일한 방법은 애초에 '나한테 이러한 반사적 반응 패턴이 있구나'를 인지하는 것이다. 먼저 속도를 늦추고, 혼잣말하며, 자신이 어떻게 반응하는지 파악하는 것부터 시작하라. 지금 처해 있는 상황 때문에 마음이 조급하다면, 호흡, 명상, 마음의 속도를 늦추는 등 마음 챙김에 집중할 수 있는 방법을 찾아보라. 10분 동안 필요한 활동을 해보라. 식기세척기에서 그릇 빼서 정리하기, 빨래 개기, 슈퍼 가기, 스프레드시트 채우기 등의 일을 하되, 천천히 하고, 자신이 어떠한 기분과 감정을 품는지 살펴보라.

호흡을 가다듬지 않고 빠르게 행동하고 끊임없이 움직이다 보면, 의도와 다른 선택을 하거나 분별력 없는 행동을 하기 쉽다. 따라서 의도적으로 삶의 속도를 늦추는 방법을 찾는 것이 중요하다. 이렇게 속도를 늦추면 신중한 선택을 할 수 있는 능력이 향상되고, 과거의 경험이 자신을 해로운 방향으로 이끄는 순간을 인식할 수 있다. 결혼, 가족, 직업적 성공과 같은 중요한 삶의 목표를 추구하는 것도 중요하지만, 해로운 행동을 알아차리지 못한 채 성급하게 관계나 기회에 뛰어들면 이러한 목표 달성에 타격을 입을 수 있다.

분별력을 키워라

마음 챙김은 홀홀 털고 다음 단계로 가기 위한 필수 단계다. 다음 단계는 '분별력 키우기' 단계다. 나르시시즘 관계에서 분별력은 두 가지 형태―새로운 사람을 만날 때, 기존 사람을 관리할 때―로 나타난다. 새로운 사람을 만날 때 분별할 줄 안다는 것은 어떤 의미일까? 시간이 지나면서 그들의 행동이 변하는지 관찰하고, 그들이 스트레스에 어떻게 반응하고, 내가 고쳐줬으면 하는 부분을 말할 때 어떻게 받아들이며, 나의 피드백을 받고 시간을 얼마나 존중하는지 파악하는 것이다. 그런 다음, 건전하지 않고 용납할 수 없는 행동을 했다면 그것을 정당화하는 대신, 사실을 있는 그대로 받아들이는 것이다. 내가 대학원 때 배웠던 오랜 요령이 있다. "처음은 실수고, 두 번째는 우연이지만, 같은 행동을 세 번째 하면, 그것은 패턴이다." '3의 법칙'을 알면, 처음에는 누군가의 실수라고 생각하고, 한 번 더 기회를 줄 수 있지만, 문제가 반복된다는 것을 발견했을 때, 충분히 인지하고 거리를 둘 수 있다.

원래 알고 지내던 사람들에 대해서도 늦었다고 생각하지 말고 그들의 행동을 분별력으로 살펴보라. 분별력을 관계에 적용하는 방법이 쉽게 와닿지 않을 수 있다. 인간관계에서의 분별력이란 음식을 고를 때, 상하거나 맛이 없는 음식을 안 먹는 것과 같다. 분별력이 있다는 것은 자신에게 부정적인 영향을 미치는 사람과는 거리를 둘 준비가 되어 있다는 뜻이다. 또한 분별력이 있으면, 충분한 경고 신호와 문제 행동을 발견했을 때 미련 없이 벗어날 수 있다.

자신을 돌아보는 것은 분별력을 훈련하는 효과적인 방법이다. 자기애적인 사람들과 함께 시간을 보낸 후 감정적·정신적·육체적, 심지어 정력적으로도 어떻게 느끼는지 주의 깊게 살펴보라. 정신적으로 건강한 사람들과 시간을 보낸 후에도 똑같이 해보라. 활력이 넘치고, 영감을 얻고, 행복하고, 머리가 맑아지는 것을 느낄 수 있을 것이다. 자기애적인 사람과 시간을 보낸 후에는 어떤 기분이 드는가? 피곤하고, 좌절하고, 역겹고, 화가 날 것이다. 그런 다음, 누군가를 만난 후 자신에 대해 어떠한 기분이 드는지도 생각해 보라. 좋은 시간을 보낸 후에는 자신에 대해 조금 더 기분이 좋아지는 경우가 많다(어떤 이유에서인지 자신감과 성취감이 커진다). 하지만 정신적으로 건강하지 않은 사람들과 시간을 보낸 후에는 자신에 대해 기분이 나빠지고, 자괴감이 들거나, 기운이 빠지거나, 왠지 모르게 '나 왜 이렇게 못났지?'라는 생각이 들기도 한다. 자기 성찰은 인간관계에서 분별력과 통찰력이 생기고 자신의 감정을 인식하는 데 도움이 된다. 정신적으로 건강한 상황이 어떤 느낌인지 오감으로 알게 된다. 이를 위해 서두르지 않고 내면의 소리에 주의를 기울여라.

분별력을 완벽하게 발휘하는 사람은 아무도 없다. 기계가 아닌 이상, 오차 없는 분별력을 기대하는 것 자체가 비현실적이다. 다른 사람의 감정에 깊이 공감하는 성향이라면 또다시 실망감을 느낄 가능성이 높지만, 그렇다고 너무 상심할 필요 없다. 해로운 관계에 영원히 갇힐 운명이란 의미는 아니다. 좌절이나 상처를 가끔 경험하더라도, 새로운 사람에 열려 있는 인간적이고, 아름다우며, 공감할 줄 아는 인격을 지니는 것이 더 값진 것이기 때문이다. 분별력을 쌓는 훈련은 상대의 한결같은 자기애적인 행동 패턴이 자신에게 해롭다는 점을 인식하고, 몸과 마음을 챙기며 타격을 받지 않도록 하는 평생의 과정이다. 그렇다고 해서 그러한 사람들한테서 바로 도망쳐야 한다는 뜻이 아니라, 관계에서 몇 걸음 물러서서 자신의 감정을 계속 살피고 챙기라는 의미다. 타인을 용서하는 것이 자신의 본성이라면 용서를 통해 관계가 성장하고 행동이 변화하는지, 아니면 같은 죄와 실수가 반복되는지 주의를 기울여 보길 바란다. 누군가의 잘못된 행동에 대해 반복적으로 용서하는 자신을 발견했다면, 용서의 패턴에 분별력을 발휘해야 할 때다. 한때는 용서가 미덕이라고 믿었을지 모르지만, 사려 깊은 판단을 내리는 것이 훨씬 더 심오할 수 있다는 것을 이해하게 될 것이다.

과거의 행동과 반대로 움직여라

과거의 경험과 자신이 해왔던 역할은 성인이 되어서 나르시시스트와 관계를 맺을 때 자동 반사처럼 튀어나와 해로운 영향을 미칠 수 있다. 또한 그 관계에서 바꾸기 어려운 패턴을 만들어 낼 수 있다. 어렵더라도 과거의 행동과 반대되는 행동을 함으로써 이러한 습관을 깨뜨리려고 노력해야 한다. 예를 들어, 나르시시스트 관계에서 문제가 발생할 때, 문제를 해결하고 싶더라도 나서지 않고 일단 한 발짝 물러난다. 쉽게 용서하거나, 기회를 한 번 더 주는 제스처를 취하지도 마라. 다른 관계에서도 이렇게 행동하는 것을 연습해 보라. 누군가 도움을 요청하는 뉘앙스를 풍기면서도 직접적으로 요청하지 않는 경우, 섣불리 개입하여 문제를 해결하지 마라. '내가 왜 문제를 해결하려고 하는가?'라고 자신에게 질문을 던지고, 그 행동이 어디에서 비롯되는지 고찰해 보라. 새로운 사람을 만났을 때는 첫 3~6개월 동안은 몸을 사리고 쉽게 상대를 도와주거나 문제를 해결하지 않도록 하라.

안전한 인맥에 집중하라

자기애적 관계에서 겪었던 상황과 해야 했던 역할을 악용하지 않는 사람들 사이에서 안정감과 편안함을 느끼는 것은 치유에 필수적이다. 신뢰할 수 있는 친구, 항상 내 편이 되는 가족, 그룹 상담 세션 참여자 등이 그 대상이 될 수 있다. 과거에 스케이프고트 혹은 인비저블 차일드의 역할이었다면, 편안하고 안전한 사람들에게 인정받고 싶은 욕구가 있을 것이다. 이들에게서 힘을 얻으며, 평생 자신을 옭아맨 역할의 틀을 깨고, 본연 모습으로의 자신을 경험하며, 더 온전히 표현할 수 있을 것이다. 과거의 해로운 관계는 시간과 에너지를 고갈시켰기 때문에, 그 관계에 머무는 동안 건강한 인간관계를 쉽게 구축하고 유지하기 어려웠을 수 있다. 정신적으로 건강한 사람들과 교류하는 등 작은 노력부터 시작할 수 있다. 천천히 이러한 관계의 우선순위를 정하라. 단, 주변 나르시시스트를 도와주거나 용서하는 일보다 이들과 보내는 시간을 우선시하라. 나르시시스트와의 해로운 관

계에 대한 노력을 최소화하고, 대신 삶의 자양분이 되는 인맥에
에너지를 집중하라.

나르시시즘에 대해 공부하라

나르시시즘이 무엇인지 알아가는 과정도 중요하다. 화목한
가정에서 자랐지만, 집 밖에서 나르시시스트와의 관계로 힘든
시간을 보낸 경우, 가족에게도 나르시시즘에 대해 알려주고 힘
을 얻어도 좋다(원가족이 나르시시스트면, 당연히 예외이다). 이 책
의 초반 부분을 다시 읽어보면, 누군가를 나르시시스트로 낙인
찍고 그 사람에게서 떠나라는 것이 아니라, 나에게 가하는 건강
하지 않은 행동을 식별하고 이러한 행동 패턴이 실제로 바뀌지
않는다는 점을 파악하는 것이 핵심이라는 점을 알 수 있다.

회복을 위한 규칙을 정하라

다리 수술 후에는 지켜야 할 규칙이 있다. 6주 동안 다리에
체중 싣지 않기, 한 달 동안 다리 구부리지 않기, 2주 동안 운전
하지 않기 등을 지켜야 빠르게 회복할 수 있다. 나르시시스트와
의 관계가 현재 진행형이거나 끝난 후에도 상처로 얼룩진 몸과
마음 그리고 트라우마를 다스리려면 나만의 규칙이 필요하다.
인생에서 중요한 전환기에는 새로운 관계를 시작하지 않기, 데
이트할지 말지를 결정하기 전에 자신에게 올바른 조언과 힘을
실어줄 소중한 인맥을 구축하기, 나르시시스트가 선 넘는 요구

를 적은 문자를 보낼 때, 일에 방해받지 않도록 알림 버튼을 꺼 두기 등이다. 단순한 주먹구구식 규칙이 아니다. 수술한 다리에 부목을 하는 것처럼, 몸과 마음의 기운이 충분히 회복될 때까지 상처를 아물게 해서 원래의 건강한 상태로 되돌릴 수 있는 지침 이 될 것이다.

트라우마를 치료하라

트라우마를 경험했거나 나르시시스트와 관계를 맺은 적이 있 다면 트라우마 중심 치료를 받는 것이 매우 중요하다. 나는 트라 우마로 정의되지 않으며, 내게 일어난 일과는 별개로 나만의 정 체성을 가지고 있음을 인식하는 것이 치료의 핵심이다. 깊은 상 처를 받거나 배신당한 경험이 있는 사람은 다른 사람을 신뢰하 기 어렵거나, 너무 쉽게 믿거나, 잘못된 사람을 신뢰하는 경향이 있을 수 있다. 치료는 신뢰에 대한 인식을 개선하고, 나를 위한 건강한 선택을 현명하게 할 수 있도록 도와준다. 또한 나에게 스 스로 결정할 힘이 있다는 것을 깨닫게 해준다. 자기 통제감이나 자율 의지가 트라우마나 해로운 환경에 의해 빼앗겼을 수 있으 므로, '내가 휘둘리지 않고 소신껏 결정할 줄 아는 사람이었지?' 라고 자각시켜 준다.

열린 마음을 가져라

나르시시스트와의 관계에서 트라우마를 겪고 나면, 상황이 달라질 수 있다는 생각 자체를 하지 못한다. 그러나 미래가 현재의 연속일 필요는 없다. 현재의 삶과 관계가 충분히 변화할 수 있다. 호기심은 강력한 동기 부여가 될 수 있다. '지금과는 다른 인생을 살아볼까?'라는 생각이 들다가도, 후회할까 봐 엄두를 못 낼 수도 있다. 하지만 인생이 달라질 수 있다는 생각만으로도 세상을 바라보는 시각이 달라질 수 있다. 인생에 당장 큰 변화를 불러올 필요는 없다. 다만, 다른 가능성에 대해 열린 마음을 지니는 것만으로도 작지만 중요한 사고방식의 변화를 꾀할 수 있다.

나의 합리화(정당화) 문장을 파악하라

자기애적 관계에서는 나의 취약성과 역할을 정당화하거나 심지어 부정하게 된다. 그러나 내가 정당화해 온 것들이 무엇인지 확실히 알게 되면, 내 마음을 다스리기가 수월해진다. 내가 가장 자주 되풀이하는 '합리화(정당화)' 문장을 적어보라('그녀는 진심이 아니었을 거야', '내가 너무 많은 것을 요구하고 있을지도 몰라', '사람들에게 예의를 갖추기를 바라는 내가 어리석은 거지', '그가 나빠서 그런 게 아니라, 뭘 잘 몰라서 그러는 거야', '내가 생각이 너무 많은 것 같아. 그녀의 소통 방식이 그럴 뿐', '그가 나이가 들어서 그런 것 같아'). 가족에 대해서는 친구와 다른 이유로 합리화하거나, 무조건 그들을 이해해야 한다는 명분으로 자신에게 가스라이팅을 하는 등의 패턴도 나타날 것이다(예: '내가 늘 예민한 것 같아. 그래서 그 사람의 행동이 힘들게 느껴지는 것 같아'). 상대의 성별, 나이, 상대와 알고 지낸 기간 또는 상황에 따라 다르게 정당화하기도 한다. 또한 자신이 겪은 트라우마와 취약점에 따라서도 정당화가 다르게 나타난다. 공감 능력이 뛰어난 사람은 상대에 감정이입을 하여 공감에 기반한 정당화를 할 수도 있고('스트레스가 많은 날인가 보다'), 해결사 기질이 있는 사람은 '도움이 필요해서 그러는 것 같아'라고 생각하면서 상대의 언행을 정당화할 수 있다. 내가 습관적으로 하는 정당화 문장이 무엇인지 적어보라. 그러면, 마음가짐을 가다듬고, 정당화 습관을 찾고, 관계를 더 명확하게 바라볼 수 있다.

죄책감을 극복하라

죄책감은 내가 무언가 잘못했다고 생각할 때 느껴지는 불편한 감정이다. 하지만 죄책감은 지극히 주관적인 감정이다. 상대에 대해 경계를 설정하거나, 상대가 자신이 해야 할 일을 하길 기대하거나, 사람들이 나를 무례하게 대할 것 같은 행사나 모임에 가지 않을 때 죄책감을 느낀다. 나는 수년간 자기애적 학대 생존자들을 상담하면서 그들이 상당히 오랜 기간 죄책감을 느낀다는 사실을 알게 되었다. 나는 죄책감에 찌든 그들에게 "뭘 잘못했다고 생각하는 건가요?"라고 질문한다. 죄책감이 들 때는 '내가 무엇을 잘못했나?'라고 자문해 보라. 그런 다음 '다른 사람이 이런 행동을 했다면 나도 그 사람이 잘못했다고 느낄까?'라고 질문해 보라. 내가 무슨 잘못을 했다고 생각하는지 적어보라.

내가 겪은 상황과 내가 했던 역할 때문에 죄책감이 확대된 건 아닌지, 다양한 관계에서 죄책감이 어떠한 형태로 나타나는지도 생각해 본다. 생일을 맞아 하루 쉬기, 오랜만에 늦잠 자기, 만성적으로 가스라이터와 더 이상 연락하지 않기 등 자신이 생각하는 나쁜 행동이 아니라, 일상의 소소한 행복을 누리기 위한 것임을 알게 될 수도 있다.

나의 강점을 기억하라

자기애적 관계에서는 내 강점을 파악하는 일이 매우 어렵다. 나르시시스트가 내게 끌린 이유도, 관계에서 나를 지켜준 것도 실제로는 그 강점인데 말이다. 그 강점 때문에 어려운 상황에 놓이기도 하지만, 어떻게 빠져나올지에 대한 해답을 떠올릴 수 있다. 나는 실제로 매우 유연하고 적응력이 뛰어나거나, 다양한 상황에 대한 계획을 세우는 데 탁월하거나, 문제를 해결하고 해결책을 찾는 데 능숙한 사람일 수도 있다. 창의력, 유머 감각, 지성 등 나르시시스트를 끌어당기는 자질 역시 나를 구성하는 일부다. 지금은 눈에 잘 띄지 않을 수 있지만 사라지진 않을 자질일 것이다. 내가 살아남기 위해 터득한 강점은 무엇인지, 어릴 때부터 항상 가지고 있던 강점은 무엇인지 적어보라. 나의 자질을 알면, 나르시시스트 관계에서의 경험이 내가 수동적으로 따라가는 것이 아니라 능동적으로 살아남은 것임을 확인할 수 있다.

내가 자라온 성장 배경, 취약점, 자기애적 관계에서 부여된 제한적인 역할을 파악하고 이해하면, 내가 누구인지 잘 인식하고 분별할 수 있다. 개인사, 약점 그리고 나의 역할은 따로 떨어져 존재하지 않는다. 변화하려고 노력하고, 내면에서도 나를 힘들게 하는 관계에 대해 경계를 설정하면, 타인의 비판이나 회의적인 시선을 대수롭지 않게 여길 정도로 맷집을 키울 수 있다. 상대의 행동과 나의 대응 패턴을 자세히 살펴보면, 진정한 자아를 발견하는 데 가까이 다가갈 수 있다. 나르시시스트 상대의 요구와 선호에 맞추려는 내가 아닌, 본연의 내 모습에 가까워지기 때문이다. 단, 치유로 인해 모든 자기애적 관계가 마법처럼 사라지는 것은 아니다. 치유는 꽉 막힌 해로운 관계를 벗어나 자신을 성장시키는 과정을 이어가는 동시에, 앞으로 나아가면서 필연적으로 만나게 될 다른 나르시시스트들을 상대할 대비책이기도 하다. 내가 성장하고 내 본연의 개성을 키운다는 것은 자기애적 학대에서 치유해 나가는 핵심이다. 이렇게 했을 때, 내 통제 밖의 상황을 판단하지 않고 현실을 근본적으로 수용할 수 있고, 그럼으로써 그 상황에서 오는 고통을 줄일 수 있다.

5장

나르시시스트를
있는 그대로 받아들이기

고통은 번개처럼 마음을 관통하지만, 진실의 이해는
빙하가 대지를 조금씩 바꾸듯 서서히 마음에 스며든다.

— 바버라 킹솔버 Barbara Kingsolver의 《동물의 꿈 Animal Dreams》 중에서

전갈과 백조 이야기를 들어보았는가? 어느 날, 전갈이 백조를
매혹하며, 자기를 태워 강을 건너게 해달라고 부탁한다. 절대 쏘
지 않겠다고 약속도 한다. 백조는 불길한 예감을 무릅쓰고 요청
을 받아들이며 반대편으로 태워준다. 예상했겠지만, 반대편에
도착한 전갈은 약속과 달리 백조를 찌른다. 결국 전갈은 아무리
그러지 않겠다고 해도 백조를 쏘게 되어 있다. 그것은 전갈의 본
능이기 때문이다.

전갈과 나르시시스트는 비슷한 기본기를 가지고 있다. 매력

을 발산하고, 상대에게 아부하며, 기분 좋은 약속을 하고, 안 될 것을 알면서도 상대를 기대감에 부풀게 하는 등 다채로운 기술을 선보인다. 그러나 한 가지 불변의 진리가 있다. 나르시시스트는 변하지 않는다는 점, 그리고 결국 상대를 찌른다는 점이다. 나르시시즘을 이해하는 것보다 더 중요한 것은 나르시시스트의 건강하지 않은 행동 패턴이 관계에 어떠한 영향을 미쳤는지를 직시하는 것이다. 나르시시스트가 왜 그런 행동을 하는지에 대한 심층 분석 자료는 많다. 그러나 치유의 과정에서는 그런 행동에 대한 이유는 그다지 중요하지 않다. 더 이상 "왜 그런 행동을 했을까?"라고 묻지 마라. 핵심은 "그렇게 행동했고, 그 행동은 나에게 해를 입히고 있지만, 그 행동을 또 하게 될 것이다"라는 점을 인정하는 것이다. '근본적 수용'은 나르시시즘 자체는 일관성과 불변성을 지닌다는 사실을 인정함으로써 더 행복한 미래로 나아갈 수 있음을 암시한다.

수용을 이해하려면 수용의 의미와 한계를 모두 파악해야 한다. 수용한다고 해서 나르시시스트와의 관계에서 발생한 일들이 타당하다고 믿는 것이 아니다. 그렇다고 관계에서 포기하거나 양보한다는 것도 아니다. 당하고도 가만히 있겠다는 것도 아니다. 자기애적 관계 환경의 현실을 인정하는 것이며, 무엇보다도 나르시시스트의 행동이 변하지 않을 것이라는 점을 인정하는 것이다. 관계를 고치려고 더 이상 기운을 뺏기지 않고, 대신 자신을 발전시키는 데 집중하기 때문에 자신에게 치유할 수 있는 권한을 부여하는 것과 같다. 근본적 수용의 반대 개념은 관계가 나아질 수 있다는 근거 없는 희망에 집착하여, 불인정의 악순환에 영원히 머무는 것이다.

근본적 수용의 힘

루이사Luisa는 마침내 깨달았다. 25년 동안 자기애적 관계에 갇혀 있다가 마침내 심리치료를 받고, 동료 지지 모임support group에 참여하고 나서 얻은 깨달음이었다. '그 사람은 절대로 바뀌지 않을 것이다.' 순식간에 안개가 걷히고 현실이 제대로 보이기 시작했다. 그날은 평소처럼 남편을 위해 정성스럽게 저녁 식사를 준비했을 때였다. 남편은 정시에 오겠다고 약속했고, 한참이 지나서야 야근 때문에 늦겠다고 말했다. 그날 저녁은 평소와 다를 것이 없었지만, 어떤 이유에선지 그녀의 한계치는 극에 달했다. 남편이 제때 오지 않는다고 했을 때도 화를 내지 않았고, 마침내 남편이 집에 도착했을 때도 이상할 정도로 침착했다. 그녀는 남편이 어디에 있었는지 물어보거나 서둘러 식사를 차리거나 식사를 데우려고 하는 평소의 행동을 하지 않았다. 대신, 그녀는 일어나지도 않고 잔소리하지도 않은 채 남편을 향해 접시와 전자레인지를 가리킨 다음, 일시 정지했던 TV 프로그램을 재생한 후 다시 시청했다. 자신이 아무리 노력해도 똑같은 상황이 반복되었지만, 지금껏 아무렇지 않은 듯 회피해 왔던 일인데, 그 순간만큼은 한계치에 달한 것이다. 그녀는 슬픔과 명료함, 홀가분함이 뒤섞인 복잡한 감정을 느꼈다.

또 다른 사례다. 남편 코스타Costa는 25년 동안 아내의 모욕을 견디며 살아왔다. 아내는 남편이 무엇을 하건, '지나치다' 혹은 '부족하다'라고 모욕석인 잔소리를 했다. 그는 아내가 일에 집중할 수 있도록 최대한 도와주었고, 아이들을 보살폈지만, 처가댁의 핀잔—처남이 자신보다 잘나간다는 등—을 수시로 감당해야 했다. 그의 본가에서는 누구도 이혼한 적이 없었고, 아이들을 세상에서 가장 아꼈기 때문에, 이혼해서 아이들과 떨어져 지낸다는 생각을 견딜 수 없었다. 그의 친구들이 그를 천대하는 아내의 태도를 보고 놀라기라도 하면, 그는 "저 사람이 일하는 분야에서 여자가 버티기가 쉽지 않나 봐. 그래서 퇴근 후 집에 오면 좀 날카로워"라고 대응했다.

어느 날, 코스타의 여동생이 오빠에게 나르시시즘에 관한 동영상을 보여주려 했다. 그런데 그는 남자가 아내에 대해 이런 식으로 생각하는 것은 의리가 없는 거라며 안 보겠다고 했다. 그러나 그의 건강은 악화됐고, 집 안팎에서 늘어나는 과중한 업무와 책임, 나르시시스트 아내의 끊임없는 불인정과 가스라이팅으로 인해 지칠 대로 지쳐 있었다. 그는 심리치료를 받을 생각이 없다고 했다. 나르시시즘에 대해 알게 되는 것 자체가 두렵다고 털어놓았다. 나르시시스트를 상대할 때는 모든 선택지가 위험해 보인다. 그나마 제일 나은 목적지에 도달하는 길은 단 하나, 바로 근본적 수용의 길뿐이다. 물론 루이사의 이야기에서 알 수 있듯이 자기애적 상황을 있는 그대로 받아들이면 암막이 걷히고, 현실을 직시하게 되어, 최소한 개미지옥에 더 깊이 빠지진 않을 수 있다. 관계가 개선될 수 없고, 잿더미에서 불사조가 떠오를 수 없으며, 그 사람이 결코 나를 보고 이해하려고 하지 않는다는 사실을 받아들여야 하는 슬픔이 있다. 정신적·정서적으로 회피하려 했던 상실감을 더욱 굳힐 수도 있다.

그러나 수용은 치유와 성장의 문을 열어줄 뿐만 아니라 안도감을 줄 수 있다. 퍼즐을 맞추려다가 퍼즐 조각이 하나 빠진 것을 알게 된 경우와 비슷하다. 아무리 노력해도 퍼즐을 완성할 수 없는 것과 유사하다. 결국, 관계의 문제점들을 '고칠 수 있다'라는 잘못된 생각을 포기하면, 더 이상 시간을 낭비하지 않아도 된다. 차라리 그 시간을 자기 자신을 위해, 자신이 진심으로 좋아하는 사람들과의 관계 그리고 가치 있는 목표에 쓸 수 있다.

근본적 수용은 무력감, 무능감, 절망감을 주기 때문에 견디기 힘들 수 있다. 상황이 변하지 않는다는 사실을 깨닫는 데서 오는 슬픔도 달갑지 않다. 괜히 분란을 일으키고 싶지도 않고, 지금 상황을 유지만 해도 별 탈 없이 지낼 것 같다. 그리고 근본적 수용을 실천하려면 상대를 떠나야 하는 것인가?

아니다. 관계를 끊을 필요는 없다. 하지만 근본적 수용이 없는 상태에서 제대로 된 치유가 가능할까? 그렇지 않다. 코스타의 경우처럼, 관계가 바뀔 수 있다고 믿거나 상황을 개선하기 위해 내가 할 수 있는 뭔가가 있다고 믿는다면, 즉 희망의 끈을 쥐고 있다면, 학대, 자책, 실망의 지속적인 순환이 영원히 지속될 것이다. 그 여파를 고스란히 안고 가야 하는 힘든 나날이 될 것이다.

근본적 수용은 치유의 관문

한번은 회사 경영인이 내담자로 나를 찾아왔다. 그는 직원 100여 명의 회사를 운영하고 있었는데, 그중에서 직원 3명이 나머지 직원들에 비해 과도할 정도로 업무에 더 많은 시간, 노력, 에너지를 쏟고 있었다.

이 세 사람이 회사를 휘젓고 다니는 탓에, 그는 몸과 마음이 지칠 대로 지치고, 걱정이 많아지고, 집중력이 떨어졌다. 이 세 사람이 모두 (나르시시즘의 징후를 보이는) 비슷한 행동을 보인다는 사실을 알게 된 후, 그는 근본적 수용에 가까이 다가갈 수 있었다. 더 이상 자신이 경영을 잘 못해서 그런 거라고 자책하지 않고, 사내 채용 및 평가 절차를 변경했다. 그는 회사 경영에 대한 총책임을 맡았기 때문에, 어떻게든 해결 방법을 계속 찾아야 한다고 판단했다. 그 과정이 쉽지 않다는 점을 인정했지만, '내가 저 세 사람을 아무리 잘 관리하려 해도, 내 마음대로 안 되는

구나'를 깨닫고 나니 조금이나마 덜 지친다고 느꼈다. 그에게는 두 가지 선택지밖에 없었다. 세 사람을 해고하거나 그들이 그만두기를 바라는 것 외에는 별다른 방법이 없었다.

치유는 그 자체로도 충분히 어려운 여정이며, 근본적 수용이 없는 상태에서 치유를 시도하는 것은 다리를 부러뜨린 다음 날 걷는 것과 같다. 나르시시스트와의 관계와 그들의 행동을 명확하게 보고, 그들의 가차 없는 가스라이팅과 불인정에 놀라지 않으며, 자기애적 학대가 지속되더라도 절대로 변하지 않을 것이라는 사실을 알고 '그래, 이 현실은 절대 바뀌지 않을 거야'라고 내려놓는 것만으로도 트라우마 본딩의 고리를 천천히 끊고 자책감을 완화하며 혼란의 진흙탕을 맑게 할 수 있다. 그렇다고 해서 근본적 수용이 모든 문제를 즉시 해결해 주지는 않는다. 상대가 변하지 않을 것이라는 사실을 완전히 받아들이고, 정신적으로 대비한다고 해도 계속되는 해로운 행동은 여전히 고통을 유발할 수 있다는 점을 받아들이는 것이 중요하다.

내담자들이 자기애적 학대에서 치유되도록 상담할 때, 우리는 '놀라움의 반응', 즉 마음이 동요되는 문제에 관해 얘기한다. 나르시시스트가 내담자에게 또 보낸 해로운 문자 메시지, 이메일 또는 해로운 폭언을 대할 때, 내담자의 마음이 철렁하는 경험이다. 내담자는 내게 이렇게 말한다. "지금 그 사람이 나한테 이렇게 한다는 게 말이 되나요? 어떻게 이런 짓을 할 수 있나요?" 그런데 이때 근본적 수용의 상태에서는 확실히 놀라움과 동요가 줄어든다. 오히려 이런 일이 일어나지 않았을 때 더 놀라기도 한다. 이러한 해로운 패턴이 펼쳐질 때 놀라지 않는다는 것은 괜찮다거나 아프지 않다는 뜻이 아니라, 그리리라는 것을 알고 있었다는 뜻이며, 충분히 마음의 준비가 된 상태에서 상대의 행동에 대한 자신의 감정을 다스리는 데 능숙해진다는 뜻이다.

마지막으로, 근본적 수용은 관계에 휘둘려 자신을 쉽게 자책하거나 자신을 특정 프레임에 가두지 않게 해준다는 점에서 매우 중요하다. 관계에서 상대의 언행 패턴이 건강하지 않다는 사실을 받아들이면, 자신과 자신에게 중요한 사람과 활동으로 초점을 옮길 수 있다. 나르시시스트와의 힘든 상황에 대한 섣부른 기대를 버리는 날을 맞이하라. 그동안 그 사람에게 걸었던 희망, 상황에 대한 회피, 상황을 이해하려고 노력하는 데 소비했던 열정과 인내 그리고 시간을 되찾는 날이 될 것이다. 더 이상 그 관계에 매몰된 채 자신을 변화하려고 노력하지 않아도 된다.

근본적 수용을 가로막는 장벽

자기애적 관계의 현실을 인정하기란 쉽지 않다. '이 사람은 절대 변하지 않을 거야', '이 관계는 절대로 나아지지 않을 거야'라고 생각하며 현실을 있는 그대로 받아들이며 기대를 내려놓는 것은 오랜 세월, 때로는 평생 바라던, 여전히 원하고 자신을 맞춰

왔던 것과는 매우 다른 현실로 나아가는 것이기 때문이다. 근본적 수용을 가로막는 가장 큰 장벽은 희망이다. 변화에 대한 희망, 약속이 지켜질 것이라는 희망, 상황이 나아질 것이라는 희망, 진정한 사과나 책임에 대한 희망, 행복한 미래에 대한 희망, 정상적이고 건강한 관계에 대한 희망, 이처럼 희망의 종류는 끝없이 생겨난다. 자기애적 관계에서는 희망이 사라지는 데 오랜 시간이 걸린다. 현실을 수용하기가 어려운 이유도 그 희망을 짓누르고 슬픔, 죄책감, 무력감을 불러일으키기 때문이다.

희망이 사라지면 아직 준비되지 않은 결정을 내려야 한다는 압박감을 느끼는 사람들이 많다. 근본적 수용의 단계에서는 '관계가 정말 이 정도라면, 그리고 변하지 않을 거라면, 계속 관계를 이어가는 게 불가능하지 않나?'와 같은 질문이 떠오르기 때문이다. 또한 사랑해야 할 사람에 대해 모든 걸 포기한 패배주의적 사고방식을 가진 자신이 마치 나쁜 사람인 것처럼 느껴져 엄청난 죄책감을 불러일으킬 수도 있다. 힘든 결정을 피하려고, 근본적 수용을 가로막는 장벽을 치기도 한다. 정당화, 합리화, 부정, 개인적인 명분을 이유로 상황을 자신이 좋게 생각하는 방향으로 애써 해석해 버리기도 한다('상황이 그렇게 나쁜 건 아니야. 힘든 어린 시절을 겪었지만, 가족 간에 사랑을 느꼈잖아', '인간관계가 원래 힘든 법이야. 언젠가 상황이 해결되면 관계도 좋아질 거야', '원래 가족들 간에 관계가 복잡한 법이야', '원래 인간은 치열하게 일하고 치열하게 싸운다잖아'). 이렇게 걸림돌이 커지다 보면 결국 관계에 그대로 머물게 된다. 또한 현실을 수용했을 때 등장하는 골치 아픈 문제들을 회피하게 된다. 현실을 있는 그대로 수용한다면, 나르시시스트가 바뀔 것이라는 희망을 포기할 수 있을 것이고, 경계를 설정하거나, 혼자가 되거나, 나르시시스트 가족과 거리를 두거나, 다른 사람과 새로운 관계를 시작할 수도 있고, 잘못된 판단을 했다고 후회할 수도 있는 등 여러 변화가 펼쳐질 수 있는데, 그 변화가 두려운 것이다.

그러나 근본적 수용을 한다고 해서 반드시 관계나 상황을 끊어낼 필요는 없다. 내가 무엇을 선택하든 상관없이 기대치를 바꿀 뿐이다. 상황에 머무른다 해도, 상대와의 관계와 그 안에서의 행동을 명확하게 볼 수 있다는 의미다.

현실을 수용한다는 것은 상대의 성격과 행동이 변하지 않을 것임을 인정하는 것뿐만 아니라, 더 이상 그 관계에서 기대거나 의지하지 않는다는 의미다. 쉽지 않은 일이지만, 근본적 수용으로 가는 길은 지금이 이런 상황이고 앞으로도 변하지 않을 것이라는 단순한 인정에서 시작된다. 처음에는 헤어지거나 이혼 소송을 걸거나 연락을 끊는 등 어떤 조치도 취할 필요가 없다. 사실, 근본적 수용의 초기 단계에는 숨 고르기가 필수적이다. 힘든 현실을 받아들이는 것 자체가 엄청난 변화이기 때문이다. 이 첫 번째 단계가 끝나면, 자신을 보호하고 보다 객관적이고 이성적인 의사결정을 할 수 있는 상태에 이른다.

때로는 수십 년 동안 관계에 대해 생각해 온 방식에 큰 변화를 불러오는 것이기에, 상대를 포기하는 것이 비관적이거나 심지어 냉소적으로 느껴질 수도 있다. 평생 다른 사람을 포기한 적이 없고, 포기해서는 안 된다고 믿어왔다면, 이렇게 사고방식을 바꾸는 것 자체가 걸림돌이 된다. 그러나 근본적 수용이란 나르시시스트를 부정하는 것이 아니라, 그들의 행동을 거부하고 용납할 수 없는 그들의 행동이 바뀌지 않을 것임을 인정하는 것이다. 극심한 자기애적 상황에 부닥칠 때 우리는 '내가 부족한 사람인가 봐'라고 생각하며 자존감이 낮아진 채 눈치만 살핀다. 이렇게 자기 자신을 깎아내린 상태에서는 누군가를 포기했을 때 느껴지는 감정이 더욱 증폭될 수 있다. 이때 우리는 '정신적 함정'에 갇히게 된다. '내가 너그러워져야 할 것 같아. 그 사람이 진심이 아닌 걸 알잖아' 혹은 '내가 그 사람을 포기하면 나도 똑같이 나쁜 사람이 되는 거야'라고 단정해 버린다. 이는 치유의 과정을 방해할 수 있다. 정신적 함정에 갇히면, '이 사람이 나쁜 사람이라서 그렇게 행동한 것이 아니야'라고 단정하게 된다. 그렇게 해야 자신이 매정하지 않은 사람이 되기 때문이다.

근본적 수용의 단계에서 안타까운 점은 심각성이 매우 크고 명확해야 비로소 '아, 이게 현실이구나', '아, 이 사람에겐 답이 없구나'를 깨닫는다는 것이다. 해로운 행동의 작은 징후만으로는 알아차리기 어려울 수 있다. 외도, 자녀를 위험에 빠뜨리는 행위, 법적 문제에 휘말리는 행위, 상사에게 비밀을 누설하는 행위, 가족이나 회사에 금전적 문제를 일으키는 행위처럼 심각한 배신이나 피해가 있어야 그제야 깨달아지기 때문이다. 나르시시스트의 분노가 어느 순간 폭주하여 물리적 위협이나 학대로 바뀌는 순간에 깨달음이 오기도 한다.

특히 어린 시절에는 학대의 해악을 알기 어려운 때도 있다. 자녀는 부모의 행동이 해롭다는 것을 근본적으로 받아들이지 못한다. 나르시시스트 가정에서 자란 자녀는 능수능란하게 상황을 정당화하고 합리화하는 법을 터득할 뿐이다.[1] 이러한 지속적인 패턴을 깨고 마침내 성인이 되어 부모를 명확한 시선으로 바라보기란 절대 쉽지 않다. 부모나 가족은 변하지 않는다는 사실, 그리고 자신의 어린 시절도 달라질 수 없다는 사실을 근본적으로 받아들여야만 치유를 시작할 수 있다.

안타깝게도 어떤 사람들은 과거의 관계와 경험으로 인해 스스로 결함이나 상처투성이라고 생각한다. 그래서인지 그 깊은 상처와 고통을 건드리고 싶지 않다. 즉, 근본적 수용을 하지 않아야 일시적으로나마 그 힘든 감정을 피할 수 있다. 그러나 자기애적인 사람과 관계를 맺었다고 해서, 그것이 연인 관계든 가족 관계든, 자신의 가치가 떨어지거나 결함이 많아지는 건 아니다. 자기애적인 행동에 노출되었을 때, 그 행동이 옳지 않건 그 사람은 나쁜 사람이 아니라, 용기 있는 사람이다. 인정하기 고통스러운 패턴을 명확하게 보고 받아들이면서도 현실적인 선택을 하고 자신을 보호하는 것은 불굴의 용기와 회복탄력성이 없다면 불가능하지 않겠는가.

관계를 이어갈 때의 근본적 수용

엠마는 수년 동안 남편과 대화하려고 애쓰고, 자신의 요구를 표현하며, 상황을 명확히 전달하기 위해 열심히 노력했지만, 주로 돌아오는 건 남편의 분노와 그녀를 조종하려는 태도였다. 한편, 그녀는 친정엄마한테 최대한 잘 대하려고 했고, 특별한 날을 기억해 축하하거나 선물을 드리고, 가능한 한 엄마를 자주 찾아뵈었다. 평온하고 별 탈 없는 관계라고 안심이라도 하면, 돌아오는 건 엄마의 비난과 잔소리뿐이었다. 실망과 좌절을 딛고 마음을 추슬러도, 어느새 이어지는 비난과 잔소리로 무너지기를 반복했다. 엠마는 두 사람과의 관계를 스스로 해결하려고 노력했고, 심리치료를 받았으며, 두 관계의 유일한 공통분모는 자신이기 때문에 자기 잘못이라고 생각했다. 엠마는 우울증, 피로, 죄책감, 불안으로 힘들어했다. 남편과 엄마는 상대를 조종하는 건 오히려 엠마라며, 힘들어할 이유가 없다고 말했다.

아이를 낳은 후 남편은 일과 아빠 노릇을 병행해야 하는 것에 대해 자주 불평했고, 친정엄마는 자기는 뒷전이냐며 자기와 충분한 시간을 보내지 않는다고 비난했다. 엠마는 남편과 엄마를 행복하게 하거나 최소한 어느 정도 만족시킬 방법이 있겠다고 생각했지만, 결국 전혀 불가능하다는 사실을 깨닫고, 순순히 현실을 받아들였다. '우리 부부가 경제적으로 여유가 없으니, 이혼은 하지 않을 거예요. 내가 외동딸이니까 엄마와 의절하지도 않을 거고요. 그런데 결혼 생활에서 가끔은 별일 없이 잘 지내지만, 남편이 나를 정신적으로 조종하려 하고 나한테 실망하고 분노가 폭발하는 일이 잦아요. 엄마는 심지어 막달이었던 내가 진통이 왔을 때 왜 자기한테 전화하지 않았는지 궁금해할 정도로 자기중심적이에요.'

엠마는 남편과 엄마의 행동이 변하지 않을 것이라는 사실과 이 두 관계를 끊어낼 수 없다는 사실을 받아들이고 나서 슬픔의 파도에 휩싸였다. 엠마는 엄마와의 관계가 완벽하지 않거나 결혼 생활에 기복이 있을 거라는 생각을 받아들일 수 있을 것 같았다. 그런데 이러한 관계가 개선되지 않을 거라는 생각은 희망을 포기하는 것처럼 느껴졌다. 평생 나를 사랑해 줄 진득한 배우자나 너그럽고 편안하고 나를 헤아릴 줄 아는 엄마를 경험할 수 없다니, 참으로 절망적이었다. 이러한 희망을 포기하는 것은 마음속에서 소중한 사람을 잃어 장례를 치르는 듯한 느낌이었다.

그런데 이제 엠마는 달라지기로 했다. 더 이상 두 사람이 만만하게 대하는 먹잇감이 되지 않기로 했고, 새로운 관심사를 개발했다. 친구들과 심리치료사가 마음의 울타리가 되고, 친구들을 소중히 여기고 아이들을 즐겁게 해주는 데 시간과 노력을 쏟는다. 집안일 배분에 대해서는 해결책을 찾았다. 남편에게 도움을 요청하면 갈등만 더 커진다는 것을 알고 있기 때문이다(해결책은 속 편하게 엠마 본인이 더 집안일을 많이 하고, 감정적으로 지치지 않는 것이다. 분리수거도 자기가 하는 게 속 편하다 느꼈다). 한편,

엄마는 엠마가 상시 대기해 주기를 바라지만 불가능하다는 것을 인정하고, 엄마 집에 가는 날짜를 정해 두었고, 그 외의 날짜에는 신경 쓰지 않기로 했다. 그런데 한없이 무너지는 너무 힘든 날들도 있다. 그럴 때면 껍데기 같은 인생이란 생각이 든다. 그러다가도 갈등의 횟수가 줄어든 것, 매일 실망하는 일이 줄어든 것에 감사해한다. 시간이 지나면서 그녀는 여러 면에서 근본적 수용이 자신을 자유롭게 해주었고, 슬픔의 메아리는 항상 존재하지만, 그나마 더 조용해지고 있다는 것을 깨닫게 되었다.

우리는 대체로 적어도 한 명 이상의 나르시시스트와 관계를 맺고 있다. 그러므로 관계를 무조건 끝내라는 조언은 도움이 되지 않는다. 근본적 수용은 관계를 끝내야 한다는 뜻이 아니라 관계를 있는 그대로 간주해야 한다는 의미다. 자기애적 관계의 실체를 이해한 후에도 관계에 남는 이유는 다양하다. 재정적 현실, 유지하고 싶은 가족 관계, 종교, 사회·문화적 기대, 인맥 상실에 대한 두려움, 이별 후 학대에 대한 두려움, 심지어 사랑하는 마음이 남아 있기 때문이다. 급진적 수용은 현실을 그대로 받아들이는 것을 뜻한다. 상황이 바뀔 거라는 희망이 의미 없고, 관계에 머물러야 하는 그 외의 이유에 대한 집착도 버리게 한다.

나르시시스트를 있는 그대로 받아들일 때, 기대했던 관계나 상황에 대해 슬퍼하는 것은 당연하다. 상대가 궁금해질 수도 있다. '이제는 무엇을 위해서 살아가야 하나?'라는 생각도 든다. 근본적 수용을 실천하려면, 자기애적 관계에 머무는 이유를 냉철하게 분석해야 한다. 자녀나 돈과 같은 현실적인 문제가 발목을 잡고 있는지, 상대에 대한 죄책감이나 두려움과 같은 트라우마 본딩으로 인한 것인지 따져본다. 자신에게 솔직해지는 것은 일상을 받아들이는 데 중요한 요소다. 때로는 나를 인정해 주지 않는 사람과 건강하지 않은 관계에 머물러 있다는 수치심을 파헤치며 진실을 깨닫는 것 자체가 어려울 수 있다. 그러다 보니 (더 나은 선택지가 없다는 점을 받아들이며) 그냥 현재 상황에 잔류한다.

그러나 근본적 수용의 상태에서는 잔류를 결정하더라도 나르시시스트의 미끼에 굴복할 가능성이 줄어든다. 아무것도 바뀌지 않는다는 것을 알기 때문에 싸울 가능성이 줄어들면서 관계 속에서 '내가 살 길'을 적극적으로 찾아 나선다. 관계에서 경계를 세우기도 좀 더 쉬워진다. 더 이상 다투거나, 그 사람의 고집을 꺾거나, 잘못된 지식이나 정보를 바로잡으려 하지 않는다. 그 사람을 이기려고 힘 빼지 않는다. 그 사람이 아무 때나 부려 먹는 만만한 사람이 안 되기로 결심했기 때문에, 거절의 표현을 더 편하게 할 수 있다.

궁극적으로 근본적 수용 상태에서는 홀가분한 상태로 자유를 만끽할 수 있다. 더 이상 동쪽 지평선을 바라보며 일몰을 기다리지 않아도 된다. 심리적 소모전에서 벗어나 다른 사람들과 건강한 관계를 유지하며, 인생의 의미 있는 목표를 추구하거나, 관심사나 취미를 개발할 수도 있다. 더 이상 헛된 희망을 품지 않고,

달콤한 거짓말과 환상에 휘둘리지 않는 데서 오는 복잡 미묘한 안도감이 느껴질 수 있다. 체념이 아닌 수용은 마침내 다른 사람들과의 건강한 관계에 정착하고, 본연의 자아를 찾고 드러낼 수 있게 할 것이다.

하지만 나의 본연의 모습을 드러낼 때, 상대에 따라 반응이 다를 수 있기에 적절한 균형을 찾기가 쉽지 않다. 나르시시스트에게 나의 진짜 모습을 보여주면 기분 나빠 하거나 화를 낼 수 있다. 그럼에도 진정한 나의 모습을 발전시켜 다른 사람들에게 보여주다 보면, 자연스럽게 치유가 일어날 수 있다. 나의 내담자 중에는 현실을 그대로 받아들인 후에는 더 이상 상대에게 공감, 연민, 존중을 받길 기대하지 않는다고 말했다. 떠나지 않은 이유는 저마다 달랐지만, 상황을 받아들이는 것이 상대의 행동에 너무 얽매이지 않고 자신에게 충실할 수 있도록 도와주었다는 공통점이 있었다. 연로한 나르시시스트 부모와 연락을 끊는 것이 불편한 자녀들은 실질적인 지원만 제공하는 것으로 방향을 전환했다. 나르시시스트 배우자와 이혼하고 싶지만, 양육권을 빼앗기고 싶지 않은 경우, 미성년 자녀가 성인이 될 때까지 기다리기로 했다. 구직에 성공하거나 복지 혜택과 연금이 해결될 때까지만 현재의 갑질이 심한 직장에 머물기로 한 사람들도 있다.

자기애적 상황에 머무는 동안 근본적 수용의 목표는 현실적인 기대치를 갖고, 자신을 돌보고, 트라우마 본딩으로 인한 정당화에 빠지지 않도록 하며, 자신에게 진실한 태도를 유지하는 것이다(이 관계에서 분리된 나를 탐색하는 과정이 힘난할 수 있다는 사실을 받아들인다).

관계를 떠났을 때의 근본적 수용

자기애적 관계는 깔끔하게 끝나지 않는다. 나를 다시 끌어들이는 후버링, 명예훼손, 나에 대한 조종, 죄책감 유발, 이별 후 학대와 같은 온갖 장치와 수법으로 나를 힘들게 한다. 따라서 관계를 유지하든 유지하지 않든 자기애적 행동의 후유증을 관리해야 한다. 따라서 관계를 떠나거나 관계를 끝낼 때, 근본적 수용은 2단계로 진행되어야 한다. 첫째, 나르시시즘과 자기애적 학대가 절대 변하지 않는다는 사실을 받아들여야 한다. 둘째, 관계를 떠난 후 펼쳐질 과정을 받아들여야 한다.

나르시시스트는 버림받는 것에 몸서리친다. 상대의 거절에 매우 민감하므로, 상대가 떠나면 상대를 비난하고 복수하고 조종하려 할 수 있고, 극한의 분노를 표출한다. 또한 상대에 대한 통제권도 포기하길 꺼린다. 나르시시스트와 관계를 끊어낸 후에도 학대가 이어질 수 있다는 가능성을 받아들이는 것도 근본적 수용에 해당한다. 내가 나르시시스트와 이혼 절차를 진행 중이거나 시작하려는 내담자를 마주할 때마다 하는 경고가 있다. '그 과정이 너무나 고통스러울 수 있어요. 그쪽에서 자기애적 학대를 이어갈 수 있고요. 그래서 본인 결정이 맞는지 의심이 들면서 마음이 흔들리기도 할 겁니다.' 어떤 사람들은 관계가 끝난 후 학대가 너무 심해져서 학대를 피하려고 다시 돌아가고 싶을 정도였다고 한다. 그러므로 이러한 관계를 끝내는 과정에서는 앞으로 일어날 일에 대해 정신을 바짝 차리고 대비하며 결의를 잃지 않아야 한다. 적당히 자기애적인 사람과 이별하더라도 마찬가지로 고통스럽고 암울하다. 근본적 수용 단계에서 그 사람을 떠나게 되었을 가능성이 높다. 따라서 관계가 끝난 후에도 지속될 수 있는 해로운 행동은 어떤 면에서는 '그래. 이러니까 그 사람을 떠난 거지'라는 확신으로 이어져야 한다. 하지만 막상 그런 일이 일어나는 동안에는 이 중요한 사실을 명확하게 자각 못할 수 있다.

관계를 떠나고 나서야 근본적 수용이 본격적으로 가능해지기도 한다. 특히 관계를 끝낸 주체가 나르시시스트라면 더욱 그렇다. 근본적 수용은 관계의 여파를 진정시키는 중요한 수단이 된다. 나르시시스트의 이별 전후에 보였던 일관된 패턴을 인식하고, 특히 이별 후 행동(예: 새로운 관계로 빠르게 갈아타거나 지속적 괴롭힘)에 주목하면, 자기애적 성향의 전형적인 행동을 보다 잘 이해하고 예상할 수 있다.

나르시시스트와 이혼하거나 관계를 정리할 때, 두 사람의 자산이나 돈을 나누어야 하는 경우, 자기애적 학대가 장기화될 수 있다. 이때 힘든 상황을 헤쳐나갈 때 필요한 것이 바로 근본적 수용이다. 나르시시스트의 가학적인 언행은 현실적인 문제가 해결될 때까지 끊이지 않을 것이다. 특히 자기 마음대로 과정과 결과를 제어하지 못하면 상황은 더 악화할 수 있다. 나르시시스트의 관계를 끝낸 경우, 몇 년이 지난 후에도 상대가 관계를 끝내던 당시처럼 여전히 화가 나 있다는 사실에 화들짝 놀라는 사람들이 많다. 간단히 말해, 근본적 수용을 할 경우, 몇 년이 지난 후에도 여전히 스트레스를 받을 수 있지만 이에 대비하는 데 도움이 된다. 그러나 이별 후에도 이어지는 학대로 이미 이전부터 겪었던 어려움이 가중되기도 한다.

근본적 수용의 결승선

나르시시스트와의 관계를 유지하기로 하든 헤어지기로 하든, 상대의 행동에 대한 현실적인 예상치를 가늠하는 것이 근본적 수용을 하는 데 중요하다. 이러한 마음가짐은 자기애적 학대로 인한 피해에 대처하고 회복하는 데 필수적이다. 이러한 관계는 특이한 일관성을 보인다. 나르시시스트의 감정이 뜨거울지 차가울지, 기분이 좋은지 나쁜지, 쓰고 있는 가면이 매력 발산용인지 분노 발산용인지는 대충이라도 예측할 수 있다. 언제쯤 표출될지 까지도 가늠이 된다. 이러한 예측 가능성 덕분에 현실적인 기대치를 설정하기가 더 쉬워진다. 현실적인 기대치를 설정하는 방법을 익히면 근본적 수용의 결승선에 거의 다다르게 되는 셈이다.

현실적인 기대치를 설정하려면 나르시시스트를 정의하는 특징과 그와 관련된 관계에서 일반적으로 보이는 행동을 다시 상기할 필요가 있다. 변동이 심한 공감 수준, 특권 의식, 과대망상, 타인 비하, 무시하는 태도, 격렬한 분노, 교묘한 조종, 가스라이팅 등이 대표적이다. 따라서 이러한 행동들에 휘둘리지 않도록 대비할 필요가 있다. 나는 자기애적 관계에 처한 내담자들에게 "아직 우산을 불태우지 마라"고 조언한다. 자기애적 관계에서 좋은 순간에는 나르시시스트 상대에 대해 안심해 버린다. 즉, 그 사람의 행동에 대한 예상치도 낮아지고, 근본적 수용을 하려는 나의 마음가짐도 느슨해진다. 그들이 매력과 카리스마 그리고 진심에 찬 듯한 공감대를 선보이는 화창한 날을 즐기되, 비가 오지 않는다고 우산을 태워버리지 마라. 곧 다시 비가 내릴 것이기 때문이다. 자기애적 학대를 경험한 많은 생존자들은 "정말 황당했어요. 이틀 동안 좋은 시간을 보내서, 나도 긴장이 풀어져서는 다른 친구들한테 놀리듯 그 사람한테 장난을 쳤거든요. 그런데 장난기 하나 없이 욱해서는 두 시간 동안 격하게 분노하더라고요"라고 말한다.

현실적인 예상치를 가늠한다는 것은 나르시시스트의 변명, 합리화, 퓨처 페이킹에 굴복하지 않는 능력을 키운다는 의미이기도 하다. 나르시시스트가 거짓말, 속임수, 지각, 갑작스럽게 계획을 취소하는 습관을 다시는 하지 않겠다고 약속한다면 그 말을 그대로 받아들이지 않는 것이 현명하다. 근본적 수용이란 상대와 맞서거나 왜 그런 행동을 반복할 가능성이 있는지 증명하려 하지 않는 것을 의미한다. 논쟁이나 토론에 휘말리지 않고 상대의 패턴을 이해하는 자세도 포함된다.

해결 방법도 중요하다. 내가 부탁한 장보기를 기억하지 못하거나, 나와의 약속을 마지막 순간에 취소하거나, 내 친구를 모욕하거나, 지각한다는 것을 알지 않는가. 그러면 이에 대비한 계획을 세우면 된다. 장보기를 부탁할 때 급한 식재료는 부탁하지 않으면 된다. 그 사람이 약속대로 못했을 때의 차선책을 마련하라. 친구들 모임에 그 사람을 부르지 마라. 식당 예약을 할 때, 그 사람이 늦거나 오지 않을 것까지 염두에 두어야 하므로, 인원 체크가 엄격하지 않은 식당으로 예약하라.

일상이나 정보를 전달할 때도 반응에 대해 큰 기대 없이 현실적인 예상치만으로 전하라. 굳이 기쁜 소식은 전하지 마라. 김빠지는 반응을 보면 내 기쁨마저 감퇴하거나, 피해의식을 갖고 간접적으로 공격적인 태도(수동 공격성)를 보이며 반응할 수 있다. 또한 나쁜 소식도 전하지 마라. 분노와 비난을 퍼부어 상황을 악화시킬 수 있다. 그럼 무슨 주제로 대화할 수 있을까? 두 사람에게 별 상관없는 주제—날씨, 이웃집 고양이, 초콜릿케이크의 맛 등—에 대해 대화하면 된다. 겉도는 대화일 수 있지만, 지속적이고 친밀한 관계로 발전할 가능성은 전혀 없어 다행이지 않은

가. 현실적인 예상치를 가늠하면, 그 사람의 시한폭탄과 같은 감정선을 건드렸을 때, 내가 그 사람과 생각이 다름을 피력할 때, 어떠한 결과가 나타날지 예상할 수 있다. 근본적 수용은 그 예상치를 일상에서 생활화하는 것이다.

관계를 끝낸 후에도 이어지는 고통을 헤쳐나가기 위해서도 현실적인 예상치를 가늠해서 기대를 내려놓을 필요가 있다. 관계가 끝났는데도, 그 사람은 내게 지속적인 불쾌한 메시지, 양육권 분쟁, 미묘한 적대적 발언을 퍼부을 수도 있고, 나에 대한 가십과 소문을 유포하는 등 그 사람의 언행에서 직접 나타날 수 있다. 이럴 경우, 치유 과정 자체가 힘들 수도 있다. 관계가 종료되고 내 인생에 더 이상 나타나지 않아서 상황이 급격히 개선되기도 하지만, 회복을 위한 여정에는 여전히 상당한 장애물이 존재할 수 있다. 자기애적 학대의 상처가 관계가 사라진 후에도 깊게 남기도 한다. 관계를 떠나고 나면 많은 사람이 예기치 않게 한때 자신을 힘들게 했던 그 사람을 그리워하기도 한다. 내가 지금 어떠한 삶을 사는지 알면 기특하게 여기진 않을지 생각하며 감정에 사로잡히기도 한다. 치유는 예상보다 훨씬 어려운 여정이다. 현실적인 예상치를 품고 산다는 것은 치유에 대한 태도에도 적용될 수 있다. 치유가 두 걸음 앞으로 나아갔다가도 한 걸음 뒤로 물러나는 더딘 여정이라는 사실을 덤덤히 받아들여야 하니 말이다.

근본적 수용에 필요한 기술

근본적 수용을 실천하려 할 때, '그래, 나르시시스트는 안 변한 대'라고 단정 짓는 것만큼 간단하지 않다. 마음을 다잡는 데는 시간이 걸린다. 근본적 수용을 가속화하고 공고히 하는 데 도움이 되는 다양한 기법을 소개한다.

호랑이 우리에 들어가기

호랑이 우리에 들어갈 때, 우리는 죽을 각오를 할 수밖에 없다. 그러나 호랑이가 덩치만 큰 고양이라 생각하며 쓰다듬고 싶다면, 거리낌 없이 우리에 들어가서 반응을 보게 될 것이다. 실제로는 호랑이인데 아랑곳하지 않는 것이다. 지난 수년에 걸쳐 이렇게 현실을 있는 그대로 받아들이지 못하는 많은 이들이 나를 찾아와서는 나르시시스트와의 관계에서 나타나는 행동에 대해 말했다. 이 시점이 되면 내담자는 자신이 원하는 바, 자신의 욕구에 대해서는 거의 혹은 전혀 얘기하지 않았다. 이러한 '욕구 회피'는 갈등을 피하는 자기방어 수단이자, 갈등을 피하기 위한 '트라우마 본딩' 행동이다. 내가 뭘 원하는지 모르거나 딱히 알려고 하지 않는 이유는 상대가 가하는 유해한 행동을 피하고 싶기 때문이다. 욕구 회피 현상은 자신의 욕구가 충족되지 못하게 만들기도 한다. 이때 나는 '호랑이 우리에 들어가기'라는 훈련을 시행한다. 누군가를 위험에 빠뜨리려고 하는 것은 아니지만, 계속 발생하는 해로운 패턴을 제대로 이해하고 받아들이려면 이 방법밖에 없을 때가 많다. 이 훈련에서 내담자는 자신을 힘들게 하는 나르시시스트에게 자신의 욕구를 직접적으로 말해야 한다. '나한테 더 살갑게 대해 줬으면 좋겠다', '집안일 몇 가지는 해 줬으면 좋겠다', '업무 관리 방식이 바뀌었으면 좋겠다', '나와 소통하는 방식이 달라졌으면 좋겠다'라는 생각을 전달할 수도 있고, 나르시시스트 상대의 행동을 지적하면서 그 행동이 나에게 미치는 영향을 설명할 수도 있다.

그런 다음, 나는 내담자에게 상대의 반응에 주의를 기울이라고 한다. 상대가 내 욕구에 대해 공감하거나, 자기방어(변명)를 하지 않으면서 내 말을 인정해 주고, 문제를 해결하려고 진지하게 노력한다면, 상황은 자기애적이지 않은 것이다. 특히 내담자가 호랑이 우리에 몇 번 들어가서, 상대에게 나의 욕구와 바람을 직접적으로 얘기했을 때, 내 말에 공감하는 반응을 보인다면, 결국 호랑이는 착한 고양이였던 것으로 밝혀질 것이다. 그러나 나를 가스라이팅하거나 조종하고, 분노를 표출하거나 학대적인 언행을 보일 경우, 내담자가 예상했지만, 결코 보고 싶지 않은 자기애적 학대가 맞는 것이다.

이 훈련을 하다 보면, 상대가 나를 무시하는 반응을 보일 때 내가 그 사람을 정당화하고 있지는 않은지 느껴보라. 트라우마 본딩 사이클에 빠져 있지 않은지 알 수 있다. 이 훈련의 의도는 나르시시스트와의 관계는 호랑이 우리에 매일 들어가는 것과 같다는 사실을 알려주기 위함이다. 단, 관계의 어려움을 기꺼이 직면하되, 이번에는 눈을 크게 뜨고 상대의 반응을 실제로 보고 느끼겠다는 의지로 들어가야 한다. 내 욕구를 상대에게 알리는 것은 이러한 패턴을 직접 확인하는 명확하지만 고통스러운 방법이다. 안타깝게도 호랑이가 실제로 날카로운 발톱을 가졌는지 확인하기 위해 그 우리 안으로 몇 번이나 들어가야 한다. 호랑이가 나를 파괴하기 전에 근본적 수용에 도달하는 것이 이 훈련의 목표이다.

전송 버튼 누르지 않기

나를 괴롭히는 나르시시스트에게 내 생각을 설명하는 문자 메시지나 편지, 이메일을 써본 경험이 있을 것이다. 끝이 안 날 것 같은 긴 이메일이나 일반 문자 메시지보다 훨씬 더 긴 문자를 써본 적이 있을 것 같다. 편지를 쓴 이유는 아마도 그 사람이 내 말을 전혀 듣지 않고, 혀를 내두를 정도로 내 말을 가로막거나 방해하거나 혼란스럽게 하기 때문일 것이다. 신중하게 작성하면 그 사람이 내 관점을 명확하게 이해할 수 있을 거로 생각했을 수도 있다. 하지만 그런 생각은 절대 통하지 않는다. 나의 긴 문자를 읽고 외설적 이모티콘으로 답장을 보내거나, 욕설과 비아냥거리는 반응을 보이거나, (다시) 가스라이팅을 할 것이다.

이제 이메일이나 문자, 편지를 쓰고 싶을 때, 다른 접근 방식을 취해 보라. 내 생각, 바람, 감정 등 나르시시스트에게 내가 항상 설명하려는 내용을 적어보라. 생각나는 대로 그대로 적어도 좋다. 카타르시스를 느끼며 하고 싶은 말을 모두 적어본다. 하지만 그 사람에게 보내지 마라! 신뢰할 수 있는 친구나 치료사와 공유하여 누군가 내 경험을 증언해 주기를 원할 수도 있다. 나는 수년 동안 이러한 편지, 문자, 이메일을 수없이 많이 읽었는데, 고통스럽고 가슴 아픈 시적 성찰이 담겨 있었다. 치료 세션과 같은 안전한 공간에서 이를 공유한다면, 자기 경험에 대한 공감을 받을 수 있다. 그러나 나르시시스트에게 전달해봤자 공감을 받지 못할 것이다. 게다가 나르시시스트에게 분노와 같은 격한 감정을 현실에서 마음 놓고 표출하기 어렵기 때문에, 편지를 빌어 마음을 전하려는 것이다.

편지를 쓴 후에는 바로 폐기하라. 나만의 폐기 의식을 치러도 좋다. 안전하다면 태워도 좋다. 생분해성 종이에 적어 연못이나 바다에 버리거나 산꼭대기에서 던지거나 묻어버려도 된다. 이러한 방법을 사용할 수 없는 경우에는 파쇄기에 넣어버리는 방법도 있다. 휴대폰에 메모한 다음 삭제하는 방법도 있다. 핵심은 그 관계에 대한 자기 생각과 감정을 표현하는 것이다. 편지를 파기하면, 나르시시스트가 내 말에 절대 귀를 기울이지 않을 것이라는 현실을 받아들이는 데 도움이 된다.

해로운 행동 목록 작성하기

나르시시스트와의 좋았던 순간을 떠올리며 쾌의적 회상을 하고, 평생 고통스러운 관계를 부정한다는 것은 어떠한 의미를 지닐까? 자기애적 관계의 생존자들이 거의 반사적으로 관계의 패턴을 망각함을 의미한다. 나르시시스트와의 관계가 좋은 날에는 나한테 일어난 모든 해로운 일들을 잊어버리기 쉬울 뿐만 아니라, 이러한 관계를 위해 내가 얼마나 많은 것을 포기했는지도 생각이 나질 않는다. 평소에 해로운 행동 패턴을 적어두면 나 자신을 가스라이팅하거나 내 생각을 의심하지 않아도 된다. 연구에 따르면 생각만 하는 것이 아니라 글로 적고 보는 것에는 진정한 힘이 있다.

이 목록은 혼자서 작성하거나 다른 사람의 도움을 받아 작성할 수 있다. 내용을 계속 추가할 수 있는 목록이어야 한다. 휴대폰이나 일기장에 보관할 수 있지만, 나만 볼 수 있고, 내가 쉽게 열람할 수 있어야 한다(주의 사항: 다른 사람이 보면 안 되니까 클라우드 또는 다른 공유 드라이브에 보관하지 마라).

'끔찍한 사건 목록' 만들기

근본적 수용을 실천하는 데 '끔찍한 사건 목록'을 만드는 것도 도움이 된다. 이는 관계에서 일어난 모든 끔찍한 일들의 목록이다. 이 사람이 내게 했던 잔인한 말, 모욕, 불인정(무시), 배신, 거짓말, 조종, 망쳐버린 특별 이벤트, 온갖 가스라이팅을 적는다. 며칠, 몇 주, 심지어 몇 달 또는 몇 년이 걸릴 수 있으며, 기억은 계속 떠오를 것이다. 이를 본 가까운 친구나 가족이 있다면 그들도 이 목록에 추가할 수 있다. 나는 상담자들이 내게 들려주었던 사건과 상대의 행동 혹은 내가 바라본 그들의 경험 과정을 토대로 이 목록을 작성하도록 도와주었다.

　내담자들은 이 훈련에 대해 처음에는 시시하다고 반발하기도 한다. 과거에 매몰된다는 반응도 있다. 심지어 이런 목록을 작성하는 것 자체가 엉뚱하고 비열하게 느껴지기도 하고, 이런 경험에 대해 상기하는 것조차 심리적으로 불안하게 느껴질 수도 있다. 그러나 좋았던 기억이 떠오르거나 두려움이 스멀스멀 올라올 때, 그 목록을 살펴보면 현실을 직시하는 데 도움이 된다. 그 사람과의 멋진 섹스나 마이애미에서의 완벽한 밤을 떠올리거나, 연인 관계가 아니라면 함께 쿠키를 굽던 추억, 낚시 여행, 친구와의 여행 등 즐거운 추억을 떠올릴 때 말이다. 근본적 수용을 실천하려면, 뇌리에 박힌 생각들을 오차 없이 교정할 필요가 있다. 끔찍했던 날에는 이 목록을 작성하기가 분명히 더 쉬울 것이고, 기억이 잘 나지 않거나 혼란스러운 날에는 이 목록을 통해 자신을 의심하고 자책하지 않도록 다시 정상으로 돌아올 수 있다. 전반적으로 자기애적 패턴이 얼마나 일관되게 유지되었는지를 확인할 수 있다. 나는 심리치료사로서 자기애적 관계를 탐색하는 내담자들의 기억 저장소 역할을 해왔다. 과거의 고통에 대해 긴가민가할 때, 부드럽게 과거의 기억을 상기시켜 주곤 했다. 거의 모든 내담자는 잊고 있던 기억을 떠올려주는 것에 대해 고마워했다. 심리치료를 받을 여유가 없는 사람들을 위해 끔찍한 사건 목록이 그 역할을 대신해 줄 수 있다.

이 목록은 관계를 계속 유지하려는 경우에도 똑같이 중요하다. 근본적 수용을 실천하지 못하는 경우는 관계를 유지하는 사람들에게 더 두드러지게 나타난다. 자신이 머무는 관계의 나쁜 점을 모두 나열하는 것은 고통스러울 수 있지만, 이 목록은 자책감을 막고 현실적인 기대와 근본적 수용을 강화하여 상대의 조종에 넘어가지 않을 수 있다. 이런 목록을 작성하는 것이 부담스럽고 좌절시킨다는 내담자들도 있다. 힘든 감정이 욱하고 올라올 수 있어서 충분히 이해한다. 이 목록을 천천히 작성하라. 치유란 항상 자신의 리듬과 편안함을 존중하는 것이다.

'나만의 소확행 목록' 만들기

나르시시스트와 같이 사는 경우라면, 예상치 못한 순간에 버럭 화를 내어 당황한 적이 많을 것이다. "요리에 마늘은 왜 넣은 거야?", "자막으로 봐야 하는 외국 영화는 싫다고", "무슨 애도 아니고 쉬는 날에 공예를 하냐? 유치하네", "탄산음료 그만 좀 쳐드시지" 이런 말을 듣는다면, 어떻게 할 것인가? 혹시라도 이런 말을 들을까 봐 엄두도 행동들을 하면 된다. 마늘을 듬뿍 넣은 요리하기, 프랑스 영화 몰아서 감상하기, 글루건으로 공예품 만들기, 탄산음료 사재기 등 눈치 보지 말고 자신이 원하는 대로 하면 된다(나는 책을 읽거나 휴대폰으로 게임을 하고 싶을 때, 침대에서 비스킷을 먹으며 하는 소박한 취미가 있다). 이 모든 것을 적다 보면 관계를 위해 자신이 얼마나 많은 사소한 것들을 포기했는지, 그리고 그로 인해 상대의 경멸과 분노에 얼마나 직면했는지를 떠올리게 된다. 나 자신으로 살기 시작하면, 해로운 패턴에 대한 경각심이 높아져 근본적 수용을 이어갈 수 있다. 관계를 유지하기로 했다면, 이 목록을 보면서 평소에 하고 싶었던 활동이나 취미를 이어가도 좋다. 단, 갈등을 피하려면 그 사람이 없을 때 하는 것이 좋다. 털실로 고양이 장식을 만드는 취미가 있다면, 시간을 내어 이런 활동을 하는 것도 치유 과정의 중요한 부분이다.

'나의 꿈 펼치기 목록' 만들기

누구에게나 오랫동안 간직해 온 '버킷 리스트'가 있다. 대학원 진학, 집 인테리어 바꾸기, 여행, 책 쓰기를 항상 꿈꿔왔을 수도 있다. 하지만 자신의 욕구와 필요를 우선시하는 배우자, 나를 완전히 방치하거나 사사건건 나를 귀찮게 해서 내가 대학에서 듣고 싶었던 수업을 들을 시간도 없게 했던 부모, 월급은 많이 주지만 내 진정한 야망을 가로막아 꿈을 포기하게 했던 지옥 같은 직장 때문이었을 것이다. 그 사람과의 관계 때문에 미뤄야 했던 나의 큰 꿈을 적어보라. 내가 처한 자기애적 관계에서 놓친 기회를 떠올리다 보면 이루지 못한 목표가 떠올라 서글퍼지기도 한다. 하지만 그 꿈이 무조건 상상한 대로 펼쳐지지 않아도 된다. 박사 학위를 못 따더라도 꿈을 완전히 포기할 필요는 없는 것이다. 대학원 진학의 꿈을 품었다 해도, 대학에서 관련 과목을 수강하는 것만으로도 욕구가 어느 정도 해소될 수 있다. 쓰고 싶었던 책이 블로그 연재물이 될 수도 있다.

이 목록을 작성한 후, 목표를 하나 정한 다음, 하루에 한 번 또는 일주일에 한 번씩 목표를 달성하기 위한 작은 일을 하나씩 해보라. 여행을 가기 위해 저축을 시작하거나, 방 안이 가구를 옮기거나, 대학에서 수강할 과목을 검색하거나, 삶에서 내게 중요한 것들이 무엇인지 한 문장으로 적어보라. 자기애적 관계에 머무르면 가슴이 탁탁 막혀오는 순간이 많지만, 목표를 향해 작은 일을 하나씩 해나갈 수 있다. 이렇게 하다 보면, 내가 지닌 잠재력과 나르시시스트인 그 사람이 내게 주입한 나의 한계가 얼마나 큰 대조를 이루는지 알 수 있고, 이를 통해 근본적 수용을 실천할 수 있다.

감정을 그만 곱씹고 밖으로 토해내라

반추는 자기애적 학대에서 회복하는 데 큰 걸림돌 중 하나로서, 근본적 수용을 방해할 수 있다. 하지만 이렇게 애써 힘든 기억을 떠올리지 않으며, 고통스러운 감정에 집착하지 않으려고 애쓰는 것은 중력을 피하려는 것과 같다. 생각을 멈추는 훈련, 최면, 기억 지우개 같은 것으로도 잔상을 없앨 수 없다. 내게 거세게 휘몰아치는 반추의 해류와 싸우려고 하는 순간, 바로 익사할 수 있다. 그러니 싸우지 마라. 대신, 그룹 상담치료, 신뢰할 수 있는 친구(단, 친구를 지치게 하지 않도록 주의하라), 일기를 쓰는 등 적절하고 안전한 방식으로 자신을 표현하라.

마음에 묻어둔 생각을 말로 뱉어내는 것, 속으로만 앓지 않고 밖으로 표출하는 것은 술 마시고 나서 들이켜는 숙취 해소제와 같다. 나의 내담자들은 관계에서 있었던 일에 대해 같은 이야기를 내게 백 번도 넘게 한다고 민망해하지만, 매번 같은 이야기가 아니다. 반복해서 이야기함으로써 새로운 교훈을 얻고 묵은 감정을 풀어내는 것이다. 이런 고통스러운 생각을 마음속에 담아두는 것은 토하고 싶은데 토할 수 있는 장소를 찾지 못하는 것과 같다. 그래서 반추를 오래 버티기가 어렵다. 믿기 어렵겠지만, 반추해 온 묵은 감정을 표현하면, 서서히 고통스러웠던 경험을 천천히 소화하고 궁극적으로 그 경험에서 벗어나는 데 도움이 될 것이다.

나는 살면서 여러 번의 자기애적 학대를 경험했다. 한번은 내 경험에 대해 친구에게 2주 동안 끊임없이 털어놓았다. 그 친구는 나를 판단하거나 문제를 해결하거나 내 기분을 나아지게 하려고 애쓰지 않았다. 그저 내가 계속 이야기하도록 경청하고 격려해 줬다. 2주 동안 나는 많은 부분을 털어놓았다. 그랬더니 머릿속에서 온갖 부정적인 생각과 혼란이 힘을 잃었다.

해로운 관계 정리하기

살다 보면 내게 해로운 영향을 미치는 사람들이 등장한다. 내 삶에서 강압적이거나 까다로운 나르시시스트들에 대한 장막을 걷어내고 냉철하게 되짚어 보면, 처음에 인식했던 것보다 더 많은 나르시시스트가 세상에 있다는 사실을 알게 될 것이다. 내 주변에 나르시시스트가 누구인지 명확하게 파악하지 못하면 그들이 내게 미치는 영향을 조장하거나 최소화할 위험이 있다. 경계를 설정하고, 관계를 끝내고, 거리를 두고, 자기애적 관계가 실제로 무엇인지 근본적으로 수용함으로써, 내게 해로운 영향을 주는 주변인들에게로 경계를 확장할 수 있다. 옷장을 정리하는 것이 개인 삶에 기쁨을 가져다준다면, 유해한 사람들을 정리하는 것은 황홀감을 가져다줄 것이다.

먼저, 휴대폰의 연락처 목록을 살펴보고(약간 유치하게 들릴 수 있지만) 마음에 들지 않는 사람의 이름 옆에 작은 기호나 이모티콘을 표시하라. 내게 고통을 주는 나르시시스트만큼 유해하지는 않지만, 여전히 나를 힘들게 하고 기력을 고갈시킬 수 있는 사람들이다. 이들이 내게 문자를 보내면 그 작은 유해성 기호를 보고 대화를 하지 않거나 문자를 무시할 수 있다. 또한 전화로 대화하는 것이 시간 낭비인 사람이 내게 전화해서, "지금 전화할 수 있어?"라고 물어보면, "아니"라고 말해야 할 수도 있다. 즉, 자기애적 성향이 있는 과거의 사람에게 특히 생일에 연락하는 실수를 피해야 한다. 그렇게 하면 그 사람과의 건강하지 않고 교묘한 관계로 다시 끌려갈 수 있다. 이를 '생일 함정'이라고 한다. 생일과 같은 특별한 날에 연락하면 상대가 나를 해로운 관계의 악순환으로 다시 끌어들이기 쉬워지기 때문이다. 이들을 내 인맥에서 제거하거나 거리를 두기 시작하면 죄책감, 두려움, 불안을 느낄 수 있지만 안도감도 느낄 수 있다. 그리고 나를 존중하거나 인정하지 않는 사람들과 불필요하게 교류하지 않아도 내 삶이 더 나아진다는 사실을 넓은 시야로 볼 수 있으므로, 근본적 수용을 강화할 수 있다.

소셜 미디어에서 내 게시물을 삭제하는 것도 관계와 마음을 정리하는 하나의 방법이 된다. 나에게 유해한 팔로어나 친구들이 올리는 글―피해의식에 빠진 글이나 간접적으로 적대감을 표현하는 글―이 내 피드에 올라오지 않도록 설정을 바꿔도 좋다. 나를 불편하게 하는 사람들을 차단해서 내가 공개하고 싶지 않은 삶의 단면을 보지 않게 해도 좋다. 특히 이별이나 절교 등 관계가 끝났으면 그 사람에 대한 언급이나 글을 보지 않도록 '언팔unfollow(언팔로우 혹은 팔로우 해제-옮긴이)'하는 것도 고려하라. 나를 심하게 힘들게 한 나르시시스트였다면 더욱 그렇다. 내 휴대폰에서 '12개월 전' 또는 '5년 전' 추억 사진이 화면에 뜨지 않도록 설정을 변경하라. 소셜 미디어에 탐닉하는 시간 자체를 줄이는 것이 가장 이상적일 것이다. 남들에게 인정받고 싶은 욕구, 잔인한 악성 댓글, 남들과의 비교, 조회 수와 광고 수익을 위한 '낚시글(유인하는 글)' 그리고 소셜 미디어에 만연한 자기중심주의는 내 마음을 치유하는 데 도움이 되지 않기 때문이다. 기억하라. 치유에 방해가 되는 이러한 것들에 대한 노출을 줄이면, 내 기분은 좋아지고, 이는 근본적 수용에 한 발 더 다가가게 할 것이다.

마지막으로, 그 사람과 관련된 사진과 글을 폐기하거나, (버릴수 없는 경우) 다른 사람에게 주거나 내가 평생 꺼내보지 않을 곳에 보관하라(나를 힘들게 한 사람이 가족인 경우, 그 사람이 들어간 가족사진을 버리기 전에 다른 가족과 상의할 것을 제안한다. 다른 가족이 그 사진을 간직하고 싶을 수 있으니, 그렇게 전달해서 내가 갖고 있지 않도록 한다). 이혼 소송이나 기타 소송을 위해 이러한 물증(예: 오래된 문자 메시지 또는 이메일)이 필요하거나, '끔찍한 사건목록'과 같이 보관할 수도 있다. 오래된 사진을 치우는 것은 마치 유령을 없애는 것처럼 공간과 감정에 남아 있는 기억을 지우는 것과 같은 개운함을 줄 수 있다.

여러 가지 진실 쌓기

근본적 수용의 핵심은 다양한 진실을 인정하는 것에 있다. 이장에서 소개한 엠마의 사례로 돌아가 보자. '이혼할 수 없다. 남편은 절대 변하지 않을 것이다. 나는 여전히 남편을 사랑한다. 나는 엄마를 사랑한다. 엄마와의 관계를 끊어낼 수 없다. 엄마는 이기적이다. 남편은 절대 도와주지 않을 것이다. 엄마는 내가 엄마에게 할애하는 시간이 항상 부족하다고 느낀다. 육아는 나의 몫이다' 엠마에게는 이 모든 생각과 느낌이 사실이다. 그렇지만 뒤죽박죽 섞여 있다. 근본적 수용은 내게 나쁜 영향을 주는 것(끔찍한 사건 목록)뿐만 아니라 내게 소중한 것까지 포함하여 진실의 실타래를 푸는 것이다. 그리고 이 두 가지를 큰 소리로 말하는 것도 도움이 된다. 좋은 일이든 나쁜 일이든 다 적어보라. 이상하고 불편하게 느껴지겠지만(나는 엄마를 사랑해. 근데 다시는 보고 싶지 않아), 일단 모두 함께 말하면 부정과 부조화를 극복하고 수용을 촉진하는 데 큰 도움이 될 수 있다. 나는 내담자들이 이렇게 적어보도록 유도한다. 종이 2장(색인 카드 형태도 좋다)을 준비하고, 각 종이에 진실을 적는 방식이다. 이때 각 진실이 서로 영향을 받지 않도록 한다. 다양한 감정에 대한 인지가 일치하지 않는 상태에서 형성되는 불편한 감정 상태를 '인지 부조화cognitive dissonance'라고 하는데, 이 연습을 통해 인지 부조화를 극복할 수 있다(나는 그 사람을 사랑해, 그는 바람을 피웠어). 일반적으로 우리는 어떻게든 이유를 찾아서 상충하는 생각의 불편함을 완화하려고 애쓴다(남편이 바람을 피웠어. 근데 내가 육아로 정신이 없어서 신경을 못 써서 잠시 한눈을 판 것 같아. 그냥 '원 나잇 스탠드'였어). 그런데 자기애적 관계는 (그 사람 기분이 좋은 날이든 나쁜 날이든 상관없이) 지속적인 인지 부조화를 일으킨다. 이 연습을 하다 보면, 내가 생각하는 진실들이 서로 상충한다는 사실을 알게 될 것이다. 양가적인 진실을 받아들이다 보면, 상황을 전체적으로 바라보고 현재 상황을 합리화하지 않을 수 있다. '다 진실인 것 같은데, 왜 이렇게 상반되지?'라는 느낌이 들 수 있다. 그런데 이 진실의 더미를 통해 왜 내가 힘들었는지 알 수 있고, 누군가 새로운 사람을 사랑할 수 있는 마음의 여유가 생기는 동시에 나를 힘들게 한 그 사람과 헤어져야 하는 이유도 인식할 수 있게 된다.

인생은 복잡하고, 여러 가지 진실이 동시에 성립하기도 한다. 따라서 흑백논리로 관계를 바라볼 수 없다. 실제 그렇게 해서도 안 된다. '모 아니면 도'라는 접근은 내 마음을 돌보는 데 도움이 되지 않는다. 섬세한 치유 과정을 지나치게 단순화할 뿐이다. 내가 한때 열렬히 사랑했던 사람 아니겠는가. 여전히 그 사랑이 식지 않았을 수도 있다. 그 사람의 과거를 이해하지만, 그의 행동이 나에게 해롭다는 것도 서서히 뼈저리게 느낀다. 양가적인 감정을 다스리는 것이 근본적 수용에서 가장 힘든 부분이기도 하다. 근본적 수용을 한다고 해서 그 사람을 송두리째 부정하는 것도 아니고, 내게 큰 의미로 다가왔던 모든 사실을 부정하는 것도 아니다.

나 자신을 근본적으로 수용하기

도저히 변할 것 같지 않을 사람이나 상황을 근본적으로 수용하는 것이 치유의 핵심이지만, 같은 논리를 나 자신에게도 적용해야 한다. 나는 나를 근본적으로 받아들이고 있는가? 나의 약점, 재능, 특이한 점, 성격, 호불호를 받아들이는가? 이러한 특징이 모여 '나'라는 사람을 정의한다는 데 동의하는가? 나 자신에게 가혹하지 않은 채 소중한 것을 지키면서도 원하는 것을 바꿀 수 있는가? 어떤 사람들은 나이가 들면서 이 경지에 도달하기도 한다. 산전수전을 다 겪고 난 후, '이게 진짜 나구나'라는 진실을 깨닫기도 한다.

그러나 필요한 통찰이 생길 때까지 세월을 흘려보내지 않아도 된다. 특히 나르시시스트 부모와의 관계에서 오래 매몰되다 보면, 나 자신을 근본적으로 받아들일 기회가 송두리째 사라질 수 있다. 내 존재가 제대로 빛을 보지도 못한 채, 내 생각을 밝히거나 내 가치를 인정받지 못했기 때문이다. 평생 침묵하는 법을 배웠고, 감히 자신을 근본적으로 수용하지 못했다. 또한 나르시시스트를 달래기 위해서 자기 생각을 애써 바꾸고, 관계에서 살아남기 위해 진정한 자신을 억압하는 법을 터득했을 것이다. 기억하라. 진정한 자신을 발견하고 자신을 받아들이는 것이야말로 가장 강력한 근본적 수용의 촉매가 된다. 내가 누구인지 더 많이 알고 받아들일수록 자신을 희생하거나 예속시키지 않기 때문이다.

단, 자신의 견해를 절대 굽히지 말라는 얘기는 아니다. 다른 사람이 내게 나답지 않은 행동을 요구할 때 경각심을 갖고 있어야 한다는 의미다. 나르시시스트가 부탁한다고 해서 내 팔을 자르지는 않겠지만, 자기애적인 사랑이라는 이름으로 내 영혼의 상당 부분을 잘라낸 경험이 있을 것이다. 자신을 근본적으로 받아들인다는 것은 상대가 나를 힘들게 한 날에도 나 자신에게 친절히 대한다는 뜻이다.

내 사례를 하나 소개하겠다. 최근 나와 복잡한 관계에 있는 사람이 내가 하는 일을 조롱하는 듯한 악의적인 이메일을 보냈다. 나는 즉시 속이 불편하고 입이 마르고 숨이 막히는 등 내가 고통스러울 때 나타나는 징후를 느꼈다. 이 사람이 내가 하는 일에 대해 지적할 때마다 나는 '나는 부족한 인간이야'라는 생각에 젖었다. 그의 지적은 내가 성인이 되어서 줄곧 나를 옭아매었다. 나는 그 이메일을 읽고, 내가 하는 일에 얼마나 진심으로 대하는지 스스로 상기하려 했다. 평생 그의 행동이 변하지 않는 사실이 가슴 아팠지만, 어떤 의도로 그러는지도 알 것 같았다. 평소에는 그의 반응에 내가 지나치게 예민하게 반응한다고 자책했지만, 이번에는 자신을 질책하지 않았다. 이메일 회신은커녕 내가 하는 일에 더 열심히 몰두했다.

결국 나는 아무런 대응도 하지 않았다. 한 번도 이런 적이 없었으니, 내게는 큰 변화였다. 기분도 훨씬 나아졌다. 나 자신과 상황에 대한 근본적 수용은 내게 새로운 대응과 치유 방법을 깨닫게 해주었다. 나는 내가 하는 일을 사랑해. 그 사람은 항상 나를 미끼로 삼고 트집을 잡겠지. 하지만 나는 대응할 필요가 없어.

세상의 많은 불행은 자신을 있는 그대로 받아들이지 않고 다른 사람과 비교하며 자신이 충분하지 않다고 느끼는 데서 비롯된다. 근본적 수용은 자신을 잘 알고 받아들일 수 있도록 자신을 다독일 때 본격적으로 시작된다. 자기 연민을 실천하고, 자신을 판단하지 않으며, 자기애적 관계에 있는 사람이라면 누구나 나와 같은 경험을 할 수 있다는 사실을 인식해야 한다. 자신에게 다음의 질문을 해보라.

- 나는 나의 어떤 점을 좋아하나?
- 마음에 들지 않지만, 바꿀 수 없거나 바꾸고 싶지 않은 점은 무엇인가?
- 마음에 들지 않지만, 바꿀 수 있는 것은 무엇인가?
- 나는 무엇을 추구하는 사람인가?
- 나에게 중요한 가치는 무엇인가?

근본적 수용을 하다 보면, 내가 가진 내면의 아킬레스건이 하나둘 보인다. '나는 연애를 갈망하는구나!', '나는 혼자 있는 걸 싫어하는구나!', '일에 있어서만큼은 내가 예민한 사람이구나.' 이렇게 생각해도 괜찮다. 내 약점이 아닌 잠재적인 취약점으로 인식하면 된다. 내가 보호할 수 있는 아름다운 부분이다. 자신을 깎아내리거나 있는 그대로 받아들이지 못한다면, 나에 대한 근본적 수용을 못하는 것이다. 즉, 나 자신을 있는 그대로 받아들이지 않고 있다.

근본적 수용의 여정에서는 안개가 걷히고 영혼과 눈이 뜨이기 시작한다. 나를 힘들게 한 나르시시스트가 친절하고 공감하며 내 삶에 관심을 가질 것이라는 희망을 과감히 버릴 수 있다. 그 사람이 나를 어떻게 대하고 있는지, 불인정, 적대감, 부주의함으로 가득한 태도가 변하지 않으리라는 사실을 드디어 인식하게 된다. 나에 대한 학대적 행동에 대해 포기하거나, 굴복하거나, 이해하지 않고, 상황을 명확하게 인식해야 한다. 근본적 수용의 여성은 처음에는 절망적이거나 냉소적으로 느껴질 수 있지만, 치유를 위한 필수 관문이며 상대의 현실에서 분리되어 내 현실을 지킬 수 있게 해준다. 한편으로는 현실이 너무나도 또렷이 보이면 슬픔이 북받치기도 한다. 꼼짝도 못 하게 할 정도로 나를 압도하는 생경한 슬픔일 것이다. 다음 장에서는 자기애적 관계가 불러일으킬 수 있는 상실감과 슬픔에 대처하는 방법에 대해 알아보겠다.

6장

자기애적 관계로 인한
슬픔과 치유

치유란 상실을 지우는 것이 아니라,

상실 때문에 휘둘리지 않는 것이다.

— 데이비드 A. 케슬러David A. Kessler (《의미 수업》 저자)

마리아Maria의 엄마, 클레어Clare는 변덕스럽고 교활하며 지독하게 자기중심적인 사람이었다. 마리아는 집에서 사랑을 독차지하는 골든 차일드였다. 클레어는 딸이 뭐든 똑 부러지게 잘해내는 모습을 보며 뿌듯해했지만, 딸이 두각을 나타내지 못할 때는 잔인하게 깎아내리곤 했다. 마리아는 엄마가 자신을 위해 얼마나 많은 희생을 했는지를 항상 상기시켰기 때문에 힘들어했다. 마리아도 그 희생에 대해 익히 알고 있었다. 자신의 형제자매한테는 거의 관심을 기울이지 않고 자기만 이뻐했기 때문이다. 마리아는 혹시라도 엄마가 실망할까 두려움에 떨며 살았고, 엄마가 기분이 우울한 날이면 자신을 책망했다. 엄마의 희생에 대해 부채 의식을 안고 살며, 엄마가 이곳으로 이민 와서 경제적으로 얼마나 고생했는지 뼈저리게 느끼고 있었다. 그래서 엄마가 한 번씩 뿜어내는 분노도 기꺼이 견디며, '내가 좀 더 잘하면' 엄마의 들쑥날쑥한 감정 기복도 나아질 것이라 믿었다.

마리아가 대학을 졸업했을 때, 클레어는 마리아가 자신의 가장 친한 친구처럼 곁에 있어 주길 바라며 자신이 하는 모든 일에 딸이 참여하길 기대했다. 딸에게 자주 전화를 걸어 몇 시간씩 통화하기를 기대했고, 딸이 느낄 죄책감을 이용해서 딸이 더 많은 시간을 할애하고 자신을 더 자주 찾아오도록 유도했다("엄마가 널 위해 많은 걸 포기했는데, 엄마를 위해서 이 정도도 못 해주면 너무 섭섭하지"). 마리아는 전화를 놓치거나 어머니를 만나러 갈 시간을 내지 못하면 엄마가 몹시 화를 내거나 절망할 것 같아 죄책감을 느끼곤 했다. 금융업에서 경력을 쌓아가는 것도 만만치 않은 상황에서 엄마의 끝없는 요구를 들어주면서 삶의 균형을 맞춰가는 것이 만만치 않았다.

마리아가 진지한 연애를 시작하면서, 엄마와 함께 보내는 시간이 줄어들었고, 엄마는 그녀에게 분노와 실망감을 대놓고 표출했다. 마리아는 정기적으로 엄마를 찾아가 진정시켜야 했다. 결혼 후에는 엄마의 요구를 들어주면서 남편을 챙겨야 하는 상황이었다. 남편의 성격도 만만치 않았다. 엄마만큼 상당히 까다롭고, 권위적이며, 상대를 조종하려 하고, 공감 능력이 부족했다. 피상적으로 아주 가끔 공감하는 듯한 제스처는 보였지만, 상대의 마음을 헤아리진 못했다. 마리아는 결국 하던 일을 그만두었다. 남편이 외도했을 때, 그녀는 남편에게 소홀했던 자신을 자책하고, 더 나은 아내가 되려면 어떻게 해야 할지에 대해 반추했다. 이 기간에 친정엄마는 딸에게 거의 도움을 주지 못했고, 오히려 남편을 제대로 챙기지 못한 것에 대해 나무랐다. 몇 년 후 엄마가 암에 걸렸을 때, 그녀는 딸에게 "이게 다 배은망덕한 너로 인한 스트레스 때문"이라고 말했다. 그 순간 마리아는 엄마를 다시 실망시켰을 때 느낄 후회와 분노를 마주하고 싶지 않았기 때문에 엄마의 간병에 전념했다. 마리아는 건강한 결혼 생활, 정상적인 모녀 관계, 취미와 일 등 인생에서 소중한 많은 것을 잃었다고 느꼈다. 자신의 상황을 받아들이자 새로운 문제들이 수면 위로 올라오는 것 같았다.

나르시시스트와 관계를 이어가는 것은 복잡한 춤을 추는 것에 비유된다. 나르시시스트는 자신의 수치심을 상대에게 투사한다. 공감 능력이 있고 책임감 있는 상대는 자신에게 던져진 그 수치심을 받아서 내면화하고, 자책한다. 그러다 결국 관계의 모든 유해한 부분에 대한 책임을 떠안게 된다. 이러한 구조가 성립되어야만 자기애적 관계가 지속될 수 있다. 자기애적 역학 관계는 변하지 않을 것이고, 상대는 아무런 잘못이 없다는 점을 인식할 때, 반복되던 패턴과 감정 사이클이 바뀔 수 있다. 즉, 자기애적 관계가 작동을 멈출 수 있다.

자기애적 관계에서 느껴지는 슬픔은 매우 독특하다. 또한 자기애적 관계는 기회, 희망, 열망, 서사, 본능, 자아감이 상실된 상태다. 결국 이렇게도 생경한 슬픔에서 도망치지 않고 용감하고 고통스러운 여정을 헤쳐나가는 것이 치유 과정에 필수적이다. 단 슬픔에 젖어 있는 내 마음을 부정하거나 무시하거나 과소평가하는 것은 매우 위험하다. 로버트 프로스트는 "그곳을 빠져나가는 최고의 방법은 그곳을 거쳐가는 것이다"라고 했다. 자신을 발전시키고 더 건강한 관계와 삶을 가꿀 수 있는 여유를 갖추려면 상실감을 제대로 다스려야 한다. 이 장에서는 슬픔을 극복하는 데 도움이 되는 방법을 제안한다.

자기애적 학대 이후의 슬픔

로렌Lauren은 50대 중반 무렵, 가장 친한 친구 중 한 명을 갑작스럽게 잃는 아픔을 겪었다. 친구의 죽음으로 인생은 언제든 끝날 수 있다는 현실을 깨달았고, 로렌은 자기애적 학대의 후유증으로 인해 얼마나 많은 기회와 꿈을 놓쳤는지 돌아보며 슬픔에 잠겼다. 로렌은 나르시시스트 아버지 밑에서 자랐고, 평생 아버지의 비위를 맞추기 위해 노력했다. 그 결과 부모가 집을 살 때진 빚을 대신 갚으면서 정작 본인의 내 집 장만의 꿈을 미뤘고, 부모가 자신을 효녀로 인식하기 위해 뭐든 하려 했다.

로렌은 사람들이 어렸을 때부터 가정에서 보면서 체득하는 인생의 교훈을 자기는 배우지 못했다는 생각에 너무나도 서글펐다. 가족들에게 관심과 애정을 받고, 사랑하고 존중하는 결혼 생활을 목격하고, 언제라도 도움을 요청할 수 있을 만큼 가족에게 든든함을 느끼고, 스스로 가치 있다는 느낌을 안고 사는 것. 이 모든 게 빠진 인생이었다. 남들이 다 하는 이러한 경험이 없었기 때문에 그녀는 사람들과 친밀한 관계를 맺기가 어려웠다. 대신 그녀를 무시하고 제대로 인정해 주지 않는 나르시시스트들과 끊임없이 연애했다. 실제로는 따뜻하고 유머 감각이 뛰어나며 타인에 대해 깊이 공감할 수 있는 사람이었지만, 대인관계에 미숙하고, 정서적으로 부족하며, 연인과 깊은 관계를 맺는 것마저 어려워하는 자신을 항상 자책했다. 지금은 인생에서 더 많은 기회를 잡았지만, 결혼도 하지 못하고, 가족을 꾸리지도 못하며, 여행도 하지 못하고, 보람 없는 직업에 안주하는 자신에 대해 슬퍼한다.

로렌을 슬프게 하는 것들은 끝도 없이 많다. 제대로 누리지 못한 소중한 유년 시절, 두려움, 불인정, 불안으로 가득했던 불쌍한 아이로 살았다. 아버지 그리고 그녀에게 해로웠던 여러 연인의 눈치를 보며 소중한 청춘의 꿈을 날렸다. 일에서는 재정적으로 부를 쌓았지만, 정신적으로는 공허함만 남았다. 그리고 가족들이 자신을 돌아보며 반성하고, 자신에게도 관심을 가져주길 바라며, 헛된 희망을 품는 것 같아 슬픔에 잠겼다. 또한 나르시 시즘에 대해 조금이라도 빨리 알지 못해서 슬퍼했다. 본질적으로 그녀는 슬픔에서 빠져나오지 못했다.

자기애적 관계에서 비롯된 슬픔은 피할 수 없는 경험이다. 내 의지와 내가 원하는 속도대로 통제할 수 없다. 몇 년 동안 반복해서 겪는 과정이며, 끝이 안 보일 정도로 오래 걸리기도 한다. 어느 순간 멀리 떨어져 있을 수는 있지만, 평생을 가지고 다닐 수도 있다. 어떤 면에서 살아 있는 것들에 대해 애도하는 것은 망자를 애도하는 것보다 훨씬 더 어렵다. 단순히 행복하고 온전한 가족을 꿈꾸거나, 누군가와 함께 늙어가거나, 자녀에게 자기가 자라온 가정 환경보다 더 안정된 가정을 물려주고 싶었던 꿈에 대한 슬픔이 아니다. 그것은 나 자신의 삶, 내가 원했던 삶에 대한 슬픔이며, 이를 극복하는 데는 시간이 걸린다.

그렇다면 왜 자기애적 관계는 슬픔과 애도를 유발하는가? 여러 가지 이유가 있다. 우선 자기애적 관계에서 약자는 자신이 받지 못한 것에 대해 슬퍼할 수도 있다. 자기애적 부모를 둔 경우, 건강한 어린 시절을 잃은 것에 대해 슬퍼할 수 있고, 자신이 부모로서 자녀를 보살필 때 '나는 어렸을 때 전혀 이런 사랑을 못 받았는데'라고 생각하며 그 괴리에 대해 슬픔이 커질 수도 있다. 원가족과 헤어지면 안전한 둥지, 소속감, 마음의 안식처, 무조건적인 사랑을 경험하지 못했다는 사실에 슬퍼할 수 있다. 자신의 삶을 돌아보며 다음과 같은 질문을 던질 수도 있다. 이 관계를 겪지 않았다면 내 인생은 어떻게 달라졌을까? 회한과 후회, 정체성 상실, 사랑, 기회 상실에 대한 반성 등이 뒤죽박죽 섞여 있다.

또한 중요한 성장 시기에 피해를 본 것에 대한 슬픔도 있다. 나르시시스트와 이혼한 후 재혼하여 새로운 사람과 건강한 관계를 경험할 수는 있지만, 어린 시절은 되돌릴 수 없기 때문이다. 성인이 되면 나르시시스트 부모와 어떻게 관계를 이어갈지, 혹은 의절할지 말지에 대한 결정이 복잡해질 수 있는데, 그 이유는 부모의 존재가 잃어버린 어린 시절의 슬픔을 불러일으킬 수 있기 때문이다. 그리고 나르시시스트 부모는 세월이 지나도 변하지 않기 때문에 부모를 볼 때마다 슬픔이 상기될 수 있다.

나르시시스트 배우자와 이혼하는 경우, 결혼과 가족의 상실뿐만 아니라 자신의 꿈, 진로, 경력, 정체성, 평판, 재정적 자유를 상실하는 것에 대해 슬퍼할 수 있다. 내가 꿈꿨던 자상하고 나를 사랑해 주는 배우자를 삶의 동반자로 삼을 수 없음에 슬퍼할 수 있다. 또한 사랑이라고 믿었던 것을 잃은 슬픔, 그리고 오랫동안 상대에 희생하는 관계가 안전과 신뢰를 담보한다고 믿어왔는데, 이 생각에 대한 상실감이 슬픔으로 이어질 수도 있다. 또한 배우자가 나르시시스트라면, 그 사람 때문에 자녀가 상실하게 될 것들, 자녀가 겪을 수 있는 혼란과 불안에 대해서도 슬퍼할 수 있다. 나르시시스트와 이혼하는 경우, 자녀와 떨어져 지내는 시간,

그리고 자녀가 정상적인 가족을 경험하지 못하는 것에 대해 슬퍼할 수 있다.

관계를 유지하는 동안 모호한 상실감[1]을 경험하기도 한다. 이는 현재 진행 중이고 해결되지 않았으며 불분명한 상실감을 설명할 수 있다. 가족이나 사랑하는 사람이 치매에 걸렸을 때 겪는 상실감, 즉 그 사람이 곁에 있지만 실제로는 없는 것과 비슷한 감정이다. 마찬가지로 나르시시스트가 곁에 있지만 실제로는 동반자도 아니고, 나를 공감해 주지도 못하며, 나를 정서적으로 학대하는 사람일 뿐이다.

자기애적인 관계가 끝났을 때의 슬픔은 안도감이 함께 찾아오기 때문에 혼란스러울 수 있다. 슬픔과 상실감 때문에 내가 실수했다는 생각이 들어 그 관계로 돌아갈 수도 있다. 자기애적인 관계를 떠난다는 것은 그 관계에 대해 가졌던 희망과 좋았던 날들, 그리고 그 관계에서 잃어버린 시간과 나의 일부분에 대한 슬픔으로 이어지기도 한다. 관계가 끝나더라도 나르시시스트였던 그 사람은 여전히 살아 있다. 즉, 그 사람이 새로운 관계를 맺을 수도 있고, 재혼할 수도 있지만, 나를 계속해서 비난할 수 있으므로 내게 슬픔과 두려움을 끊임없이 안겨줄 수 있다(그 사람이 새사람이 되었으면 어쩌지? 내가 실수한 건가?). 죽은 사람이야 새로운 삶을 살지 못하지만, 나르시시스트들은 나와 헤어지고 새로운 삶을 살 수도 있다. 생존자가 고통, 상실감, 후회의 터널을 지나는 동안, 그들은 최고의 삶을 사는 것처럼 보일 수 있다.

자기애적인 관계는 순수함의 상실이기도 하다. 많은 생존자는 더 이상 인간의 선함 따위는 믿지 않는다며, 냉소주의가 되었고, 이렇게 가치관이 바뀐 것에 대해 안타까워한다. 그러나 냉소주의는 나쁜 단어가 아니며, 오히려 분별력을 키우면 자신을 보호하는 데 도움이 될 수 있다.

자기애적 학대로 인한 슬픔은 '박탈된 비탄disenfranchised grief'이라고도 한다.[2] 다른 사람들이 인정하지 않거나 사회적으로 상실 또는 애도 경험으로 인정받지 못하고 지지받지 못하는 슬픔이다. 가까운 사람이 죽었는데 주변 사람들이 그 사람이 죽었다는 사실을 부정하고, 내게 슬퍼할 필요가 없다고 하는 상황이다. 너무나 안타깝고 불안한 감정일 것이다. 하지만 이는 자기애적 학대를 견디고 있거나 자기애적 관계가 끝나는 사람의 경험과 비슷하다. 관계를 끝내지 않았을 때 나는 상실감으로 고통을 받는데도 주변인들이 내 마음을 몰라주는 상황, 혹은 내 상실감을 부인하는 상황과도 유사하다. 다른 사람들이 내 고통을 단순히 관계의 문제로 치부하면 수치심, 슬픔, 죄책감, 자책감이 더욱 심해질 수 있다. 그들이 내가 경험하는 것이 고통으로 인한 슬픔이라고 인식하지 못하면, 이 세상에 내 편은 아무도 없다는 완전한 고립감에 시달릴 수 있다. 나르시시스트와의 관계를 끝내지 못하고 어쩔 수 없이 남아 있다면, 주변의 싱글 친구들은 "그래도 넌 연애라도 하고 있잖아"라고 할 수 있다. 커플 친구들은 "이제 싱글로 돌아와서 자유롭게 연애할 수 있으니 얼마나 신나고 좋아"라고 할 수 있다. 나르시시스트 아버지에게서 시달려 왔다면, 엄마 혹은 형제자매는 "아버지가 너보다 더 힘든 유년 시절을 보냈잖아. 그나마 그에 비하면 너는 나은 편이지"라고 할 수 있다. 나르시시스트였던 배우자나 부모가 세상을 뜨면, 주변 친구들과 지인들의 응원과 지지를 받기도 한다. 이렇게 위로와 조언으로 내 기분을 풀어주려 한다. 그런데 정작 내가 경험하는 감정은 심리적·실존적 상실감이다. 피상적으로 위로받기엔 더 깊고 짙은 감정이기에, 그들의 위로가 와닿지 않는다. 그래서인지 특정 유형의 상실을 겪을 때만, '응, 그래. 슬퍼해도 괜찮아'라고 간주하는 것처럼 느껴질 때가 있다. 이러한 범주에 속하지 않는 상실에 대해서는 슬픔을 표현해서는 안 될 것 같은 느낌이랄까. 그래서인지 자신의 감정을 마치 복잡하거나 어려운 관계의 결과인 것처럼 이야기해야 한다는 강박마저 생긴다.

내 인생에서 나르시시스트였던 사람의 죽음을 애도하기

지금까지 우리는 주로 자기애적 관계에서 비롯되는 상실에 초점을 맞추었다. 나르시시스트로 인해 나의 시간, 자아, 돈, 어린 시절, 희망, 순수함, 신뢰, 사랑, 자녀, 가족을 놓치거나 잃은 내용이었다. 그렇다면 나를 힘들게 한 나르시시스트가 사망한 후의 감정은 어떨까? 비탄과 슬픔의 감정은 매우 복잡할 수 있다. 수년 동안 나는 수많은 나르시시즘 생존자의 지극히 개인적이고 은밀한 감정과 사연을 접해왔는데, 나르시시스트가 사망한 후 안도감을 느꼈다는 사람이 대다수였다. 그리고 그 안도감은 시간이 지나면서 죄책감과 수치심으로 이어지기도 했고, 심지어 망자에 대해 이런 감정을 느낀 자신이 나쁜 사람이라는 생각까지 들게 했다.

나르시시스트의 죽음은 가까운 이들의 죽음 이후에 느껴지는 일반적인 슬픔의 반응뿐 아니라, 안도감과 후회, 분노, 자기 의심('내가 그 사람한테 최선을 다했는가?') 그리고 공포심을 일으킨다. 그 사람이 세상을 떠난 후에도 그 목소리는 평생 귓가를 맴돌 수 있다. 그 사람이 살아 있든 죽었든, 치유를 위해서는 그 목소리—내 마음을 불편하고 불안하게 하는—를 마주할 수 있는 '마음 챙김' 연습이 필요하다.

슬픔을 잊기 위한 행동

슬픔은 특히 자기애적 관계에서 매우 불편한 감정이다. 누구든 불편한 일은 피하고 싶듯, 이런 감정도 최대한 피하고 싶을 것이다. 따라서 슬픔을 잊기 위해 하게 되는 여러 행동이나 활동이 지극히 정상이라는 점을 받아들여라. 슬픔에 매몰되지 않고, 새출발을 하기 위한 노력일 수도 있다. 이렇게라도 안 하면 슬픔의 수렁에 빠질 것 같아서 하는 행동들이겠지만, 슬픔을 진정으로 극복하려면 어느 정도 불편한 감정을 거쳐야 한다는 점, 슬픔에 머물러 있는 그 자체를 받아들여야 한다는 점도 기억하길 바란다. 다음은 사람들이 슬픔을 잊기 위해 주로 하는 행동이다.

- 바쁘게 정신없이 살기

- 약을 먹거나 술 마시기

- 내 현실과 감정을 부정하기

- 긍정적인 태도를 지닌 것처럼 행동하기

- SNS 탐닉하기

- 나를 힘들게 한 그 나르시시스트와 지인이나 멘토들과 자주 만나 대화하기

- 성급히 다른 사람들을 위로하고 조언하려 하기

- 나를 비난하기

슬픔에 대한 탐색

나르시시스트와의 관계에서 느낀 복잡한 감정을 탐색하기 위해서는 전략이 필요하다. 그 사람으로 인해 내가 상실한 너무 많은 복잡하고 소중한 것들에 대한 해결책으로는 기존의 슬픔 극복 전략이 통하지 않는다고 호소하는 경우가 많다. 특히 관계를 끝내지 못한 상태라면 감정을 다스리기가 더 힘들 수 있다(나르시시스트와 이혼 절차를 진행 중이라면, 적어도 사람들은 이혼을 슬퍼할 만한 상실감으로 인식하지만, 관계를 유지할 때는 내가 느끼는 심각한 상실감이 제대로 인정받지 못한다). 따라서 나르시시즘으로 인한 슬픔을 회복하는 몇 가지 기본 원칙을 숙지하는 것이 중요하다.

1. **슬픔을 있는 그대로 인정하라.** 사람들은 "나 슬프지는 않아"라고 말하거나, '사람하고 부대끼며 살면서 자연스럽게 드는 감정이지'라고 생각한다. 관계에서 흔히 일어나는 문제로 치부하지만, 슬픔은 현재 진행형이다. 이 고통이 내게는 상실감으로 느껴진다는 사실을 부인하지 마라. 내 슬픔을 그 자체로 인정하는 것만으로도, 이 고통이 내게 얼마나 큰 영향을 미치는지 이해하고 경험하는 데 도움이 된다.

2. **슬픔을 극복할 해결책을 모색하라.** 심리상담, 동료 지지 모임(자기애적 학대 생존자를 위한 모임이면 가장 이상적이다), 마음 챙김, 명상 그리고 내게 의미 있는 활동을 함으로써 슬픔을 극복할 수 있다. 단, 서두르지 마라. 슬픔이 잔잔해지는 데 오랜 시간이 필요할 수도 있다. 따라서 조급함 없이 나를 판단하지 않고 슬픔이 사그라들 수 있게 자신에게 관대해져라.

3. **내 감정에 충실하라.** 애도, 슬픔, 불안은 모두 불편한 감정이고, 자기애적 관계와 그에 따른 상실감은 삶에서 오랫동안 지속될 수 있으므로 이러한 고통스러운 감정이 다시 찾아올 때를 대비하라. 감정이 다시 찾아오더라도 자연스럽게 맞이하라. 그 순간은 몸과 마음이 속도를 늦추고 자신에게 온화해지라는 신호다. 휴식, 적당한 운동, 명상, 호흡 또는 자연 속에서 시간을 보내도 좋다. 무리해서 감정과 단절하면 오히려 그 감정에 계속 갇혀 있을 수 있다. 해안으로 돌아오는 완만한 파도일 뿐이니, 황급히 대피하기엔 이르다.

4. 일기 쓰기. 경험을 기록하면 천천히 관계를 정리하거나 관계의 상실감을 극복하는 과정에서 내게 일어나는 작은 변화를 추적할 수 있다. 좋은 날과 나쁜 날이 있겠지만 시간이 지남에 따라 개선되는 모습을 목격할 수 있으며, 성장과 독립을 향한 나만의 노력을 입증할 수 있다.

5. 이 관계 밖에서의 나에게 집중하라. 오랫동안 자기애적 관계에 머물렀다면, 나의 정체성도 그 관계 안에 묶여 정의해 왔을 것이다. 관계와의 연결 고리에서 벗어난 나는 어떠한 사람인지를 경험하기가 매우 어려울 것이다. 관계 밖에서 나의 가치, 선호도, 기쁨, 욕구를 이해하기 위해 노력하라. 관계로 인해 상실을 겪은 후에는 다시 삶에 복귀하기가 어려울 수 있다. 특히 자기애적 학대를 당한 후에는 더더욱 현실 적응이 어렵다. 기존의 생활 방식으로 돌아오는 동시에, 이 관계를 넘어 자신의 정체성을 탐색하거나 확립하기 위해 노력해야 하기 때문이다.

6. 그 사람과의 기념일이 돌아오기 전에 마음의 준비를 하라. 두 사람의 기념일, 생일, 연애의 이정표와 같은 특별한 날짜가 돌아오면, 기분이 싱숭생숭하고 마음이 아프기도 하며, 내가 극복하려는 슬픔이 드러날 수 있다. 두 사람을 아는 사람들이 모이는 결혼식이나 기타 모임과 같은 행사에 참석하는 것도 부담스러울 수 있다. 그런 날을 대비하라. 일부러 다른 활동을 계획하거나, 친구들과 시간을 보내거나, 혼자서 조용한 하루

를 보내라. 아니면 이런 날을 덤덤히 보낸 후, 휴식을 취하도록 하라. 심리적 위축에 대비하지 않으면, 갑작스럽게 감정이 터질 수 있다. 당황하면서 마음이 불안정해질 수 있다는 점을 염두에 두라.

거짓말에서 회복

나르시시스트와의 연애 시절 찍었던 사진 속의 나는 웃고 있다. 즐거웠던 날로 기억되는 사진을 보며 '이 표정이 진짜였을까?'라고 생각한 적이 있나? 나는 웃고 있었지만, 행복했던 건가? 그 사람이 내게 했던 거짓말과 배신마저 떠올린다면, 슬픔의 감정은 더욱 복잡해진다. 거짓말을 곱씹으며 반추하기 시작하면서, 왜 내가 몰랐는지, 왜 그 사실을 알던 사람들이 내게 말하지 않았는지 궁금해지기도 한다. 내가 왜 그렇게 어리석었을까? 왜 내가 속았을까? 내 감정을 의심하는 것은 슬픔을 극복하고 회복하는 데 별로 도움이 되지 않는다.

그렇다면 어떻게 복잡한 마음을 추스를 수 있을까? 관계 안에 축적된 여러 진실의 더미를 풀어헤치면 된다. 반추는 자기애적 학대의 흔한 후유증이자 슬픔의 중심에 있다. 특히 비통한 슬픔은 그 사람이 내게 했던 큰 거짓말 때문일 것이다. 진실의 더미를 차근히 풀다 보면, 그 복잡성을 인정하고 자기 연민이 생겨난다. 자기 연민은 어리석거나 속았다는 느낌의 순환에서 벗어나는 데 도움이 될 수 있다. 좋은 의도와 호감을 느끼고 관계를 맺었지만, 아쉽게도 시간이 지남에 따라 내가 사실이라고 생각했던 것이 더 이상 사실이 아니었기 때문에 슬픔이 몰려오고 있다고 생각해 보라. 복잡한 마음이 조금이나마 풀릴 수 있다.

여행, 분만실에서의 순간, 결혼식 등 사진과 동영상으로 기록된 특별한 추억을 떠올리다 보면, 지금의 현신을 왜곡해서 받아들일 수 있다. 나는 이러한 사진과 동영상을 활용하여 내담자들이 당시의 상황, 지금 느끼는 감정, 그때 느꼈던 감정 사이의 단절을 극복하는 데 도움을 준다. 배신과 현실 왜곡으로 반추에 갇히게 될 수 있으므로 당시의 여러 경험을 분석할 필요가 있다. 나는 이렇게 경험을 사실episode, 상황context, 느낌feeling으로 나누어 생각하도록 안내한다.

나르시시스트 배우자와 이탈리아로 여행을 떠났다고 가정해 보자. 여행하는 동안 멋진 시간을 보낸다. 하지만 그 사람의 휴대폰으로 이상한 시간에 이상한 문자 메시지가 몇 통이 들어와 의심이 든다. 물어보니 떠나기 전에 해결되지 않은 일 때문이라고 한다. 괜히 얘기를 꺼낸 것 같고, 여행을 망친 게 아닌가 하는 생각에 후회하며 이 사건을 머릿속에서 지워버린다(배신에 눈감아버리기). 돌아오고 나서 몇 달 후, 그가 바람을 피우고 있다는 사실을 알게 된다.

이탈리아에 간 것은 '사실'에 해당한다. 하지만 웃고 있는 사진을 보면서 그 사람이 바람을 피우고 있었다는 사실을 떠올릴 때, 이탈리아에 갔다는 사실은 사라지지 않지만 맥락은 달라진다. 여행은 실제였고, 미소도 실제였지만, 그 미소 짓는 사진을 찍을 당시의 '상황'은 당시 내가 생각했던 것과는 달랐기 때문이다.

그리고 '감정'에 관한 부분도 있다. 사랑하는 배우자와 함께 이탈리아에 갔다고 믿었고, 그날 행복했던 기억이 난다. 그 모든 것이 실제였다. 그런데 지금 사진을 보면서 느끼는 감정은 다르다. 여행에서의 감정은 당시의 상황을 바탕으로 한 것이기 때문이다. 하지만 돌이켜보면 관계 자체가 사기였고, 내가 놀아난 것처럼 느껴진다. 슬픔에 젖어 상황을 되돌아보며 당시 어떻게 느꼈는지, 무슨 일이 벌어지고 있었는지 의심하게 된다. 사실을 하나씩 짚어본다. '그래, 나는 이탈리아에 갔지. 그 사람은 바람을 피우고 있었어. 난 이 사실을 몰랐어. 외도에 대해 그는 나한테 가스라이팅을 한 거였어. 난 그때 행복했어. 그런데 지금은 억장이 무너져.' 이렇게 고통스럽더라도 여러 가지 진실을 하나씩 인정하는 것은 슬픔의 터널을 빠져나오는 디딤돌이 된다.

부당함에 대한 슬픔

나는 심리치료사로서 자기애적 학대에서 회복 중인 내담자들을 지켜보며 공통점을 발견했다. 이 관계를 도저히 납득할 수 없다는 생각, 즉 부당함의 정도에 따라, 치유가 더디기도 하고 순조롭기도 하다는 점이다. 관계가 완전히 종결되었다는 생각, 관계에서 납득할 수 있거나 합리적인 부분, 혹은 관계가 나한테 준 의미를 떠올리면 슬퍼하는 기간이 짧아지고 순조롭게 슬픔을 가라앉힐 수 있다. 그러나 슬픔의 강도가 거셀 때는 이런 감정이 전혀 생겨나지 않는다. 특히, 관계의 부당함이 내 생각을 지배하는 순간, 생각은 꼬리에 꼬리를 물게 되고, 결국 반추의 늪에 빠지게 된다. 나르시시스트는 진정으로 사과하지 않는다. 자기 행동이 어떠한 결과를 초래했는지에 대해서도 받아들이지 않는다. 책임이나 의무를 지거나, 상대에게 고통을 가했다는 사실을 진심으로 헤아리며 인정할 줄 모른다.

그 결과, 상대는 '이건 정말 부당하고 어이없다'라고 느낀다. 부당함은 마음의 상처와 심란함으로 이어진다. 그런데 자신이 가한 피해에 대해 거의 인지하지 못하고 평소처럼 아무렇지 않게 살아간다. 혹시 '인생은 공평하다'라는 신념으로 살아왔는가? 나르시시스트와의 관계를 경험하는 순간, '인생은 공평하지 않구나. 부당하고 어이없구나'라고 생각하게 될 것이다. 이렇게 가치관이 흔들리면, 불안하고 불편할 수 있다. 그런 다음, '이게 다 내가 잘못해서 그런 거지'라는 자책으로 연결된다. 자책은 내면의 감정 상태를 보여주는 거울이다. 자책의 단계에 들어서는 순간, 슬픔을 내려놓거나 치유하기가 더 어려워질 수 있다.[3]

관계에 대해 납득이 안 되는 상태, 즉 부당함이 강렬히 느껴지는 상태에서는 치유가 어렵다. 상처가 쉽게 아물지도 않는다. 단, 최소한 자기를 책망하지 않고, 나르시시스트에게 책임이 있다는 사실을 인정하면, 마음이 한결 편해진다. 부당함을 극복한다는 것은 나를 힘들게 하는 나르시시스트가 가는 길을 피해 나만의 길로 나아간다는 것을 의미한다. 부당함에 집착하면, 나의 치유 정도와 여부가 그 사람과의 관계에 좌우된다. 즉, 나와 그 사람의 감정과 상태가 유기적으로 묶여 있다(그 사람이 고통받으면 내 기분이 좋아진다). (내가 어떤 생각이나 상상을 하건, 편하게 받아들이라. 복수에 대한 환상에 잠시 빠져드는 것은 흔한 일이며, 복수에 대한 환상이 도움이 된다고 생각하는 이들도 많다) 정신적으로 그 사람에게서 분리하고 차별화한다는 것은 그 사람에게 복수하는 것보다 내 마음을 치유하는 것이 더 중요하다는 의미다. 완전한 납득과 치유까지는 오랜 시간이 걸린다. 수년 동안 자신과 관련이 없는 불의에 관한 뉴스 기사나 다큐멘터리를 읽거나 보고 있으면 부정적인 감정이 떠오르는 경험을 해봤을 것이다. 이럴 때는 내용을 읽거나 보지 않거나, SNS(특히, 나르시시스트에 대한 게시글)를 끊거나, 아예 뉴스나 기사에 관심을 크게 두지 않는 것도 도움이 될 수 있다. 익숙한 공포감을 느끼게 하는 내용을 읽거나 시청했다면, 잠시 아무것도 하지 않고 머리를 식혀보길 바란다. 부당함에 대한 근본적 수용을 연습하는 것, 즉 부당한 현실을 가감 없이 있는 그대로 받아들이는 것도 도움이 된다. 정말로 어이없는 상황이야. 그런데 내가 바꿀 수 없어. 근데 내가 원하는 방향을 설계할 수는 있을 것 같아. 그 과정에서 내가 얻을 수 있는 게 있지 않을까? 부당함에 힘들어하는 나 자신을 친절하게 대하라. 잠시 숨을 돌리거나 휴식을 취하라. 그리고 시간이 지나면 나는 성장하고 마음도 치유되어서 부당함에 대한 복잡한 감정도 사그라들 것이다. 그전까지는 슬퍼해도 괜찮다.

슬픔을 다루는 데 있어 심리치료의 중요성

자기애적 학대에 대해 잘 알고 있는 전문가에게서 심리치료를 받는 것이 경제적·시간적으로 부담이라는 생각에 충분히 공감한다. 그런데 숙련된 치료사는 슬픔을 표현하고 이를 해로운 관계에서 벗어나기 위한 단계로 인식하도록 도와줄 수 있다. 관계로 인한 상실감을 잠재우는 것은 독소를 배출하는 것과 같고, 반추의 악순환을 끊는 데 도움이 될 수 있다. 나는 상담을 할 때, 내담자들의 슬픔을 완화하는 과정에서 그들이 슬픔을 극복할 수 있을 때까지 같은 이야기를 계속 반복해서 들었다. 지지 모임처럼 같은 처지에 있는 다른 사람들과 함께하면서, 나만의 경험과 현실을 인정받는 느낌은 치유에 큰 도움이 된다. 슬픔이 깊어져 정신 건강 문제와 사회생활이나 직장 생활이 힘들어질 정도라면 치료를 받는 것이 매우 중요하다. 게다가 돌봄 및 육아, 자기 관리, 업무 또는 일상에 부정적인 영향을 미치고 있다면 정신 건강을 위해 치료가 필수적이다.

슬픔을 다독이는 의식

사람이 죽으면 장례식, 상복 입기, 거울 가리기, 외부 활동 자제하기를 비롯한 여러 의식과 관습을 이행한다. 애도 과정에서 절차와 지침이 되어, 상실감을 대처하는 데 도움이 될 수 있다.

자기애적 관계에서도 상실의 경험을 인정하는 어떤 형태의 의식도 치유 경험의 일부가 될 수 있다. 이러한 의식은 혼자서 할 수도 있고 다른 사람들과 함께할 수도 있다. 의식은 관계에서 발생한 여러 종류의 상실감으로 인한 고통에 대처하는 데 도움이 된다. 슬픔을 다독이는 나만의 의식 몇 가지를 소개한다.

- 나만의 장례식을 치른다. 나를 힘들게 한 관계에서 벗어나거나 오랜 후회를 내려놓는 의식이다. 그동안 쏟아부은 내 시간과 애정, 불안했던 마음도 날려버리는 의식이다. 그 사람과 관련된 물건을 묻어버리거나 후회하는 내용을 돌에 적어 호수나 바다에 던져봐도 좋다. 그 사람, 그 사람의 말과 행동, 또는 내가 잃어버렸다고 생각되는 다른 모든 것을 놓아주는 나만의 의식을 치른다.
- 나만의 생일 파티를 한다. 나는 이제 새로 태어났다. 이 관계에서 벗어나 새로운 나로 살아갈 것이다. 꼭 실제 생일일 필요는 없지만, 새로운 나로 거듭난 자신을 기념하는 날이어야 한다. 관계를 떠나든 관계에 남든, 상실감과 후회의 무게를 내려놓고 해로운 관계의 그늘에서 벗어나는 자신을 축하하라. 케이크나 양초를 준비하거나 친구들과의 저녁 식사에서 함께하는 것도 좋다.
- 내 공간에 변화를 준다. 어떤 식으로든 자기애적 관계에서 벗어나는 중이라면, 삶의 공간을 바꾸는 것은 삶을 재창조하

는 것으로 느낄 수 있다. 벽지를 새로 칠하거나, 관계를 떠올리게 하는 물건을 치우거나, 작업 공간을 옮기거나, 이사를 하는 것도 좋은 생각이다.

- 해로운 관계, 사람 또는 상황을 떠올리는 물건은 버려라. 우리가 같이 갔던 콘서트에서 뚱한 채 내게 말 한마디 안 걸던 모습을 연상시키는 입장권은 버리는 것이 낫다. 불륜 사실을 알게 된 후 선물로 받은 보석은 팔아버려라. 나르시시스트 부모가 나한테 맞지 않는다는 것을 알면서도 선물한 스웨터는 기부하라. 다시 말하지만, 이 의식의 핵심은 내 의도와 마음가짐에 있다. 옷을 가방에 넣어 기부함에 넣는 행위 자체가 중요한 것이 아니라, 그들과 관련된 물건과 그 안에 깃든 감정을 버렸을 때의 호흡과 감정을 느끼는 것이 중요하다.

- 내게 중요한 장소를 되찾아라. 내가 좋아하던 장소가 싸움, 유난히 잔인했던 저녁, 나를 무시하고 인정하지 않았던 안 좋은 경험으로 얼룩져 있다면, 내게 그 장소는 '잃어버린 곳'이라고 느낄 수 있다. 식당, 술집, 해변, 공원, 심지어 도시 전체가 될 수 있다. 이 장소들을 내 영역으로 다시 소환하라. 친구들과 함께 옷을 차려입고 장소를 방문하여, 웃음과 즐거움으로 공간을 채우거나, 믿을 수 있는 친구와 함께 여유 있게 심호흡하고 들어가도 좋다. 혼자서는 어렵게 느껴질 수 있지만, 이 특별한 공간을 가득 채울 수 있는 웃음으로 괴로운 기억을 대신하라.

- 나만의 '슬픔 보관함'을 만든다. 쿠키를 넣던 상자든, 신발 상자든 상관없다. 작은 종이에 자기애적 관계로 인한 상실감, 즉 포기한 것, 잃어버린 자신의 일부, 놓친 경험, 희생한 희망 등을 적어 상자에 넣는다. 시체를 넣는 관처럼, 나만의 특이한 관이라고 생각하라. 나만의 상실감을 어딘가에 보관할 수 있다는 것을 아는 것만으로도 의도적으로 상실감을 놓아주고 발전하는 자아를 위한 공간을 확보하는 연습이 될 수 있다.

자기애적 학대에 따른 슬픔의 경험은 우리가 일반적으로 생각하는 슬픔과는 상당히 다르다. 그러나 그렇다고 해서 슬픔이 덜 현실적이거나 덜 고통스럽지는 않다. 슬픔을 치유 과정에서 통과해야 하는 첫 번째 터널이라고 상상해 보라. 우리는 현재 자기애적 성격이 확산하는 세상에 살고 있고, 다시 해로운 관계에 빠지면 슬픔, 수치심, 자기 의심, 자책감이 증폭될 수 있다. 이런 일이 일어나지 않게 하려면 어떻게 해야 할까? 나르시시스트에 대한 저항력을 키울 수 있을까?

7장

나르시시스트에 대한
저항력 키우기

자신이 어떻게 변해 왔는지 알려면 변하지 않은 곳으로
돌아가는 것보다 더 좋은 방법은 없다.

— 넬슨 만델라Nelson Mandela (남아프리카공화국 최초의 흑인 대통령)

린Lin은 외동딸로 나르시시스트 엄마를 견디며 살았다. 수년간
의 트라우마 치료를 통해 그녀는 엄마에 대한 경계를 지혜롭게
설정할 수 있었고, 엄마가 그 선을 넘는 경우도 많았지만, 그녀
가 느끼는 죄책감은 줄어들었다. 린은 나르시시스트와 재혼했지
만, 결국 이혼했고 많은 돈을 들여 고통스러운 양육권 소송을 이
어갔다. 그녀는 계속해서 치료받고, 자기애적 학대 생존자 지지
모임에 가입하고, 도움이 될 만한 책을 읽고, 영상을 시청했다.
또한 나르시시스트 상사가 있는 직장을 그만두었다. 그런 다음

자기 능력과 공헌을 인정하며 공감 능력이 뛰어난 좋은 사람들이 있는 새 직장을 구했다. 이제 더 나은 직장에 다니고 막내가 대학에 진학했기 때문에 그녀는 연애하거나 새로운 관계를 맺는 것에 대해 좋기도 하지만 싫기도 한 '양가감정'을 느꼈다.

하지만 린은 매우 외로웠고 친구들은 새로운 사람을 만나라고 적극적으로 권하며 이렇게 말했다. "뭐 그리 망설여? 우리 나이에 한 살이라도 어릴 때 연애해야지. 안 그러면 평생 혼자 늙어야 하잖아." 그러나 온라인 데이트 경험은 나르시시즘의 늪을 헤매는 것과 같았다. 그러던 중 그녀는 전문 학회에서 한 남자를 만나게 되었다. 그는 매력적이었고 관심사가 비슷했으며 자신과 20분 거리에 살고 있다는 사실을 알게 되었다. 세 번째 데이트에서 그녀는 그의 직업적 고충과 세상에 대한 불만을 한 번 더 듣게 되었다. 그리고 온갖 양가감정에 머리가 아플 지경이었다. 나는 외로운 상태야. 온라인 데이트는 허무한 것 같아. 이 사람 좀 매력적인데. 재미있는 사람을 만나서 신나네. 근데 왜 자기 혼자만 말하는 거지? 내 말은 안 듣잖아. 왜 이렇게 불만이 많은 거지? 그래도 공통 관심사가 많네. 린은 이 사람을 만나기 직전까지 삶의 질서가 잡힌 상태였지만, 다시 한번 혼란스러운 관계에 놓인 것 같았다. 나르시시스트 엄마에게서, 나르시시스트 남편과의 결혼 생활에서 벗어나기 위해 열심히 노력했는데, 이제 어떻게 해야 할까? 자기애적 학대에서 치유한다는 것은 결국 남은 인생을 혼자 보내라는 뜻인가? 린은 어떻게 해야 할까?

치유는 저항, 도전, 반항의 행위다. 오랜 자책의 순환에서 벗어나고 기존의 논리에서 벗어나려는 노력이 필요하다. 세대에 걸쳐 나를 괴롭힌 트라우마와 해로운 관계를 끊어내는 것을 의미하기도 한다. 치유는 단순히 실연, 힘겨운 이혼, 부모와의 소원함, 나르시시스트 상사를 극복하는 정도로 도달하는 것이 아니다. 치유는 심리, 가치관, 인식의 전환에 관한 것이다.

치유는 나르시시스트가 내 삶을 망가트리기 전에 분별력을 갖고 가스라이팅을 가려내는 능력을 부여한다. 이미 내 삶을 지배하고 있는 나르시시스트뿐 아니라 혹시 마주할 다른 나르시시스트의 가스라이팅을 거부할 수 있는 권한을 내게 부여하는 것이다. 또한 내 주변인들—나르시시스트들, 그들의 조력자, 심지어 의도치 않게 내 시간을 더 많이 빼앗아가는 건전한 친구들—에 대해 더욱 건전한 경계를 그을 수 있다는 의미다. 치유된다는 것은 나르시시즘과 적대적인 패턴을 명확하게 볼 수 있고, '이번은 예외겠지'라고 생각하지 않는 것을 의미한다. 치유는 우아하게 대화를 끝내고 관계를 끊는 법을 알려준다. 근본적 수용도 반사적으로 진행된다. 트라우마 본딩을 끊어낼 수 있다. 내 주관, 생각, 감정, 경험을 신뢰하게 된다. 나르시시스트와 더 많이 소통할수록 결국 나 자신에게서 더 멀어진다는 것을 인식하게 될 것이다. 치유란 고통에서 교훈을 추출하여 배운 것을 남은 인생에 적용하려는 시도다.

한편, 회복과 치유에 다가갈수록 두려움이 엄습할 수 있다.

이런 일이 또 일어나면 어쩌지? 그렇다. 사실 이런 일은 또 일어날 수 있다. 자기애적 성격 유형이 어디에나 존재하고, 사회가 이러한 성향에 대해 보상하기 때문이다. 따라서 미래 애인이나 동반자, 친구, 동료, 지인 또는 주차장에서 괴롭히는 사람 등 계속해서 자기애적 성격 유형과 마주치게 될 수밖에 없다. 치유 과정에서 이러한 패턴에 다시 부딪히면 자기애적 학대의 후유증이 다시 불거질 수 있다. 따라서 치유의 핵심은 해로운 사람과 패턴이 떠오를 때 이를 인식하되 바꾸려고 노력하는 대신, 내 마음을 관리하는 데 도움이 되는 심리적 근육을 단련하고 유연하게 만드는 것이다. 즉, 내 본능에 귀를 기울이고 보호 경계를 설정한다.

이 장에서는 나르시시스트에 대한 저항력을 키우는 데 초점을 맞춘다. 이성적 사고보다 교감신경계가 자기애적인 사람을 감지하는 데 더 뛰어난 이유도 설명한다. 나르시시스트와 접촉하지 않는 것과 방화벽을 치는 것의 차이점을 설명하여 각자의 상황에 가장 적합한 방법을 선택할 수 있도록 도와줄 것이다. 마지막으로 나르시시즘에서 자신을 정화하기 위한 12개월간의 계획을 제시한다. 이 기간은 자신의 존재를 즐기고, 독립심을 키우며, 처음으로 자신을 더 잘 알기 위한(처음으로 잘 알 수도 있는) 시간이 될 것이다.

나르시시스트에 대한 저항력은
어떻게 나타날까?

나르시시스트에 대한 저항력은 무엇일까? 관계 안에서 상황 판단에 대한 인지력과 자각력, 스스로에 대한 관대함, 용기, 분별력, 부당함에 대한 반항과 현실적인 태도를 의미한다. 저항력은 긴 터널과도 같다. 터널의 입구는 새로운 사람을 처음 만날 때, 중간은 그 관계나 상황에 있을 때, 반대편 출구는 관계의 끝 또는 관계에서 멀어지는 상태를 나타낸다. 나르시시스트에 대한 저항력은 터널의 어느 단계에 있는지에 따라 다르게 나타난다. 초기 단계—경계 설정하기, 상대와 친해지기, 불편한 것에 대한 분별력 발휘하기—에는 나를 불편하게 만드는 행동을 알아차리는 데 집중할 수 있다. '저 사람에게 한 번만 더 기회를 줘야 한다'라는 관념에 얽매이지 말고 자신의 본능을 믿어야 한다는 뜻이다. 물론 생각보다 어려운 일이다. 내가 경계를 설정할 자격이 있는지에 대한 의구심(내가 이런 한계를 설정할 자격이 있을까?), 기본적인 존중을 요구하는 것에 대한 죄책감(내가 존중받고 싶다는 이유로 너무 많은 것을 요구하는 건 아닐까?), 용납할 수 없는 행동이 무엇인지 알고 있음에도 내가 감히 이 권한을 인정하고 물러날 자격이 있는지 모르겠다고 생각하게 된다.

한편, 관계를 끝내거나 상대를 떠날 확실한 계획이 없는 경우, 즉 터널의 중간이 가장 저항하기 어려운 곳일 수 있다. 이 시기에는 근본적 수용력을 키우고, 상대가 던진 미끼를 물지 않으며, 퓨처 페이킹에 넘어가지 않고, 가스라이팅을 당했을 때 이를 인식하는 것이 중요하다. 나에게 미치는 영향을 제한하려면 그 사람의 나쁜 행동에 대해 자책하지 않는 것이 중요하다.

마지막으로 터널의 반대편으로 나왔을 때, 혼란과 비하에서 해방되는 것은 여전히 복잡하게 느껴질 것이다. 이 단계에서 나르시시스트에 대한 저항력이란 해로운 패턴과 행동을 명확하게 파악하고, 쾌의적 회상의 왜곡에 빠져 있다는 사실을 인지하는 것이다. 또한 조력자를 멀리하고, 현재의 힘든 심경에 대해 반드시 기록해 두어 훗날 혹시라도 현실을 착각하지 않고 자신을 속이지 않도록 증거 자료를 남겨야 한다.

가스라이팅에 대한 저항력 키우기

셀린Celine의 약혼자는 교만하고 거만하며 교활했지만, 두 사람은 함께 여행을 다니고, 가족들이 서로를 잘 알고, 같은 종교를 믿는 등 오랜 관계를 유지해 왔다. 그녀는 다른 사람과 함께한다는 사실을 상상할 수 없었다. 하지만 두 사람의 관계는 항상 험난했다. 약혼자는 일찍부터 바람기를 보였고, 마침내 들통이 나자, 그녀가 충분히 자기를 신경 써주지 않았다는 프레임을 씌웠으며 사과도 하지 않았다. 그는 또한 신앙심이 부족하다고 그녀를 비난했고, 심지어 자신이 다니는 교회 사람들을 동원해 그녀에게 결혼 생활에서 상대를 존중하는 것이 얼마나 중요한지 조언하도록 요청했다. 셀린은 관계가 지속되는 동안 '자기 의심self-doubt(자기 자신을 의심하고 나의 무능함을 확신하는 '아마 안 될 거야', '난 못해'라는 생각-옮긴이)'이 커졌다.

그녀는 상대에게서 만성적인 불인정을 겪었으면서도, 회사에서 임원이 되기 위해 노력했고, 놀랍게도 그 직책을 따낼 수 있었다. 임원으로 승진해서 월급도 몇 배 늘었지만, 학습해야 할 내용도 많았고 시간도 훨씬 더 많이 투자해야 했다. 승부욕이 강한 그녀의 약혼자는 "당신이 정말 그런 일을 감당할 수 있겠어? 회사에서 당신이 얼마나 불안해하는지 알고 있나?"라고 묻기도 했다.

하지만 셀린은 절대 흔들리지 않았다. "감당할 수 있지. 적응하는 데 시간이 좀 걸리겠지만, 내가 일을 좋아하잖아. 당연히 해내지."

그러자 그는 "새로운 일에 적응한다고 이미 정신이 없는데, 결혼식 준비랑 다른 모든 일을 병행할 수 있을지 모르겠네. 이미 엉망으로 하고 있으니"라고 말했다.

셀린은 굳건히 버텼다. "난 걱정 안 하거든. 엄마가 결혼 준비 도와주겠다고 하셨거든. 승진해서 기분이 너무 좋으니 다른 일도 더 잘할 것 같은 예감이 드는데."

그러자 그는 더 강하게 나왔다. "과연 그럴까? 당신한테는 일이 결혼보다 먼저 같은데. 일이 제일 중요한 것 맞는데 뭘 그래. 내가 생각하는 결혼은 신에게 서로에 대한 확신을 드러내는 거야. 당신이 이 말에 공감하기 전까지 우리 각자의 시간을 갖는 게 어때?" 셀린은 자신에게 물었다. '과연 나에게 확신이 있는가? 나는 일 때문에 관계를 소홀히 하고 있는가? 사랑과 신앙이 일보다 더 중요한가?' 그녀의 어머니와 몇몇 친구들, 심지어 종교 공동체 사람들까지 그녀에게 "이런, 일에만 파묻혀 사네. 다시 싱글이 되려고 그러니?"라고 물었다.

가스라이팅은 요즘 유행어가 되었지만, 그 뜻을 정확히 아는 사람들은 많지 않다. 앞서 살펴본 바와 같이 가스라이팅은 정서적 학대의 한 형태로, 가스라이터가 상대의 경험, 인지, 감정, 궁극적으로는 현실을 부정함으로써 상대의 자아를 해체하는 행위다. 가스라이팅은 단순히 상대에게 거짓말을 하는 행위도 아니고, 단순한 의견 차이도 아니다. 상대를 혼란스럽게 하고 자율성과 자아에 대한 감각을 약화하기 위한 기법이다. 가스라이팅은 내가 목격한 모든 자기애적 관계에서 나타나는 과정이자, 대인 관계에서 가장 해로운 관계의 틀에 해당한다. 따라서 나르시시스트에 대한 저항력을 키우려면 가스라이팅에 대한 저항력도 키워야 한다.

가스라이팅에 효과적으로 대응하려면 나의 인식과 경험을 신뢰하고, 나에 대한 믿음이 있어야 한다. 관계 안에서 나의 경험과 인식을 희생해서는 안 된다. 동시에 상대가 나와 다른 경험을 하고 있다는 사실을 인정해 주어야 한다. 새로운 관계에서 초반에 가스라이팅에 저항하면 가스라이터는 좌절감을 느끼고 더 쉽게 지배할 수 있는 대상으로 옮겨갈 수 있다. 현재 나르시시스트와 관계를 맺고 있는 경우, 내가 상대의 요구를 저항하면 가스라이팅과 분노가 증폭될 수 있다. 하지만 가스라이팅이 어떤 것인지 아는 것만으로도 가스라이팅이 언제 일어나는지 파악하고, 자책과 자기 의심에 빠지지 않고 나의 주관적인 관점과 내가 인식하는 현실을 파악하는 데 도움이 될 수 있다.

나르시시스트와 연애를 해봤거나 현재 하고 있다면, 내가 배가 고픈지, 내 기분이나 상태가 어떤지에 대해 그 사람이 단정하는 경험을 했을 것이다. 심지어는 "당신이 추울 리가 없어. 이 방이 얼마나 따뜻한데"라는 말도 들어봤을 것이다. 이런 상황을 오래 견디다 보면 내 기분이 어떤지, 내가 뭘 좋아하는지 잘 모르는 상태가 되고, 심지어 내 판단을 신뢰할 수 없게 된다. 수년 동안 많은 내담자가 내게 이런 말을 해왔다. "더 이상 내가 어떤 TV 프로그램을 좋아하는지, 내가 좋아하는 음식이 무엇인지도 모르겠어요." 매일 내 기분과 상태를 확인하는 것은 내 현실과 경험을 신뢰하기 시작하는 데 도움이 되고, 마음 챙김을 매일 실천하는 데 밑거름이 될 수 있다. 자신에게 큰 소리로 이렇게 질문하라. "기분이 어때? 오늘 하루 어떻게 보내고 있어? 몸 컨디션은 어때?" 하루에 세 번씩 이 연습을 해보자. 가능하면 아침에 일어날 때, 식사를 준비할 때, 출근길에 운전할 때, 업무를 위해 무언가를 할 때 등 일과에 대해 혼잣말로 해본다. 큰 소리로 말하는 연습은 현실과 잘 조응하고, 남의 조종이나 강요에서 벗어나는 데 도움이 된다. 가스라이팅은 나 스스로에 대해 제대로 알지 못할 때만 일어난다.

여러 연구에 따르면 누군가와 건강하고 친밀한 관계를 맺는 것은 행복한 삶을 이끄는 원천 중 하나다. 자기애적 관계는 건강한 관계와 거리가 멀다. 건강한 관계에서는 서로의 일상을 공유하고, 서로를 인정하며, 서로의 현실을 공감한다. 또한 상대가 나를 받아주고, 바라보며, 내 말을 듣고 있다는 믿음이 있다. 친구, 동료, 심리치료사, 안전한 가족, 지지 모임의 사람들과 그런 관계를 만들어 갈 수 있다. 그들은 내 이야기를 들어주고, 나를 위한 마음의 공간을 마련해 주며, 나를 가스라이팅하지 않는다. 나를 존중하고 나를 있는 그대로 받아들이는 사람과 단 한 번의 대화만으로도 상상 이상의 회복력을 얻을 수 있다.

다시 말해, 나를 괴롭히는 사람과 상황에서 거리를 둘 수 있다. 삶에서 내게 해롭거나 나를 인정하지 않는 관계를 모조리 떨쳐낼 수는 없지만, 최대한 내 관여도를 줄일 수는 있다. 예를 들어, 상대에게 내 경험이나 느낌을 말하는데, 그 사람이 "네가 누구 마음대로 그런 감정을 느끼는 거야? 너는 사실을 왜곡해서 받아들이는 것 같아. 호들갑 좀 그만 떨어"라고 반박하는 상황을 상상해 보라. 이런 때야말로 약간의 망설임이 있더라도 가만히 있지 말고 내 주장을 할 좋은 기회다. "네 눈엔 호들갑인데, 내가 느끼는 그대로를 말하는 거야"라는 식으로 내 입장을 전달한다. 그런 다음 천천히 물리적으로 상대와 거리를 두라. 소리를 지르 거나 문을 쾅 닫거나 논쟁에 휘말릴 필요 없다. 그냥 깔끔하게 매너 있게, 내 기분을 말했을 뿐이라고 말하며 천천히 자리에서 일어난다. 상대가 여전히 공격적으로 반박할 가능성이 높지만 (가스라이터는 상대에 대한 세뇌를 멈추지 않는다), 몇 번만 거리를 두면 이 기술을 연마하는 데 도움이 될 것이다. 이런 상황이 발 생하면, 당연히 불쾌하고 기운이 다 빠져나가는 듯할 것이다. 이 럴 때는 혼자 있을 수 있는 장소로 가서 앉아서 숨 고르기를 하 고 재충전한다.

거리를 둔다는 것은 답답하고 내 정신에 해로운 대화를 더 이 상 하지 않겠다는 의미와 동시에, 자기애적 관계에서 약자가 입 에 달고 사는 "미안해. 내가 잘못했어"라고 말하는 습관에서도 서서히 벗어난다는 것이다. 사과를 밥 먹듯이 했던 나 자신의 모 습을 떠올린다. 내가 항상 잔소리해서 미안해. 제대로 전달하지 못해서 미안해. 시간이 지나면 습관적인 사과를 줄여나갈 수 있 겠지만, 일단 내 입에서 사과가 나오려 할 때마다 주의를 기울여 라. 지나친 사과는 대개 가스라이팅에 대한 반응이기도 하지만, 자신을 심리적으로 지배하도록 유도하기도 한다. 사과하지 않고 도 소통할 수 있는 다른 방법을 찾아보라. 사과는 잘못했을 때 하는 것이다. 내가 받은 느낌, 내가 하는 경험, 혹은 상대의 현실 왜곡에 동의하지 않는 것―이 모든 게 잘못이 아니다. 이런 상

황을 가정해 보자. 나의 배우자는 오전 11시에 예약한 병원에
나를 데려다주기로 약속했다. 그런데 예약 날이 다가오자, 그 사
람은 11시가 아니고 정오라고 주장한다. 그러면서 나에게 항상
정신없이 산다고 하며 뭐든 항상 잘못 기억한다고 한다. 내가 진
료실에 전화를 걸어 접수 담당자를 스피커폰으로 연결해서 진
료 약속이 11시라는 말을 듣는다. 그러면 그 사람은 "오, 잘되었
네. 내 오전 일정을 11시에 맞춰서 조정하면 되겠네"라고 하고,
나는 "미안해"라는 말이 튀어나오려 한다. 이제 이런 일에 사과
하지 말자. 대신 "병원에 데려다줘서 고마워"라고 말할 수 있다.
사과하지 않으면, 이 대화에 더 관여할 필요가 없어진다. 또한
상대가 더 이상 나를 차로 태워주지 않는 것도 대비해야 한다.
나르시시스트에 대한 저항력을 키운다는 것은 그 사람에 대한
기대를 낮추고, 불편을 감수하는 것을 의미한다.

다른 사람들이 불필요하게 사과를 남발할 때도 내가 도움이
될 수 있다. 사과가 필요 없는 일에 대해 사과하는 사람을 목격
하면 사과할 필요가 없음을 상기시켜 주라(자기애적 학대를 경험
하는 내 내담자들은 눈물을 흘릴 때마다 내게 사과한다. 이때부터 나는
부당한 사과의 고리를 끊기 시작하려고 한다). 다른 사람이 과도한
사과를 하는 모습을 인식한다는 것은 나의 과잉 사과 패턴도 잘
파악하게 된다는 의미다.

가스라이팅 일기를 작성하는 것도 도움이 될 수 있다. 크고
작은 가스라이팅 사례를 기록하면 가스라이팅이 얼마나 자주,

누구에 의해 일어나는지 파악할 수 있다. 또한 가스라이팅을 당할 때, 이전만큼 당황하지 않게 된다. 가스라이팅 일기의 예시다. 그 사람은 내 여동생 결혼 날짜를 잘못 알고 있었다. 그러면서 내가 항상 어떤 날짜든 잘못 알려준다고 했다. 내가 회사에 다른 직원들은 야근이 별로 없는데 왜 당신은 이렇게 야근이 많냐고 물으니 나보고 편집증 환자라고 하며, 사실이 아니라고 했다. 자기 여권을 본인 가방에 넣어 놓고는 내가 내 가방에 넣었다며 소리를 질렀다. 자기 회사의 경영진이 부정확한 보고서를 작성했다는 사실을 알면서도, 잘 쓴 보고서라고 말했다. 또한 자기애적 관계에서 가스라이팅을 유발할 가능성이 높은 대화나 주제를 적어둬도 좋다.

나를 혼내는 내면의 나

마음속에서 사사건건 엄격하고 모진 '내면의 비평가' 소리가 들릴 때가 있다. '넌 게을러. 아무도 널 좋아하지 않아. 넌 가치가 없어. 주제넘게 욕심부리지 마. 그냥 포기해.' 하지만 이를 단순히 생각의 오류로 치부하는 것은 지나친 단순화일 것이다.[1] 내면의 비평가를 실패하거나 상처받지 않도록 보호하려는 내면의 일부라고 생각하라(물론 최대한 긍정적으로 본다면 말이다). 예를 들어, 내면의 비평가가 하는 말을 듣고 새 직장에 지원하지 않는다면 합격하지 못하더라도 상처받지 않을 수 있다.

치유를 위해 노력하는 과정에서는 내면의 비평가가 나를 괴롭히는 존재처럼 느껴질 수 있다. 그러나 지나치게 몸을 사리게 하는 보호자 역할이 잘못된 방향이라는 사실을 이해하면, 내면의 비평가와 나를 같은 정체성(나는 게으른 사람이야)으로 바라보지 않을 것이다. 또한 더 큰 고통을 피하려는 내면의 본능 정도로 받아들이면 된다(아, 이 내면의 비평가가 나에게 동기를 부여하려는 것일 수 있는데, 내가 몸을 사리고 있구나. 내가 실패할 것이 두려운가 보다).

내면의 비평가는 자신을 먼저 비판함으로써 지나치게 자기중심적인 사람들의 상처주는 말에서 자신을 보호하려는 잘못된 보호자 같은 존재다. 이러한 접근 방식은 나를 있는 그대로 보지 못하게 할 뿐만 아니라, 내 잘못이 아닌 일에 대해 부당하게 자신을 비난하게 만들 수도 있다. 내면의 비평가와 대화해 보라. 주변에 아무도 없다면 소리 내서 대화해도 좋다. "이봐, 내면의 비평가야, 네가 나를 보호하려는 건 알겠어. 그런데 고맙지만 난 성인이야. 내가 알아서 할게." 이상하게 들릴지 모르지만, 이 내면의 비평가가 내게 하는 말이 힘든 관계에서 나를 보호하려는 마음의 방식이라고 생각하면, 내게 더 온화하고 친절하게 대할 수 있을 것이다.

교감신경계 이해하기

크리스티나 Christina는 마치 멀미 나는 놀이기구를 타고 있는 것 같은 어지러움을 느꼈다. 아내(크리스티나가 여자이므로, 두 사람은 결혼한 레즈비언 부부로 추정된다-옮긴이)가 집으로 돌아오고 있다는 문자를 받으면, 약간의 긴장감이 올라왔다. 심장이 조금 더 빨리 뛰는 듯했다. 아내가 좋은 하루를 보낸 후 집에 돌아와 다정하고 따뜻하게 인사하면, 크리스티나는 긴장이 풀리면서, 두 사람 사이에서 일어난 과거의 나쁜 상황도 거의 잊을 수 있었다.

하지만 아내가 냉장고 문을 열고 손을 뻗어 좋아하는 와인이 없다는 사실을 깨달았을 때, 아내의 어깨에 힘이 들어가는 것이 멀리서도 느껴졌다. 크리스티나는 목에 덩어리가 걸린 것처럼 답답한 느낌이 들었고, 식은땀도 나기 시작했다. 새 직장으로 옮긴 지 2주 후, 크리스티나는 다소 갑작스럽고 권위적인 새 동료를 만났을 때도 목에 뭐가 걸린 것처럼 답답했고, 심장이 더 빨리 뛰며, 가슴이 답답해지는 것을 느꼈다. 익숙한 느낌이었다. 그 후 몇 주 동안 이 동료는 잔인할 정도로 불친절하고 경쟁심이 강했다. 크리스티나는 자기 몸이 마치 조기 감지 시스템처럼 반응하는 것에 놀라움을 금치 못했다.

자기애적 학대의 후유증은 다른 형태의 관계 트라우마와 마찬가지로 신체에 가장 강력하게 남아 있다. 눈을 감고 나를 가장 힘들게 했던 나르시시스트와의 관계를 상상해 보라. 숨을 쉬며

이 관계를 떠올려 보면서 몸에서 이러한 감정이 어디에서 느껴지는지, 어떤 감정인지 주의 깊게 살펴보라. 이러한 신체적 감각은 내가 전에 경험한 자기애적 관계를 연상시킬 해로운 행동을 하는 사람을 만날 때 경험하곤 한다. 공포와 위협에 직면했을 때의 신체적 반응은 교감신경계의 지배를 받는다.

교감신경계는 두려움의 순간에 나를 안전하게 지키기 위해 동원되는 '4F 방어 기제(투쟁Fight, 회피Flight, 경직Freeze, 비위 맞추기Fawn)'의 신경계다. 그 첫 번째 방어 기제로, 위협을 받았을 때 소리를 지르거나 반격하거나 도망치고 싶은 충동인 '투쟁-회피 반응fight-or-flight response[스트레스 환경에 노출되거나 공격 또는 생존 위협에 대한 반응으로, 스트레스 또는 위협을 주는 물질(또는 대상 또는 환경)의 존재로 인한 생화학 반응 및 신경계 출력(운동)-옮긴이)]'을 잘 알고 있을 것이다. 뇌와 신체가 위협으로 인식한 상황을 경험하면 교감신경계가 작동하여 위협에 대응하며 심장이 두근거리고 입이 마르고 과호흡이나 기타 생리적 증상이 나타날 수 있다. 으르렁거리는 개, 화재, 나를 공격하려는 사람 등 명백하게 현존하는 위험이 감지될 때 유용한 신경계다. 문제는 누군가 소리를 지르거나 침묵을 강요하는 등 실제 생명에 위협이 되지 않는 자극도 두려움, 위협, 공포와 관련이 있기 때문에 교감신경계가 작동한다는 것이다. 나르시시스트가 말다툼 후 자리를 박차고 나가는 것과 같은 대인관계 자극으로는 생명을 위협할 정도는 아니다. 그러나 나르시시스트가 나와 의견 충돌 후 거리를 두면, 나는 사랑을 잃을지도 모른다는 두려움과 다른 사람들의 반응에 대한 걱정으로 깊은 스트레스를 받을 수 있다. 위험한 상황에 대한 빠른 반응으로 신체가 자동으로 반응하는 것이다.

관계 초기에는 그 사람을 이해하지 못해 싸웠을 수도 있지만, 자기애적 관계에서는 일반적으로 싸움에 대한 대응이 정상적으로 나타나지 않는다. 나르시시스트와 말다툼에서 이길 확률보다 으르렁거리는 호랑이의 얼굴을 주먹으로 때릴 확률이 높다. 교감신경계 반응은 무의식적으로 나타난다. 관계를 유지하거나 개선하려는 의도와 무관하게 나온다. 내가 그 사람에게서 위협을 느낀 후, 그 대응으로 싸움을 선택하면 어떨까? 우리의 자기애적 관계는 매우 불안정해 보일 수 있으며, 주변 사람들은 내가 나르시시스트와 만성적인 갈등에 휘말려 있다는 이유로 나를 공범 취급할 것이다.

두 번째 방어 기제는 '회피 Flight'다. 내게 튈 똥을 피하려고 도망치는 것처럼 보인다. 나르시시스트에게서 말 그대로 도망치는 것은 아니더라도, 관계를 끝내거나 연락을 두절('고스팅')함으로써 심리적으로 도망칠 수 있다. 더 일반적으로는 관계를 유지하는 동안, 내 감정이나 진정한 내 모습에서 벗어난 삶, 즉 내가 아닌 삶을 살면서 관계에서 도망칠 수도 있다(내가 느끼는 감정의 폭이 좁고, 내 요구나 바람을 더 이상 표현하지 않는다. 미친 듯이 일하거나, 먹거나, 술을 마시면서 자신을 무감각하게 만드는 등 그 사람과 관계를 맺고 있다는 사실 자체를 생각하지 않으려 한다. 마치 제3자가 관계를 관망하는 듯한 태도를 보인다). 또한 나르시시스트가 내게 잘해 주려 할 때, 동요되지 않는 경우도 회피 반응의 한 형태다. 심하면 내가 세상에 존재한다는 감각에서 멀어질 수 있다. '사는 게 사는 것 같지 않다'라는 느낌이다. 게다가 다른 사람들과의 건강한 관계에서 멀어지고 쉽게 산만해지며 정서적으로 위축될 수 있다. 회피는 본능적으로 위험에서 자신을 보호하려는 방어 기제고, 여러 면에서 나르시시스트뿐만 아니라 자신의 감정에서도 회피하는 것이기도 하다.

세 번째 방어 기제는 '경직 Freeze'이다. 위협적인 무언가가 다가오면 적절한 말을 찾지 못하거나 소리를 지르며 몸을 움직일 수 없는 상태다.[2] 지배적이거나, 과장되거나, 과대망상이 있거나, 거만하거나, 부정적·비판적인 사람 앞에서 완전히 얼음 되고 불편한 경험 말이다. 대화가 끝나면 '이렇게 말할 걸 그랬나, 이렇게 할 걸 그랬나'라고 후회할 수 있다. 경직 반응은 어린 시절 유난히 분노가 많은 자기애적 부모 밑에서 도망치거나 맞서 싸우는 것(실제로는 그렇지 않은 경우가 많지만)이 불가능했을 때 겪을 수 있는 방어 기제다. 수치심과 자책감을 조장하기도 한다. 마치 나에게 부분적 책임이 있거나, 내가 상대를 실망하게 한 것처럼 느끼거나, 대응하지 않은 것에 대해 어리석거나 나약하다고 느낄 수 있기 때문이다. 기억하라. 경직 반응은 내가 선택한 반응이 아니다. 그 사람이 용납할 수 없는 행동을 해서 내가 경직되는 것뿐이다. 나는 스스로 경직되기로 마음먹은 적이 없다.

네 번째 방어 기제는 '비위 맞추기Fawn'다.[3] 비위 맞추기 혹은
복종 반응은 내게 위협적인 사람과 같은 편이 되고 관계를 유지
하기 위해 내 욕구를 포기하는 상태다. 특히 학대받는 어린 시절
을 보낸 사람들에게서 많이 나타나는 방어 기제다. 나르시시스
트의 불인정, 경멸, 무시, 분노에 찬 행동에 직면했을 때, 비위 맞
추는 반응은 눈을 크게 뜨고 고개를 끄덕이거나, 미소를 짓거나
칭찬하는 행동으로 나타난다. 관계가 지속되는 동안 계속해서
상대의 마음을 얻으려고 노력하는 행동으로 나타나기도 한다.
심리적으로 불안한 상태에서 애착을 유지하려는 시도다. 눈치를
보며 비위를 맞추려는 사람들은 관계에서 갈등이 있을 때 자신
이 공범이라는 생각, 혹은 자신이 약자라는 생각 때문에 수치심
을 느끼기도 한다. 실제로는 위협이나 역경에 대한 자연스러운
반응인데 말이다. 나르시시스트에게 아부하거나 기분을 띄워서
자신의 욕구를 충족하거나 일을 처리하려는 행동은 눈치 보며
비위를 맞추는 방어 기제와는 다르다. 나르시시스트가 나를 무
시하고 내게 불편함을 초래하는 무례함에 대한 반사 반응이고,
나의 안전, 애착, 관계 형성에 대한 근본적인 욕구에서 비롯된다.

교감신경계 관리 방법 알아보기

어린 시절 내내 자기애적 학대를 경험했다는 것은 늘 마음이
불안한 상태였다는 의미다. 나를 괴롭히는 나르시시스트의 폭발
적인 분노, 조종, 나를 버린다는 협박 속에서 만성적인 긴장 상

태에서 산다. 이런 긴장은 관계에서 벗어난 후에도 지속될 수 있다. 안타깝게도 생리적으로 긴장하고 각성한 상태가 지속되면, 건강을 해칠 수 있다. 또한 생존 본능을 위해 내가 축적한 행동 패턴이 한동안 나를 방어해 줄 수 있지만 장기적으로는 내게 해로울 수밖에 없다. 살얼음판 위를 걷는 느낌이 지속되고, 내 욕구를 표현하지 못하며, 주의가 산만해지고, 조절 장애를 느끼거나 심지어 공황 증상을 경험하는 등 생활 패턴이 무너진다.

부교감신경계parasympathetic nervous system, PNS를 활용하면 된다. 교감신경계가 위협에 대한 반응을 조절하는 한편, 부교감신경계는 이완, 휴식, 소화 상태를 감독한다. 나를 괴롭히는 나르시시스트가 주변에 없을 때도 내 마음을 경직된 상태로 만드는 교감신경의 영향을 상쇄하려면 우리 몸이 필요한 회복과 활력을 얻을 수 있도록 하는 것이 필수적이다. 심호흡, 자연 속에서 시간 보내기, 운동, 명상을 비롯해 긴장을 완화하고 이완시키는 모든 스트레스 관리 방법부터 시작해 보라. 나는 내담자들에게 주로 충분한 수면을 취할 것을 강조한다. 자기애적 학대의 후유증을 겪고 있는 사람들에게는 건강한 수면 생활을 실천하기가 힘든 편이다. 하지만 양치질, 씻기, 심호흡, 내 기분을 좋게 하는 책 읽기, 전자기기 끄기 등 의도적인 취침 루틴은 나를 위로하는 리페어런팅re-parenting(부모가 아이를 대하듯 어르고 달래는 재양육으로도 번역됨-옮긴이)으로 좋은 수단이다. 누구에게나 '자기 위로'는 삶에서 필수 불가결한 부분이다. 안정적인 취침 루틴은 자신을 내려놓고 다음 날을 맞이할 수 있는 충분한 휴식을 선사하는 일상의 습관이 될 수 있다. 치유란 내 몸과 마음이 조화를 이루는 것, 내 몸이 그동안 나를 지키기 위해 노력해 왔다는 것을 이해하는 것, 그리고 의도적으로 삶에 휴식을 가져오는 느린 진화 과정이다.

내담자들은 나르시시스트가 현관문을 열고 들어오는 소리가 들리면 즉각적으로 몸이 반응한다고 했다. 교감신경계가 내 몸에서 어떤 신호를 내는지 집중하라. 위험에서 벗어나게 하도록 설계된 신경계이기 때문에 자세한 신호를 파악하기란 쉽지 않다. 그러나 교감신경계가 활성화되는 것을 느끼면, 일단 하던 일을 멈추고 무엇이 나를 위협하는지 자신에게 물어보라. 이때 자신을 가스라이팅하거나 내 몸에 문제가 있는지 의심할 수도 있다(내가 왜 이렇게 신경이 곤두서 있지?). 하지만 실제로는 몸이 반응하고 상황의 진실을 느끼고 있는 것이다. 특히 새로운 사람을 만날 때는 자신에게 "지금 상황이 어떻게 되어가는 거니?"라고 물어보라. 새로운 관계를 마주할 때, 서두르지 않고 상대를 알아가야 할 것 같은 본능, 새로운 사람 앞에서 다소 몸이 경직되는 기분이 느껴질 수 있다. 그러한 본능과 감정에 집중해 보라. 자기애적 관계에서 상대에게 비판이나 거절을 여러 차례 겪은 상황에서 충분히 나타날 수 있는 반응이다. 이성적으로는 직장에서 나를 힘들게 하는 사람들의 자기애적 태도가 나르시시스트 부모나 배우자가 나를 잔인하게 무시하고 불인정했을 때의 태도와 다르다고 판단하겠지만, 내 몸은 그 차이를 모른다. 즉, 내 교감신경계는 두 경우가 같다고 반응한다. 따라서 내가 느끼는 위협의 실제 성격과 범위를 이해하면, 자기애적 상황에 대처하는 데 분별력이 생긴다.

교감신경계는 나의 자아와 몸으로 소통하는 신경계다. 따라서 나는 내 몸의 상태에 늘 깨어 있고 몸의 신호를 정확히 파악해야 한다. 맥박이 빨라지기 시작하면 손목이나 가슴에 손을 얹거나 손가락 몇 개를 목에 대고 맥박을 세어보라. 맥박에 집중하는 것만으로도 심박수가 낮아질 수 있다. 한 걸음 더 나아가 나 자신을 안아주는 것도 좋다. 내가 나한테 스킨십을 함으로써 몸이 편안해지고 마음도 진정된다. 두려움에 대한 반응으로 얕은 호흡을 시작하면, 오히려 공포감이 커질 수 있다. 차분한 순간에는 심호흡을 연습하라. 5, 6, 7, 8 중 숫자를 하나 선택한다. 그 숫자를 세면서 숨을 들이마시고, 그 숫자를 기다렸다가 천천히 숨을 내쉰다. 신호등의 빨간불이 켜졌을 때, 정시가 지날 때, 또는 회의를 시작하기 전에 해봐도 좋다. 천천히 심호흡함으로써 심신을 안정시킨다. 숨을 쉴 때 가슴이나 배에 손을 얹고 숨을 내쉬면서 허밍을 해도 좋다. 이렇게 진동을 느끼면서 호흡과 몸이 연결되는 느낌이 든다. 어느새 심신이 안정되어 있을 것이다.

의도적으로 바닥을 디딜 때마다 발을 밑에 두고 몸이 땅과 연결되는 느낌을 느끼거나 산들바람이나 물이 흐르는 느낌 등 다양한 감각을 시각화하여 심신을 안정시킬 수도 있다.

나누기 어려운 대화 그리고 그런 대화를 해야 하는 부담감만으로도 교감신경계 반응이 연쇄적으로 일어날 수 있다. 이때 친구 혹은 심리치료사와 함께 이러한 대화를 역할극으로 해봐도 좋다. 단, 나를 힘들게 하는 나르시시스트 역할을 그들이 충분히 연기할 수 있도록 해서 내가 몰입하여 역할극을 하고, 실제 상황에 도움이 되도록 하라. 역할극을 할 때는 가능하다면 대화에 도움이 되는 메모를 활용하라. 마음이 얼어붙더라도 최소한 생각을 정리할 수 있다. 나는 상담을 처음 시작했을 때는 상황극이나 역할극의 효과를 믿지 않았다. 그러다가 언젠가부터 내담자들에게 이 방법을 사용하고 있다. 역할극 상황으로는 이혼에 관한 대화, 나를 무시하는 친구와의 대화, 명절 저녁 식사 등으로 준비한다. 대부분 상황극 덕분에(그리고 내가 연기를 잘해서!) 실제 사건이 벌어지는 동안 충격과 놀라움을 덜 느꼈다고 했다. 실제로 한 여성은 "선생님, 남편이 선생님이 말씀하신 대로 똑같이 말했어요. 웃음이 터질 거 같아 억지로 참아야 했어요. 남편의 행동에 놀라지 않았기 때문에 감정적으로 덜 예민한 상태에서 대화를 나눌 수 있었어요"라고 말했다.

기억하라. 우리의 교감신경계 반응은 우리가 어떠한 삶을 살아왔는지를 반영한다. 그룹에서 갈등이 발생하거나 회의에서 누군가가 희생양이 되는 것을 목격하거나 공공장소에서 누군가에게 고함을 지르는 등 나쁜 행동을 목격했을 때 심장이 뛰는 것을 느낄 수 있을 것이다. 자신이 처한 상황을 떠올리며 자신에게 질문해 보라. 내가 만약 상황을 말리기 위해 목소리를 내면 어떤 일이 일어날까? 저 사람은 위험한 사람인가? 전에도 저 사람들은 상대를 인정하지 않고 무시했을까? 이때 잠시 숨을 고르고, 교감신경계와 내 생각이 연결되고, 꼬리에 꼬리를 무는 생각들이 내가 느낀 순간적인 위협감과도 맞닿게 하라.

자기애적 학대로 고통받는 사람을 어떻게 도울 수 있을까?

주변에 자기애적 학대를 경험했거나 현재 회복 중인 사람들이 있다면, 어떠한 도움을 줄 수 있을지 궁금해질 것이다. 이들 곁에 있어주는 것만으로도 내가 겪는 자기애적 학대의 고통이 완화되기도 한다. 단, 몇 가지 유의해야 할 사항이 있다.

　자기애적 학대로 고통받는 친구에게 "너를 힘들게 하는 그 사람 말이야. 아무래도 나르시시스트인 것 같아"라고 말하는 것은 도움이 되지 않는다. 그 친구가 나르시시즘이 무엇인지 이해하지 못한다면, '아, 그럼 내가 더 이해해 줘야 하는구나'라고 오해하고는 관계를 더욱 합리화할 수 있기 때문이다. 대신, 친구에게 힘들 때 나에게 기대라고 하면서, 심리치료를 권할 수 있다(만약 내가 심리치료로 효과를 봤다면, 어떻게 도움이 되었는지 설명해 줄 수 있다). 친구가 나르시시스트 상대와 긴장감 도는 대화를 하는 장면을 목격했다면, 나중에 친구에게 괜찮은지 물어볼 수 있다("너 괜찮은 거지? 혹시나 해서 물어보는 거야. 두 사람 대화하는 게 들려서 무슨 문제가 있나 해서"). 단, 이러한 대화를 할 때, 친구에게 가학적인 상대의 행동이 얼마나 해로운지에 대한 언급은 하지 않도록 한다. 친구가 현실을 조금 더 객관적이고 명확하게 인식하도록 약간의 경각심을 주는 정도면 좋다. 내가 친구를 진정으로 아낀다면, 자기애적 상황에 대한 내 관점을 강요해서는 안 되고, 오히려 친구의 경험을 인정해 주는 존재가 되어야 한다. 컬트 전문가 얀아 라리치Janja Lalich 박사는 가족이 사이비 종교와 같은 컬트 단체에 빠졌을 때 활용할 수 있는 처세술을 가르친다. 자기애적 관계에서 힘들어하는 사람들에게도 도움이 될 수 있다고 생각한다. 라리치 박사는 더 행복했던 시절의 기억을 함께 떠올리라고 제안한다. "같이 낚시 여행 갔던 것 기억나? 너무 좋은 시간이었지?", "당신이 예전에 그렸던 멋진 그림들 기억나?"라고 말하면서 추억을 상기한다. 더 행복했던 시절을 떠올리게 하거나 잊고 있었던 기쁨과 재능을 상기시키는 것도 상대의 마음을 서서히 여는 데 매우 유용할 수 있다.

마지막으로, 《뉴욕타임스》에 실린 잰시 던Jancee Dunn 기자의 글에서는 나르시시스트 생존자에게 가장 필요한 것이 무엇인지에 대해 간단하지만, 세련된 조언을 했다. "그들을 도와주거나, 경청하거나 포옹해 주라."[4] 때로는 도움을 주지 못하더라도, 경청, 공감, 부드러운 미소는 생각보다 큰 힘이 된다.

더 이상 나르시시스트에게 낚이지 않는 법

지금까지 가스라이팅을 경험하거나 나르시시스트에 대해 교감 신경계 반응을 보일 때 이를 인식하는 방법에 대해 알아봤다. 내면의 비평가가 내면의 불안과 욕망에 대해 내게 신호를 보낸다는 점, 이럴 때는 잠시 멈춰서 자기 성찰을 하고, 격렬한 반응이 지각된 위협에서 비롯된 것임을 깨닫고, 이를 명확하게 살펴보고 재해석하는 방법을 배웠다. 이제 나르시시즘 레이더가 완벽히 작동 중일 것이다. 그렇다면 나르시시스트의 그물에 더 이상 빨려 낚이거나 새로운 나르시시스트가 내 삶에 들어오지 않도록 하려면 어떻게 해야 할까?

무응답과 연락 끊기-아는 척하지 않기

나르시시스트와는 더 많이 접촉할수록 기분이 나빠진다. '무응답'은 말 그대로 상대의 연락이나 문자 메시지에 응답하지 않는 것을 뜻한다. 단지 연락하지 않는 것보다 강한 제스처다. 전화를 받지 않고, 문자 메시지에 답장하지 않고, 대화도 하지 않는다. 내가 상대의 삶에서 사라지는 것이다. 더 극단적으로는 상대의 전화번호, 이메일, 소셜 미디어 계정을 차단하거나 접근 금지 명령과 같은 보호 조치를 취할 수도 있다. 연락 금지 조치는 해로운 관계의 악순환을 끝내기 위한 강력하지만, 효과적인 수단이다.

무응답의 태도를 보이기로 마음먹었다면, 상대가 얼마나 끔찍한 반응을 보일지 모르니 마음의 준비를 단단히 하라. 분노가 가득한 공격적인 말들을 하다가도, 나를 그리워하는 척, 혹은 강력한 정서적인 반응을 일으키는 말들을 남발하며 온갖 후버링 기술을 활용할 것이다. 특히 내가 실수로 전화를 받거나, 분노가 통하지 않는다는 결론에 도달하면, 나를 살살 달래기 시작할 것이다. 그러다가 내가 후버링에 콧방귀도 뀌지 않으면, 다시 분노의 발언을 퍼부을 것이다. 또한 차단하지 않은 경우, 연락은 끊이질 않는다. 수백 통의 문자, 이메일, 전화가 올 수도 있으니, 마음의 준비를 단단히 해야 한다. 나의 약점을 세상에 까발리거나, 변호사를 고용하거나, 다른 사람들에게 나에 대한 끔찍한 소문을 퍼뜨린다고 협박할 수 있다. 시간이 지남에 따라 협박의 강도가 거세질 것이고, 내가 연락할 때까지 위협이 더욱 심해질 수 있다. 심지어 스토킹할 수도 있다. 스토킹이 심해지면(집 앞까지 찾아오거나 메시지 수가 압도적으로 많아지거나 직장에까지 연락을 취하는 등) 변호사나 지역 가정 폭력 신고 기관과 상담하여 법적 구제책을 받을 수 있는지 알아보라(안타깝게도 피해자를 위한 안전장치가 생각보다 적은 경우가 많다). 한편, 연락을 끊는 것 자체가 현실적으로 불가능한 상황에서는 고통이 배가되기도 한다. 예를 들어, 미성년 자녀를 공동 양육하는 경우나 대부분 직장에서는 자녀나 직원이 부모나 상사를 무응답이나 연락을 차단할 수 없는 상황이다. 가족이나 친척 관계에서 일부 보고 싶지 않은 사람

만 차단한 채, 자녀가 사촌이나 조부모는 볼 수 있도록 하는 것
도 쉽지 않다. 연락을 끊는다는 것이 의리를 깨는 것 같고 감당
할 수 없을 정도로 슬프다고 생각하는 사람들도 있다. 이들에게
는 사람과의 인연을 끊는다는 것 자체가 너무나도 불편하거나,
소중한 사람들에게 고통을 줄 수 있다는 생각에 죄책감이 든다.
궁극적으로 무응답과 연락 차단을 고려하거나 고수하기까지 내
마음 안에서 타협해야 할 것들이 너무나도 많다.

연락을 끊어야 할 때

연락을 끊기로 했을 때 주의해야 할 점이 있다. 급발진하듯
단번에 연락을 끊어버릴 경우, 괴로움을 초래할 수 있다. 특히
가족과 연락을 끊을 때 문제가 될 수 있다. 몇 년 동안 당당하게
연락하지 않고 지내다가 누군가 아프거나 죽을 수도 있고, 중대
한 사건이 발생하여 나르시시스트나 가족과 다시 연락해야 하
는 상황이 발생할 수 있기 때문이다. 연락을 끊은 상태라면, 이
러지도 저러지도 못하는 상태가 된다. 아무리 생각해도 연락해
야겠는데 막상 하자니 불편하다. 갑자기 연락하자니 굴복의 제
스처로 보일까 봐 혹은 나를 괴롭힌 나르시시스트가 자신의 승
리라고 생각할 것 같아 겁이 날 것이다. 이때 수년간의 의절이
치유에 도움이 되었다는 점을 명심하되, 신중하고 유연하며 상
황을 고려할 수 있는 여지가 있어야 한다. 연락을 끊기로 마음먹
을 때는 앞으로 어떠한 경우라도(예: 가족이 죽음을 앞두고 있을

때) 만나지 않겠다는 독한 각오가 되어 있어야 한다. 또한 내가 힘들어하는 모습을 보임으로써 나를 아끼는 사람들의 마음고생을 시키지 않고 싶은 간절함이 있어야 한다.

방화벽 쌓기

기술업계에서 일하는 사람과 자기애적 관계에 관해 이야기를 나눈 적이 있었다. 그 사람은 내게 나르시시스트에 대한 방화벽이 필요하다는 기발한 제안을 했다. 방화벽은 컴퓨터에서 사용되는 용어로, 네트워크나 컴퓨터에 악성 코드가 침입하지 못하도록 보호하고 사용자 정보를 보호하기 위해 비밀번호를 요구하는 보안장치를 말한다. 자기애적 관계에서 방화벽은 악성 코드가 침입하지 못하도록 주변에 강력한 경계와 벽을 세우고, 악성 코드가 다시 돌아와 피해를 주지 않도록 취약한 정보를 공유할 때 분별력을 발휘하는 것을 의미한다.

먼저, 데이터가 시스템 안으로 투입되는 경우에 대해 알아보자. 가장 큰 피해가 발생하는 부분이기도 하다. 이와 마찬가지로 나르시시스트가 내게 접근하여, 내 머릿속을 들쑤시고는 자괴감이 들게 한다. 이때 나르시시즘과 자기애적 학대에 대해 어느 정도 알고 있다면 자신을 보호할 수 있다. 자기애적 학대 패턴을 나타내는 사람이 내 삶에 황급히 들어오지 못하도록 경계를 설정하고 천천히 나아갈 수 있다. 또한 현실을 정확히 인식하고 근본적 수용을 실천할 수 있다. 정상 파일처럼 보이는 파일이 막상 다운로드했을 때 악성 파일인 것을 알게 되는 것처럼 나르시시스트는 매력적인 외모로 다른 사람과 크게 성격적으로 다르지 않아 보인다. 사실은 더 매혹적이고 카리스마가 넘친다. 나 자신을 보호하기 위해 방화벽을 구축하려면, 여유를 갖고 침착하게 상대를 파악해야 한다. 즉, 이 사람을 내 마음에 다운로드해야 할지 망설이게 하는 의심 가는 행동이 없는지 확인해야 한다.

그렇다면 보안을 생각할 때 데이터 유출은 어떻게 관리할까? 이 경우에도 방화벽 보호 기능을 한다. 중요한 정보를 유출하고 싶지 않을 때도 방화벽을 설치한다. 내가 어떤 사람인지, 약점은 무엇인지, 솔직하게 터놓고 말하고 싶을 수 있겠지만, 상대가 나르시시스트라면 이 정보를 무기화하거나 수치심을 주거나 조롱할 가능성이 있으므로 나에 관한 정보를 공유해서는 안 된다. 취약점에 관한 정보를 잘못된 사람과 공유하기 직전에 팝업창("내가 가장 두려워하는 내용을 공유하겠습니까?")이 표시되어 관계를 발전시키기 전에 확인할 수 있었으면 좋겠다.

나를 위해 해로운 상황 벗어나기

나르시시스트한테서 치유하는 과정에 있던 누군가는 이런 얘기를 했다. 자기애적인 사람들이나 상황에 놓이기 쉬운 모임이나 행사에 참석하지 않기로 했고, 이는 자신이 치유를 위해 할 수 있는 가장 파격적인 결심이었다고 했다. 그리고 그 효과는 직접적으로 느껴졌다. 진정한 의미에서 자신을 돌보는 일이라고 생각했고, 정신적으로 해로운 상황에서 자신을 보호했을 뿐만 아니라 나르시시스트들의 인정을 받기 위해 해야만 했던 행동을 더 이상 하지 않게 되었다고 했다. 그 결과 더 자유롭고 온전한 자신을 느꼈다고 했다. 누구나 자신이 먹고, 입고, 마시는 것에 대해서는 이것저것 따져가며 선택한다. 하물며 내 삶에 누구를 받아들이는지를 분별력 있게 선택하는 것이야말로 무엇보다도 중요한 결정일 것이다. 분별력이 있다는 것은 정신적으로 해로운 사람들과 어울려야 하는 모임의 초청에 단호히 거절하는 것, 자기애적인 사람들이 거칠게 행동하는 곳에서 일하기를 거부하는 것, 가족 모임이나 사람들과의 대화에서 내가 나르시시스트의 먹잇감이 될 때 자리를 빠져나오는 것, 나르시시스트와 첫 데이트 후에 두 번째 데이트를 거절하는 것, 그리고 예의 바르고 분위기를 깨지 않고 모나리자 미소를 지으며 자리를 빠져나오는 것을 의미한다.

나르시시스트의 조력자를 이해하기

나르시시스트에 대한 저항력을 키우려면 나르시시스트들의 편에 서서 지지하고 힘을 실어주는 사람들, 즉 조력자를 이해해야 한다. 그들은 다음과 같이 나르시시스트에게 한없이 관대한 특징을 보이기도 한다. 내게 그 사람을 용서하시 않는다고 수치심을 주는 가족이나 종교 공동체, 내게 이 관계를 '끊을 수 없다'라거나 그 사람의 해로운 행동을 지적할 수 없게 하는 암묵적인 사회적 분위기, 내 경험을 별것 아니라고 생각하거나 내게 진부하고 의미 없는 말—"너도 완벽하지 않아", "그 사람이 악의를 갖고 그런 건 아니잖아", "나는 그 사람하고 전혀 문제없었는데"—을 하기도 한다. 아니면 가장 전형적인 말—"그 사람도 할 만큼 다했어"—를 날리기도 한다. 이 중에는 '플라잉 몽키flying monkey('날아다니는 원숭이'로 번역된다. 《오즈의 마법사》에 나오는 '날개 달린 원숭이winged monkey'에서 따온 말이다. 소설 속에서 날개 달린 원숭이는 마녀의 공격을 대신 수행하기 위해 보내지는 존재다–옮긴이)'라고도 불리는 조력자가 있다. 나르시시스트의 감시를 받으며 본질적으로는 명령을 수행하는 존재일 수 있다. 주변 사람들이 나를 괴롭히는 나르시시스트의 행동에 대해 변명하거나 인정하기 시작할 때, 그들이 다 틀릴 수 없으므로 나만 틀릴 수 있다고 믿기 때문에 내 본능이 흔들리기 쉽다. 나의 주관적인 경험보다 다수의 의견이 더 의미 있다고 믿을 수 있기 때문이다.

한 나르시시스트가 여동생을 가스라이팅하면서 먹잇감으로 착취하는 사례를 가정해 보겠다. 동생은 언니와의 접촉을 피함으로써 상처를 받지 않기 위해 언니에 대한 경계를 설정하고—즉, 두 사람의 관계에 선을 긋고—일부 가족 행사에는 참석하지 않는다. 이때, 나르시시스트 언니는 가족에게 동생이 오지 않아서 안타깝고, 동생 때문에 자신이 상처받았다고 한다. 또한 가족 단체 채팅방에서는 매우 친절하게 행동하는 반면 동생에게 보내는 1:1 메시지에서는 거칠고 무례하다. 결국 가족은 나르시시스트 언니를 중심으로 모임을 약속하고, 학대당하는 동생이 어떠한 발언이라도 하면, 한심해하며 비난하기 일쑤였다. "언니는 그저 우리 식구처럼 행동하길 바랄 뿐이야"라고 말했다. 이처럼 조력자가 반드시 나르시시스트인 것은 아니지만, 나와 교류하는 사람일 수는 있다. 그러나 자기애적 관계에 대한 저항력을 유지하려면 내가 겪고 있는 자기애적 상황에서 주변 사람들이 불쏘시개 역할을 할 수 있다는 사실을 인식해야 한다. 자기애적 패턴을 분별하고 인식하는 것만큼이나 조력자에 대한 분별력을 키우는 것이 중요하다.

12개월 동안 해독 및 정화하기

나는 자기애적 학대 관계에서 벗어나 싱글로 지내는 모든 이들에게 부디 12개월 동안 그간 겪었던 해로움을 걷어내는 해독 기간을 가지라고 당부한다. 그러면 이렇게 반응할 수 있다. "뭐라고요? 저 너무 오랫동안 외로웠어요. 데이트도 하고, 사랑에 빠지고, 섹스도 하고 싶어요." 충분히 이해한다. 하지만 자기애적 관계가 유지되는 동안 나는 내가 아닌 나로 살았다. 진정한 내가 납치된 기간이었다는 의미다. 따라서 관계에서 벗어나 공식적인 싱글로 지내는 시간이야말로 나에 대해 알아갈 수 있는 시간이다. 수년간 나의 관심사와 선호도가 인정받지 못했고, 살얼음판을 걸었으며, 상대가 원하는 대로 맞춤화된 삶을 살았다. 따라서 이제는 그 방향을 바꾸고 자신에게로 돌아올 시간이 필요하다. 이별이나 실연에 대한 반발로 새로운 사람을 만나거나, 새로운 사람에게 관심과 스킨십을 주고받는 것, 내가 소중한 존재라는 느낌이 들고 싶은 본능은 충분히 공감할 수 있다. 다만, 이 시기에는 내 욕구를 새로운 애인에게 빠르게 종속시키고 트라우마 본딩 패턴에 다시 한번 굴복할 위험이 너무 크다(전환기는 자기애적 관계에 빠질 위험이 큰 시기라는 점을 기억하라).

해독하고 정화하는 기간에는 내 리듬, 선호도, 욕구에 익숙해지고 진정한 자아를 서서히 발견해 갈 수 있다. 다른 사람의 현실에 굴복하지 않아도 되는 낯선 공간에서 혼자 있는 법을 배우게 된다. 트라우마 본딩을 끊어내는 유일한 방법으로 낯선 것에 대한 불편함을 견디는 것이 있다. 이 12개월 동안 내가 혼자 하기 두려워했던 것, 내게 자양분이 될 만한 것, 나를 매료시킬 만한 것들을 할 수 있다. 생일, 공휴일, 기념일을 홀로 보내고, 다른 사람의 이야기로 대체하는 대신 내 이야기를 적극적으로 다시 써 나간다. 내 능력을 스스로 인정하는 소중한 12개월이 될 것이다. 그리고 12개월을 버티지 못하고 미끄러지고 있다고 느껴질 때는 잠시 멈추고 자신을 다잡으면 된다. 이전 자기애적 관계에서 최악의 날을 떠올리면서 그때 얼마나 쉬고 싶었는지 기억해 보라. 자, 그렇게 바라던 현실이 현재 펼쳐지고 있다. 지금의 이 분위기에 기대어 관계 안에서 불안해하지 않아도 되는 온전한 기쁨을 느껴보라. '침대에서 비스킷 먹기' 등의 소소한 행복 찾기를 하거나 '나의 꿈 펼치기 목록'을 만들어 실천하는 것도 도움이 될 수 있다. 내가 포기한 크고 작은 것들을 떠올리며, 내가 놓친 수많은 경험을 되찾을 수 있다.

해독 및 정화 원칙은 가족이나 직장에서의 자기애적 상황에도 적용할 수 있다. 나를 정신적으로 학대한 사람과 관계를 끝내거나 상당한 거리를 둔 다음 해에는 스스로 치유할 수 있는 시간과 공간을 확보하라. 자신의 취향을 키우고 새로운 의식과 일상을 정립하기 시작하는 시기가 될 수 있다. 매주 월요일 오후 2시에 열렸던 갑질 회의 혹은 일요일 저녁마다 나의 자존심을 짓밟은 가족 식사를 떠올리면 치가 떨릴 것이다. 이제는 그 시간에 자신을 위로하거나 보람을 느낄 수 있는 일을 하면서 과거와 현재의 대비를 경험해 보라.

12개월이 지나면 자신의 취향과 기준을 더 강하게 주장할 수 있을 만큼 강인해져 있을 것이다. 이제는 누구를 만나도 내 목소리를 낼 수 있다. 새로운 상대가 내가 소중히 생각하는 것을 무시하거나 인정하지 않거나, 내가 키우는 고양이를 경멸적으로 밀치거나, 내가 좋아하는 예능 프로나 내가 소중히 여기는 일을 헐뜯더라도, 차분하게 한발 물러서서 "그만해" 혹은 "됐거든"이라고 말할 수 있다.

고독의 힘을 키우기

고독 속에서 위안을 찾는 것은 자기애적 학대에서 받은 상처를 치유하고 나르시시스트에 대한 저항력을 키우는 데 큰 도움이 된다. 외향인들은 고독에서 위안을 찾는 것에 반발할 수도 있다. 하지만 어떠한 의미에서 위안을 얻는지 자세히 살펴보겠다. 나르시시스트가 상대에 대해 힘을 행사하는 이유는 상대가 혼자 남겨지는 것을 두려워하기 때문이다. 게다가 이전에 나르시시스트와의 관계에서 트라우마 본딩, 자책, 혼란이 난무했다면, 혼자 남겨진다는 것이 더 어렵게 받아들여진다. 하지만 고독은 중요한 치유의 수단이다. 고독은 고립과는 다르다. 혼자 있되 나만의 정신적 공간을 확보하고 상대에 대한 과도한 돌봄, 일방적인 타협, 나에 대한 책망과 검열을 잠시 멈추는 상태다. 고독은 내 목소리를 찾는 곳이다.

내담자 중에 나르시시스트 남성과 40년 결혼 생활을 끝내고 마침내 혼자만의 시간을 보낼 수 있었던 여성이 있었다. 더 이상 긴장되거나 상처받지 않는 삶을 살 수 있어 홀가분한 상태였다. 잦은 외박으로 실망할 필요도 없었고, 남편을 위해 힘들게 저녁 식사가 쓰레기통으로 들어갔을 때 느껴지는 자괴감을 느낄 필요도 없었다. 대신, 보고 싶었던 TV 프로그램을 실컷 보고 큰 소리로 웃을 수 있게 되었다. 스스로 치유되고 있다는 사실을 느낄 수 있었다. 혼자만의 시간, 즉 고독을 통해 그녀는 예순다섯 살에 마침내 자신이 누구인지, 타인의 요구를 우선시하지 않고 자신이 무엇을 좋아하는지 알게 되었다. 외로움에 대한 부정적인 편견은 "늙은이가 혼자면 얼마나 외로운 줄 알아?"라고 말하던 친구와 가족들 때문에 생겨난 것임을 깨달았다. 만약 혼자가 아

니라면 외롭지 않았을지 생각해 봤다. 그러고는 '혼자=외로움'
이라는 남들의 논리를 믿지 않게 되었다.

　나르시시스트에 대한 저항력을 키우려면, '내 인생에 저 나르
시시스트는 필요치 않아'라는 생각, '저 사람 때문에 잃어버린
나 자신의 일부를 되찾을 거야'라는 생각이 필요하다. 어느 정도
저항력이 생기면, 혼자여도 외롭지 않고 너무나 편해져서 누구
와 시간을 보낼지를 결정할 때 더 분별력을 갖게 된다. 수년간
나의 정체성이 나를 괴롭힌 나르시시스트에 의해 형성되었다면,
관계가 끝나고 돌아갈 '본연의 나' 혹은 '원래의 나'를 찾지 못할
것이라는 생각이 두려울 수 있다. 그러나 내게 고독이 소중하고
의미 있는 대안이 될 때, 내게 상처를 준 해로운 사람들은 내 인
생에서 설 자리를 잃게 된다.

"괜찮아. 충분해. 잘하고 있어"라고 주문 외우기

　"완벽의 좋음의 적이다"라는 말이 있다. 자기애적 관계에서
이보다 더 적합한 말은 없을 것이다. 완벽주의는 자기애적 학대
의 약자가 가진 강박이다. 또한 내가 완벽하게 변하거나 상황이
완벽해지면, 모든 상황이 나아질 것이라는 영원한 희망을 품게
만드는 방어 및 대처 전략이다. 때로는 일을 미루거나 지연하는
'자기 파괴' 행위의 한 형태일 수 있나("완벽하지 않으면 제출할 수
없다"). 완벽을 추구한다는 것은 나르시시즘에 빠진 사람의 비현
실적인 기준과 허황된 기대치를 여전히 따르고 있다는 뜻이기

도 하다. 자신에게 이렇게 말하라. "괜찮아. 충분해. 잘하고 있
어." 빨래는 다 했지만, 다림질하지 않아도 괜찮다. 사무실은 엉
망이지만 공과금은 납부했으니 괜찮다. 컵케이크는 직접 굽지
않고 매장에서 사서 먹어도 괜찮다. 충분히 잘하고 있다는 점을
받아들일 때 치유에 가까이 다가갈 수 있다. 더 이상 불가능한
일, 즉 상대가 원하는 정답은 내 소관이 아니라는 사실을 근본적
으로 받아들이고 깨닫게 되면, 내게 정신적으로 건강하지 못한
기준에서 벗어날 수 있다.

마음 챙김 연습하기

새로운 사람을 만날 때, 호흡을 가다듬고 본연의 나를 보여주
려고 하면, 상대에 대한 분별력이 향상된다. 마음이 조급하지 않
기 때문이다. 내 눈앞에 펼쳐지는 상황을 담담히 편안하게 경험
할 뿐이다. 자신에 더 많이 집중할수록 내 정신에 해로운 상대의
행동 패턴을 더 잘 분별하고 나를 보호할 수 있다.

마음 챙김 훈련은 거창한 것이 아니다. 다음의 내용을 연상하
는 간단한 훈련이다(마지막 단계에서는 먹을 간식을 준비해도 좋다).

- 볼 수 있는 다섯 가지.
- 들을 수 있는 것 네 가지.
- 촉각으로 느낄 수 있는 것 세 가지.
- 냄새를 맡을 수 있는 것 두 가지(원한다면 아로마 오일이나 향

초를 준비한다).

• 맛볼 수 있는 것 한 가지

이 훈련을 할 때는 심호흡을 하라. 하루에 한 번씩 이 훈련을 하면 마음의 속도를 늦출 수 있다. 특히 누군가와의 대화가 힘들 거나 대화에서 빠져나오려 할 때 유용하다. 집중할 대상을 조정할 때 언제든지 이 방법을 활용할 수 있다.

또 다른 마음 챙김 방식은 자신이 있는 공간을 아주 자세하게 묘사하는 것이다. 빛, 소리, 냄새, 사물의 위치, 모양 등 모든 사물에 주의를 기울여 보라. 이 방법은 어려운 사람과의 대화에서 불편함을 느낄 때도 유용할 수 있다(나르시시스트와 함께 차 안에 갇혀 있다면 창밖의 풍경을 마음 챙김으로 관찰하는 것도 도움이 될 수 있다).

자발적으로 기쁨을 누리기

살다 보면 잊고 지내는 게 있다. 바로 기쁨이다. 자기애적 관계에 오랫동안 매몰되어 있었다면, 기쁨이 뭔지 기억조차 나지 않을 수 있다. 자기애적 관계는 기쁨을 앗아간다. 관계에 있는 동안 나의 행복, 안전, 편안함은 고갈된 상태다. 일상에서 아름다움의 순간이 눈에 들어올 여유가 없다. 상내의 위협을 피하는 데 대부분의 심리적 에너지를 소비하게 되니 말이다. 내 기쁨이 나르시시스트 상대의 기분에 좌우된다. 그 사람이 기분이 안 좋으면, 다른 사람들도 기분이 안 좋게 된다. 자발적으로 기쁨을 누리는 것은 나르시시스트 저항력을 키우는 매우 효과적인 방법이다. 여기에서 말하는 기쁨은 인위적인 긍정이나 감사한 일을 억지로 생각하는 수준이 아니다. 내게 기쁨이 스쳐 지나갈 때 자발적으로 그 기쁨을 놓치지 않고 음미하는 것이다.

나르시시스트의 온갖 기분과 욕구를 의식하고 눈치를 보느라 지친 가운데에서 나르시시스트 저항력을 키운다는 것은 내게 다가오는 기쁨의 순간을 포착하는 훈련을 하는 것이다. 붉게 물든 석양, 맛있는 아이스크림, 노래를 부르는 자녀, 창밖의 벌새 등 작은 순간에서 기쁨을 발견하고, 내가 누려야 할 기쁨을 빼앗기지 않으려고 노력한다면, 이 관계 밖에도 생각보다 많은 활력, 아름다움, 희망이 있다는 것을 상기시켜 준다. 나르시시스트에 대한 저항력이란 나만의 행복한 순간을 소중히 여기고, 그러한 경험을 깎아내리거나 짓밟는 나르시시스트 상대와 공유하지 않는다는 의미이기도 하다.

처음에는 자기애적 관계 밖에서 평소에 그 사람이 하지 못하게 했지만 나는 하고 싶었던 것을 했다는 생각에 '기쁨에 대한 죄책감'을 느낄 수 있다. 또는 평생 내가 웃거나 행복해하면 내게 수치심을 안겨주었기 때문에, 그 사람의 눈치를 안 봐도 되는 상황이 되니, 기쁨에 대한 죄책감을 느낄 수 있다. 그런 다음 기쁨에 대한 후회가 몰려오기도 한다. 오랜 세월 동안 안전과 생존을 위해 아등바등하느라 얼마나 많은 것을 놓쳤는지 깨닫게 되면서 서글퍼지는 감정이다. 그런데 이제는 기쁨이 다가올 때, 기쁨 그 자체로 받아들이길 바란다. 경이로움, 기쁨, 미덕이 느껴지는 순간, 그 감정을 오롯이 느끼면 된다. 시간이 지나면 잃어버린 기쁨의 순간들이 다시 풍성하게 다가올 수 있을 것이다. 이처럼 일상의 경험을 기록할 수 있도록 기쁨에 관한 일기를 써보는 것도 좋다. 촉각을 곤두세우고 기쁨을 알아차릴수록 더 많은 기쁨을 누릴 수 있다.

자기애적 학대를 경험하는 이들에게 기쁨을 느끼고 누리는 것 자체가 반항의 행위다. 이들에게는 기쁨이라는 감정이 너무 오랫동안 빼앗겼기에, 기쁨이라는 생소한 감정은 어둠 속에서 잠을 자다가 불빛이 들어오는 것에 비유할 수밖에 없다. 잠시 눈을 가늘게 뜨지만, 시간이 지날수록 그것을 찾아내고 그것을 발견했을 때 즐거워하는 연습이 무엇보다도 필요하다. 마치 오랜 잠에서 깨어난 영혼이 생각의 구렁텅이에서 반추의 무거움만 느끼는 것이 아니라 기쁨의 감정, 좋다는 기분을 느껴야 하지 않겠는가.

나르시시스트 저항력을 키우는 열 가지 방법

내 인생에시 나르시시스트를 차단하는 데 도움이 될 수 있으며, 이미 내 삶에 나르시시스트가 있다면 그 사람 앞에서 정신을 바짝 차리고 휘둘리지 않도록 도와줄 것이다.

1. 내가 믿는 진실과 내가 사는 현실의 주인공은 '나'다. 이 믿음만 간직
   해도 가스라이팅을 차단할 수 있다.
2. 누군가의 카리스마와 매력에 쉽게 빠지지 마라.
3. 지능이나 학력, 외모, 부, 성공과 같은 피상적인 자질에 얽매이지 마라.
4. 그 사람의 타인을 대하는 태도를 주의 깊게 관찰하라(단, 그 태도를 공
   감하며 정당화하지 마라).
5. 스트레스, 좌절 또는 실망의 순간에 어떻게 행동하는지 관찰하라.
6. 심호흡을 한 후, 조바심 없이 여유 있게 상황에 대처하라.
7. 그 사람의 조력자들에게서 벗어나라.
8. 더 이상 여러 번 기회를 주지 마라.
9. 주변에 건전한 사람들과 어울려라. 주변에 건강한 사람들이 충분히 있
   다면 나르시시스트 해독제 중 하나를 가지고 있는 것과 마찬가지다.
10. 남들이 가지 않은 길을 선택하는 것에 대해 편안함을 느끼기 시작
    하라. 나르시시즘에 맞서면 비판적이거나 까다롭거나 다가가기 어
    려운 사람으로 낙인찍힐 수 있다는 점을 받아들여라.

나르시시스트에 대한 저항력은 과거, 현재, 미래에 모두 적용
된다. 트라우마 본딩을 서서히 끊어낼 때부터 저항력을 발휘할
수 있다. 또한 현재 관계에 머물러 있다면, 내게 해로운 행동을
식별하여 영원한 감정의 노예가 되지 않도록 힘을 발휘한다. 저
항력을 키운다는 것은 내가 나를 알고, 내 현실을 직시하고, 내
게 진정성이 느껴지는 경계를 설정하고, 새로운 관계를 천천히
시작하고, 신중하게 관계를 진행할 수 있는 역량이 생긴다는 것

이다. 생각은 무언가를 정당화하려고 하지만 신체 감각은 무언가 잘못되었다는 점을 암시할 때가 있다. 이때는 하던 일을 멈추고 주의를 집중하라. 방화벽을 세워야 할 수도 있다. 오랫동안 나 자신을 깎아내렸기 때문에, 내가 나에게 얼마나 좋은 친구인지, 즉 곁에 누가 없어도 내가 얼마나 의미 있게 시간을 보낼 수 있는지 깨닫지 못할 수 있다.

해로운 관계에서는 벗어나는 게 정답이지만, 이미 맺어져 있고 내가 떠날 생각이 없으면 어떻게 해야 할까? 관계를 유지하면 어떻게 치유할 수 있을까?

8장

머무는 동안
치유하고 성장하기

세상은 변하지 않는다. 다만 우리가 변할 뿐이다.

— 헨리 데이비드 소로 Henry David Thoreau (미국의 시인)

폴린 Pauline 은 근본적 수용의 경지에 오르는 데 먼 길을 걸어왔다. 성인 자녀와 직장 상사가 나르시시스트였다. 복리후생비가 필요한 상황에서 상사의 눈치를 봐야 했다. 한편, 나르시시즘에 빠진 아버지와 자상하지만 건강이 좋지 않은 어머니를 돌보는 일도 그녀의 몫이었다. 그녀는 지쳐 있었다. 아무것도 바꿀 수 없는 상황을 잘 알고 있고, 매일 깊은 슬픔을 마주한다. 하지만 그녀는 새로 얻은 일이 재미있고, 사랑하는 반려견과 단둘이 있을 때 위안을 얻으며, 정원을 가꾸는 일이 좋다.

또한 과거와 현재 자기애적 관계를 겪은 상태에서 다른 사람과 깊게 관계를 맺는 것이 너무나도 고통스럽다고 느낀다. 자신이 남을 부러워한다는 사실이 견디기 힘들다. 그들의 삶, 행복한 가정, 성인 자녀와 화목한 관계, 가족 휴가를 부러워하는 자신이 싫다. 전에는 친구들도 만났지만, 이제는 자신을 보호하려는 차원에서인지 예전처럼 사교 활동을 많이 하지 않는다는 사실을 깨달았다. 그녀는 같은 이유로 오래전 소셜 미디어에서도 손을 뗐다. 그녀는 자신을 에워싸고 있는 자기애적 관계에서 벗어날 수 없다는 것을 알기에, 어쩔 수 없이 받아들여야 하는 현실이라고 생각한다. 주변 사람들이 자신의 상황에 대해 피상적인 조언("너 자신을 생각해서 다 버리고 떠나!", "연락하지 말고 지내")을 할 때 깊은 한숨과 함께 허탈감이 몰려온다. 그 와중에 그녀를 버티게 하는 일상의 행복도 있다. 반려견과의 등산, 아름다운 일몰, 새로 심은 식물이 꽃을 피우는 모습, 영상 몰아보기 등 작은 순간에서 기쁨을 찾는 것이다. 그녀는 자신이 통제할 수 있는 것에서 목적과 의미를 찾는다. 치유, 수용, 슬픔은 일상에서 틈틈이 관리하는 것으로 생각한다.

현실적으로 쉽게 빠져나오지 못하는 관계다. 거의 모든 사람들이 최소한 하나는 떠날 수 없는 관계에 매여 있다고 해도 과언이 아니다. '이 관계는 내게 해로워서 아무래도 뛰쳐나갈래'라고 생각하는 것 자체가 불가능하다. 자녀 때문에, 직장이 필요해서, 또는 부모나 가족과 의절하는 것은 상상할 수 없어서 아무리

해로운 관계라도 남아 있으려 한다. 예를 들어, 가장 친한 친구가 나르시시스트면 나를 힘들게 한다는 이유로 절교하기 힘들수 있다. 내 곁에 친구 하나 정도는 있어야 한다는 생각 때문일 것이다. 관계에 남기로 선택한 이유가 무엇이든, 진정으로 치유하기를 원한다면 관계의 규칙을 바꿔야 한다. 관계가 변할 것이라는 전제나 내 감정을 극복하고 적응하기만 하면 된다는 생각으로는 관계를 유지할 수 없다. 관계를 정상적으로 유지하려면, 자신에게 큰 상처를 주지 않으면서도 치유가 일어날 수 있는 방식으로 이끌어야 한다.

관계에 매여 있는 정도는 상황별로 다양하다. 특히 관여도가 높고 깊은 관계에는 오랫동안 이어온 힘든 결혼 생활이나 연애관계, 오랫동안 함께한 공격성이 강한 사업 동료 혹은 직장 동료 등이 있다. 이러한 관계의 복잡성과 오랜 인연으로 인해 자기애적 학대의 영향은 더욱 심각해지고, 떠나는 결정을 하기가 훨씬더 어려워진다. 한편 관계의 깊이가 상대적으로 얕은 경우에는 관계를 끝내되 계속 연락하고 지낼 수 있다. 자주 만나지 않지만 한 번 만나면 함께 있기 어려운 친구, 긴밀하게 일하진 않지만, 회사에서 마주치는 동료, 1년에 몇 번 볼까 말까 하는 친척과는 굳이 관계를 끊지 않을 것이다. 내게 중요한 더 큰 사회 집단에 속해 있거나, 연락해도 별다른 변화가 없을 정도로 연락이 충분하지 않거나(연락해도 불쾌하기 때문), 갈등할 가치가 없어 일부러 연락을 끊을 필요가 없다고 생각하기 때문일 수 있다.

이 장에서는 나르시시스트와 관계를 끊지 않는 상태에서 어느 정도 교류하고 지내지만, 자기애적 패턴에 불을 지피거나 약자로서의 나를 자책하지 않는 방법을 자세히 알아본다. 생존을 위한 몇 가지 핵심 기술과 비법도 제시한다. 관계를 유지하는 동안 치유하고 성장하려면 무슨 일이 일어나고 있는지 주의 깊게 인식해야 하고, 나르시시스트와의 대화를 준비하고 대화 이후에 적절히 회복하며, 내 가치관에 맞게 행동하고, 항상 현실적인 기대치를 유지하여 크게 실망하거나 슬퍼하지 않도록 주의해야 한다. 연습을 통해 자신과 목표에 충실하고, 갈등을 피하며, 해결책을 마련하는 동시에 상대가 나를 불인정해도 내 날개가 꺾이지 않도록 하는 데 도움이 될 것이다.

해로운 상황에 머물면서 치유하려 할 때 가장 큰 어려움이 무엇이라고 생각하는가? 나를 괴롭히는 나르시시스트는 내가 치유하는 걸 바라지 않는다는 점이다. 나의 치유 자체가 거슬리는 것이 아니라, 자기의 먹잇감으로 충분한 공급원이 되지 못하는 것이 아쉬운 것이다. 치유란 그들과 무관하게 나는 내가 원하는 대로 한다는 의미이고, 이는 나를 지배하고 통제하려는 욕구에 반하는 것이기 때문이다. 자기애적 관계는 열기구에 달린 모래주머니와 같다. 날려고 하면 계속 지상에 붙어 있게 한다. 이 장에서는 그 모래주머니의 밧줄을 끊는 방법을 소개한다. 나르시시스트와 여전히 관계를 유지하고 있는 것처럼 보일 수 있지만, 적어도 내 영혼은 자유롭게 날아갈 수 있다.

관계에 머무르는 것에 대해 자책하지 마라

자기애적 관계를 유지하거나 나르시시스트와 계속 연락하는 것만으로도 내가 잘못된 일을 하고 있다고 느끼기 쉽다. 하지만 이러한 관계는 이미 충분한 수치심을 수반하기 때문에 계속 머무른다고 해서 자신을 한심하게 여기거나 자책하면 치유 과정을 방해할 수 있다.

관계가 나아질 것이라는 희망으로 관계를 유지하거나, 며칠 연속으로 좋은 날이 지속되면, 관계에 상당한 긍정적인 변화가 있을 것이라고 믿었을 수도 있다.

남으려는 이유가 혼자 남겨지거나 혼자 늙어가는 것이 두려워서일 수도 있지만, 나르시시스트가 혼자 살도록 내버려두면 불쌍하거나 죄책감을 유발해서일 수도 있다. 나르시시스트가 취약한 상태에 있을 때 이러한 현상이 두드러진다.

누구나 자연스럽게 익숙한 것에 이끌리게 되어 있다. 설사 해로운 것이라도 그 관계 안에 녹아 있는 일상의 느낌과 친숙함이 있어 편안함을 느끼기도 한다.

자녀, 돈, 집 문제 등 현실적인 요인으로 인해 남을 수도 있다. 문화적 압력이나 의무감과 책임감 때문에, 혹은 이혼이나 가족의 의절이나 해체에 대한 사회적 편견을 견디기 힘들어서 남을 수도 있다.

가정법원, 인사 시스템, 기존의 민사 및 형사 사법 구조 등 제도의 한계로 인해 자기애적 관계를 유지할 수 있고, 이 관계를 저버릴 때 오히려 더 큰 위험에 처하는 일도 있다. 인종, 성별, 성적 취향, 사회 계층 등의 요인으로 인한 소외 계층일수록 이러한 위험은 더욱 커진다.

머무르는 것은 각자의 선택이고, 그 결정 자체를 존중해야 한다. 분명 선택에는 이유가 있을 것이니 말이다. 단, 내가 남기로 선택한 이유를 잘 살펴보고, 어떤 방식으로 머물지에 대해 신중하게 생각하라. 내 배우자가 나르시시스트이지만, 내가 자녀를 위해 남았다면, 자녀가 그 사람으로 인해 영향을 받았을 수 있으니, 자녀를 충분히 공감하고 사랑해 주어야 한다. 자녀는 공감과 사랑에 목말라 있을 것이다. 나르시시스트가 있는 직장에 남기로 했다면, 내가 이 직장에서 얻을 수 있는 이득―인맥, 기술, 복리후생, 퇴직 계획 등―이 무엇인지 파악하라.

이왕 남기로 했으면, 더욱 정신과 감각이 기민해져야 한다. 그러면 수동적인 태도를 버리고 보다 전략적인 태도를 보여 내가 상황에서 얻을 수 있는 것을 극대화할 수 있다. 저녁이나 주말을 이용해 더 많은 정신 건강 훈련을 하거나, 내가 좋아하는 부업을 생각해 낼 수도 있다. 자기애적 상황에 계속 머물고 싶다면, 이미 진행 중인 나를 향한 학대에 냉철하게 대처해야 한다. 학대에 대해 나를 자책하는 일이 없도록 하라.

치유를 가로막는 장벽

관계를 떠난다고 치유가 바로 진행되는 건 아니다. 떠나는 것은 치유의 벽을 쌓아올릴 때 벽돌을 하나 쌓는 것에 불과하다. 그러나 자기애적 관계에 머무르면서 치유를 시도하는 것은 마치 물살을 거슬러 헤엄치는 것처럼 아슬아슬하게 느껴질 수 있다. 나르시시스트와 관계를 유지하거나 연락을 계속하다가, '언젠가 내가 정신적으로 건강해지면, 이런 관계는 옳지 않다고 판단해서 떠나야 하지 않을까?'라는 생각을 할 수도 있다. 또한 내가 회복을 잘하게 됐을 때, 나를 가스라이팅했던 가족이 또다시, "거봐. 너 어린 시절 그렇게 불행하지 않았어. 네가 이렇게 잘 지내고 있잖아"라고 가스라이팅을 할 것 같아 두려울 수도 있다. 그렇다. 내가 회복하고 치유하면 할수록, 나는 더 이상 나르시시즘의 약자로 지낼 수 없다는 사실을 깨닫게 된다. 이러한 마음가짐으로는 아무리 관계에 머물더라도 상대와 단절된 느낌을 강렬히 받을 수 있다. 치유를 가로막는 걸림돌에는 '인지 부조화'가 있다. 다양한 감정에 대한 인지가 일치하지 않는 상태에서 형성되는 불편한 감정 상태에 놓이는 것이다. 인지 부조화로 인한 긴장감을 피하려고 불편한 진실을 스스로 정당화하기도 한다('분노 가득한 결혼 생활을 분노가 많은 배우자와 함께하고 있네'라고 생각하기보다는, '저 사람은 직장 생활이 너무 힘들어서 지금 나에게 화를 내는 거야'라고 단정 짓는 식이다). 관계를 명확하게 파악하는 것보다 정당화하는 것이 지금 내가 처해 있는 역기능적인 자기애적 관계에 맞아떨어지기 때문이다. 그런데 이러한 정당화는 치유에 대한 일종의 무의식적 저항을 일으킬 수 있다.

사실, 관계를 정리하는 것보다 내 마음을 치유하는 것이 더 중요하다. 마음을 치유한다고 해서 무조건 관계를 끊거나, 연락을 두절하거나, 삶의 패턴을 완전히 바꿀 필요는 없다. 치유는 관계에 계속 머물더라도 내 잃었던 힘을 되찾는 것이기 때문이다. 내가 변화하고, 가스라이팅에 더 강해지고, 내 목소리를 찾고, 나르시시스트 상대의 삶에 굴복한 삶을 살지 않게 되면, 그들은 내게 이전처럼 집중하지 않을 것이다. 나에게 기대한 것은 먹잇감이자 자기애적 공급원, 소품 혹은 펀칭백 노릇에 불과했기 때문에, 내가 이런 역할을 못하면, 그들은 짐을 싸거나, 관계를 끊거나, 더 이상 나를 원하지 않을 수 있다. 이에 대비하라. 이 또한 두려운 일이 될 수 있으며, 버림받는다는 두려움 때문에 관계를 유지하도록 나의 치유와 나의 정신적 독립에 제동을 걸고 싶어질 수 있다.

"인정하긴 싫지만, 그 사람을 여전히 사랑하는 것 같아"

자기애적 관계는 건강하지 않은 관계라는 인식이 있다. 그래서 '무조건 빠져나와야 하는 관계'라고 이야기하기도 한다. 그래서인지 '여전히 사랑한다'라는 감정에 대해서는 집중하지 않는 편이다. 그러나 사랑과 애착에는 강력한 힘이 있고, 자기애적 관계에서도 충분히 약자에게 이러한 감정이 크게 자리할 수 있다. 관계가 아무리 위험하고, 상처를 주고, 고통스러웠더라도 여전히 그 사람을 사랑하고, 떠날 준비가 되지 않았다고 느낄 수 있다. "그 사람을 차라리 미워했으면 좋겠어요. 그러면 훨씬 쉬웠을 텐데…"라고 말하는 내담자들이 많았다. 트라우마 본딩을 끊어내고 회복을 하는 듯하지만, 여전히 나르시시스트 상대에 대한 사랑의 감정이 있다는 것을 인식하고 수치심, 상심, 어리석음을 느낄 수 있다. 치유는 자신의 감정을 판단하지 않는 것을 의미한다. 치유 과정에는 실수가 아니라 교훈이 있을 뿐이다. 자책할 필요가 없다. 이는 정상적인 현상이며, 트라우마 본딩 때문만이 아니라 실질적으로 느껴지는 감정일 수 있다. 치유한다는 것은 흑백의 사고에서 벗어나 복잡한 회색을 포용하는 것이다.

나르시시스트를 극악무도한 사람으로 간주하는 것이 치유의 길이라고 생각할 수도 있지만, 그렇게 하려면 스스로 거짓말을 해야 하는데, 이는 효과가 크지 않다. 그들을 사랑해도 괜찮다. 사실, 나르시시스트를 사랑하는 동안의 복잡한 감정과 함께한 오랜 시간을 인식하는 것이 더 진정성을 느끼는 데 도움이 될 수 있다. 여러 가지 진실이 상충된다는 내용을 앞에서 다루었다. 사랑이라는 감정은 그러한 진실의 파편들이 가장 강하게 드러나는 강렬한 감정이다. 그들은 나를 가스라이팅하고, 나를 조종하지만, 우리는 함께한 세월이 길다. 나는 그들을 사랑해. 내가 이러지 않았으면 좋겠어. 이 복잡하고 흔들리는 감정들의 균형을 잡으려면, 상대가 기분이 좋은 날에는 숨을 고르되 방심하거나 우산을 불태우지 않고(다시 나빠질 수 있으니), 자신의 감정에 솔직해져야 한다. 쉽지는 않지만 가능한 일이다. 나뿐만 아니라 그 누구도 누군가를 사랑하지 말라고 말할 수 없다. 연락을 유지하는 데는 각자의 이유가 있다. 좋은 날에는 그 이유가 더욱 강력해질 수 있다. 다만, 그런 날에 속아서 비현실적인 방식으로 관계나 행동을 바라보고 상처와 실망의 사이클을 다시 시작하면 안 된다.

관계를 이어갈 때 미치는 영향과 대처법

자기애적 관계를 떠나든 떠나지 않든 치유는 가능하다. 하지만 나르시시스트와 함께 살거나 성기적으로 교류하는 것은 집안에서 담배를 피우는 사람과 함께 사는 것과 같다. 공기 필터를 설치하고, 창문을 열고, 집안을 깨끗하게 유지하더라도 시간이 지나면, 간접 흡연자 가족의 몸에 조금씩 영향을 미칠 수 있다.

관계를 이어가기로 한 경우, 나르시시스트와 관련된 문제를 완전히 해결할 수 있는 방법은 없다. 항상 차선책이 있지만, 이와 동시에 상대의 분노를 유발하는 발작 버튼이나 긴장감은 항상 맴돌 것이다. 쉽지 않은 순간이 여전히 많을 것이다. 그 사람은 변하지 않는다. 그리고 내 몸과 마음도 그 영향에 결코 적응하지 못한다. 불가능한 것에 괜히 희망을 걸지 마라. 희망을 걸면, 또다시 자책의 패턴으로 돌아가서는 '아, 진짜. 나는 치유도 제대로 못하는 사람인 건가?'라고 생각할 수 있다. 내가 지금 잘하고 있다는 믿음을 놓치지 마라. 이제 나는 새로운 상황을 맞이할 수 있다. 자기애적 관계는 그대로지만, 나는 변화하고 있다.

　자기애적 관계를 유지하려면 현실 자각과 명확한 기대치, 자기 연민이 필요하다. 각각에 대해 자세히 알아보겠다.

대역폭*의 고갈

　나르시시스트를 있는 그대로 바라보고 받아들이는 것까지는 어찌어찌 가능하다고 해보자. 그런데 그 사람의 행동 때문에 발생한 여러 상황은 어떻게 관리해야 할까? 자녀의 상처, 나머지 가족의 분노, 직장 동료들의 좌절과 당황, 뒤틀린 계획 등의 상황에서 나는 어떻게 대처해야 할까? 이 모든 상황이 내 '대역폭'을 고갈시킨다. 내가 인지하고 감당할 수 있는 역치가 줄어드는 것이다. 이 와중에 나르시시스트를 달래기도 하고, 극한 상황에서는 피하기도 해야 한다. 이 얘기는 그 사람한테 말하면 안 돼. 이런 좋은 일이 있었다고 말할 수 없어. 이 실수를 바로잡아야 한다는 말을 난 못 해.

　대역폭은 감정의 고갈에 의해서도 줄어든다.[1] 수년 동안 적어

＊ 대역폭bandwidth: 쓸 수 있는 인지 능력의 범위-옮긴이

도 하나 이상의 대인관계에서 연민, 존중, 공감 또는 균형 없이 살아왔을 것이다. 연민, 존중, 공감, 균형이 고갈된 상황에서는 어떻게든 관계에서 살아남아야 한다는 본능과 단기적인 욕구를 충족하는 데 심혈을 기울인다. 먹을 음식이 고갈되면, 배가 고프다. 그래서 온 관심을 음식에 쏟는다. 나의 꿈과 목표를 실현하는 것 따위는 안중에 없다. 자기애적 관계에 있을 때도 매우 유사한 과정이 일어난다. 건강한 정서적 행동과 상호 존중이 고갈된 상태고, 하루하루를 어떻게든 버텨내려고 노력하는 상황일 것이다. 그렇기에 자기 계발이나 다른 사람들과의 관계에 집중하기 어렵다. 심하면 번아웃과 질병으로 이어질 수도 있다.

따라서 고갈을 극복하고 대역폭을 보충하려면, '현실적인 자기 돌봄realistic self-care'을 적극적으로 실천해야 한다. 이 용어는 내가 수년간의 경험을 통해 만들어 낸 개념이다. 현실적인 자기 돌봄은 스파 관리나 마사지를 받거나 자신에게 긍정적인 자기 확언을 한다는 의미가 아니다. 피로감, 브레인 포그brain fog(뇌에 안개가 낀 것처럼 멍한 느낌이 지속돼 생각과 표현을 분명하게 하지 못하는 상태를 일컫는다. 집중력 감소, 기억력 저하, 피로감, 우울 등의 증상을 동반하며 방치하면 치매 발병 위험이 높아진다-옮긴이), 육체적 피로, 자기 의심, 의사결정의 어려움 등 자신이 정신적으로 고갈된 상태임을 인지하고 잠시 시간을 내어 자신을 돌보는 것을 의미한다. 잠시 이메일 확인을 중단하고, 저녁 식사는 배달시켜 먹고, 산책하고, 일찍 잠자리에 들고, 설거지를 싱크대에 쌓아두고 친구에게 전화하는 것을 의미할 수도 있다. 또한 공감, 이성적 사고, 친절함이 가득한 관계들로 눈을 돌림으로써 그간의 정서적 고갈을 채울 수도 있을 것이다. 누군가가 내 마음에 공감해 주고, 이성적으로 사고하며, 나를 친절하게 대해 준다면 충분히 관계를 이어갈 만큼 대역폭이 커질 수 있다. 충분한 마음의 여유와 편안함이 있으니 가능한 일이다. 이때 이전처럼 마음을 퍼주는 방식이 또 나올 수 있다. 마음에 든다고 적극적으로 밀어붙일 수도 있다. 잠시 숨을 고르고, 마음을 가다듬고, 현재 내 경험에 주의를 기울여 보라.

'같은 사람 맞아?'의 느낌

나르시시스트 상대와 함께 있는 내 모습이 마음에 들지 않을 수도 있고, 함께 있을 때 느껴지는 내 기분이 마음에 들지 않을 수도 있다. 내 마음에 떠오르는 일상적인 생각이 불편할 수도 있다. 행복한 결혼 생활을 하거나, 좋은 부모를 두거나, 분위기 좋은 직장에서 일하는 사람들을 보면서 '아, 이 사람 주변에는 나르시시스트가 없구나' 하면서 부러워할 수 있다. 다른 사람의 감정에 지속적으로 휘둘려서 내 감정은 고갈되거나 내 감정에 무감각해질 수도 있다. '차라리 그 사람이 죽었으면 좋겠어', '사업 계약이 깨져버렸으면 좋겠어'라는 평소와는 다른 비열하거나 보복적인 생각을 할 수도 있다. 이러한 감정은 자신을 좋은 사람이라고 믿어온 내 가치관과는 충돌한다.

첫째, 관계에서 살아남기 위해 내가 어떤 사람인지, 내 정체성은 무엇인지를 원점에서 생각해 봐야 한다. 내 정체성이 나를 괴롭힌 자기애적 관계 때문에 형성된 것은 아닌지 파악해야 한다. 그런 다음, 나를 매몰차게 비판하기에 앞서 여러 진실에 관한 생각으로 돌아가서 내가 어떤 사람이었는지, 진정한 내가 누구인지 생각해 본다. 이전의 나는 친구의 행복을 응원하면서도 부러워하는 사람일 수도 있다. 나를 가장 편하게 하는 사람들과의 관계에서 혹은 심리치료를 받으면서 내 감정들을 탐구해 볼 수도 있다. '~을 하는 게 맞을 것이다'라는 생각은 위험하다(언니가 행복한 결혼 생활을 하는 것에 대해 '기뻐해 줘야' 할 것 같아. 친구가 단란한 가정을 꾸려서 '기뻐해 줘야' 할 것 같아. 누구의 인생을 저주하면 '안 될 것' 같아). 무언가를 '하거나 하지 말아야 한다'라는 생각은 내 솔직한 열망일 수 있다.

인간은 완벽하게 바른 생각만 하는 게 아니기에, 이러한 열망은 충분히 정상적인 감정이다. 내 본능적인 날것 그대로의 열망이 무엇인지 생각해 보라. 그런 다음, 이 열망이 내가 정상적이고 건강한 마음 상태에서 비롯되었고, 자신을 용서하고 싶은 열망에서 비롯되었다는 점을 기억하라.

나를 함부로 대하는 것

관계에 남기로 했다면, 내가 나 자신에게 말하는 방식과 자신을 바라보는 방식을 되돌아보라. 이는 관계 안에서는 나의 가치를 깎아내리는 사람과 함께한다는 의미다. 따라서 나의 가치를 존중하고 치유하려는 내 방향과 관계가 나아가는 방향이 어긋날 수 있다. 심지어 내가 추구하는 방향이 나르시시스트 상대나 주변인들에게 조롱을 받을 수도 있다. 이럴 때 내가 나를 함부로 대하는 모습을 발견하기도 한다. 그 사람이 나를 학대하는 것보다 더 심할 때도 있다. 자신에게 가혹하게 대하면 다른 사람들에게 부당한 대우를 받아도 된다고 생각하게 될 수 있다. 부정적인 자아관은 다른 사람들이 자신을 대하는 방식과 일치하여 나는 '나쁜 사람'이라는 결론에 도달하게 된다.

자, 이제 하나의 훈련을 소개한다. 부정적인 자아관에 찬물을 끼얹는 훈련이다. 나 자신과 다른 방식으로 대화하고, 친절과 보살핌으로 자신을 대하는 법을 배우는 것이 목표다. 우선, 나의 어린 시절 사진을 가져온다. 어린 나에게 '너는 왜 이렇게 어리석냐? 왜 이렇게 예민하고 상처를 받은 거냐?'라고 딱 한 번만 말한다고 상상해 보라. 어린아이에게 이런 말을 하기는 쉽지 않다.

그 아이는 현재의 나와 같은 영혼과 정신을 가진 사람이다. 따라서 지금의 나에게 나쁜 말을 하는 것은 그 아이에게 말하는 것과 같다(그 아이가 수년 전 혼나고 비난받았던 방식일 수도 있다). 어렸을 때의 사진은 자연스럽게 자신에 대한 연민을 불러일으킬 수 있다. 그러니 자기 비하적인 말이 떠오를 때는 그 사진을 보라. 내가 자신에게 말하는 방식이 내 현실이 된다. 내가 나에게 '넌 상처로 얼룩졌구나', '넌 왜 이렇게 멍청하니?'라고 말할 때, 내가 말한 바로 그 정체성을 갖고 살아가게 된다. 내가 나를 혼내고 비난할 때 나에게 눈치를 주라. 그리고 어릴 적 사진을 휴대폰에 보관하고 아무 때나 볼 수 있게 하라. 내 곁의 나르시시스트는 여전히 나를 무시하고 인정하지 않을 것이지만, 이제 나만의 새로운 말투를 터득하여 그 사람의 부정적이고 비난하는 말을 내게 옮기지 않아야 한다.

관계를 어떻게 유지하나?

자기애적 관계를 떠날 수 없거나 완전히 거리를 두고 싶지 않은 경우, 자기애적 학대의 영향에서 나를 보호하면서도 치유하는 방법이 무엇일까? 어떻게 나를 보호하면서 관계를 유지할 것인가? 이 복잡하고 해로운 관계를 헤쳐나가는 데 도움이 될 수 있는 몇 가지 기술과 의식을 통해 관계 안에서도 치유하고 성장하는 방법을 알아보자.

경계 설정하기

경계를 설정하는 것, 즉 상대가 선을 넘어오지 못하도록 원칙을 세우는 것에는 이의를 제기할 사람이 없다. 그런데 실제로는 어떤 의미일까? 경계를 설정한다는 것은 내가 편안한 관계를 파악하고 그에 따라 한계를 설정하는 것이다. 그런데 수년간 자기애적 학대를 견디다 보면, 어느 수준까지가 견딜 만한 것인지 확신하지 못할 수 있다. 건강한 관계에서는 부담 없이 경계를 설정할 수 있다. 상대가 선을 넘을 때, 내가 어떻게든 경각심을 일으킬 수 있고, 상대도 자기 행동을 인정하고 행동을 변화한다. 한편, 자기애적 관계에서 경계 설정은 상대의 위선적인 태도 여부를 파악할 수 있다. 나르시시스트는 내가 자신의 경계를 지켜줄 것을 기대하지만, 내 경계를 존중하지는 않는다. 자기애적 관계에 남기로 한다면, 경계 설정은 무조건 해야 한다. 그렇다고 하루아침에 설정할 수는 없다. 경계는 자기애적 관계에서 부족한 안전감을 가져다주기 위한 것이다. 경계 설정은 새롭고 건강한 행동이지만, 단기적으로는 우리를 불안하게 만들 수 있는 양날의 검이다.

무엇보다도 경계 설정은 내면의 작업이라는 점을 기억하라. 나르시시스트 상대가 내 경계를 지켜줄 것을 기다리는 것이 아니라, 내가 스스로 지킬 수 있는 경계를 설정하는 것이다. 이는 내가 어디까지 허용할 것인지를 아는 것이다. 경계는 빠르게 설정되지 않는다. 나에 대한 중요한 사실을 서서히 공유하지 않고, 상대와 감정, 정서, 열망 또는 부정적인 기분도 점차 나누지 않는 과정이다. 또한 타협할 수 없는 경계를 명확히 세워야 한다. 무조건 상대의 외도를 용납하지 못하는 경우, 신체적 폭력을 용납하지 못하기도 한다. 그 사람이 내가 정한 경계를 넘으면, 나는 더욱 명확한 경계를 세우거나 관계를 정리할 만한 충분한 이유라고 생각할 것이다. 하지만 실제로 심하지 않은 중등도 나르시시즘 관계에서는 경계를 확실히 설정하면 최대한 넘지 않으려 할 것이다. 사고를 크게 치지는 않겠지만(불륜, 구속 등), 수천 번에 걸쳐 나를 인격적으로 모독할 수는 있다. 오히려 이렇게 미묘한 상황에서 경계를 설정하기는 훨씬 더 어려울 수 있다.

마리아나Mariana는 나르시시스트 남자와 결혼했다. 그녀는 남편에 대해 두 가지 규칙─바람피우지 않기, 신체적 학대 금지─을 정해 두고, 이를 위반하면 이혼하겠다고 다짐했다. 그로부터 10년 후, 그녀는 남편의 외도 사실을 알게 되었고, 남편은 집을 나갔다. 얼마 지나지 않아 친정엄마가 돌아가셨고, 그녀는 병에 걸렸다. 그는 집으로 돌아와 다시는 그런 일이 없을 것이라고 약속했다(그러나 약속을 지키지 못했다). 남편의 외도를 알게 되었고, 이번에는 그녀가 영원히 집을 떠났다.

그녀는 혼자 살면서 친구들, 가족과 주로 어울리면서 생활했다. 그런데 이전에는 그러지 않았던 친구들과 가족이 선을 넘기 시작했다. 그녀의 일정을 존중하지 않았고, 갑자기 아이를 돌봐 달라고 부탁하기도 했다. 마리아나는 용기를 내어 사람들의 부탁을 거절해야겠다고 마음먹었다. 우선 한 시간 전에 전화를 걸어 아이들을 데리러 학교로 달려가 달라는 언니의 부탁도 거절했다. 그랬더니 자신이 언니를 수년 동안 수백 번이나 도와주었

음에도 마리아나가 자신을 도와주지 않는다는 언니의 비난을
견뎌야 했다. 또한 마지막 순간에 약속을 변경하거나 취소하는
오랜 친구가 있었는데 그녀와 주말에 약속을 잡았다. 그런데 친
구가 갑자기 자기 남편과 남편의 친구 몇 명을 초대하고 싶다고
말하는 것이었다. 마리아나는 "무슨 소리야? 우리 여자들끼리만
주말에 보는 걸로 약속한 거잖아"라고 말했다. 친구는 "알겠어.
말해줘서 고마워. 여자들끼리 보자고 한 거 맞고, 내가 계획을
바꾼 거 맞네"라고 말했다. 마리아나는 설명을 듣고 나서는 놀랐
던 마음이 풀렸다. 처음에는 친구에게 엄격하게 경계를 정해 놓
고 말하면 친구가 화를 내거나 주말을 취소할까 봐 마음을 졸였
다. 그러나 자기 생각을 밀어붙였고 자신의 시간을 소중히 여기
는 차원에서 선을 그은 것이다. 자신을 보호하는 것은 느린 과정
이었지만, 내 경계가 무너진다고 해서 무조건 상대가 나르시시
스트가 되는 것은 아니라는 사실도 깨달았다. 경계를 설정하는
것이 불편했지만, 그녀는 관계를 잃거나 끝없는 분노에 직면하
지 않고도 경계를 설정할 수 있다는 것을 깨달았다.

　왜 자기애적 학대에서 치유하는 목적으로 경계를 설정하는
법을 배워야 할까? 경계 설정을 통해 내가 무엇을 두려워하는지
명확하게 알 수 있기 때문이다. 자신에게 물어보라. 내가 경계를
설정하려는데 무엇이 나를 망설이게 하는가? 나는 무엇이 두려
운가? 분노, 관계가 끝나는 것, 죄책감, 아니면 그 사람의 무시무
시한 침묵인가? 나는 내담자들에게 자신의 경계가 무엇인지 명

확히 알아야 한다고 강조해 왔다. 그러나 많은 경우에 경계를 설정했다는 이유로 수치심을 느끼거나 분노 폭격을 당할 것 같아 심하게 두려워하기도 했다. 경계를 설정한 것에 대한 죄책감도 들고, 상대의 기분을 상하게 하거나 실망시킬까 봐 두려워하는 내면의 불편함이 두려움의 원인으로 작용하는 때두 있었다. 자신이 무엇을 두려워하는지 이해하면, 무턱대고 경계 설정에 서툴다고 단정하지 않고 내 앞에 어떠한 걸림돌이 놓여 있는지 알 수 있다.

경계를 설정할 때는 나르시시스트 상대의 반응을 염두에 두고 마음의 준비를 해야 한다. 분노 게이지가 높은 나르시시스트를 상대해야 해서, 내가 입을 심리적 타격이 걱정스럽다면, 경계를 설정하는 것이 불가능하다고 느껴질 수 있다. 그러나 너무 걱정하지 마라. 치유를 위해 노력하고 싶고 계속 관계를 유지하고자 한다면, 모든 상황에 해낭하는 건 아니겠지만, 그 사람의 생각에 휘둘리지 않도록 최대한 버티는 것이 좋다. 경계를 설정하는 가장 좋은 방법은 그 사람과의 관계에 깊이 관여하지 않고 거리를 두고, 말다툼이나 농담하지 않으며, 그 사람이 던지는 미끼를 덥석 물지 않는 것이다.

자기애적 상황에서 경계를 설정하는 법을 터득하면, 그렇지 않은 상황에서도 경계를 실정하는 데 통찰이 생긴다. 경계를 설정하는 것은 자기애적 관계의 생존자들에게 평생의 투쟁이지만, 많은 이들이 경계 설정에 대한 두려움을 호소한다. 그 사람이 나를 거부할까 봐 두려워요. 나한테 화낼까 봐 두려워요. 실제로 그들의 두려움이 현실로 나타날 수 있다. 경계를 설정하는 것은 관계의 본질을 드러내는 일이기도 하다. 내가 설정한 경계 안에서 상대를 잃게 되거나, 수동 공격성을 보이거나 화를 내는 상대를 마주하는 과정에서 서로 간의 불편한 진실들이 수면 위로 올라온다. 그래서 기운이 빠지고 지친다. 혹은 치유 과정을 거치면서, 그 사람에 대해 경계를 설정하면 동시에 소중한 인맥도 잃을 것 같아 망설일 수도 있다. 하지만 상대에 대해 알게 되는 불편한 진실에 주목하라. 내가 몰랐던 부분을 알게 되어, 관계에 대한 나의 분별력이 강해질 수 있다. 또한 이전에 경계를 설정하지 않았기 때문에 이 관계가 그나마 건강해 보였을 뿐이라는 점을 알 수 있다.

마지막으로, 상대가 내 경계를 넘었을 때 강하게 대응하고 거부하는 단호함을 길러야 한다. 나르시시스트를 상대로 경계를 설정하는 것은 상호 합의에 따른 것이 아니다. 평범한 대인관계에서는 상대가 이해할 때까지 반복적으로 경계를 설정해야 한다고 주장하는 사람들도 있다. 하지만 자기애적인 관계에서는 그런 방법이 통하지 않는다. 그들이 마침내 경계를 이해하고 지키기를 기다리는 것은 버스 정류장에 잠수함이 나타나기를 기다리는 것과 같다. 나르시시스트가 경계를 지키기를 기대하며 계속 경계를 설정하다가 오히려 나를 경멸하거나 단순히 경계를 무시한다면, 나는 기진맥진할 것이다. 거절하는 법을 터득하고, 경계 설정이 나의 내면에서 일어나는 심리적 여정인 것을 이해하면 경계를 설정하는 방식이 달라질 수 있다. 불가능하다고 느끼는 대신 자신의 삶을 통제할 수 있는 강력한 수단이 될 수 있다. 건강한 인간관계에서도 이를 실천하여 내 욕구를 표현하면서도 상호 존중하는 관계가 성장하고 번성할 수 있다는 사실을 파악하길 바란다.

접촉 줄이기

제시카Jessica는 여동생이 자신에 대한 근거 없는 가십과 소문을 계속 퍼뜨리고 있다는 사실을 알게 되었고, 제시카가 동생에게 그만하라고 거듭 요청했음에도 소용이 없었다. 두 사람의 관계에 대해 다른 접근이 필요했다. 그녀는 가족 모임 외에는 자신이 먼저 동생에게 연락을 취하지 않았다. 대화하더라도 자녀, 날씨, 집 리모델링 등 몇 가지 형식직인 질문만 하고는 그 이상의 대화는 피하고 한 발짝 물러설 수 있게 되었다. 이 경우에 근본적 수용이란 동생의 계속되는 험담이 여전히 거슬리지만, 더 이상 타격을 받지 않는 것을 의미했다. 동생과 접촉을 줄인다는 것은 가족 내에서 다른 중요한 관계를 유지하지만, 동생이 주도하는 교묘한 소용돌이는 피할 수 있다는 것을 의미했다.

그 외의 경우에도 접촉 줄이기를 직용할 수 있다. 1넌에 가족 저녁 식사를 몇 번만 참석할 수도 있고, 자녀들의 축구 경기 때만 전 애인을 만난다는 뜻이다. 대화해야 할 때는 날씨나 동네에 새로 생긴 커피숍과 같은 중립적인 주제를 다룬다. 접촉 줄이기는 감정이 격해지기 전에 연락을 끊는다는 의미이기도 하다. 나를 미끼로 삼거나(나르시시스트가 나를 자극할 만한 감정적인 문제를 건드리는 것) 조력자의 압력이 있을 수 있으므로, 연락을 줄이기가 말처럼 쉽지는 않다("오빠는 그렇게 나쁜 사람 아니야", "너 너무 차갑게 굴지 마. 기분 풀어"). 접촉을 줄인다는 것은 민감한 주제나 압박이 표면화될 때도, 내가 중심을 잡고 감정에 휩싸이지 않는다는 의미이기도 하다. 평화로운 분위기를 위한 처세술이기도 하다. 가족 간에 얼굴을 붉히지 않고, 직장에서는 별 탈 없이 업무 분위기가 유지되며, 자녀는 가정에서 조금 더 편안하게 느끼고, 친구 모임에서도 화기애애하게 서로를 응원하는 분위기를 이어갈 수 있다.

접촉을 줄이긴 하더라도, 접촉 빈도와 강도는 사람마다 다를 수 있다. 어떤 사람에게는 일주일에 한 번, 어떤 사람에게는 일년에 한 번을 의미할 수 있다. 단, 무턱대고 연락을 줄이기만 하지 않는다. 상황에 따라 접촉의 정도가 다를 수 있다. 내게 편안하거나 중요한 환경과 상황(예: 자녀가 높은 성적이나 성과를 냈을 때)에서 나르시시스트, 조력자들과 연락하고 지내도 무방할 수 있다. 소중한 사람을 응원하고 지지하는 자리에서도 가능하다. 쉽게 자리를 뜰 수 있는 짧은 산책도 같이할 수 있다. 아니면 내가 충분히 심적 여유가 있거나ー대역폭 수치가 높은 편이거나ー나의 조력자들이 곁에 있을 때도 접촉할 수 있다. 피상적인 대화를 나누고 경계를 유지할 수 있고, 불편한 기분이 들기 시작하면 대화에서 빠져나올 수 있다. 나르시시스트 전 애인이 참석한 성인 자녀의 결혼식, 여러 나르시시스트 가족이 모인 장례식, 과거에 자신을 조종했던 나르시시스트 동료를 마주해야 하는 전문 회의장에서 나의 내담자들은 접촉 줄이기 방식으로 상황에 지혜롭게 대처할 수 있었다(단, 나르시시스트와 가급적 차 안에 단둘이 있는 것은 피하라. 그러면 그 사람의 말을 계속 듣게 되고, 대화에서 빠져나오기가 쉽지 않다).

회색 돌 Gray Rock 기법과 노란 돌 Yellow Rock 기법

자기애적 학대에 관한 글을 읽은 적이 있다면 '회색 돌'이라는 용어를 접한 적이 있을 것이다. 회색 돌은 돌부처처럼 최소한의 반응, 밋밋한 감정, 단순한 답변으로 감정이 동요되지 않는 상태를 의미한다. 나르시시스트와 접촉하지 않는 것과 거의 비슷하지만, 만남을 끊지는 않는다. 한마디로 말해 '나는 너의 먹잇감이 아니야'라는 저의가 있다. 회색 돌 기법은 실시간 대화, 문자 메시지, 이메일에서 활용할 수 있다. 쓸데없이 긴 얘기가 오가지 않고, 오직 사실과 '예, 아니요'와 같은 단답이 오간다. 상대에게 메시지를 받았다는 일종의 '네 말 이해했다'라는 뜻만 전달한다. 감정적이지 않고, 형식적이고, 간결하며, 꾸밈이 없고, 내 취약점을 드러내지 않는 특별한 형태의 소통이다.

처음에 회색 돌 기법을 발동하면, 나르시시스트 상대는 화를 널 수 있다. 대화 내용이 논쟁이건, 드라마에 관한 얘기건, 내게서 바라는 인정이나 찬사건, 내가 원하는 만큼 반응하지 않기 때문이다. 단, 그 사람이 화를 내는 동안 내가 얼마나 돌부처 기조를 유지할지가 관건이다. 더 강하게 밀어붙이고 더 많은 미끼를 던지며 내게 모욕감을 배가시킬 수 있다. "뭐 하는 거야? 네가 너무 잘나서 나한테 대꾸도 안 하는 거야? 지금 무슨 심리상담이라도 받냐? 심리치료사가 그렇게 하라고 했냐?"와 같은 말을 들을 수 있다. 분노를 쏟아낼 때, 겁에 질려 태세를 전환하고 싶을 수 있다. 그러나 조금만 버티면 된다. 상대도 곧 답답해하며 지루함을 느끼고 나를 괴롭히지 않는 날이 올 수도 있다. 물론 이 과정에서 버림받거나 혼자가 되는 것에 대한 두려움이 생길 수도 있지만, 이는 트라우마 본딩의 심리가 작동할 뿐이니 절대 굴복하지 마라.

그러나 누군가와 공동 육아를 하고 있거나, 공동 작업이 필요한 직장에 다니고 있거나, 가족 중에 일부 구성원과 다른 구성원과 친하지 않은 경우, 회색 돌 기법이 항상 적합한 방법은 아니다. 이러면 '노란 돌' 기법을 사용하면 된다. 회색 돌 기법에 비해 더 많은 감정과 매너를 불어넣어 주는 기법이다. 이 용어는 심리상담 코치이자 운동가 티나 스위딘Tina Swithin이 만들었다.[2] 공동 육아를 하는 경우처럼 부부가 차갑고 단절된 소통 방식을 이어갈 수 없는 경우, 법정에 있거나 중재 절차에 참여하는 경우에도 노란 돌 기법을 사용해야 한다. 아이들은 부모가 서로 어느

정도 예의를 지키는 모습을 봐야 할 권리를 갖고 있어서, 회색

정도 예의를 지키는 모습을 봐야 할 권리를 갖고 있어서, 회색 돌 기법을 써서 무뚝뚝한 성격을 보이면 아이들은 불안에 떨 수 있다. 따라서 노란 돌 기법은 자기애적 소통의 함정을 이해하면서도 편하게 행동할 수 있도록 한다. 노란 돌 기법의 경우, 어느 정도 타인에 대한 정이 있고, 현재에 머물게 하지만(오래된 주제와 상처를 들추지 않음), 여전히 소통은 간결하다. 나는 노란 돌 기법이 거의 모든 상황에서 훨씬 더 나은 타협점이라고 생각한다. 외부인들이 보기에도 관계가 더 정상적으로 느껴지고 나르시시스트의 주장을 꺾을 수 있기 때문이다. 하지만 여전히 경계나 영역을 포기하지 않고, 예의와 정중함을 보이며, 진정성 있는 따뜻함과 감정을 표현하고, 현실적인 기대치—상대에 대한 지나친 기대는 금물—를 유지할 수 있다. 당연히 결과도 좋을 수밖에 없다.

실제 사례에서는 이떤 모습일까? 글로리아의 엄마는 딸 글로리아가 경제적으로 어려움을 겪고 있다는 사실을 알면서도, 가족 저녁 식사 자리에서 언니가 집을 새로 산 것에 대해 축하해 줬는지 물었다. 이때 글로리아는 단호하게 "네"라고 대답했다(회색 돌 기법). 글로리아가 따뜻한 목소리로 "그럼요. 어제 집 사진을 보고 답장을 보냈어요"라고 답했다면 노란 돌 기법을 활용한 것이다.

DEEP은 금물

캘리Callie의 오빠는 그녀를 자기 마음대로 부리고 비하했다. 최근에는 그녀를 궁지에 몰아넣으며 "야, 너 우리 결혼기념일 파티에 왜 안 왔어? 아내한테 너무나 중요한 날인데 파티 다 끝나고 얼굴 비춘 게 말이 돼?" 캘리는 공과금과 생활비가 많이 나와서 병원에서 추가 근무를 해야 했다고 설명했다. "입만 열면 불쌍한 척이네. 맞지?" 그가 대답했다.

캘리는 "보일러가 고장 나고 차도 고장 났어. 그달이 정말 힘든 달이었어"라고 설명하려 했다.

"항상 넌 네 생각만 하지. 파티하는 거 몇 달 전에 알았고, 아내가 너한테 굳이 전화까지 해서 오라고 한 거잖아." 오빠가 대답했다.

"알지. 두 사람에게 진심으로 축하한다고 말하고 싶어. 25주년은 정말 큰 기념일이지. 그럼 내가 어떻게 하면 상황이 나아질까? 내가 할 수 있는 일이 없을까? 저녁 식사라도 내가 한번 살까?" 캘리가 말했다. 오빠는 "됐거든. 넌 그것도 취소할 거잖아"라고 말하고는 황급히 자리를 떴다. 캘리는 울면서 친구에게 "난 정말 나쁜 인간이야. 온다고 해 놓고 늦게 왔어"라고 말했다. 나르시시스트와 대화를 나누면서 그 사람이 내 말을 듣고 있다고 생각해서 내가 말하고 있는데, 대화가 엉뚱한 방향으로 흘러간 적이 얼마나 자주 있었는가? 자기애적 관계에서 살아남는다는 것은 평소의 대화 방식을 버리고, 나르시시스트와의 해로운 소통에 휘둘리지 않는 것이다. DEEP 기법은, 자신을 보호하고, 가스라이팅을 당하거나 먹잇감이 되거나 무시당하는 전형적인 혼란의 함정에 빠지는 것을 피하고 싶을 때, 무엇을 하지 말아야할지 빠르게 기억하는 방법을 제시한다. 답답한 대화에 휘말려자신을 비난하지 않을 수 있는 기법이고, 더 이상 내기 자기애적공급원이 되지 않도록 하며, 내가 감당할 수 있는 대역폭을 평정심 있게 유지할 수 있도록 도와준다. 이러한 DEEP을 하지 않는훈련은 다음과 같다.

- 방어(Defend)
- 설명(Explain)
- 관여(Engage)
- 개인화(Personalize)

방어Defend**하지 마라.** 자기애적 행동을 마주할 때 저지르는 가장 흔한 실수는 자신을 방어하는 것이다. 누군가가 내가 하지 않은 일에 대해 비난하거나 동의하지 않는 말을 할 때, 나를 방어하고 싶은 건 당연하다. 하지만 나르시시즘의 기본 규칙을 기억하라. 상대는 내 말을 듣지 않는다. 따라서 자기애적 공급원을듬뿍 제공하고, 불필요한 논쟁에 휘말려 나 자신을 방어하는 등지나치게 힘을 쏟지 않도록 한다. 나르시시스트가 다른 사람에게 나에 대해 나쁘게 말하는 것을 들었을 때 문제가 될 수 있다.

나르시시스트의 말을 직접 들은 사람과 대화해도 좋다. 그런데 내 말 대신 나르시시스트의 말을 믿는다면, 그 사람도 자기애적 학대의 영향권에 있을 가능성이 있다. 나르시시스트의 행동으로 인해 내 경력에 피해를 볼 때는 변호사를 고용하는 것이 좋다. 보복하지 않기로 하는 것은 나약함의 표시가 아니라 헛된 노력 대신 가치 있는 일을 위해 에너지를 절약하는 것일 뿐이다.

설명Explain **하지 마라.** 나르시시스트는 상대를 조종하는 기술이 뛰어나다. 가스라이팅을 당하는 처지에서는 뭐든 자신이 직접 해명해야 한다는 강박에 시달린다. 상대의 설명을 왜곡할 것이고, 어느새 상대는 자신을 방어하느라 정신이 없다. '내 관점만 들어주면 상황이 나아질 텐데'라고 생각할 수도 있지만, 그렇지 않다. 나는 내담자들에게 나르시시스트에게 모든 것을 설명하지 않는 데 에너지를 쏟지 말고, 글이나 상담 세션에서 원하는 방식으로 설명하도록 유도한다. 근본적 수용을 할 수 있는 사람이라면, 나르시시스트에게 내 생각을 설명하는 것이 마치 비가 오는 이유를 비에게 설명하는 것과 같다는 의미를 알 것이다. 내가 설명하든 말든 비는 신경 쓰지 않고 계속 내리기 때문이다.

관여Engage **하지 마라.** 바로 여기에서 회색 돌, 노란 돌, 방화벽이 작동한다. 가능하면 나르시시스트와 말다툼을 벌이지 마라. 나에 대해 꼬투리를 잡고 늘어지더라도 빠르게 인정하고 넘어가라. 대화가 부정적으로 끝날 수 있으므로, 꼭 필요한 경우가 아니면 대화를 시작하지 마라. 훈수도, 조언도, 비판도 하지 마

라. 실수하더라도 내버려두라. 누군가와 함께 살거나 주기적으로 접촉하면서 의미 있는 소통이나 교류하지 않기란 매우 어렵다. 그러나 입을 열기 전에 머릿속으로 대화 전체를 연습하는 것도 도움이 된다. 만약 내가 그 사람을 잘 알고 있다면, 내 머릿속으로 그 사람과의 대화를 상상만 하더라도, 가스라이팅, 분노 또는 해고로 이어질 수 있다는 점을 알게 될 것이다. 이 훈련은 대화에 들어가기 전에 한 번 더 생각하는 데 도움이 된다.

개인화Personalize **하지 마라.** 나르시시스트의 행동이 나를 염두에 두거나 의식한 행동이라고 생각하지 마라. 즉, 일반적인 것을 개인적으로 치부하는 개인화의 오류를 범하지 않길 바란다. 사람들도 그렇게 생각하는 것 같은데, 문제는 나한테 있는 것 같아. 그러니까 그 사람도 나를 이렇게 하찮게 대하는 것 같아. 하지만 기억하라. 이건 결코 나 때문이 아니다. 그 사람이 이렇게 함부로 대하는 대상은 나 말고도 많다. 실제로 내 가치와 자존심을 밟을 만큼 나를 제대로 알지도 못하는 사람 아닌가. 나와 다른 먹잇감에서 자기애적 공급원을 찾을 뿐, 그 사람이 나를 하대한다는 것은 이러한 공급원의 가치를 헐뜯는다는 의미다. 자기애적 관계의 생존자들은 수년간 자책감에 빠져서 당연히 모든 문제가 자기 탓이라고 생각했기 때문에 이러한 사실을 받아들이기 어려울 수 있다. 기억하라. 전혀 내 탓이 아니다. 내 탓이 아니라는 확고한 믿음이 있어야, 그 사람에게서 거리를 둘 수 있다.

위에서 언급한 DEEP — 방어(Defend), 설명(Explain), 관여 (Engage), 개인화(Personalize) — 을 하지 않도록 주의해야 하지 만, 그 과정이 순탄하지만은 않다. 이 기법을 사용하고 거리를 두기로 했다는 한 내담자는 나르시시스트 남편이 오히려 친절 한 척하는 태도가 밥맛 떨어진다며 더 막대했다고 전했다. DEEP 기법을 실천하다 보면, 자기애적 관계의 불편한 진실을 수면 위로 끌어올리고, 이로 인해 근본적 수용을 하는 데 불을 지펴준다. 그러나 그 과정은 여전히 따끔하고 아프다. 특히 관계 에 남기로 했다면 더 아리다.

그 사람에 연연해하지 않기

자기애적 관계를 유지할 때 가장 큰 어려움은 나르시시스트 가 여전히 내 삶에 존재하고, 그들이 내 일상에서 큰 부분을 차 지한다는 점이다. 나르시시즘을 이해하기 전에는 나도 모르게 내 인생이 그 사람을 중심으로 살았을 것이다(나는 상관없어. 그 사람만 괜찮으면 돼. 그 사람이 기분 좋은 상태면, 내가 일에 집중도 더 잘할 텐데). 그런데 내가 그 사람이 변하지 않을 것이라는 사실을 근본적으로 받아들이기 시작하더라도, 여전히 그 사람이 신경 쓰이긴 할 것이다(자기가 나를 지배하지 못한다는 것을 보여주기 위 해서라도 내 마음을 치유할 거야. 내 승진 소식이 그 사람을 열받게 했 으면 좋겠어. 내가 새로운 사람과 사귀는 걸 알았으면 좋겠어).

문제는 치유 과정에서도 나르시시스트가 여전히 내 생각의 기준이 된다는 것이다. 즉, 그 사람에게 '나 아주 잘 지내거든. 나치유하고 있거든'이라고 생색을 내고 싶다는 본능이 있다는 것이다. 진정한 치유란 그 사람을 내 삶의 각본에서 완전히 삭제해 버리는 것이다. 오로지 내 성장, 성공, 행복에 집중한다. 내가 치유할수록 그 사람은 내 각본에서 조연 혹은 보조 출연자로 밀려난다. 내가 관계에 머물며 치유하려면 그 사람에게 일어나는 일에 대해 신경을 덜 써야 한다. 그 사람이 내 삶의 기준점이었는데, 이제 조연으로 밀어내기가 쉽지는 않다(특히 해결사 및 평화주의자 역할을 담당해 오던 생존자들에게는 어려울 수 있다). 그 사람에게서 거리를 두면 둘수록 '내가 너무 차가운 인간인가?'라는 생각이 들 수도 있다. 내 인생에 큰 피해를 준 사람에 대해 완전히 신경을 안 쓰고 사는 것은 불가능할 수 있다. 그러나 내 삶의 이야기가 그 사람과 무관하게 펼쳐지도록 노력할 수 있지 않을까?

자책감 해소하기

자꾸만 나를 자책하려 할 때, 어떻게 하면 좋을까? 우선 내가 나에게 어떻게 눈치를 주고 있는지, 나를 어떻게 감독하는지 살펴야 한다. 자책감을 조장하는 나의 말, 생각, 행동에 주의를 기울이고 자신을 관찰해야 한다. 심리상담을 받거나 신뢰할 수 있는 친구 또는 가족과 대화할 때, 내가 관계에서 일어나는 일에 대해 어떠한 식으로 대화하는지 살핀다. 햇빛은 수치심과 자책감을 없애고 해로운 악순환에서 벗어날 수 있도록 도와주는 훌

릉한 소독제 역할을 한다. 잦은 사과는 마음속 깊은 곳에서 자신을 탓하고 있다는 사실을 나타낸다. 내가 '미안해'라는 말을 얼마나 자주 하는지 기록해 보라.

일기를 쓰는 것도 좋은 방법이다. 아래 예시처럼 별표는 자책 패턴을 강조하고 화살표는 행동, 사건 또는 말에서 다음 반응이나 반응으로 이어지는 흐름을 나타내는 순서다.

남편은 출근할 때 가져가야 할 서류를 깜빡했다고 내게 소리를 질렀다. 내가 집 안을 깨끗하게 정리했더라면 기억했을 거라고 했다. ➡ 나는 사과하고* 정신없이 집 청소를 시작했다. 출근할 때 가져가야 할 물건들을 보관하려고 현관 옆에 작은 공간을 만들었다.* ➡ 그는 문 옆에 왜 테이블을 갖다 놨냐고 내게 소리를 질렀다. ➡ 나는 그렇게 한 것에 대해 사과*했지만, 더 나은 방법이 무엇인지 물어볼 수 없었다. 다음 날, 나는 그가 실수하지 않도록 도와주고 싶어서, "자기야. 한 번 더 확인해 봐. 다 챙긴 거 맞지?"라고 상기시켰더니* 자신을 바보 취급한다고 내게 화를 냈다.

이처럼 일련의 과정을 글로 기록하면, 내가 언제, 어디서, 어떻게 자책하게 되는지, 그 패턴과 주기를 알 수 있다. '그럼 내가 어떻게 할 수 있었을까?'라고 생각할 수도 있다. 사실, 어떤 행동을 했든 그 사람한테 자기애적 분노와 비난의 화살을 맞았을 것이다. 그저 그가 파일을 잊어버린 사건에 대해 안타까워하면서 계속 분노하도록 내버려두면 된다. 다음번에는 내가 더 명확하게 내 의사를 표현하면서, '사과 → 문제 해결'에 대한 강박을 버리면 된다. 혹시라도 내가 실수를 저지르더라도, 내가 실패한 인간이라며 자신을 코너로 몰지 말고, "에고. 내가 너무 오래 익혔네. 내가 길을 잘못 들어섰네"라며 가볍게 인정해 버리면 된다.

나만의 북극성 찾기

알도 Aldo는 나르시시스트 엄마의 감정 쓰레기통이자 먹잇감이 되지 않기로 마음먹었고, 그렇게 대단한 결심을 한 자신이 자랑스러웠다. 엄마와 거리를 두고 대화도 자주 하지 않게 되어 스스로 대견하다고 생각했다. 그러던 어느 날 엄마와 다른 가족들과 모임이 있었다. 엄마는 아들을 만나자마자 다시 참견하기 시작했고, 그가 응하지 않자, 난데없이 자기 자녀에 대해 험담하기 시작했다. "마리엘라가 살이 좀 찐 것 같아. 그래서 오늘 점심 식사 때 파스타는 먹지 말고 채소 위주로 먹으라고 말했다." 알도는 참을 수 없는 분노가 올라왔다. 엄마에게 왜 선을 넘냐고 하면서, 마리엘라가 힘들어하고 있다고 했다. 그는 코트를 집어 들고 밖으로 뛰쳐나갔고 다른 가족들에게 과잉 반응한다며 핀잔을 들었다. 엄마가 던진 미끼를 덥석 물고는 발끈한 자신에게 화가 났지만, 딸에 대한 언급에 이성을 잃을 수밖에 없었다. 알도가 이런 행동을 하면, 엄마는 "쟤는 항상 무뚝뚝한 아들이야. 자기 형보다 잘나가지도 못해"라는 평생 간직해 온 생각을 확고히 할 것이다.

항상 그런 사람에게서 벗어날 수 없다는 것이 슬픈 현실이다. 나를 힘들게 하는 나르시시스트가 내가 소중히 여기는 대상을 비난하거나 헐뜯으면 나는 어떻게 해야 할까? 그 대상은 나의 자녀, 가족, 신앙이 될 수도 있고, 인종 차별적이거나 편협한 신념으로 내 가치관을 저격할 수도 있다. 혹은 내게 소중한 사람에게 영향을 미칠 수 있는 매우 중요한 사안에―가족 내에서 일어나는 재정적 또는 법적 문제 등―내가 관여해야 할 수도 있다. 이럴 때는 위에서 언급한 DEEP을 실천하지 않기가 현실적으로 어려울 수 있다. 이때 등장하는 중요한 개념이, 나를 살게 하는 내 인생에서 가장 중요한 나만의 '북극성 True North'이다. 내삶의 이유이기도 한 북극성이 있기에 내 인생에서 기꺼이 나르시시스트와 싸울 수 있고, 호랑이 우리에 들어갈 용기도 생긴다. 북극성은 자녀나 가족, 직장, 이념이나 신념이 될 수 있다. 예를들어, 나르시시스트 배우자와 이혼한 후 공동 양육권을 갖고 있는 경우, 그 사람이 자녀를 조롱하거나 희생양(스케이프고트)으로 삼는다면, 상대와의 거리 두기를 중단하고 자녀를 지키기 위해 싸울 수 있을 것이다.

나르시시스트와 사소한 일로 다투지 않고, 혹시 추후 싸울 경우를 대비해 대역폭을 아껴두었기 때문에, 나의 북극성에 관해 문제가 있을 때만 소통하는 행위는 나르시시스트에게 큰 영향을 미칠 수 있다. 하지만 내 북극성을 미끼로 사용하여 나를 괴롭히거나 북극성에서 내가 멀어지도록 할 수 있다는 점도 명심해야 한다. 그런 일이 DEEP 기법을 다시 이용하거나, 관계에 잔류할지에 대해 깊이 고민해야 할 것이다.

마음의 준비와 긴장 완화하기

도브 Dove에게는 심한 나르시시스트 동료가 있었다. 그는 회사에서 그 동료를 만나기 전에 차에 앉아 숨을 다섯 번 정도 쉬고, 관여하거나 개인화를 하지 않겠다고 다짐했다. 회사에서 도브는 그 동료와 회의를 했고, 지난번처럼 철저히 무시하고 불인정하는 분위기로 일관했다(일부로 도브는 이 회의를 하루의 마지막 일정으로 잡았다). 도브는 퇴근 후 집에 오는 길에 친구를 만났다. 함께 있으면 편안한 오랜 친구였다. 친구와 헤어지고 나서는 일찍 잠자리에 들어야겠다고 생각했다.

우리는 운동하기 전, 부상을 방지하기 위해 스트레칭을 하여 근육을 풀어주고 그다음에 몸을 풀고 경련을 예방한다. 자기애적인 사람들과 상호 작용을 할 때도 이와 같이 대비할 수 있다. 이렇게 마음의 준비를 하면, 근본적 수용에 사용되는 근육량이 늘어나 어떠한 타격에도 쉽게 회복할 수 있다. 아무 준비 없이 나르시시스트를 대하지 마라. 잠시라노 눈을 감고 심호흡을 한 다음, DEEP 기법을 활용한다. 그런 다음 상호 작용을 시작하라.

상호 작용이 끝나면 긴장을 푼다. 나르시시스트를 상대한 후에는 반드시 나만의 긴장 풀기 루틴을 따른다. '그건 진짜 내 모습이 아니야'라고 되뇌면서 다시 한번 숨을 들이마시는 것만으로도 충분할 수 있다. 특히 상대하는 것이 유난히 힘들었다면, 다음 일과로 바로 넘어가지 마라. 휴식, 산책, 차 한잔, 음악 듣기, 샤워, 친구와의 대화, 운동, TV 시청 등 잠시라도 재충전의 시간을 보낸다. 힘든 시간을 보냈으니, 잠시 정신을 환기할 필요가 있다.

절대 그들을 나르시시스트라고 부르지 않기

DEEP 기법을 실천하는 와중에 '자기가 나르시시스트라는 사실을 알면 좋겠다'라는 바람을 갖기도 한다. 그러나 그들을 대놓고 나르시시스트라고 부르지 마라. 그러면 이런 생각이 들 것이다. 왜 그냥 넘어가게 내버려두나? 자기가 어떤 부류의 인간인지 알아야 하지 않는가? 억울하다. 세상에 공평한 것은 없다. 그들과 나르시시즘에 대해 논쟁을 벌인다면, 오해의 소지가 있는 혼란스러운 답변으로 나를 가스라이팅할 것이다. 상황은 바뀌지 않을 것이고, 오히려 내가 나르시시스트라고 낙인찍힐 것이며, 분노를 멈추지 않을 것이고, 행동도 변하지 않을 것이다. 내가 관계를 떠나더라도, 그 사람을 나르시시스트라고 칭하는 것 자체가 의미 없는 행동이지만, 계속 잔류하려면, 애초에 엄두도 내지 마라. 이 유형의 성격이 어떠한 틀과 작동 방식을 지녔는지에 대한 내용을 알면, 내가 그 사람을 탐색하는 데 도움이 될 뿐이

다. 이 내용을 공유한다고 해서 내가 관계에 머물든 떠나든 치유
에 도움이 되지는 않는다.

심리치료와 지지 모임 하기

나르시시스트와 함께 지내거나 지속해서 교류하고 있다면,
심리치료를 받는 것이 매우 중요하다. 치료를 받고 있다면, 이
과정에서 기적 따윈 없다는 사실을 알아야 한다. 지속적인 자기
애적 학대는 정신 건강에 큰 타격을 주며, 이를 상담할 수 있는
곳이 있다면 큰 도움이 될 것이다. 그룹 치료도 유용할 수 있는
데, 특히 자기애적 관계의 생존자에게 초점을 맞추는 그룹 치료
는 효과적이다. 개인 치료보다 그룹 치료가 더 저렴하기도 하다.
지지 모임도 또 다른 유용한 보조 수단이 될 수 있지만, 동료가
주도하는 경우가 많고 전문적인 정신 건강 전문가가 없을 수 있
으므로 치료를 대체할 수는 없다.

전 세계 대부분의 국가에서 심리치료를 쉽게 또는 저렴하게
이용할 수는 있는 상황은 아니다. 그래서인지 사회·경제적 약자
층이 자기애적 학대의 영향을 더 크게 받고 있다. 이들은 사회·
경제적 이유로 살던 집에서 나와 다른 곳으로 이사를 하거나, 변
호사를 고용하거나, 이혼 절차 비용을 마련하거나, 직장을 그만
둘 형편이 안된다. 그래서 관계에 더욱더 내몰되어 있다. 경제적
으로 어려운 이들에게는 이미 상당히 스트레스가 많은데, 여기
에 자기애적 학대까지 더해지면 사면초가의 상황으로 느껴질

수 있다. 이처럼 취약 계층이 제대로 된 도움을 받지 못하고 소 외된다는 것은 의료, 사법, 법 집행 등 모든 종류의 제도권에서 가스라이팅을 당하거나 무시 혹은 불인정될 가능성이 높아진다 는 의미다. 이 책 전체에 걸쳐 심리치료를 권유하면서도, 많은 사람에게는 치료가 선택지가 아니라는 사실을 나도 안타깝게 인식하고 있다.

현재 자기애적 학대에 대해 배워가는 심리치료사들이 많은 상황이다. 따라서 치료사를 물색할 때, 자기애적 학대를 전문으 로 하는 치료사를 찾는 것이 가장 좋지만, 나르시시즘과 적대적 성격 유형, 트라우마 또는 가정 폭력에 정통한 치료사를 찾는 것 도 도움이 될 수 있다. 하지만 무엇보다도 내 이야기를 들어주고 안전하다고 느끼는 치료사를 선택하라. 나를 비난하거나 수치스 럽게 여기지 않고, 나의 어떤 언행으로 나르시시스트의 행동을 촉발했는지 묻지 않으며, 내 주변 사람이 나르시시스트이거나, 내게 해롭거나, 나를 가스라이팅한다고 말했을 때 오히려 나를 비난하지 않으며, 나르시시스트 상대에게 한 번 더 기회를 주라 고 권유하지 않고, 지켜지지 않는 경계를 설정하라고 거듭 권유 하지 않아야 한다. 무엇보다도 "왜 그 사람을 떠나지 않나요?"라 고 절대 물어보지 않는 사람이어야 한다. 특히 나르시시스트와 지속해서 접촉하고 있는 생존자에게는 편견 없이 트라우마에 대한 정보를 바탕으로 진정성을 가지고 나르시시즘에 대해 잘 알고 있는 치료사가 필요하다.

그리고 부부 치료도 있다. 예를 들어, 내가 나르시시스트 배우자를 데리고 상담치료를 받을 때, 치료가 내게는 도움이 되겠지만, 배우자에게는 효과가 없을 수 있다. 마음의 준비를 하고 두 눈을 크게 뜨고 가되, 매우 강력한 치료사에게 상담받을 것을 권한다. 나르시시즘을 이해하지 못하는 커플 치료사라면, 오히려 나르시시스트 내담자의 매력, 카리스마, 자신감에 빠져들게 될 수도 있다. 나르시시스트에게 강요하듯 책임을 묻고자 하는 치료사가 있다면, 나르시시스트가 치료를 중단할 가능성이 높다는 점을 알아두라. 그 사람이 옆에 있는 상황에서 내가 감정적으로 상처받고 좌절감과 강한 감정을 나누는 동안, 나르시시스트는 치료를 자기가 원하는 방향으로 조종하면서도 침착하게 행동하는 것으로 악명 높다. 좋은 치료사를 추천받아서 개인 상담치료를 받고 있다면, 불편한 부부 치료가 내 정신 건강에 해롭다고 느껴질 때 중단하는 것도 현명한 선택일 것이다. 상담에서 내가 비난을 받는 느낌이 들거나 나르시시스트 배우자가 그 과정을 빌미로 나를 정신병자 취급한다면, 상담을 중단하는 것이 맞을 듯하다. 같은 맥락으로 직장에서 해로운 동료나 상사와의 갈등을 해결하기 위해 법정 중재 절차를 제안할 때도 주의해야 한다. 분쟁을 해결하기 위해 중재자가 투입되었는데, 나르시시즘을 이해하지 못하는 사람이라면, 이 중재 과정이 약자에게는 가스라이팅이자 무시하는 과정처럼 느껴질 것이다. 상황을 헤쳐나가기 위해서는 직장 밖에서 전문 상담치료를 받는 것이 필요할 수 있다. 마지막으로, 책 전반에 걸쳐 강조한 바와 같이, 상담치료사 외에 내 편이 되어줄 사람들―친구, 가족, 수업에서 만나는 동료들 등―과 인연을 이어가는 것도 매우 중요하다. 서로를 인정하고 존중하며 공감하고 연민을 느낄 수 있는 사람들 그리고 그러한 관계와 경험을 쌓아가는 것도 치유에 필수적이다.

내 영혼이 개입하지 않게 하기

그리 내키지도, 진심으로 바라는 것도 아니지만 표면적으로는 관계를 유지하는 경우, 최대한 감정적으로 개입하지 마라. 이렇게 내 영혼이 개입하지 않는 것이 중요하다. 내 내담자 중에는 나르시시스트 남편에게 새로운 생각이나 좋은 소식을 이야기하는 여성이 있었다. 남편은 항상 그녀의 이야기를 절반만 듣고는 "말도 안 되는 생각 때문에 내 돈 나가게 하지 마"라고 하거나 그녀가 이룬 성과는 '얻어걸린 행운'이라고 말하곤 했다. 그녀는 여러 가지 이유로 결혼 생활을 끝내고 싶지는 않았다. 나는 그녀에게 좋은 소식이 있을 때마다 남편에게 제일 먼저 알리는 습관을 자제하라고 하면서, 그녀의 영혼이 짓밟히지 않게 하라고 제안했다. 그녀는 시간이 지나면서 '내가 왜 이렇게 좋은 소식을 남편에게 알리려고 하지?'를 생각했을 때, 남편의 비위를 맞추는 것[4F 방어 기제(투쟁Fight, 회피Flight, 경직Freeze, 비위 맞추기Fawn) 중 하나다]에 집착하고 있다고 느꼈다. 또한 자신이 어렸을 때 부모님의 환심을 사기 위해 했던 행동과 비슷하다고 느꼈다.

　내 영혼이 개입하지 않게 한다는 것은 나만의 약점, 꿈, 희망을 보호하겠다는 의미이기도 하다. 자기애적 행동과 그것이 내게 미치는 영향을 인식하고 조응한 다음, 상대를 대하는 법을 바꾸는 것 ─ 관여도를 줄이고 말도 덜 섞되, 상대가 던지는 미끼를 덥석 물어서 봉변당하지 않는 것 ─ 이기도 하다.

　한편으로는 내게 진심으로 공감하는 사람들과만 깊은 감정을 교류하는 것을 의미한다. 내 영혼이 개입하지 않는 연습을 할 때는 나를 무시하는 나르시시스트와 나 사이에 있는 빛의 구름, 일종의 얇은 경계에 내가 앉아 있는 모습을 상상해 보라. 이 공간 안에서 평온한 내 모습을 상상하는 것만으로도 영혼이 개입하지 않기를 실천하는 데 도움이 될 수 있다.

　자기애적 관계를 떠나거나 그런 사람한테서 멀리 벗어나기가 불가능한 상황이 많지만, 관계에 남아 있다고 해서 치유하고, 새로운 관점을 받아들이고, 더 큰 자율성을 위해 노력하고, 자기애적 학대에서 회복할 수 없다는 의미는 아니다. 나를 보호하기 위해 할 수 있는 크고 작은 일들이 있다. 나르시시즘 행동에 대한 지식을 활용해 상대에 대한 관여도를 줄이고, 제한적이고 해로운 상황에서도 내가 정신적으로 건강하게 성장하도록 실천할 수 있는 활동들이 있다. 내 숨통이 트일 수 있는 활동과 일상에 활력을 줄 수 있는 변화를 통해 내가 주어진 상황에 대처하고, 내게 소중한 사람들을 보호하며, 진정한 자아를 탐색하고 점유하는 데 도움이 될 수 있다. 시간이 지나면서 관계 안에서 치유가 이루어지면 자연스럽게 관계를 떠나게 될 수도 있다. 그러나 떠나더라도 내게 가장 맞는 속도로 떠나야 한다는 사실을 알게 될 것이다.

9장

나만의 이야기
다시 쓰기

우리는 살기 위해 자신에게 이야기를 들려준다.

— 조앤 디디언Joan Didion (미국의 소설가)

루나Luna는 자신의 삶을 돌아보면서, '희망찬 로봇'으로 살아왔다고 생각했다. 그녀는 전통적이고 가부장적인 문화권의 이민자 가정에서 자랐다. 아버지는 나르시시스트였고, 엄마는 평생 남편에게 정서적으로 학대와 무시를 당했다. 그녀는 가정에서 사랑을 독차지하는 골든 차일드이자, 해결사이자, 통찰력 있는 트루스 텔러 역힐을 담당했다. 그녀는 모범생이었지만, 남동생은 불쌍한 스케이프고트 담당이었다. 악의적이면서 나약한 자기애적 아버지한테 가끔 편애와 특혜를 받으면서, 생존자 죄책감에 시달렸다. 아버지가 중요하게 여기는 것, 즉 공부를 잘하고 테니스를 잘하는 것을 루나가 제대로 하지 않았다면, 루나도 아버지의 눈 밖에 났을 것이다. 엄마, 남동생 그리고 루나는 모두 아버지에게서 무시당하고, 두려움에 떨며 평생 살얼음판을 걸어야 했다. 친조부모와 친척들은 아버지를 지혜로운 능력자라고 여겼고, 아버지의 나쁜 행동을 방조하는 일이 잦았다.

루나는 야심 차고 똑똑했다. 그러나 엄마는 자신을 힘들게 하는 남편에 대해 강한 정서적 유대를 느끼면서(트라우마 본딩) 항상 정신적으로 갈피를 잡지 못했고, 아버지는 항상 비판적이었고, 한 인간으로서 루나가 어떤 생각을 하는지 무관심으로 일관했으며, 그녀가 아이비리그 대학에 진학하지 못한 것에 두고두고 잔소리했다. 결과적으로 루나는 어떤 삶을 살아야 할 것인지에 대한 조언이나 지침을 듣지 못했다. 게다가 주변에서 멘토를 찾거나 스스로 일어설 만큼 적극성이나 자신감이 높지는 않았다. 그런데도 워낙 머리가 좋았던 그녀는 결국 평균 이상의 대학에 입학해 의학을 전공해서 내과 의사가 되었다. 하지만 지역 의료 담당 의사community physician(특정 지역 주민들의 전반적인 건강에 중점을 두고 의료 서비스를 제공하는 의사로 지방 당국이 임명한다-옮긴이)로서 탄탄한 경력을 쌓으면서 의학 및 연구 분야의 권위자가 될 수 있는 실력과 야망을 지녔음에도 불구하고 어느 순간 그 길을 벗어나야 한다고 생각했다. 어린 시절부터 '나는 부족한 사람이야. 내게는 충분한 능력이나 실력이 없어'라는 믿음이 정서적 DNA에 뿌리 박혀 있었기 때문이다. 그래서 자신이 지나치게 오만하거나 교만해지는 것에 대한 두려움과 성공하지 못하거나 목표를 달성하지 못했을 때 자신을 경멸하고 비난할 것에 대한 두려움이 동시에 존재했다. 감정적 딜레마는 의사인 그녀에게 큰 걸림돌이었다. 자신이 사람들의 평가에 부응할 수 없고, 앞으로 겪을 수 있는 큰 실패를 감당할 수 없을 것만 같았다. 성공할 수 있다는 희망보다는 처참한 실패가 가져올 참사에 대한 두려움이 그녀를 지배했다. 아버지가 틀렸다는 것을 증명하고 아버지의 비하와 조롱을 잠재우고 싶다는 환상과 더 높은 꿈을 위해 노력하는 자신이 한심하고 보잘것없는 평범한 사람이라는 자기 비하 사이에 갇혀 있었다.

그녀가 사귀었던 남자들은 주로 사회적으로 성공했지만, 은근히 그녀에게 건방지게 대하며 무시하는 사람들이었다. 결국 그녀는 자신보다 10살 연상의 선배 의사를 만나 결혼했다. 두 사람 사이에서 아이도 태어났다. 시간이 지남에 따라 남편에 대한 내조에 신경을 쓰면서 자신의 재능과 야망은 점차 사그라들었다. 남편은 그녀를 자주 무시했다. 결국 그녀의 경력은 시들해졌다. 그녀는 부실하게 운영되는 중급 진료소에서 일하게 되었지만, 그곳에서도 그녀의 실력을 제대로 알아주지 않았고, 마땅히 받아야 할 인정을 받지 못했다. 남편은 교활하고, 분노가 가득했으며, 상대를 통제하려 하는 기질이 있었다. 부부 싸움이 끝날 때마다, "당신 말이야. 정상이 아닌 것 같아"라고 말하며 그녀를 세뇌하다시피 했다. 그녀는 답답하고 막막했다. 상담에서는 '남편이 죽으면 내가 자유로워지지 않을까?' 하는 환상까지 품었다고 토로했다. 치료사는 "자유로워지기 위해 누군가의 죽음을 상상하는 대신, 이 관계에서 벗어날 생각은 안 해봤나요?"라고 물었다. 그녀는 "저한테 그럴 여력이 있는지 모르겠어요"라고 대답했다.

그녀는 꾸준히 상담받고, 신뢰할 수 있는 몇몇 친구들과 깊은 대화를 나눈 끝에, 결혼 생활을 끝내는 것이 원가족을 잃는 것과 같다는 결론에 도달했다. 그녀의 아버지에 따르면, 이혼하면 가족이 고개를 못 들고 다니고, 그녀와 두 자녀는 거지꼴을 면치 못하게 될 것이었다. 하지만 결국 그녀는 관계를 정리하는 것이 최고의 선택이라고 판단하고 이혼을 선택했다. 남편과 자녀들은 원래 집에 살고, 그녀는 작은 아파트로 이사했다. 그녀는 전남편과 공동 양육권을 행사했다.

이혼은 힘들었고, 여러 가지 복잡한 이유로 인해 루나는 예상보다 재정적 어려움을 겪었다. 하지만 그녀는 초조해하지 않았다. 나는 자유다. 드디어 내 꿈을 추구하고 내가 원하는 것을 할 수 있게 되었다! 하지만 루나의 바람대로 일이 항상 잘 풀리지는 않았다. 자신에게 여러 좋은 기회와 제안이 들어왔는데도, '내 능력을 과대평가하는 건 아닌가?'라고 생각하며 수락하지 않았다. 결혼 후 그녀는 전남편이 돈 문제에 관해 자주 꾸짖는 바람에 재정 관리를 전남편에게 넘겼다. 그래서 이혼하고 나서는 돈 관리와 재테크에 대해 기초부터 배워야 했다. 그녀의 아버지는 "여자는 돈에 대해 알 필요가 없어"라고 말하는 사람이라, 결혼하기 전에도 돈 관리에 대해서는 전혀 몰랐다. 그녀는 이혼 후에, 빚더미에 올랐다. 그러나 자신이 실수한 건 맞지만, 이전의 결혼 생활이나 원가족과의 피폐한 삶보다는 이렇게 사는 게 훨씬 낫다고 생각했다.

그녀는 결국 다시 데이트를 시작했고, 예상대로 만나는 남자는 대부분 나르시시스트였다. 그녀를 정서적으로 학대하는 남자들은 그녀를 존중하거나 인정하지 않았다. 적어도 전남편은 바람기는 없었는데, 새로 만나는 나르시시스트 남자들은 대부분 바람을 피웠다. 마음이 아팠다. 자기애적 관계에서 서서히 빠져나오기는 했지만, 그녀는 심리적으로 지쳐 있었다. 하지만 그녀는 가족과의 경계를 굳건히 유지했다. 힘든 상황에서도 매일 혼자서 지내는 것이 그 어떤 관계를 맺는 것보다 낫다고 자신에게 상기시켰다.

시간이 흘렀고, 마침내 그녀가 시작한 사업이 결실을 보기 시작했다. 창업을 준비하면서 시행착오를 여러 번 경험했고, 사업을 시작하기까지 수많은 장벽에 부딪혀 스트레스를 받았지만, 절대 좌절하지 않았다. 수년간 나르시시스트들과의 관계에서 산전수전을 다 겪은 상태라 어느새 정서적 회복탄력성과 융통성이 발달했고, 이는 일상에서 큰 도움이 되었다. 사업의 규모는 커졌고, 이제는 안정적인 수익을 누릴 수 있었다. 사업이 꾸준히 성장하며 좋은 반응을 얻었지만, 내면에서는 여전히 자신을 인정하지 않는 자아의 목소리가 컸고, 매일 이러다가 완전히 망하는 것은 아닌지 걱정도 되었다. 그러나 그녀는 앞만 보고 달려갔다.

시간이 지나면서 자기애적인 가족 및 전남편과 거리를 두고 경계를 설정했는데도 그들의 목소리가 여전히 자신의 뇌리에 맴돈다는 사실을 깨달았다. 어느 순간부터 '내가 어떻게든 사업으로 성공해서 그 사람들의 생각이 틀렸다는 걸 보여줄 거야. 그들의 코를 납작하게 할 거야. 나를 자랑스럽게 여기도록 할 거야'라는 생각에 사로잡히게 되었다. 그녀는 자신의 감정, 자신이 누구인지, 자신이 원하는 것이 무엇인지를 파악하고, 자기애적인 사람들이 그녀를 대하는 시선에서 벗어나기 위해 치료를 계속했다. 그녀는 점차 변하기 시작했다. 자신이 한 일에 대해 그들과 자신감 있고 편안하게 얘기할 수 있었고, 점차 그들이 자신에 대해 어떻게 생각할지 덜 신경 쓰게 되었다.

그녀는 이제 자신이 진정으로 행복하다고 말한다. 삶이 꽤 힘들고 고통스러웠지만 이제는 자기 삶과 타인과의 관계를 명확하게 볼 수 있게 되었다고 한다. 얼마나 비효율적인 삶을 살았는지, 마침내 환갑이 되어서야 원하는 위치에 도달하게 되었다는 사실이 슬펐다. 하지만 그녀는 근본적 수용을 실천하고 있다. 그녀가 교류하는 사람들은 공감과 배려심을 지닌 소수의 사람으로 축소되었고, 감정적으로 소모되는 사람들에게는 시간을 내어

주지 않았다.

그녀는 인생에서 가장 암울하던 시절에는 이런 상상을 했다. 서로 사랑하는 부모—자상한 아버지와 든든한 엄마—밑에서 자란다는 것은 어떤 느낌일까? 부모에게 격려와 지지를 받는 삶은 어떠할까? 그러다가도 이렇게 고생하지 않았다면, 지금의 자신은 없었을 것이라는 사실을 깨닫기도 했다. 그녀는 어떠한 상황에서도 잡초처럼 생존할 수 있는 자신의 민첩성과 융통성에 대해 자랑스러워한다. 주변 사람들이 원하는 대로 일이 진행되지 않는다고 불평할 때, 그녀는 애초에 부푼 기대감 없이 현실적인 기대치를 갖고 있어 마음의 여유가 생길 수 있음에 감사해한다. 수년간 자신에게 정신적으로 해를 가한 사람들과 함께한 덕분에 필요에 따라 빠르게 변화하는 데 능숙해졌다. 그녀는 실망스러운 순간에 잘 대비하고 있고, 실망에 대한 책망과 개인화도 줄여가고 있다. 상황이 순조로울 때 느껴지는 기쁨과 감사하는 마음으로 그녀는 버틸 수 있었다. 기분 좋은 날은 편안한 마음으로 감정을 누릴 줄 알며, 예상치 못한 기쁨에도 설렐 수 있게 되었다. 이제는 상대가 나르시시스트인지 아닌지를 일찍 파악하고, 더 이상 그들에 관여하지 않는다. 또한 나르시시스트의 조력자들이 어떠한 의견을 주든 더 이상 개의치 않는다. 결혼 생활이 행복하고 새성적으로 안정된 노년기에 접어든 사람들의 이야기를 듣거나 볼 때면 여전히 슬픔이 몰려오지만, 이제는 그런 순간이 잠깐의 심리적 통증이나 경련처럼 지나간다. 동시에 그녀는 자유를 만끽하고, 아이들과 즐거운 나날을 보내며, 엄마를 모시고 당일치기 여행을 떠나고, 자기 일에 만족하고 있다. 마음의 상처가 씻기진 않은 상황에서도 아버지가 편찮으셨을 때 간병에 나섰다. 그녀는 대가를 바라지 않았고, '왜 간병하는가?'를 생각해 보니 아버지를 위한 것이 아니라 자신을 위한 일이었다는 것을 깨달았다. 이것이 그녀 본연의 모습이니 말이다.

엄밀히 말해 지금의 삶은 루나가 원했던 길은 아니다. 다만, 그녀가 선택한 길이다. 그녀는 마침내 자신을 이해하게 되었고, 가족과 이전 관계에서 받은 상처와 학대가 자신에게 어떤 영향을 미쳤는지 명확히 알 수 있게 되었다. 그리고 그 상처를 깨끗이 지울 수 있는 지우개는 없다는 사실도 깨달았다. 이제 그녀는 자신이 누구인지 인식하고, 자아 존중감과 가치관에 맞는 '가장 나다운 삶'을 살고 있다. 루나는 마침내 두려움 없이 자신의 진정한 자아를 찾을 수 있다고 느끼고 자신의 이야기를 다시 써 내려간다. 가스라이터와 함께하는 삶과 그렇지 않은 삶의 차이를 이젠 잘 알고 있다. 그녀는 더 이상 바보 취급을 당하지 않는다. 그리고 1년 전, 그녀는 새로운 사람을 만났다. 그는 자상하고, 그녀의 일을 존중하며, 남을 통제하려 하지 않는다. 그럼에도 그녀는 계속 위험 신호를 찾아내려 하고, 관계를 천천히 발전시켜야 한다고 생각한다. 그에게서는 어떠한 위험 신호도 없었고, 오히려 그녀에게 진심 어린 친절을 베풀고, 그녀의 재능을 알아봐주며, 러브바밍과 같은 애정 공세도 하지 않는다. 루나는

점점 그에게서 사랑을 느끼고 있지만, 누군가를 온전히 신뢰하
는 것이 그녀에게는 힘든 일이라는 점을 인정한다.

그녀는 천천히 미소를 지으며 이렇게 말했다. "소금과 레몬으
로만 맛을 내던 내 인생은 이제 '솔티드 캐러멜'이 되었어요. 이
제 짠맛과 쓴맛에서 단맛이 제대로 우러나오는 것 같아요."

나르시시스트를 이해하고, 관계에서 살아남는 방법을 배우는
여정은 너무나도 고되고 힘들다. 지나치게 그 안에 매몰되다 보
면, 남은 인생이 치유되고, 성숙하게 진화하고, 정신적으로—혹
은 물리적으로— 다시 새롭게 출발할 수 있다는 사실을 잊게 된
다. 자기애적 관계는 내 안에 어떠한 잠재력이 있는지를 일깨우
는 독하지만 강력한 '값비싼 수업master class'과도 같다. 나를 지
켜내기 위한 투쟁이자, 나는 사랑받기에 충분한 존재고, 이 관계
밖에서도 나만의 정체성을 가진 존재라는 사실을 각인시킨다.
또한 스스로를 옭아맨 낡고 얄궂은 이야기를 버리고, 이제 나만
의 이야기를 쓸 수 있게 자극해 준다. 자기애적 관계에서는 누군
가가 내게 "잘 지내?"라는 간단한 질문을 할 때도 대답하기 어려
울 수 있다. 나를 힘들게 하는 나르시시스트 밖에서 느끼는 감정
이나 경험에 대해 무시를 당해왔기 때문이다. 남들의 간단한 질
문에 내가 얼음이 되는 순간, '아, 나 지금 정상이 아니구나'를
실감하게 된다. 영원한 진퇴양난의 관계다. 내가 느끼는 그대로
를 말하고 행동하되 인정받지 못하고 무시당하며 살 것인가, 아

니면 내 인격 따윈 없다는 사실에 수치심을 느끼며 굴복하고 살 것인가. 치유의 과정이 무르익을수록, 장기적으로는 천천히 내 권리를 주장하고 이에 대해 죄책감을 느끼지 않게 될 것이다.

물론 쉽지 않은 일이다. 거리를 두고, 놓아주고, 접촉을 줄이고, '이제 다 정리됐어'라고 단언하는 것은 자신을 깊이 들여다볼 의지 없이는 피상적인 노력이나 겉치레에 불과하다. 자기애적 관계에 있는 동안 도수가 맞지 않는 안경을 쓰고 나 자신을 바라보았을 것이다. 나르시시스트 상대가 그동안 나에게 강제로 왜곡된 안경(혹은 틀)을 씌워 놓았는데, 치유를 위한 마지막 단계에서는 우선 그 안경 없이 자신을 보는 법을 배워야 한다. 평생 이어지는 치유 과정은 슬픔을 버리고 나를 알아가는 더 희망찬 미래를 향한 여정이다. 지금까지 일어난 모든 일에도 굴하지 않고 고통을 극복하고 기쁨을 찾는 방법을 찾아 나선다. 나르시시스트가 내 마음속에 살고 있는 한, 내가 나를 좋아하기 어렵다. 나르시시스트를 나의 정신, 마음, 영혼에서 쫓아내라. 그리고 그 자리에 생겨난 공간에 적응하려는 노력이 필요하다.

지금까지의 많은 치유 전략은 내 삶에서 나르시시스트가 미치는 영향을 관리하는 방법에 머물러 있었다. 자칫 나르시시스트의 존재가 내 마음속에 ─ 내가 써 내려갈 새로운 이야기에 ─ 깊게 뿌리내릴 위험이 있어 주의해야 한다. 나는 새로운 접근을 제안한다. 우선, 나르시시스트와 함께한 이전의 이야기에 갇혀 있지 않아야 한다. 과거에서 벗어나 나만의 솔직한 자의식적인 지점에서 내 이야기를 수정하고, 힘든 관계에서 내가 얻은 교훈을 되짚어 봐야 한다.

그렇다면 트라우마나 정서적으로 학대받는 관계의 깊은 상처를 경험한 후에도 정신, 마음, 영혼이 건강하게 성숙하고 성장할 수 있을까? 한마디로 답하긴 복잡하지만, 짧게 표현하면 '가능하다'이다. 실제로 많은 사례가 이를 입증한다. 그동안 내가 갇혀 있었던 좌절과 두려움에서 건강한 정신적 성장으로 나아갈 수 있다. 건강한 정신 상태에 도달하면, 감사할 일이 많아지고, 일상에서 우선순위가 명확해지며, 공감 능력과 소속감도 강해진다. 또한 새로운 관심사가 생기고 낯선 환경에서 적응력도 향상된다. 자신감도 오르고, 내 인생의 서사와 신념을 더 가치 있게 만들게 되며, 삶의 목적의식이 뚜렷해진다.[1] 외상 후 성장posttraumatic growth(신체적인 손상 또는 생명에 대한 불안 등 정신적 충격을 수반하는 사고를 겪은 후 심적 외상을 받은 뒤, 회복력을 통해 이루어지는 회복 상태뿐만 아니라 이를 통한 긍정적 변형-옮긴이)과 관련된 내용은 이 책의 범위를 벗어나지만, 연구자들이 이 용어와 외상 후 성장을 구성하는 요소에 대해 논쟁하는 가운데,[2] 우리는 트라우마 이후 정신적 충격이 일어나지만, 그 모든 영향이 나쁜 것은 아니라는 점을 알고 있다.

내면의 변화는 스스로 발전시키고 강화할 수 있다. 내 마음을 편하게 하는 안전한 공간과 사람들과 마음의 짐에 대해 이야기할 수 있고, 또 그렇게 해야 한다. 나를 숨 막히게 했던 그 이야기들을 수면 위로 끌어낸다. 그리고 그동안 내가 겪은 자책과 수치심도 끄집어낸다. 나를 힘들게 한 나르시시스트 상대의 각본을 박차고 나온다. 그리고 내가 만들어 갈 이야기의 주인공으로 나를 캐스팅한다. 나만의 서사를 새로 써간다. 내가 그동안 배우고 느낀 것을 반영할 내 인생의 2부가 펼쳐질 때임을 인식한다. 치유란 부정적인 감정을 관리하고, 내 몸이 전달하는 신호를 믿고 느끼는 과정이다. 내 몸은 그 관계에서 느낀 내 고통의 보관함이기도 하지만, 그동안 내가 밀쳐낸 나의 직관을 품고 있는 저장소다. 이제 내가 새로운 이야기를 쓰는 작가이자 편집자다. 글감에는 과거의 고통도 들어가 있다. 단, 완벽주의와 부정적인 자기 대화는 밀쳐낸다. 내 이야기에서는 삶의 의미와 목적, 상호 인정하는 공감을 위한 여백을 만들어 나간다.

창조주가 우리를 만들 때, 본질적으로 회복하고 치유할 수 있도록 설계했다. 이는 생명체의 정의이기도 하다. 나무가 가지를 잃은 후 새 가지를 내고, 불가사리가 사지를 재생하고, 산불이 난 후 꽃과 숲이 다시 자라나는 것처럼 우리는 모두 치유할 수 있다. 자기애적 관계로 감정적 손상을 입었어도, 가장 힘든 날에도 '삶=치유'임을 기억하라.

사자 이야기

이 책의 서두에서 이제 '사냥꾼'의 이야기를 그만두고, '사자'의 이야기에 집중해야 할 때라고 제안했다. 그렇다면 어디서부터 시작해야 할까?

본격적으로 내 이야기를 다시 쓰고 수정하려면, 자기애적 관계가 자신에게 미치는 영향을 이해해야 한다. 우리 중 많은 사람에게 자기애적 관계는 처음부터 존재해 왔다. 우리의 정체성과 인격은 가까이에 있는 나르시시스트를 달래고, 기쁘게 하고, 이기기 위해 노력하거나, 자신의 욕구, 필요, 경험을 가진 사람으로 주목받거나 인정받으려고 노력하는 데 평생을 보내면서 형성되었다. 나르시시스트의 수치심은 우리에 투사되었기 때문에, 우리의 목표나 꿈이 과소평가되거나 무시당할까 봐 미루거나, 반대로 목표나 꿈을 어떻게든 이루어 — 내 열망과 상관없이 — 나르시시스트를 이기거나 그 사람의 분노와 무시를 피하려 해왔다. 이제는 내가 어떠한 사람인지, 내 이야기의 주인공으로서의 인물 분석을 해야 할 때다. 더 이상 나르시시스트의 이야기에 등장하는 조연 혹은 엑스트라가 아니기 때문이다.

우리 각자가 가진 다양한 생각, 우리가 드러냈던 각자의 취향, 심지어 우리의 머리 색깔마저 이 관계와 무관한 우리 각자의 정체성을 나타내는 하나의 방법이었을 것이다. 혹은 나르시시스트에게 "내 말을 좀 들어줘", "나를 좀 봐줘"라고 외치는 방법의 하나였을 것이다. 따라서 우리는 그 사람에게 종속되거나 휘둘리지 않고 자율성을 찾기 위해 여러 시도를 해왔다. 나르시시즘에 질식하거나 나 자신을 부정당하지 않기 위한 몸부림인 경우가 많았다. 자기애적 관계에서 우리는 '그 사람의 요구가 내 요구요, 그 사람의 결핍이 내 결핍'이라는 생각에 사로잡히게 된다. 내가 뭘 원하는지, 내가 뭘 부족하다고 느끼는지에 대해서는 점차 생각하는 법을 잊는다.

자신의 감정을 느끼는 것조차 힘들어진다. 자기애적 학대를 극복한다는 것은 관계에 얽힌 혼란스러운 감정에 얽매이지 않고 내가 바라는 것을 나 스스로 알고, 이를 표현할 수 있다는 것이다. "나는 엄마가 되고 싶어. 그래서 나를 방치하고 제대로 보살피지 않은 우리 엄마한테 자식은 이렇게 키우는 거라고 보여줄 거야." 이렇게 생각하는 대신, 그 사람이 나를 보는 방식이나 했던 행동과 분리하여 오롯이 나의 욕구만 생각하는 것이다. "나는 엄마가 되고 싶어"라는 생각으로 충분하다는 것이다. 이 관계에 매몰된 시절에는 그 사람과 무관한 모든 것에 대해서는 침묵해야 했다. 이제 내 감정을 파악하고 말할 수 있다는 것은 엄청난 변화다.

자, 이제 내 이야기의 두 번째 파트로 넘어가 보겠다. 이때 몇 가지 중요한 질문을 해볼 수 있다. 나는 누구인가? 나는 무엇을 원하는가? 무엇이 필요한가? 나는 어떠한 가치관을 갖고 사는가? 답변이 쉽게 나오진 않겠지만, 이제부터 자세히 답을 찾아

나설 것이다. 이 책에서 소개하는 모든 훈련, 정보, 제안은 진정한 자아를 찾는 데 도움이 될 만한 수단일 뿐이다. 이제 나르시시스트를 내 이야기에서 지우고, 관계에서 분리된 나 자신을 알아가야 할 때다. 내 인생에서 밀어냈다고 생각한 사람들이 여전히 내 마음에서 큰 부분을 차지한다고 느낄 때가 있다. 그 사람들과의 관계에 대해 반추하는 데 많은 시간을 할애했기 때문이다. 루나의 경우, 그녀가 열심히 살려고 한 이유는 자신의 꿈을 펼치기보다는 아버지가 틀렸다는 것을 증명하기 위해서였다. 하지만 나르시시스트에게 반응하는 것을 내 행동과 결정의 기준으로 삼는다면, 그 사람의 영향력에서 자신을 실제로 분리한 것이 아니다. 결국 여전히 그 사람과 그의 욕구에 연결되어 있으며, 결과적으로 나는 정신적인 악순환에 갇힐 수 있다. 진정한 복수와 반항은 그 사람에 대한 반응이 아니라, 내 욕구, 필요, 열망, 실수, 강점, 약점, 희망, 감정이 온전히 내 것인 삶, 나다운 삶을 사는 것이다.

내 서사 수정하기

지금까지의 내 서사는 나다운 나를 용납하지 않는 사람들이 써온 것이다. 이제는 낡은 서사를 버리고, 나를 해방하고 내게 힘을 실어줄 수 있는 새로운 서사를 써 내려갈 때다.

지금까지의 서사는 오래된 이야기이기 때문에 처음에는 수정하기가 어려울 수 있다. 마치 어린 시절에 너무 많이 들어서 이제는 다른 이야기가 불가능해 보이는 동화를 다시 쓰는 것과 비슷하다. 인어공주가 왕자에게 "난 사실 내 꼬리를 좋아해요. 바다에 가서 같이 놀면서 나를 더 알고 싶으면, 큰 소리로 나를 불러요. 그게 싫으면, 우린 여기까지인 것 같아요"라고 말하는 모습을 상상할 수 있겠는가.

첫 번째 단계는 내 발목을 잡는 낡고 왜곡된 서사—나다운 삶을 살지 못하게 한 사람과 상황—를 파악하는 것이다. 펜을 들고, 요약본이든, 3~4페이지든, 수백 장이든 적어보라. 내가 편한 방식으로 적으면 된다. 날것 그대로 종이에 다 적었다면, 잠시 펜을 내려놓고, 종이가 숨을 쉬게 한다. 이제 내가 어떤 자기애적 학대를 겪었는지 훨씬 명확하게 이해할 수 있다. 그다음에는 그 관점으로 내가 적은 서사를 읽는다. 그리고 내가 오해하거나 착각한 부분("그건 내 잘못이었어")을 찾아본다. 그중에서 내 이야기가 차지하는 비중과 나르시시스트의 이야기가 차지하는 비중을 비교하라. 자기애적 학대를 받고 살아가는 경우, 그 사람의 이야기와 내 이야기를 혼동하게 된다. 따라서 내 이야기라고 생각되는 부분부터 다시 작성하라. "어렸을 때부터 의사가 되고 싶었다"라는 문장은 "나는 과학을 유난히 좋아했다. 그래서 아버지는 내가 자기처럼 의사가 되기를 간절히 원하셨다. 나는 의사의 꿈을 좇는 것이 속 편한 길이라고 생각했다. 부모님도 내가 의대에 진학한 것을 매우 좋아하셨다. 의사가 되는 건 좋은 일이지만, 내가 정말 좋아했던 건 글을 쓰는 것이었다. 그래서 지금 나는 전문 의료인이 되기까지의 과정을 글로 녹여내는 중이다."

이처럼 더 명확한 눈으로 자신의 이야기를 바라보라. 이야기에는 다양한 결말이 있을 수 있으며, 나는 이제 새로운 2막을 써 내려갈 수 있다.

거절당하거나 버림받을까 두려워 애초에 내 재능과 기질을 알아볼 생각조차 하지 않았을 수 있다. 내가 써 내려가고 싶은 내 이야기를 구석에 묵혀 두었을 수도 있다. "나는 인간관계에 서툴고 어리석게도 이 관계에 너무 오래 매몰되어 있었다"라고 적는 대신 "인간관계가 나를 지치게 할 때가 많다. 그런데 이를 통해 인간관계를 유지하는 새로운 방법을 배워나가고 있다. 나는 여유 있게 생각할 수 있다. 그리고 자신에게 조금 더 친절하게 대할 수 있다"라고 적어보면 어떨까. 한 번에 한 가지 내용을 다루라. 또한 '자기 자비self-compassion(다른 사람들의 어려움에 대해 공감하고 연민을 품는 것과 같이, 자기 자신에게도 연민과 이해로 대하는 것. '자기 연민'으로도 번역됨-옮긴이)'를 불어넣으면, 내 이야기를 정리하고 들여다보기가 한결 쉬워진다. 시간과 성찰이 필요할 수 있으므로 서두르지 마라.

회복탄력성(정신적 저항력)에 대한 내 이야기를 다시 써야 할 때이기도 하다. 자기애적 관계에서 내 느낌과 감정은 허락받지 못했고, 나는 가스라이팅을 당했다. 일반적으로 가족, 인간관계,

사회 전반에서 약자층은 자신의 감정이 용납되거나 허용되지 않는다는 사실을 오래전부터 파악했다. 많은 사람이 오래전부터 감정을 억누르는 법을 배웠고, 그 힘과 회복탄력성은 금욕주의와 관련이 있다.

많은 문화권에서 감정을 표현하지 않고 감정을 드러내지 않는 것이 '오뚝이' 같은 태도—어려움이 있어도 아랑곳하지 않고 원래대로 회복하고 복귀할 수 있는 능력—라고 잘못 인식하고 있다. 그러나 침묵하며 참는 것은 주변 사람들에게는 편할지 몰라도, 회복탄력성은 아니다. 나의 서사를 재구성할 때, 내가 갖고 있고, 삶을 살아가면서 경험하고 있는 모든 느낌과 감정에 닿으려고 노력해 보라. 자신이 느끼는 진실이 이야기에 활기를 불어넣어 줄 것이다. 이제 내 서사는 단순한 이야기가 아니라 유해한 관계에서 안전을 유지하기 위해 오랫동안 침묵해 온 내 소중한 감정들이다.

내가 작성한 서사를 다시 살펴볼 때, '나다움'을 정의하는 과정에서 다른 사람들에 대해 전투적이거나 고립적인 접근 방식을 취하지 않도록 주의하라. 자기애적 학대를 당한 후에는 인간관계가 두렵게 느껴질 수 있다. 이때, '나르시시즘에서 분리된 나만의 정체성' vs. '모든 사람한테서 고립된 섬으로 존재하는 것'은 철저히 구분되어야 한다. 인간관계는 안전하고 편안할 수 있다는 점을 기억하라. 내 이야기를 새롭게 써 나갈 때, 시간이 얼마나 걸리든 건강한 관계의 소중함을 받아들일 수 있게 되는 것도 큰 의미를 지닌다.

궁극적으로, 내 이야기를 다시 쓰는 것은 단순히 내 마음과 몸이 편해지기 위한 빠른 해결책이 아니다. 행간의 의미가 더 중요한 글이기 때문이다. 단순히 '나는 부족하다'라는 느낌에서 '나는 훌륭하다'라는 선언으로 전환하거나 나르시시즘에 대한 얕은 긍정을 받아들이는 취지가 아니다. 그 대신 나는 부족하다라는 잘못된 믿음을 파헤치고 그 생각의 뿌리를 이해하며 실제 내 삶의 경험이 긍정적이고 희망찬 다른 이야기를 암시한다는 사실을 깨닫는 것이다.

내 내담자 중에는 어머니, 남편, 형제자매, 전 상사, 전 절친 (결혼식 들러리였던)이 모두 나르시시스트였던 여성이 있었다. 처음에 그녀는 이야기를 다시 쓰는 것 자체가 불가능하다고 생각하며 이 훈련을 하지 않겠냐고 했다. 자기애적 학대를 당하고 많은 세월이 지났는데, 무슨 상관이냐는 반응이었다. 하지만 그녀는 유연하고 긍정적인 사람이라, 결국 흔쾌히 하기로 했다. 그녀는 자신의 과거를 써 내려갔다. 그리고 새로운 이야기를 적으면서, 자신에 대해 새로운 점을 알게 되었다. 예측 불가능성에 대처하는 데 꽤 능숙하고, 자신이 처한 온갖 비합리적인 상황에 진절머리가 난 탓에 매우 합리적이었으며, 대형 프로젝트를 관리하고 조율하는 능력이 있고, 엄청난 공감 능력을 갖추고 있다는 사실을 알게 된 것이다. 그녀는 또한 실제로 경계를 설정하는 방법을 알고 있었으며[원래 자신에 대해서는 '호구doormat(사람들이 밟으라고 있는 현관 매트처럼, 다른 사람들에게 당하고도 가만히 있는 사람-옮긴이)'라고 인식했다] 필요한 것을 요구할 수 있었다. 과거 나르시시스트들과의 관계에서 그녀는 거짓 정보를 다 믿게 되었다(그들은 증거를 제시하기도 했다). 그들은 그녀에게 거짓말을 진실로 받아들일 정도로 자주 거짓말을 반복했고, 그 결과 그녀는 현실에 대한 인식을 왜곡하는 경우가 많았다. 지금껏 만나본 초긍정의 치료사나 코치는 그녀가 현재 아무런 문제 없이 살고 있으므로 변화할 필요 없다고 강조했다. 실제로 그녀는 남들 보기에도 훌륭한 삶을 살고 있었다. 그런데 그녀가 자신의 이야기를 수정하는 과정에서 자신과 다른 방식으로 대화하기 시작했고, 어머니와는 관여도를 줄이고 거리를 두었으며, 더 이상 자신을 호구라고 생각하지 않았다. 1년 후, 그녀는 어머니에게서 독립하여 혼자 살면서 본격적으로 눈부신 경력을 쌓아갔다.

이처럼 내가 수정한 내 이야기도 자신에 대해 더 많이 알게 되면서 변화할 수 있다. 더욱더 역동적이고, 지금까지 추구한 삶의 방향과 깊이가 달라질 것이다. 자기애적 관계에서 파생된 나의 서사는 허구, 즉 픽션이었다. 이제 내가 써 내려가는 나의 이야기는 사실, 혹은 진실 그 자체다. 사냥 이야기의 화자는 나 자신, 즉 사자인 것이다.

용서의 배신

모든 자기계발서, 치유법, 영적 경전에서는 용서의 가치를 강조하는 것 같다. 성경에서부터 인스타그램 인플루언서, 간디에 이르기까지 우리는 용서가 신성한 것이며 의인의 길이라는 생각에 매료되어 있다. 따라서 이 책에서 "사실이 아닐 수 있다"라고 말하는 것은 아무리 생각해도 이단으로 비난받을 일일 것이다. 심리학 연구에서는 용서의 가치를 강조하고 있고, 건강한 관계에서 용서는 엄청난 가치를 지닌다. 하지만 자기애적 관계는 건강하지 않기 때문에 용서에 대한 기존의 모든 통념이 무색해진다.

메리엄 웹스터 사전에서는 '용서'라는 단어를 "(가해자에 대한) 분노를 더 이상 느끼지 않는 상태"로 정의한다. 배신한 사람에 대해 더 이상 분노를 느끼지 않는다면, 용서할 준비가 된 것이다. 여전히 원한을 품은 상태에서 용서하려는 노력은 세상이나 나르시시스트가 원하는 모습일 수 있지만, 그것은 피해자 내면에서 우러나오는 진정한 용서가 아니다. 과거에 나르시시스트를 용서하려고 애쓴 적이 있는가? 그때 마음은 어떠했는가? 내가 나르시시스트를 용서했을 때, 고마워하기는커녕 자신의 행동을 바꾸지 않았을 것이다. 오히려 자신이 하던 일을 계속해도 된다는 허락으로 받아들였을 가능성이 높다. 그들에게 용서는 자기애적 공급원이다. 즉, 그들의 자격을 강화하는 또 하나의 요소일 뿐, 특히 다시 배신당할 경우, 용서한 나에게 오히려 화를 낼 수도 있다. 또한 자기애적 관계에서 용서는 실시간으로 이루어지는 경우는 거의 없다. 그 관계에서 안전하게 벗어난 후 한참 후에야 겨우 용서가 될 뿐이다.

여러 연구에 따르면, 용서한 후 보상을 받거나 그 사람한테서 나를 안전하게 보호하려는 시도가 뒤따르지 않으면 용서를 한 사람에게 이득이 없다. 사람들이 관계에서 나쁜 행동을 한 애인이나 배우자를 반복적으로 용서하면 용서하는 사람의 행복에 부정적인 영향을 가하는 경우가 많다. 또한 다른 연구자들은 공격적이고 적대적인 애인이나 배우자는 용서를 받은 후 다시 잘못을 저지를 가능성이 더 높으며, 다시 실수해도 상대가 화를 내지 않을 것이라고 믿기 때문에 행동을 바꾸어야 한다는 압박감을 느끼지 않는다고 밝혔다. '호구 취급 효과doormat effect'란 나쁜 행동을 한 비호감 애인이나 배우자를 용서하는 것이 오히려 자존감에 부정적인 영향을 미친다는 의미다. 용서의 미덕에 관한 글 대부분은 나르시시즘과 적대감을 설명하지 않는다. 상습적인 범죄자와 항상 불쾌감을 유발하는 성격을 고려할 때, 용서하지 않는 것이 오히려 행복에 더 도움이 된다는 연구 결과도 많다.[3]

개인적으로 나는 내 인생에 등장한 모든 나르시시스트를 용서하지 않았다. 그들은 내게 해를 끼치고 어떤 면에서는 나를 부정적으로 변화시켰는데도 초래한 피해에 대한 대가를 치르지 않았다는 사실도 분명히 알고 있다. 심지어 나는 여전히 그들 중

일부와 가끔 시간을 함께 보내고 있다. 그런데 만나고 나면 항상 기분이 안 좋아진다. 그리고 이들과의 관계 때문에, 내 성향도 바뀌는 것 같다. 사람에 대해 더 경계하고 두려워하며 덜 신뢰하는 것 같다.

나는 이들을 용서하지 않기로 마음먹었다. 이렇게 인정하고 나니 내 치유에 큰 도움이 되었고 분노도 줄어든 것 같다. '원한을 느끼는 것'과 '진정으로 용서하는 것' 사이에는 큰 간극이 있다. 내가 혹여라도 용서하겠다고 마음먹는다면, 용서에 대한 강박이 여전히 나를 다시 가두려는 무언가에 집착하는 건 아닌가 하는 생각이 들었다. 그들을 용서한다는 것은 내게 내적 긴장감을 유발한다. 치유에도 그다지 도움이 안 된다. 당연히 효과가 없을 것 같지 않은가? 어떤 사람들은 내게 "라마니, 너는 어차피 그들을 다 잊고 새로운 인생을 살고 있지 않니. 그냥 용서해 줘버려"라고 말한다. 하지만 나는 용서하지 못하는 것이 내가 짐을 지고 있는 것으로 생각하지 않는다. 나는 그저 상황에 대한 현실적인 평가를 할 뿐이다. 수년 동안 나는 계속 용서했거나 적어도 용서하고 있다고 믿었고, 상황을 이해하기 위해 여러 가지 진실로 눈을 돌리기도 했다. 그들은 내게 상처를 주었어. 나는 그들을 사랑했어. 용서하려고 했지만, 그들은 나를 다시 배신했어. 나는 다른 사람들을 믿지 않게 되었어. 여전히 그들이 나를 비판하는 게 두려워. 용서하고 놓아주는 것만큼 새로운 삶을 산다는 것이 쉽지만은 않았어. 결코 쉬운 일이 아니다.

우리가 용서라고 칭하는 언행이 실제로 진정한 용서가 아니라는 점이 안타깝다. 악감정을 내려놓고, 홀홀 털고 앞으로 나아가며, 나르시시스트의 행동을 용서하거나 잊어버리는 행동으로 내가 자유로워지는 데 도움이 될 수는 있지만, 적극적인 용서에 해당하지는 않는다. 용서(또는 용서하지 않음)에 대해 곱씹는 행위, 즉 반추를 통해 나르시시스트가 내 삶에서 사라졌을 때도 정신적으로 그 관계에 속박되어 있을 수 있기 때문이다. 따라서 관계로 인해 나를 짓누르는 부정적인 감정을 극복하는 동시에 그러한 감정을 내려놓는다고 해서 상대를 용서한 것이 아님을 인식하는 것이 현실적이면서 이상적인 접근법이다. 곱씹는 반추에서 거리를 두는 것, 그것이면 된다.

무엇보다도 용서하더라도 그 용서가 보여주기식이 아니라 마음에서 우러나오는 진정성 있는 것이어야 한다. 어떤 사람들은 "그 사람을 용서하면, 그 사람의 인생이 얼마나 서글픈지를 인정하는 것인데, 나는 굳이 그를 혐오하는 데조차 내 에너지(대역폭, 인내심의 한계)를 쓰고 싶지 않다"라고 말한다. 나는 자기애적 학대를 당한 생존자들에게 방향을 제시할 때 용서를 적극 권하지 않을 것이다. 용서를 선택하는 생존자와 그렇지 않은 생존자를 모두 존중하고 응원하지만, 연구 결과에 따르면 상습적인 가해자를 계속 용서하는 것은 바람직하지 않다는 것이 밝혀졌다. 따라서 어느 쪽이 더 좋거나 나쁘지는 않다. 각자가 치유하고, 새로운 이야기를 만들고, 자신의 목소리를 되찾는 것은 선택의 문제고, 마찬가지로 용서도 선택의 문제일 뿐이다. 따라서 나르시시즘 학대에 대한 담론의 상당 부분이 나르시시스트의 용서에 관한 것이라는 사실에 놀라움을 금할 수 없다. 가당치도 않은 말이다. 용서하고 싶지 않다면, 자기애적 관계의 잔해를 정리하는 과정에서 '내가 속이 좁은 사람인가?'라고 생각하며 수치심을 느꼈을 수도 있다. 또는 용서하지 않으면 치유할 수 없다는 말을 들었을 수도 있다. 이는 사실이 아니다.

진정한 치유를 하려면, 무슨 일이 일어났는지 명확하게 인식할 수 있어야 한다. 슬픔과 고통을 스스로 있는 그대로 느낄 수 있는 것이다. 한 번만 쓰고 마는 그런 이야기가 아니라, 충분히 여러 번 언급해야 제대로 슬픔과 고통이 인식된다. 감정이 북받쳐 오르기도 할 것이다. 슬프고, 원통할 것이다. 그리고 가슴이 찢어질 것이다. 치유한다는 것은 자신의 고통과 자기애적 학대에 관한 이야기를 스스로 느끼도록 허용하는 것을 의미한다. 수치심을 느끼지 않되 '자기 자비(연민)'를 갖고 천천히 느끼면 된다. 많은 사람이 자기애적 학대를 극복하기 위해 고개를 숙이고 강박적으로 일하거나 다른 열광적인 활동에 몰두한다. 이는 진정한 치유가 아니다. 그저 내 관심을 다른 것으로 돌리려는 발버둥일 뿐이다. 단기적으로 바쁘게 지내는 것이 위로가 된다고 느낄 수 있다. 완전한 치유는 마음처럼 쉽고 빠르게 날성되지 않는다. 고통의 단계를 건너뛰고, 바쁨에서 마음 정화로 점프할 수는 없는 노릇이다. 치유를 서두르거나, 제대로 된 치유를 건너뛰면,

우리는 종종 멈추고 고통을 느끼는 것을 잊어버린다. 고통을 느끼는 건 매우 필요한 단계다. 그렇지 않으면 우리는 그 경험에서 단절된 채로 남아, 끝없이 반추만 하며 살지도 모른다.

성인이 되어 자기애적 관계에서 벗어나기까지 몇 년, 심지어 수십 년이 걸릴 수 있고, 빠져나온 후에도 너무 오래 머물렀다고 자책할 수 있다. 내가 왜 그렇게 어리석었을까? 왜 더 일찍 알아차리지 못했을까? 내가 충분히 노력하지 않았나 봐. 내 잘못이 얼마나 될까? 이 사람이 괴물로 변한 건 나 때문일지도 몰라. 이 괴물을 보지 못하고, 공감과 조력을 혼동하고, 변명만 늘어놓았던 자신을 용서하라. 그렇다. 당신은 전혀 알지 못했다. 아무도 가르쳐주지 않는 것을 어떻게 인식할 수 있단 말인가?

자신을 용서한다는 것은 해방, 즉 마음에 맺힌 응어리를 풀어내는 것이다. 나르시시스트의 이야기에서 벗어나는 것, 자신을 해방하는 것이기도 하다. 그 사람에게서 벗어났다는 생각은 나 자신, 자녀 또는 동료와 직원이 그 사람에 대해 실망했고, 더 이상의 기대를 하지 않는다는 의미이기도 하다. 하지만 나는 그저 부모에게 사랑받고, 소중히 여겨지고, 보호받고 싶었고, 누군가와 사랑에 빠져 친절과 연민, 존중을 느끼고 싶었고, 직장에서 공평하고 정중하게 대우받고 싶었고, 기본적인 공감을 받고 싶었을 뿐이다. 그 대가로 나는 가스라이팅, 불인정, 분노, 경멸, 무시, 잔인함의 대가를 치러야 했을 것이다. 기억하라. 당신은 잘못한 것이 없다. 이제 더 이상 이전처럼 이야기를 써 내려가지 마라. 나 자신을 용서하는 것이 슬픔을 극복하는 핵심 단계다.

　내 이야기를 탐색할 때 그 결말이 용서라고 믿고 싶을 수 있다. 하지만 써 내려가다 보면, 결말은 예상과 매우 다를 수 있다.

생존감에서 번영감[*]까지

자기애적 학대 후에도 '번영감'을 느끼며 살 수 있을까? 충분히 가능하다. 번영감을 느낀다는 것은 예전의 나를 되찾는 것이 아니라, 이 경험을 통해 변화된 나를 되찾는 것이다. 더 현명하고, 더 자각적이며, 진정한 나를 발견하는 것이다. 상황에서 눈치를 보고, 혼란스러워하며, 불안하고, 나 자신을 의심하는 일상의 생존 투쟁에서 벗어나는 것이다. 단순히 끼니를 때우고 일을 처리하는 일상적인 대처도 아니다. 번영하기 시작하면 더 이상 나르시시스트의 눈치를 보지 않고 생각하며 말한다. 그 사람의 존재가 내 결정이나 경험에 영향을 주지 않는다. 나는 지금껏 수많은 생존자와 이야기를 나누고, 함께 일하고, 그들의 이야기를 들었는데, 그들의 성공담은 항상 "사업을 시작했고, 좋은 사람을

---

[*] 번영감sense of thriving: '온전한 삶'을 사는 상태이자 활력감vitality과 학습감learning을 동시에 경험하는 상태로서, 궁극적으로 자신이 조금씩 성장, 발전하고 있다고 느끼게 되는 것-옮긴이

만나 재혼했고, 교사 자격증을 취득했다"라는 거창한 이야기가 아니었다. 성공은 종종 "하루 종일 일하면서도 단 한 번도 내 머릿속에서 그 사람의 목소리가 들리지 않았다"라는 단순한 이야기다.

잠시 시간을 내어 내 삶의 여정과 이야기를 명확하게 살펴보라. 나 자신의 성장, 포부, 심지어 다른 사람들에게 받는 칭찬에 대해 불편해하면서 내가 혹여 '허세 떠는 사람'으로 비칠까 봐 마음 졸이진 않았는가? 아, 창업에 관해 얘기하면 허세 같아서 얘기하기가 좀 그렇다. 내가 얼마나 이뤘는지, 내가 어떤 삶을 살았는지 말하면 허세 같아서 말이야. 정해진 각본에 맞춰 살기보다는 내 본연의 모습에 맞춰 살고 싶다는 이유로 수년간 수치심을 느끼며 살아왔을 수 있다. 자신을 침묵시키거나 자신의 열망을 허세 혹은 과대망상으로 치부하진 않았는지 생각해 보라. 그것은 겸손이 아니라 나를 힘들게 한 나르시시스트의 목소리가 내 마음속에서 울리는 것이다.

당신의 꿈과 열망은 절대로 거창한 것도 허세도 아니다. 이미 겸손이 몸에 배어 있으므로 이제 자신을 부끄러워하지 않고, 활개를 치며(즉, 번영하고 번창하며) 자신을 성찰하는 법을 배워 보라.

결말이 없다면 이야기는 어떻게 끝날까?

자기애적 관계에서 끝이 나는 경우는 거의 없다. 그 사람이 내 심정을 이해한다고 말하거나 책임을 지거나 대가를 치르는 이 상적인 순간을 기다리며 평생을 허비할 수도 있다. 그들은 당신의 고통이나 당신이 잃어버린 모든 것을 죽을 때까지 인식하지 못할 수도 있다. 적어도 당신이 지켜보는 동안에는 인과응보나 바닥을 경험하지 못할 수도 있다. 하지만 끝을 맺지 못하더라도 그들과 함께한 나의 이야기에 마침표는 찍어야 한다. 모든 이야기에 깔끔하게 단추가 채워지듯 결말이 있는 것은 아니다. 치유와 끝기는 그 사람과의 마무리가 내가 바란 것이 아니더라도 개의치 않고 내 인생을 꿋꿋하게 사는 것이다. 진정한 종결은 자신의 정체성과 목표가 다른 사람에 의해 가려지지 않고 자기 삶에서 발전하는 데서 비롯된다.

치유와 회복을 위한 활동

다음 훈련은 왜곡된 서사를 바로잡고, 치유에 도움이 되며, 나르시시스트에 대해 자율성과 녹립성을 키우는 데 도움이 될 것이다. 무엇보다도 나다움과 나의 정신적 성장에 힘을 실어주는 방식으로 접근할 것이다. 경험과 고통을 통해 내가 어떻게 변화하고 배웠는지 되돌아보는 시간을 가져보라. 이 과정에서 자신을 너그럽고 친절하게 대하는 것을 기억하라.

나의 어릴 적 이야기(혹은 동화) 새로 쓰기

어린 시절의 이야기가 중요한 이유는 무엇일까? 성인이 되어 사랑 이야기를 써 내려가는 패턴(원하는 대상을 향한 돌진, 원하는 대상의 구출, 해피엔딩)이 되기 때문이다. 우리가 읽고 보고 자란 동화 내용은 기본적으로 전형적인 성 역할을 강화하고, 정형화되지 않은 개성을 비난하며, 자기애적 관계에 관한 모든 요소—러브바밍, 강압적 태도, 용서, 순종, 과대성, 퓨처 페이킹—를 미화한다. 자기애적 가정에서 자랐거나 이러한 이야기가 여전히 피부에 와닿는다면 유용한 훈련이 될 것이다.

어린 시절에 들었던 동화를 떠올려 보라. 그리고 그 동화가 가족 내에서 학대 패턴을 어떻게 정당화했는지, 또는 성인의 친밀한 관계나 직장에서 어떻게 패턴을 강화했는지를 생각해 보라(내가 내 자리에서 열심히 일하고 눈에 띄기를 기대하지 않으면, 생쥐 무리와 아주머니 요정이 나를 도와줄 것이고 진정한 사랑을 찾게 될 것이다). 그런 다음, 이 옛이야기를 현실적이거나 균형 있게 다시 써보자. 예를 들어, 《빨간 구두Red Shoes(1845년에 발표된 한스 크리스티안 안데르센의 동화 중 하나로, 한 여자가 붉은 신발을 신고 무리한 욕심으로 자신의 운명을 부르게 되는 이야기-옮긴이)》는 부모의 말을 듣지 않고 반항하여 벌을 받은 나쁜 소녀의 이야기로 전해

저 왔다. 그렇다면 다른 각도로 이 이야기를 써보면 어떨까? 아름다움과 기쁨에 관심이 많고 그저 자기 본연의 삶을 살고 싶다는 이유로 벌을 받는다고 하면 어떨까? 이렇게 당신의 어린 시절 이야기를 풀어낼 수 있다면, 서사 전반에 퍼져 있는 경직된 사고도 일부 해소할 수 있을 것이다.

'무슨 일'보다 '내가' 어떻게 느꼈는지 되돌아보기

내 이야기를 반복적으로 하면, 결국 감정과 자아를 분리할 수 있다는 느낌을 받게 될 수 있다. 나는 심리치료사로서 상담의 진정한 가치는 내담자가 어떠한 이야기를 하는지가 아니라, 내담자의 과거와 현재의 감정을 이해하는 데 있다고 생각한다. 자기애적 학대에서 치유하고 서사를 재구성할 때 내가 느끼는 감정에 주의를 기울여라. 그런데 이야기의 디테일에 빠져들다 보면 (부모님이 그랬거든요. 결혼식에서 이런 일이 있었거든요. 배우자가 바람을 피웠어요. 동업자가 내 돈을 훔쳤어요) 당시에 어떤 기분이었는지 제대로 느끼지 못한다. 단순히 관계에서 일어난 일들을 회상하는 것만으로는 이야기에서 가장 중요한 부분, 즉 그 일이 일어났을 때 내가 느꼈던 감정을 놓치게 된다. 이러한 감정에 다가가면, 반추의 순환을 끊고 분별력을 키우며 더 현재에 집중하고 자기 사비(연민)를 느낄 수 있다.

내 모든 조각을 하나로 모으기

자기애적 관계에 있었던 그때의 나를 완전히 떠나고 싶을 수도 있다. 과거의 내 이야기에 등장한 나 자신이 수치스럽기 그지없기 때문일 수 있다. 그래서 이런 생각을 할 수 있다. 바람둥이와 함께 지냈던 망가지고 한심한 바보였던 내 흑역사를 기억하고 싶지 않아. 나는 더 이상 이기적이고 승부욕이 강한 엄마의 비위나 맞추며 사는 아이가 아니야. 아직은 그렇게 단정 짓기에는 이르다. 혼란스럽고, 상처받고, 비난받고, 가치를 인정받지 못했지만, 그럼에도 최선을 다해 학교를 졸업했거나, 고통스러운 이별을 극복한 나를 위한 마음의 공간을 확보하라. 자신의 과거와 이야기 그리고 현재의 나를 부정하는 것은 자기 판단과 상처에 머물러 있다는 의미일 수 있다. 나를 한없이 자비롭게 연민을 갖고 대하라고 권하고 싶다. 자신의 상처받은 부분을 끌어안아라. 나의 약점처럼 보였던 것이 사실은 나의 인내와 공감 그리고 강점이었다는 사실을 인정하라. 자기애적 관계를 겪은 이후 자신을 다시 안아준다는 것은 온화함, 존중, 사랑으로 나의 과거와 현재를 모두 포용한다는 의미다.

편지 쓰기

전체 치유 여정에서 내가 얼마나 왔는지, 어떠한 교훈을 얻었는지 확인하려면, 지금 내가 알고 있는 모든 것을 누군가에게 편지로 써보는 것도 도움이 될 수 있다. 편지의 수신인은 자기애적 관계에 있을 때의 나 자신일 수도 있다. 그 사람에게 관계를 떠나기로 결심하면 어떤 일이 일어날지 미리 알려주라. 또는 10년 후의 자신에게 편지를 써서 어떤 일이 일어나기를 바라는지를 알려줘도 좋다. 나르시시스트와 결혼을 앞둔 사람, 나르시시스트 부모 때문에 자신을 억누르고 있는 사람, 학교나 직장에서 교사나 상사에게 상처받아 상실감을 느끼는 사람에게 글을 쓸 수도 있다. 내가 깨달은 바를 적는 행위는 치유에 도움이 될 수 있다. 내가 누군가를 도와준다는 것 혹은 나에게서 한 발짝 물러나 내 경험을 바라본다는 것은 내 경험이 헛되지 않았음을 인식하는 좋은 방법이다. 편지를 쓴 후에는 며칠 또는 몇 주 동안 가만히 두었다가, 다시 돌아가서 읽어보라. 자기 자비(연민), 자기 용서로 가득한 단어, 자기 비난이 없는 문구로 적었거나, 자신에게 직접적으로 말하지 않고 다른 사람에게 말하듯 썼다고 느껴질 것이다. 이제 그 너그러운 문구들을 다시 자신에게로 가져와 보라.

대가 없이 베푸는 행위

이쯤이면 많은 이들이 이런 생각을 하고 있을 것 같다. 나도 이런 일을 겪는 다른 사람들을 돕고 싶다. 다른 사람이 나처럼 많은 시간을 낭비하지 않도록 도와주고 싶다. 대가 없이 남에게 베푸는 행위는 다른 사람에게 주는 선물을 인식하는 것뿐만 아니라 그들의 이야기를 통해 나 자신도 배울 기회를 제공함으로써 내 이야기의 일부가 되기도 한다. 치유의 과정을 통한 배움은 사람마다 다른 방식으로 실천될 수 있다. 심리치료사나 상담사가 되어 자기애적 관계의 생존자들을 도와주기 위해 학위를 따는 경우도 있다. 이혼 코칭 지도사가 되기도 한다. 가정 폭력 변호 서비스나 가정법원 개혁에 참여하기도 한다. 반대로 자기애적 학대에 관해 이야기하는 것 자체가 여전히 너무 힘들거나 아예 덮어버리고 싶을 수도 있다. 그래서 방향을 틀어 동물을 돕거나, 지역사회에 봉사하거나, 이를 통해 감사하고 혜택을 받는 사람들을 지원하는 데 공감과 연민을 실천할 수도 있다.

한 가지 주의할 점이 있다. 남을 돕는 이유가 내 치유가 주요 목적이 되어서는 안 된다. 치유 과정에서 실천할 수 있는 하나의 행동일 수는 있지만, 돕고자 하는 열망으로 인해 (또다시) 도움을 주려고 하다 보면 정신적으로 지치고 고갈될 수 있다.

나만의 '생존자 여정'을 직접 목격하라

영웅의 여정에 대해 들어본 적 있는가? 기승전결의 영웅담은 여러 시대와 문화에 걸쳐 신화와 전기의 기틀이 되기도 한다. 그 구성은 매우 간단하다. 영웅은 모험의 소명을 받고, 중대한 위기에 직면하고, 종종 포기할지 고민하다가, 완전히 변화된 모습으로 귀환한다. 그 과정에서 영웅은 미지의 세계를 헤매며 조력자, 멘토, 동료 여행자, 위협, 실존적 위기를 만나고, 돌아와서는 변화된 모습을 보여줄 뿐 아니라 다른 사람들에게도 선행을 베푼다.

이제 이 여정의 주인공은 바로 '나'다. 인생이 바닥을 치고 자신을 포기하고 싶은 순간도 있었지만, 우여곡절 끝에 지금의 위치까지 오지 않았는가. 자기애적 관계에서 무시와 불인정, 나다움이 뿌리째 뽑히는 신세였지만, 내 주변에는 '동료 여행자'들이 있었다. 친구, 가족, 치료사, 심지어 낯선 사람이었을 수도 있다. 성장하면서 가장 가슴 아프고 때로는 고통스러운 깨달음 중 하나는 모든 사람, 특히 나르시시스트들은 내가 가고자 하는 목적지로 함께 갈 수 없다는 사실이다.

치유하고, 나다움을 찾는 과정에서 이전과는 다른 방식으로 사람들과 관계를 맺게 될 것이다. 인맥을 정리하거나 관계를 끊는 것이 아니라, 나의 내면에 여백(하나의 공간)을 만들어 아무도 침범하지 못한 채 나를 보호할 수 있게 되었다는 의미다. 영웅의 귀환은 내가 진정한 나의 자아로 돌아간다는 의미이기도 하지만, 내가 귀환한 '집'은 이전과 같은 공간이 아니다. 내가 완전히 내 것으로 소유할 수 있는 '나다움의 집'이기 때문이다. 자기애적 관계의 면면을 파헤친 지금, 나는 완전히 다른 내가 되었다는 점이다. 그 과정이 고통스럽기는 하지만, 훌륭하고 심오하게 변화된 나의 모습도 존재한다.

이야기를 다음과 같은 구성 요소로 나눠보라.

- 치유 과정(여정)을 시작하게 된 계기는 무엇인가?
- 그 과정의 일부 또는 전부를 함께한 사람은 누구였나?
- 거의 포기할 뻔했던 순간에는 어떤 일이 있었나?
- 집으로 돌아간다는 것은 어떤 의미였나?

율리시스Ulyssess(목마를 만들어 트로이를 정복한 영웅으로 고대 그리스 신화에 나오는 오디세우스의 로마식 이름이다-옮긴이), 아르주나Arjuna(마하바라타 전쟁에서 중요한 역할을 맡은 영웅으로, 인도 신화에 등장한다-옮긴이), 프로도Frodo, 시타Sita는 외부에서 온갖 위협에 직면한 신화 속 인물들이다. 나르시시스트와의 관계를 겪으면서 나의 내면에서 정복해야 했던 악마들과는 비교도 되지 않는다. 영웅의 여정을 따라 나의 이야기를 구성하면 치유 과정에 대한 인식이 엉망진창인 상황에서 헤매는 사람에서 용감하게 험난한 탐험을 떠난 사람으로 바뀔 수 있다. 내가 시간을 돌린다면 어떤 선택을 했을까? 현상 유지에 힘썼을까? 관계를 떠났지만, 내 욕구나 치유에는 아랑곳하지 않았을까? 내 이야기에서 어떠한 부분도 다시 쓰지 않고 한 단어도 바꾸지 않으면 어떨까? 아무것도 하지 않는 것은 차라리 속 편하고 쉬운 선택지였을 수도 있다. 그러나 지금 내가 하려는 건 넋 놓고 가만히 있는 건 아니지 않는가.

치유란 나르시시스트의 삶과 굴레에서 내가 빠져나오는 것이다. 그 사람이 내게 투사한 각본과 수치심에서 벗어나는 것이다. 자기애적 학대와 분리된 나만의 고유한 정체성을 형성하는 것이다. 내게 일어난 일에 대해 이해하고, 느끼고, 슬퍼하는 것이다. 그리고 내가 부족하다고 느끼는 부분, 상처받았다고 느끼는 부분, 사랑받을 자격이 없다고 느끼는 부분, 학대받았다고 느껴지는 부분 등 자신의 모든 상처받은 부분에 대해 연민을 품는 것이다. 이 모든 부분마저 나의 일부이기에 잘라내지 마라. 받아들이고 사랑하라. 나의 황폐한 자아를 더 넓고 진정한 자아 안으로 통합하면, 내 삶의 나르시시스트한테서 분리될 수 있을 뿐 아니라, 나를 체스판에 올려놓고 조종하려는 시도에서도 벗어날 수 있다.

　자기애적 학대에서 치유되는 것은 그 자체가 최종 목적이 아니라 일련의 과정에 가깝다. 나르시시스트가 정해 놓은 내 삶의 방향에서 벗어나고, 그 사람의 틀에 갇히지 않으며, 나만의 삶의 방향을 찾는 섬세하고 조화로운 여정이다. 그 사람에게 용서를 강요하는 것도 아니다. 다만, 그 사람한테서 거리를 두고 무관심으로 일관하는 상태를 유지하는 것이다. 내게 일어난 일에 대해 거리를 두거나 무관심으로 일관하는 것이 아니다. 나의 슬픔, 상실감, 고통에도 굴하지 않고—어쩌면 슬퍼하고 상실감을 느끼며 고통스러워서—자기 연민과 성장을 이루는 과정이다. 궁극적으로 이러한 감정은 왜 나한테 이렇게 행동할 수밖에 없는지에 대한 안타까운 체념으로 발전할 수 있다. 마음이 찢어질 만큼 상처가 깊을 것이다. 그런데 기억하라. 그것은 나 때문이 아니라 상대 때문이라는 점을 명심하라. 수년간 나 자신을 상처받은 사람이라고 생각했다면, 어느 순간부터는 그 사람이 자신의 상처와 연약함, 불안감을 내게 투사했다는 사실이 슬프면서도 불쌍하게 느껴질 것이다. 나를 힘들게 한 나르시시스트에게 연민과 동정심을 느끼는 사람들도, 그렇지 않은 사람들도 있을 것이다. 정답은 없다. 궁극적으로 이 험난한 회복 과정은 시행착오의 연속이다. 이 여정은 나의 진정한 자아를 사적으로 그리고 남들에게 보여주게 될 것이다. 이는 나 자신과 나를 사랑하는 사람들 그리고 내가 사는 이 세상에 선물이 되어줄 것이다.

이 책이 자기애적 학대의 고통을 파헤치고 풀어내는 데 도움이 되었기를 진심으로 바라며, 독자 여러분의 힘, 재능, 매력이 최대한 발산하도록 물꼬를 틔워주었길 소망한다. 여러분에게 제2막, 제2권, 속편, 새로운 페이지가 있다는 사실을, 그리고 치유 이후 새롭고 더 즐거운 삶이 있다는 사실을 알려주는 책이길 바란다. 수년 또는 평생 이어진 가스라이팅, 조종, 무시와 불인정, 과소평가, 나는 부족하다는, 내게 문제가 있다는 말, 내가 느끼는 방식대로 느낄 권리가 없다는 말, 궁금해할 권리가 없다는 말—이 험난한 여정 끝에서 한 줄기 희망이 되길 바란다. 대체 왜 이럴까? 내가 뭘 잘못하고 있나? 내가 뭘 더 잘할 수 있을까? 어떻게 하면 더 나아질 수 있을까? 이제, 부디 확실히 알고 있어야 한다.

당신 잘못이 아니다.

결론

나는 10년 동안 대학원, 실습, 인턴십, 펠로우십을 거치면서 훌륭한 교육을 받았는데도 그 어느 기관에서도 나르시시즘과 적대적인antagonistic 태도에 대해 단 한 번도 배운 적이 없었다. 그후로 25년이 지난 지금도 자기애적 관계가 사람들에게 어떤 해를 끼치는지, 어떻게 도울 수 있는지에 관한 담론이 저항에 부딪히고 있다는 사실에 당혹스럽다. 심리치료사와 연구자들이 나르시시즘의 피해에 대해 논의하는 것이 옳은지, 심지어 나르시시즘이 무엇인지에 대해 논쟁하는 동안 사람들은 상처와 고통을 받고 있다. 나는 여러 차례 다양한 곳에서 강연을 했다. 때로는 내 옆 세션의 연사가 정서적으로 상처를 주는 관계에 대해 '유해한toxic'이라는 표현을 사용하는 것을 비난하기도 했다. 평생 자신을 무시하고 불인정하는 사람들의 언행을 가슴에 새기며 살았던 수많은 사람. 그들은 비난받고, 수치심을 느꼈으며, 좌절하고, 침묵했다. 그 과정에서 그들의 잠재력이 얼마나 짓밟혔을지를 생각하면 소름 끼치게 안타깝다. 나르시시즘의 패턴은 여러 세대에 걸쳐 이어지며, 나르시시즘은 사회적 보상으로 조장되기도 한다. 자기애적 학대를 경험하는 사람들을 위해 고안된 측정 도구와 치료법을 개발하면서, 우리는 희망의 비행기를 하늘 위로 날리고 있다. 때로는 내가 이단아가 된 것 같지만, 고된 노력 끝에 부디 하늘 끝까지 닿아서 결실을 보길 바란다.

자기애적 학대를 이해한다는 것은 전통적인 심리학에 도전하고, 사회적 위계, 불평등, 특권, 통념의 부정적인 영향을 무시하는 낡은 이론과 접근 방식에 의문을 제기하는 것이다. 나는 수천 명의 생존자가 이 위태로운 길을 헤쳐나가는 것을 보아왔고, 나 또한 그 여정을 걸어왔다. 우리는 함께 이 복잡한 여정에도 치유가 가능하다는 사실을 발견했다.

그들의 사례와 나의 경험이 주는 교훈은 자기애적 학대가 얼마나 잔인한지, 나아가 우리가 마음만 먹고 용기를 내면 매우 현명하게 대처하고 극복할 수 있다는 것이다. 기억하라. 세상은 당신을 필요로 한다. 진정하고 온전한 진짜 모습으로 말이다. 그러니 주춤해하거나 주저하지 마라.

이 책을 세상에 선보일 거라고는 상상도 못했다. 그러나 예상하
지 못했던 놀라운 우연이 연속적으로 일어났고, 결국 세상의 빛
을 보게 되었다. 물심양면으로 힘이 되어준 소중한 이들이 있었
기에 가능했던 일이다. 이 책은 힘든 관계에 대한 생존 지침서이
기도 하지만, 주변 사람들의 응원과 도움이 치유에 도움이 된다
는 사실을 일깨워 주기도 한다.

먼저, 나의 내담자들에게 감사의 마음을 전한다. 삶에 대해
솔직하게 털어놓고 용감하게 도전에 맞서며 자아를 발견하는
여정을 함께할 수 있어 영광이었다. 또한 자기애적 학대 생존자
를 위한 치유 프로그램에 매일, 매주, 매달 참여하는 모든 사람
에게도 큰 감사를 전한다. 치유를 향한 큰 도약이든 작은 발걸음

을 내딛든, 질문하고 경험을 공유하고 서로를 지지하는 마음을 나눠주었고, 그 결실은 소중히 드러났다. 언제 좋아졌는지 싶을 정도로 심연까지 무너지는 날에도 아랑곳하지 않고, 계속 나아갈 힘과 용기를 보여주어 감사하다.

이 책에 생명을 불어넣은 켈리 에블링Kelly Ebeling과 아이린 에르난데즈Irene Hernandez에게 감사를 전한다. 두 사람의 창의력, 결단력, 융통성이 있었기에, 내가 가장 힘든 시기에 내 곁을 지켜주었기에 가능했던 일이다. 우리의 작지만, 굳건한 팀에 합류해 준 자이드Zaide에게도 고마움을 전한다. 세 사람 덕분에 내가 22년간 애쓴 노력에 보람을 느낄 수 있었다.

펭귄 북스 출판사의 니나 로드리게-마티Nina Rodriguez-Marty, 메그 레더Meg Leder, 브라이언 타르트Brian Tart, 마르고 와이즈먼Margaux Weisman에게도 이 책에 대한 확신을 보여준 것에 감사를 전한다. 특히 책의 내용, 표현 방식, 전반적인 주제가 강력하게 전달되도록 여러 차례 변화를 거듭하는 과정에서 인내와 친절함 그리고 결단력으로 나를 이끌어준 니나에게 특별히 내 마음을 전하고 싶다. 이 책의 초안을 읽고 원고 편집에 대한 방향을 제시해 준 라라 애셔Lara Asher, 나를 대변해서 이 책을 진심으로 아끼고 홍보해 준 레이첼 서스먼Rachel Sussman, 이 책에 대한 신념으로 더욱 전문적인 '더 오픈 필드The Open Field' 임프린트imprint(별도의 출판 브랜드-옮긴이)에서도 발간시킨 마리아 슈리버Maria Shriver 그리고 마지막으로 영업, 마케팅 및 카피라이팅을 줄곧 담당해 온 펭귄 북스와 펭귄 라이프 출판사의 모든 직원에게도 감사하다.

이제 내 소중한 친구들에게 마음을 전한다. 이 주제에 대해 엘렌 라키텐Ellen Rakieten과 거의 매일 밤 나눈 대화가 없었다면 이 책의 내용이 이렇게 깊을 수 있었을까 싶다. 집필과 인생의 가장 힘든 날들에 나의 '코치'이자 고된 여정의 친구가 되어주어 고맙다. 열세 살부터 나의 비타민이자 늘 씩씩한 오뚝이 같은 친구 질 대븐포트Jill Davenport, 2021년 마지막 몇 달을 어떻게든 버틸 수 있게 해준 모나 베어드Mona Baird 그리고 그 외 모든 친구들아. 내게 보내준 문자 메시지, 안부 전화, 그리고 지난 몇 년 동안 내가 약속을 취소했을 때 용서해 준 것에 대해 고맙게 생각한다.

같은 분야에 종사하는 내 동료와 친구들—캐서린 배럿Catherine Barrett, 티나 스위딘Tina Swithin, 잉그리드 클레이튼Ingrid Clayton, 헤더 해리스Heather Harris, 리사 빌류Lisa Bilyeu, 데이비드 케슬러David Kessler, 제이 셰티Jay Shetty, 매튜 핫세Matthew Hussey, 오드리 레스트렛Audrey LeStrat—에게 감사함을 전한다. 내가 확신이 흔들릴 때도 커뮤니티를 만들고 내게 많은 지지와 격려를 해준 미국심리학회American Psychological Association, APA, 메드서클MedCircle, 심리치료 네트워커Psychotherapy Networker, 전문 교육 제도기관Professional Education Systems Institute, PESI의 동료들에게도 고마움을 전한다. 내가 '트라우마 본딩'을 끊어낼 '가위'를 준 파멜라 하멜Pamela Harmell, 심리치료에서 '방화벽' 개념을 발전시킨 마리Mari, 그리고 이 일에 대해 특별한 용기를 보여주고, 용기를 나누는 방법에 대한 예리한 통찰을 제시한 넬리아Nelia에게도 감사의 마음을 전한다.

온라인 강좌〈내비게이팅 나르시시즘Navigating Narcissism〉에 모든 출연자에게도 고마움을 전한다. 공개적인 자리에서 기꺼이 자신의 이야기를 나눠준 덕분에 이 책의 많은 주제에 대해 다시 생각해 볼 수 있었다. 각자의 경험을 나에게 맡겨준 것에 감사하다.

항상 일할 수 있는 시간과 공간을 주고, 나를 믿고 사랑하고 지켜봐준 리처드Richard에게도 고맙다.

내 여동생 파드마Padma, 아무것도 아닌 내 이야기를 들어주고, 우리가 함께 성장한 역사의 구멍을 메워주고, 웃게 해주고, 강인함의 본보기가 되어준 것에 대해 고마워. 조카 테너Tanner, 이모한테 선량함이 무엇인지 알려줘서 고맙다.

아빠, 나 이 자리까지 올라왔어요. 이거면 충분할 것 같네요.

나의 사랑하는 고양이 루나Luna야, 네 덕에 상상도 못한 많은 아이디어가 떠올랐다는 사실을 알아주길 바라.

나의 딸들, 마야Maya와 샨티Shanti. 가끔 식사만 같이하는 바쁜 엄마를 견뎌 줘서 고맙다. 엄마가 가야 할 방향을 알려주는 진정한 북극성이야. 너희들이 좋아하는 일을 하고, 늘 기댈 어깨가 있다는 사실 잊지 마.

사이 더바술라Sai Durvasula, 내가 사랑하는 우리 엄마. 매일 더 단단한 영혼이 되어가는 엄마와 함께 같은 하늘 아래 있다는 건 기적과도 같아. 이 책으로 엄마의 현재와 과거에 경의를 표하고 싶어.

내 소중한 친구 에밀리 샤글리Emily Shagley. 세상은 2022년 에밀리를 잃었다. 에밀리는 나보다 먼저 나를 믿어준 친구였다. 그녀의 사랑과 격려 덕분에 몇 년 전 내 목소리를 낼 수 있는 용기를 얻었다. 내 삶과 세상의 빛이 되어준 에밀리의 존재에 평생 감사한 마음을 간직할 것이다.

우리 삶에서 천사를 잃어도, 선함과 빛은 남아 있다.

1   Z. Krizan and A. D. Herlache, "The Narcissism Spectrum Model: A Syn\-thetic View of Narcissistic Personality," 《Personality and Social Psychology Review》 22, no. 1 (2018), 3-31, https://doi.org/10.1177/1088868316685018.

2   Jochen E. Gebauer et al., "Communal Narcissism," 《Journal of Personality and Social Psychology》 103, no. 5 (August 2012), 854– 8, https://doi.org/10.1037/a0029629.

3   Delroy L. Paulhus and Kevin M. Williams, "The Dark Triad of Personality: Narcissism, Machiavellianism and Psychopathy," 《Journal of Research in Personality》 36, no. 6 (December 2002), 556–3, https://doi.org/10.1016/S0092-566(02)00505_6; Janko Mededovićand Boban Petrović "The Dark Tetrad: Structural Properties and Location in the Personality Space," 《Journal of Individual Differences》 36, no. 4 (November 2015), 228–6, https://doi.org/10.1027/1614-001/a000179.

4   Emily Grijalva et al., "Gender Differences in Narcissism: A Meta-nalytic Review," 《Psychological Bulletin》 141, no. 2 (March 2015), 261, https://doi.org/10.1037/a0038231.

5   Sanne M. A. Lamers et al., "Differential Relationships in the Association of the Big Five Personality Traits with Positive Mental Health and Psychopathology," 《Journal of Research in Personality》 46, no. 5 (October 2012), 517–24, https://doi.org/10.1016/j.jrp.2012.05.012; Renée M. Tobin and William G. Graziano, "Agreeableness," in 《The Wiley Encyclopedia of Personality and Individual Differences: Models and Theories》, ed. Bernardo J. Carducci and Christopher S. Nave (Hoboken, NJ: John Wiley & Sons, 2020), 105–0.

6   E. Jayawickreme et al., "Post-raumatic Growth as Positive Personality Change: Challenges, Opportunities, and Recommendations," 《Journal of Personality》 89, no. 1 (2021), 145–5.

7   Christian Jacob et al., "Internalizing and Externalizing Behavior in Adult ADHD,"

《*Attention Deficit and Hyperactivity Disorders*》 6, no. 2 (June 2014), 101–10, https://doi.org/10.1007/s12402-014-0128_z.

8   Elsa Ronnongstam, "Pathological Narcissism and Narcissistic Personality Disorder in Axis I Disorders," 《*Harvard Review of Psychiatry*》 3, no. 6 (September 1995), 326–40, https://doi.org/10.3109/10673229609017201.

9   David Kealy, Michelle Tsai, and John S. Ogrodniczuk, "Depressive Tendencies and Pathological Narcissism among Psychiatric Outpatients," 《*Psychiatry Research*》 196, no. 1 (March 2012), 157 59, https://doi.org/10.1016/j.psychres.2011.08.023.

10 Paolo Schiavone et al., "Comorbidity of DSM_IV Personality Disorders in Unipolar and Bipolar Affective Disorders: A Comparative Study," 《*Psychological Reports*》 95, no. 1 (September 2004), 121–28, https://doi.org/10.2466/pr0.95.1.121-128.

11 Emil F. Coccaro and Michael S. McCloskey, "Phenomenology of Impulsive Aggression and Intermittent Explosive Disorder," in 《*Intermittent Explosive Disorder: Etiology, Assessment*》, *and Treatment* (London: Academic Press, 2019), 37–65, https://doi.org/10.1016/ B978_0_12_813858_8.00003_6.

12 Paul Wink, "Two Faces of Narcissism," 《*Journal of Personality and Social Psychology*》 61, no. 4 (Ocober 1991), 590– 97, https://doi.org/10.1037//0022-3514.61.4.590.

13 Schiavone et al., "Comorbidity of DSM_IV Personality Disorders in Unipolar and Bipolar Affective Disorders."

14 Kealy, Tsai, and Ogrodniczuk, "Depressive Tendencies and Pathological Narcissism among Psychiatric Outpatients."

15 Jacob et al., "Internalizing and Externalizing Behavior in Adult ADHD."

16 José Salazar-Fraile, Carmen Ripoll-Alanded, and Julio Bobes, "Narcisismo Manifiesto, Narcisismo Encubierto y Trastornos de Personalidad en una Unidad de Conductas Adictivas: Validez Predictiva de Respuesta a Tratamiento," 《*Adicciones*》 22, no. 2 (2010), 107– 12, https://doi.org/10.20882/adic ciones.199.

17 Tracie O. Afifi et al., "Childhood Adversity and Personality Disorders: Results from a Nationally Representative Population-Based Study," 《*Journal of Psychiatric Research*》 45, no. 6 (December 2010), 814–22, https://doi.org/10.1016/j.jpsychires.2010.11.008.

2장

1   Evan Stark, "The Dangers of Dangerousness Assessment," 《*Family & Intimate Partner Violence Quarterly*》 6, no. 2 (2013), 13–22.

2   Andrew D. Spear, "Epistemic Dimensions of Gaslighting: Peer-Disagreement, Self-

Trust, and Epistemic Injustice," 《Inquiry》 66, no. 1 (April 2019), 68–91, https://doi.org/10.1080/0020174X.2019.1610051; Kate Abramson, "Turning Up the Lights on Gaslighting," 《Philosophical Perspectives》 28 (2014), 1–30, https://doi.org/10.1111/phpe.12046.

3 Jennifer J. Freyd, "Violations of Power, Adaptive Blindness and Betrayal Trauma Theory," 《Feminism & Psychology》 7, no. 1 (1997), 22–32, https://doi.org/10.1177/0959353597071004.

4 Heinz Kohut, "Thoughts on Narcissism and Narcissistic Rage," 《Psychoanalytic Study of the Child》 27, no. 1 (1972), 360–400, https://doi.org/10.1080/00797308.1972.11822721; Zlatan Krizan and Omesh Johar, "Narcissistic Rage Revisited," 《Journal of Personality and Social Psychology》 108, no. 5 (2015), 784, https://doi.org/10.1037/pspp0000013.

5 Chelsea E. Sleep, Donald R. Lynam, and Joshua D. Miller, "Understanding Individuals' Desire for Change, Perceptions of Impairment, Benefits, and Barriers of Change for Pathological Personality Traits," 《Personality Disorders: Theory, Research, and Treatment》 13, no. 3 (2022), 245, https://doi.org/10.1037/per0000501.

6 Heidi Sivers, Jonathan Scooler, and Jennifer J. Freyd, 《Recovered Memories》 (New York: Academic Press, 2002), https://www.ojp.gov/ncjrs/virtual-library/abstracts/recovered-memories.

7 Matthew Hussey, 《Get the Guy: Learn Secrets of the Male Mind to Find the Man You Want and the Love You Deserve》 (New York: HarperWave, 2014).

8 Patrick Carnes, "Trauma Bonds," Healing Tree, 1997, https://healingtree nonprofit.org/wp_content/uploads/2016/01/Trauma-Bonds_by_Patrick-Carnes_1.pdf.

3장

1 Jennifer J. Freyd, 《Betrayal Trauma: The Logic of Forgetting Childhood Abuse》 (Cambridge, MA: Harvard University Press, 1996); Jennifer J. Freyd, "Blind to Betrayal: New Perspectives on Memory," 《Harvard Mental Health Letter》 15, no. 12 (1999), 4–6.

2 Jennifer J. Freyd and Pamela Birrell, 《Blind to Betrayal: Why We Fool Our-selves We Aren't Being Fooled》 (Hoboken, NJ: John Wiley & Sons, 2013).

3 Janja Lalich and Madeline Tobias, 《Take Back Your Life: Recovering from Cults and Abusive Relationships》 (Richmond, CA: Bay Tree Publishing, 2006).

4 Daniel Shaw, "The Relational System of the Traumatizing Narcissist," 《International Journal of Cultic Studies》 5 (2014), 4–11.

5 Shaw, "The Relational System of the Traumatizing Narcissist."
6 Bessel van der Kolk, 《The Body Keeps the Score: Brain, Mind, and Body in the Healing of Trauma》 (New York: Viking, 2014).

4장

1 Daniel Shaw, "The Relational System of the Traumatizing Narcissist," 《International Journal of Cultic Studies》 5 (2014), 4–11.
2 Andreas Maercker et al., "Proposals for Mental Disorders Specifically As-sociated with Stress in the International Classification of Diseases_11," Lancet 381, no. 9878 (2013), 1683–85, https:// doi.org/ 10.1016/ S0140- 6736(12)62191_6.
3 Jennifer J. Freyd, Betrayal Trauma: The Logic of Forgetting Childhood Abuse (Cambridge, MA: Harvard University Press, 1996).

5장

1 Judith Herman, 《Trauma and Recovery》 (New York: Basic Books, 1992), 290.

6장

1 Pauline Boss and Janet R. Yeats, "Ambiguous Loss: A Complicated Type of Grief When Loved Ones Disappear," 《Bereavement Care》 33, no. 2 (2014), 63–69, https://doi.org/1 0.1080/02682621.2014.933573.
2 Kenneth J. Doka, 《Disenfranchised Grief》 (Lexington, MA: Lexington Books, 1989).
3 Michael Linden, "Embitterment in Cultural Contexts," in 《Cultural Variations in Psychopathology: From Research to Practice》, ed. Sven Barnow and Nazli Balkir (Newburyport, MA: Hogrefe Publishing, 2013), 184–97.

7장

1 Jay Earley and Bonnie Weiss, 《Self-Therapy for Your Inner Critic: Transforming Self-Criticism into Self-Confidence》 (Larkspur, CA: Pattern Systems Books, 2010).
2 Kozlowska et al., "Fear and the Defense Cascade: Clinical Implications and Management," 《Harvard Review of Psychiatry》 23, no. 4 (2015), 263-87, DOI: 10.1097/HRP.0000000000000065.

3 Pete Walker, "Codependency, Trauma and the Fawn Response," 《*The East Bay Therapist*》, January– February 2003, http:// www.pete-walker.com/code pendencyFawnResponse.htm.

4 Jancee Dunn, "When Someone You Love Is Upset, Ask This One Ques\-tion," 《*New York Times*》, April 7, 2023, https://www.nytimes.com/2023/04/07/well/emotions-support-relationships.html.

8장

1 Sendhil Mullainathan and Eldar Shafir, 《*Scarcity: Why Having Too Little Means So Much*》 (New York: Times Books, 2013).

2 Tina Swithin, One Mom's Battle, www.onemomsbattle.com.

9장

1 Richard G. Tedeschi and Lawrence G. Calhoun, "The Posttraumatic Growth Inventory: Measuring the Positive Legacy of Trauma," 《*Journal of Traumatic Stress*》 9, no. 3 (1996), 455–72, https://doi.org/10.1002/jts.2490090305.

2 Eranda Jayawickreme et al., "Post-Traumatic Growth as Positive Personality Change: Challenges, Opportunities, and Recommendations," 《*Journal of Personality*》 89, no. 1 (February 2021), 145–65, https://doi:org/10.1111/jopy.12591.

3 James K. McNulty and V. Michelle Russell, "Forgive and Forget, or Forgive and Regret? Whether Forgiveness Leads to Less or More Offending Depends on Offender Agreeableness," 《*Personality and Social Psychology Bulletin*》 42, no. 5 (2016), 616–31, https://doi.org/10.1177/0146167216637841; Frank D. Fincham and Steven R. H. Beach, "Forgiveness in Marriage: Implications for Psychological Aggression and Constructive Communication," 《*Personal Relationships*》 9, no. 3 (2002), 239–51, https://doi.org/10.1111/1475-6811.00016; Laura B. Luchies et al., "The Doormat Effect: When Forgiving Erodes Self-Respect and Self-Concept Clarity," 《*Journal of Personality and Social Psychology*》 98, no. 5 (2010), 734–49, https://doi.org/10.1037/a0017838; James K. McNulty, "Forgiveness in Marriage: Putting the Benefits into Context," 《*Journal of Family Psychology*》 22, no. 1 (2008), 171–75, doi: 10.1037/0893-3200.22.1.171.

옮긴이 최기원

연세대학교 영문학과를 졸업했다. 연세대 국제대학원 국제관계학, 이화여대 통번역대학원 통역학으로 석사 학위를 받았다. 현재 각종 국제회의에서 동시통역사로 활약하고 있으며, 번역에이전시 엔터스코리아에서 번역가로 활동 중이다.

옮긴 책으로는 《낭비 없는 세상》, 《루이스 헤이의 치유 워크북》, 《트레이더 콜린 씨의 일일》, 《롱:텀 씽킹》, 《실전 협상의 기술》, 《페이스북 마케팅》, 《나는 스무살에 백만장자가 되었다》, 《디자이닝 브랜드 아이덴티티》, 《아로마테라피 대백과》 등이 있으며, 《그래서 쉬운 영어》를 집필했다.

누구도 나를 함부로 대할 수 없습니다

1판 1쇄 인쇄 2024년 6월 18일
1판 1쇄 발행 2024년 6월 28일

지은이 라마니 더바술라
옮긴이 최기원

발행인 양원석 **편집장** 정효진
디자인 남미현, 김미선 **영업마케팅** 윤우성, 박소정, 이현주, 정다은, 박윤하

펴낸 곳 ㈜알에이치코리아
주소 서울시 금천구 가산디지털2로 53, 20층 (가산동, 한라시그마밸리)
편집문의 02-6443-8847   **도서문의** 02-6443-8800
홈페이지 http://rhk.co.kr
등록 2004년 1월 15일 제2-3726호

ISBN 978-89-255-7488-2 (03180)